D1936132

Niklas Frank
Raubritter

NIKLAS FRANK

RAUB RITTER

Das erschröckliche und geheime Leben der Heckenreiter und Wegelagerer

Dem Andenken der adligen Halunken
und ihrer gebeutelten Pfeffersäcke
gewidmet von Niklas Frank

marixverlag

Genehmigte Lizenzausgabe für Marix Verlag GmbH, Wiesbaden 2005
Copyright © 2002 by C. Bertelsmann Verlag, München in der
Verlagsgruppe Random House GmbH
Covergestaltung: Thomas Jarzina, Köln
Bildnachweis: artothek, Weilheim
Gesamtherstellung: GGP Media GmbH, Pößneck
Printed in Germany

ISBN-10: 3-86539-034-X
ISBN-13: 978-3-86539-034-9
www.marixverlag.de

Inhalt

Sechs Raubritter lassen bitten…

Nicht nur ihr grausames Tun wollen sie den tatsächlich vorhandenen Quellen entrissen sehen, sondern auch ihr geheimes, wunderliches und erschröckliches Wirken und Würgen in wilder Zeit, die noch von keiner bedrückenden Zukunft belastet war.

Lustvoll wollten sie ihr Leben beschrieben sehen, wie es der friedlichste Abkömmling aller Raubritterfamilien des Heiligen Römischen Reiches Deutscher Nation, dieser unvergleichlich zeitlos deftig – meist lateinisch – schreibende Humanist und Aufklärer Ulrich von Hutten schon 1520 in seinem Dialog »Räuber« vorgegeben hatte. Darin droht der (Raub-)Ritter einem Kaufmann, der ihn hysterisch beschuldigt, nichts anderes als ein Räuber zu sein:

»Werde ich dir erstlich hier deine Backen zerdreschen und das ganze Gesicht; dann dir die Zähne reihenweise einschlagen mit meinen Fäusten, hierauf dir die Wampen walken, dass dir die Rippen krachen; bis du endlich erschöpft, halb tot im Kote liegen bleibst und Pfeffer pfundweise und Safran lotweise von hinten fahren lässest.«

Gehen wir's an! Lassen wir Pfeffer und Safran raus, Grässliches und Gröliges, Scharfes und Seltsames, Sinnliches und Übersinnliches. Sechs Raubritter lassen bitten…

1
Der Grausamste von allen: Thomas von Absberg, der Handabhacker

»Ihr seid mir die Rechten«

Es ist ein schwüler Tag, dieser 30. Juni 1522. Die vier Reiter werden froh gewesen sein, dass sie in den hoch gewachsenen Laubwald einreiten konnten. Ein bisschen Schatten im Hohlweg mit seinen hart getrockneten Huf- und Räderspuren tut gut. Trotz dieser unbestimmten Angst, die in jener Zeit jeder mit sich forttrug, der die schützenden Mauern der Stadt verlassen musste.

Wolf Strauß, ein Eisenhändler und Nürnberger Bürger mit Haus in der Lauffergasse, hatte nicht sonderlich gute Geschäfte auf der Messe in St. Annaberg gemacht. Neben ihm reitet Fritz Neithart, ein Zirkelschmied, Meister in einer Kunst, bei der man seine beiden Hände, die Finger, millimetergenau und ohne Zittern führen musste. Präzise Arbeit verlangt auch der Beruf, den der blutjunge Sebastian Markwart von Staffelstein beim berühmten Nürnberger Messerschmied Hans Schwentendorf erlernt. Der hat ihm offenbar so viel Vertrauen entgegengebracht, dass er ihn allein auf die Messe nach St. Annaberg geschickt hat. Vielleicht war es sogar seine erste Messe, die er ohne den Meister besuchen durfte.

In dem Dorf Gesees, gut zehn Kilometer südwestlich von Bayreuth, haben sie sich beim Meierbauern Pferde geliehen. Der reitet neben Sebastian, er muss seine Pferde wieder zurückbringen aus Pottenstein, wohin die drei reiten wollen. Nur eineinhalb Meilen haben sie noch vor sich. Dann wird man es sich gut gehen lassen im Wirtshaus »Zum Löwen«.

Sie werden nicht viel geredet haben. In der Mittagshitze ist der Wald stumm, die einzigen Laute kommen von den Pferden, ihr Schnauben, das knarzende Leder der Sättel und Zügel, die Hufe auf dem harten Lehmboden. Nur Strauß und Neithart führen Waffen mit sich: Die Spieße hängen jedoch in Schlaufen an der rechten Seite unterhalb des Sattels. Schnell kann man die auf keinen Fall herausziehen.

Vielleicht pfeift sich der junge Sebastian, er kann keine 15 Jahre alt sein, auch eine lustige Weise, die er abrupt stoppt, als er ein viel lauteres Geräusch hinter sich hört: Pferdegalopp. Sicher hat er sich umgedreht, die anderen drei beinahe gleichzeitig auch. Was sie sehen zwischen Schatten und Sonnenlicht, das in Streifen durch das Laub über dem Hohlweg bricht, muss ihnen das Herz schneller haben schlagen lassen. Zwei Schwerter, immer wieder aufblitzend, zwei Reiter, die sie in ausgestreckten Händen neben den Hälsen ihrer Gäule nach vorne halten, bereit zum tödlichen Stoß, blitzschnell sind sie heran, parieren vor den vier schreckensbleich gewordenen Männern ihre Pferde durch, mit einer Hand am Zügel. Sie drängen sich zwischen Sebastian und dem Meierbauern durch zu Strauß und Neithart, denen jeder sofort den wohlhabenden Handwerker ansieht.

Einer der beiden hat einen roten Knebelbart, dazu am Kinn einen roten Spitzbart, groß gewachsen ist er und ein bisschen bauchig. Mit kräftigen Sporen treibt er sein Pferd an das von Wolf Strauß, schreit ihn an: »Woher kommst du?«

Der Eisenkramer tut gefasst, antwortet betont fest, während er mit der rechten Hand sein Ross zügelt und ihm mit der linken beruhigend auf den Hals schlägt. »Ich komme von St. Annaberg«, sagt er stolz, »und wo ich hinreite, bin ich daheim.«

Der andere Angreifer, über dessen Aussehen wir nichts wissen, schreit derweil Fritz Neithart an, der solle ihm auch sagen, woher er komme.

Der Zirkelschmied ist ebenso unsicher wie sein Freund Strauß. Wer sind die Angreifer? Mit wem liegen sie in Fehde? Sind es markgräfliche Reiter, die mit einem Ritter im Streit liegen? Oder Nürnberger? Oder einfache Straßenräuber? Die richtige Stadt zu nennen kann Überleben sichern.

Fritz Neithart ist vorsichtig, sagt nur, dass er ein Zirkelschmied sei und auch von der Messe aus St. Annaberg komme.

Aber die zwei Angreifer fuchteln weiter mit den Schwertern, schreien, woher sie stammen. Antwortet Neithart: »Von Nürnberg«.

»Und du, Poswicht?«

Das ist eine neue Stimme, die im Hohlweg die Frage an Wolf stellt. Ein dritter Reiter ist aufgetaucht. Ein hoch gewachsener Kerl auf einem mächtigen Rappen, dem man sofort ansieht, dass er mindestens dreihundert Gulden gekostet haben muss.

Wolf dreht sich zu ihm hin: »Aus Nürnberg bin ich, hab in der Lauffergassen meine Familie. Bin noch Gesell.«

»Ihr seid mir die Rechten«, sagt der dritte Reiter, an dessen Kleidung man den Adligen erkennt: Ein graues Wams trägt er, lange Reitstiefel aus kostbarem Leder, einen schwarzen Umhang und eine hohe schwarze Kappe. Der Harnisch lugt unter dem Umhang hervor. Kein Helm. Am Sattel hängt rechts eine Armbrust, der Köcher mit den kurzen Pfeilen hängt an der anderen Seite.

»Los, folgt uns!«, sagt der Edelmann und will mit Sebastian und dem Bauern vorausreiten, wieder ein Stück im Hohlweg zurück.

»Los, kommt, ihr Poswichter«, schreien die beiden Knechte Strauß und Neithart an.

»Nein«, schreit Strauß, sieht eine Chance zu entkommen, Pottenstein liegt nur eineinhalb Meilen entfernt, im Hohlweg kann ihn keiner überholen, vielleicht schafft es sein Pferd, schon gibt er dem Pferd die Sporen …

Er hätte sich nicht sträuben sollen, der trotzige Eisenhändler: Der Rotbärtige hat kaum das »Nein« vernommen, schlägt er mit voller Wucht die Schwertklinge mit der flachen Seite dem Strauß über den Kopf. Der stöhnt auf, kann sich kaum im Sattel halten. Das Blut strömt ihm aus den dichten Haaren über das

Gesicht den Hals entlang. Der Rotbärtige reißt ihm die Zügel aus der Hand, setzt dem Schwankenden die Schwertspitze an den Hals und schreit: »Du kommst mit! Sterben musst du!«

Er zerrt Strauß' Pferd dicht neben sich den Hohlweg entlang hinter dem Edelmann her. Sebastian und der Bauer folgen. Der Rotbärtige muss eine gewaltige Kraft in seinen Armen haben, denn weiterhin zielt die Schwertspitze auf den Hals von Strauß. Der Eisenhändler stöhnt mehrmals auf, sein Widerstand ist gebrochen. Der hoch gewachsene Edelmann biegt mit ein, zwei Galoppsprünge bringen ihn rechts aus dem Hohlweg hoch ins Gehölz. Er dreht sich nicht um. Die Gefangenen und ihre zwei Bewacher folgen.

Gut eine viertel Meile reiten sie durch den Wald. Was werden die Gefangenen gedacht haben? Todesangst mögen sie gefühlt haben. Ahnte einer von ihnen, dass der hoch gewachsene Edelmann jener Raubritter war, von dem die entsetzlichsten Geschichten umliefen: Thomas der Handabhacker?

Sie reiten auf eine Waldlichtung.

»Steigt ab!«, schreit der Rotbärtige die Gefangenen an.

Der hoch gewachsene Edelmann scheint sich nicht darum zu kümmern. Er lauscht in den Wald hinauf, während die vier absteigen. Strauß fällt mehr. Noch immer läuft das Blut. Mit einem großen Tuch versucht er, es auf seinem Kopf zu stoppen. Vom Berghang herab reiten drei weitere wilde Gesellen auf die Lichtung.

Die Gefangenen schrecken zusammen, denn mit lauter, wütender Stimme, die überschnappt wie bei einem Irren, schreit der Adlige auf dem hohen Rappen die drei Reiter an: »Was tut ihr hier? Wer hat euch erlaubt, hier zu erscheinen? Verfluchtes Pack, schaut, dass ihr sofort wieder hinaufkommt.«

So mag geklungen haben, was die drei Schimmelreiter bewog, ihren Pferden hastig die Sporen zu geben und den Berghang hinaufzupreschen. Die Gefangenen haben die Szene beobachtet. Die Stimme des Adligen hat ihnen sicher Angst gemacht.

Er schaut sie an. Schweigt wieder. Der Rotbärtige steigt von seinem Pferd ab.

»Zieht euer Sach aus!« befiehlt er und zeigt auf die drei Handwerker. »Du nit«, weist er den Bauern an. Der hält die Zügel seines Pferds, ist bleich. Sebastian zieht seinen Rock aus, hilft dem verletzten Strauß aus seinem blutignassen Wams.

»Leg nur die rechte Hand auf den Stock«

Der Rotbärtige lacht auf. »Hab schon lang nichts mehr zum Werken gehabt«, sagt er. »Wer hat einen Dissacken?«

Das ist ein kurzes böhmisches Schwert, extrem scharf, ohne Griff, der wird durch eine handgerechte Öffnung im hinteren Teil der Klinge ersetzt. Der Dissacken, das ist das Rasiermesser unter den Schwertern jener Zeit, zum blitzschnellen Zustoßen ebenso geschmiedet wie zum Dreinschlagen, und brauchbar ist er auch, um sich Speck, Käse und Schinken zurechtzuschneiden.

Der Edelmann beobachtet den Rotbärtigen. Stumm. Die anderen Reiter mögen über den Satz des Rotbärtigen gelacht haben, sie wussten, was »werken« bei ihm bedeutete. Die Gefangenen mag das erste Grausen angekommen sein. Vielleicht schöpfen sie Hoffnung, als keiner der Reiter einen Dissacken bei sich hat.

»Der Enderlein hat einen«, wird einer gerufen haben.

»Hol ihn«, mag der Rotbärtige geantwortet haben, und der Reiter ist in Richtung Berghang verschwunden.

Wurden die Gefangenen inzwischen verspottet? Die Chronik sagt nichts darüber. Der Reiter kehrt zurück, schwingt lachend den Dissacken über den Kopf.

»Damit kannst du gut werken, Veit«, ruft er und wirft dem Rotbärtigen den Dissacken zu.

Der fängt ihn lieber nicht, greift ihn sich vom Waldboden. Der Adlige auf seinem Rappen nickt ihm zu, Veit mustert die

Gefangenen, erst Sebastian, dann Strauß, den Eisenhändler, danach Neithart, den Messerschmied.

»Ist einerlei«, sagt er und geht mit schnellem Schritt zu Wolf Strauß, reißt dessen rechte Hand, die das Tuch zum Blutstillen auf den Kopf drückt, mit festem Griff herab, das Tuch fällt, jetzt wird Wolf Strauß gemerkt haben, dass es um sein Leben geht, dass er abgestochen werden soll wie ein Vieh, er fällt auf die Knie, Veit muss loslassen, aber nicht zu ihm wendet sich in Todesangst Strauß, sondern zu dem stummen Adligen, dem Hochgewachsenen mit dem bleichen Gesicht, in dem schwarzen Gewand mit der hohen schwarzen Kapuze, der alles mit steinerner Kälte beobachtet.

»Gnade«, stammelt Wolf Strauß.

Der Rotbärtige fällt ihm ins Wort: »Du musst nit sterben, leg nur dein' rechte Hand auf den Stock.«

Wieder greift er nach der Hand. Jetzt muss es Wolf Strauß gewusst haben: Das ist Thomas der Handabhacker, der dort auf dem Rappen, und das ist Veit Scharpf, sein adliger Knecht. Strauß fällt auf die Knie, weint, das Blut vom Kopf vermischt sich mit seinen Tränen: »Ich bitt Euch, hoher Herr, lasst mir die Händ, bin ein armer Messerschmied, was soll ich machen ohne die Rechte?«

Veit Scharpf lacht roh auf, schleift Strauß an den Rand der Lichtung zu einem Baumstumpf oder starken Ast (die Chronik spricht von »stockh«), Strauß versucht sich loszureißen, schreit dem Adligen auf seinem Rappen zu: »Nehmt alles, was ich hab, ich lass mich schatzen um 4000 Gulden, alles geb ich Euch, nur lasst mir meine rechte Hand, ich bin doch jung.«

Er weint wieder los. Thomas von Absberg bleibt stumm. Auch seine Kumpane auf ihren Pferden mögen stumm geworden sein. Oder haben sie Strauß höhnisch nachgeäfft? Die Zeit war grausam dazumal, Mitleid gehörte zu den Frauen und in die Kirche, aber der glaubte man schon längst nicht mehr, von ihr ging besonders viel Grausamkeit aus.

Thomas von Absberg muss den Kopf geschüttelt oder dem

Veit Scharpf ein Handzeichen gegeben haben, mit der Tortur zu beginnen. Jedenfalls riss ihn der Rotbärtige zum Baumstumpf und zwang seine rechte Hand, die Pulsadern nach oben, auf die raue, spänige Holzoberfläche. Mit aller Kraft muss Wolf Strauß die Hand zurückgerissen haben, wieder dreht er sich auf den Knien zu Thomas von Absberg um, schreit in unendlicher Verzweiflung: »Herr, nehmt mir die Linke, bitte, die Linke, so werd ich nicht der ganze Krüppel, Gnade, Gnade, oh Herr, die Linke.«

Wieder fühlt er den gnadenlosen Riss von Veit Scharpf an seiner Rechten, sieht das ebenso gnadenlose Kopfschütteln des Thomas von Absberg.

Wolf Strauß, geschwächt vom Blutverlust durch den Schwertschlag über den Kopf, geschwächt von der rausgeschrienen Verzweiflung, gibt nicht auf, er reißt die Rechte, Veit Scharpf ist stärker, zieht die Hand des Opfers wieder auf den Stumpf und hackt einen ersten Hieb ins Handgelenk.

Wolf Strauß schreit auf. Ein zweiter Hieb lässt ihn schier ohnmächtig werden, das Blut spritzt ihm ins Gesicht. Veit Scharpf flucht über den Dissacken, stumpf sei er wie ein Eselsschwanz, haut zum dritten Mal in die klaffende Wunde, trifft nicht die Knorpel des Gelenks, sondern in den Knochen, gelbes Knochenmark rinnt raus, Strauß schreit. Die Reiter verhöhnen Veit Scharpf, ein Anfänger sei er. Thomas von Absberg schaut schweigend zu. Der junge Sebastian schickt in verzweifelter Hast ein Stoßgebet nach dem anderen zum Herrn dort oben, so will er nicht leben, mit einer Hand. Fritz Neithart schluckt trocken, zittert, merkt nicht, dass auch ihm schon Tränen übers Gesicht rinnen. Ein fünfter Hieb saust in die blutige Masse auf dem Baumstumpf. Der rotbärtige Veit Scharpf ist über und über mit Blut bespritzt, oh, wie wird er selbst schreien unter der Folter, wenn er aufgezogen wird fünf Jahre später, die Arme hinter dem Rücken gebunden und mit Steinen die Füße beschwert, deren Gewicht ein Augenzeuge auf anderthalb Zentner schätzt. Aber jetzt ist diesem Veit Scharpf im Auftrag seines schweigen den Herrn Hans Thomas von Absberg selbst nach dem fünften Hieb nicht die Trennung von Hand und Unterarm gelungen, er flucht gotteslästerlich, die Hand hängt. Veit Scharpf greift den Dissacken wie zum Speckschneiden und säbelt die letzten Sehnen und Fleischstücke entzwei, die Hand reißt er hoch, zeigt sie triumphierend. Strauß ist ohnmächtig, liegt am Baumstumpf, der blutige rechte Arm sinkt herab, der Schmerz bringt ihn wieder zur Besinnung, er schreit auf in einer so grenzenlosen Verzweiflung, während aus der riesigen offenen Wunde das Blut in seinen Schoß tropft.

Veit Scharpf wirft die rechte Hand vor das Pferd des Absbergers, gibt Strauß einen Fußtritt: »Hau ab, muss Platz haben für den nächsten!«

Er stopft die blutigen Hände ins Hemd

Strauß gelingt es aufzustehen. Er läuft ein paar Schritte, fällt auf die Knie. An ihm vorbei schleift Veit Scharpf seinen Freund Fritz Neithart. Auch der fängt zu betteln an: »Herr, lass mir meine Glieder, ich bin ein armer Handwerksbursch. Ihr könnt alles haben, was ich besitze, ich bin ein Zirkelschmied, was soll ich machen ohne die Rechte, ich fleh Euch an.«

Es nutzt nichts. Veit Scharpf schleift ihn weiter. Zum selben Baumstumpf. Den Dissacken reißt er in die Höhe, die rechte Hand Neitharts zwingt er ins Blut des Strauß und schlägt ihm mit einem mächtigen Hieb die Hand halb ab. Neithart sinkt in die Knie. Veit Scharpf hat bei den Spießgesellen etwas gutzumachen, ein zweiter strenger Hieb, und er schwingt die Hand durch die Luft. Die Reiter johlen Beifall. Fritz Neithart läuft im Schmerzschock unter diesem Gejohle in den Wald, hält mit der Linken den rechten Stumpf, fällt nieder und hat, wie er zwei Wochen später dem Rat von Nürnberg zu Protokoll gibt, »sich kains andern dann sterbenns vermutet«.

Veit Scharpf ist derweil auf den jungen Sebastian Markwart

von Staffelstein zugesprungen, zerrt auch ihn, der vor Entsetzen kein Wort rausbringt, zum blutigen Baumstumpf. Thomas von Absberg muss »Halt« gerufen haben.

Jedenfalls, das ist verbürgt, steigt er von seinem riesigen Rappen, geht auf Sebastian zu und nimmt ihm die Kappe vom Kopf. Groß gewachsen ist der Absberger, und wirklich ein bleiches Gesicht hat er, fährt mit seiner Hand an Sebastians Wange und Kinn entlang.

»Hast du dich schon einmal rasiert?«

Nicht nur Sebastian ist verblüfft.

»Nein«, sagt er. Oder schüttelt nur unter Tränen zitternd den Kopf.

»Lass ihn laufen!«, befiehlt Thomas von Absberg. Veit Scharpf murrt, lässt aber Sebastians Hand los.

Der Absberger greift Sebastian an den Rock, öffnet ihm sein Hemd. Er bückt sich, ein gut trainierter, geschmeidiger Kerl, hebt die zwei blutigen Hände aus dem Gras der Lichtung – und stopft sie in Sebastians Hemd.

»Du musst mir schwören«, sagt er mit dieser eher traurigen Stimme, »dass du die zwei Händ' dem Bürgermeister von Nürnberg bringst. Schwör!«

Sebastian sagt: »Ich schwör's.«

»Sag dem Bürgermeister: Der diese Tat getan, der heiße Hans Thomas von Absberg. Und der werde das mit allen Nürnbergern so halten. Und er, der von Absberg, er habe ein Schwert mit einem Schwertknauf daran, da wird eines Tages der Bürgermeister reinbeißen müssen, dass ihm das Feuer aus den Augen springe. Sag's ihm!«

Sebastian nickt stumm. Er fühlt das warme, klebrige Fleisch der abgehackten Hände auf seiner Brust. Thomas von Absberg steigt auf sein Pferd, reitet langsam los, stoppt wieder, deutet auf die zwei Spieße und die Brustwehr von Strauß und Neithart und sagt zu Sebastian: »Häng's an mein Ross!« Sebastian klaubt die Sachen vom Boden der Lichtung auf und hängt sie dran. Wieder reitet Hans Thomas von Absberg los, stoppt sein Pferd noch einmal und deutet auf ein Brusttuch und ein Schepperlein, den abgelegten Kittel.

»Bring's mir«, sagt er zu Sebastian, der ihm auch das aus dem Gras hochreicht.

Ob er sich Gedanken gemacht hat über die Widersprüchlichkeit dieses Edelmanns? Lässt zwei Männer verstümmeln, schützt einen Knaben, raubt lächerliche Spieße, Brustwehren oder Tücher, das alles mit einem Gesichtsausdruck, der eher Qual als Lust am Quälen ausdrückt.

Absberg verschwindet mit seinen Kumpanen im Wald. Bis auf Veit Scharpf. Der bleibt vor Sebastian stehen. Fliegen umsurren ihn in der Nachmittagshitze. Der Blutgeruch macht sie aggressiv. Auch Sebastian schwirren sie an, mit den zwei blutigen Händen an der Brust.

»Zeig mir deinen Reisesack«, sagt Veit Scharpf zu ihm. Sebastian nimmt den Reisesack nach ein paar Schritten von seinem Pferd. Sechs Gulden sind drinnen und ein bisschen Kleidung. Veit schwingt ihn sich über die Schulter, steigt auf sein langschwänziges Pferd. In der Hand hält er die zwei ledernen Leibgürtel, die Strauß und Neithart ablegen mussten. Er wirft sie Sebastian vor die Füße. »Da«, ruft er im Wegreiten, »verbind den zweien die Armstümpf', damit sie nicht so bluten.« Er reitet davon.

Sie schauen sich an: Der Meierbauer, dem nichts passiert ist, weil er zum Markgrafen von Bayreuth gehört, und Sebastian. Auf der Erde stöhnt Wolf Strauß. Aus dem Wald ertönt das Stöhnen von Fritz Neithart.

Sebastian wirft dem Bauern die Gürtel zu. »Verbind sie!«

Er reißt sich die toten Hände aus dem Hemd, wirft sie auf den Waldboden, läuft zu seinem Pferd und ruft, während er sich hinaufschwingt, Strauß zu: »Ich hol einen Karren aus dem nächsten Dorf.«

Sebastian ist erwachsen geworden in diesen Minuten. Er galoppiert den Hohlweg entlang. In einem Weiler kurz vor Pottenstein, eigentlich nur ein paar hundert Meter entfernt vom Ort des grausigen Geschehens, alarmiert er die Bauern. Sie spannen zwei Pferde vor einen Heuwagen und retten die beiden Verwundeten.

Wie lange sie überlebt haben, steht nirgends verzeichnet. In jedem Fall haben sie alle drei vor dem Rat zu Nürnberg ausgesagt. Und die Nürnberger haben ihre Anstrengungen vermehrt, um endlich dieses Raubritters habhaft zu werden.

Es sollte ihnen nie gelingen.

»Der ist gerecht auf den Specht«

Aber auch Hans Thomas von Absberg sollte nicht als Sieger aus einer Fehde herauskommen, deren Ursprung bis ins Jahr 1436 zurückging.

Genau am 22. August hatte Graf Ludwig von Öttingen, Hofmeister von Kaiser Sigismund, Schloss Spielberg mit allen dazugehörigen Dörfern, Äckern, Waldungen und Rechten an Erbmarschall Haupt II. von Pappenheim verkauft.

Wozu er nach Meinung der Absberger kein Recht hatte. Nicht weniger als 90 Jahre schleppte sich der Streit zwischen den adligen Häusern dahin. Amerika wurde darüber entdeckt, die Feuerwaffen wurden wirkungsvoller, und in Wien wurde der erste Apfelstrudel gebacken.

Adlige Geschlechter pflegen in Generationen zu denken und zu streiten, was die enorme Zähigkeit auf beiden Seiten erklärt. Dennoch: Die Differenz zwischen der Forderung der Absberger und dem, was die Öttinger zu zahlen bereit waren, waren lächerliche 6000 Gulden, nach heutigem Geldwert hoffentlich 60 000 Euro. Man wäre sich innerhalb der nächsten drei Generationen locker einig geworden, hätte nicht im Jahr 1519 Graf Joachim von Öttingen in unadeliger Hast behauptet, diese leidige Angelegenheit sei eigentlich verjährt.

Das ärgerte Hans Thomas von Absberg auf seiner Burg Absberg, unweit von Gunzenhausen über dem Brombachsee gelegen, so gewaltig, dass er, gemäß Fehderecht zwischen Adligen, die leidige Sache aus den Kanzleien aufs kriegerische Feld brachte. Er schrieb an den Grafen Öttingen einen Brief, in dem er wieder gütliche Einigung anbot, rüstete aber insgeheim mit seinen Knechten zum Angriff.

Den bereitete er in Zusammenarbeit mit seinem Vater, der Amtmann in Crailsheim war, nicht schlecht vor. Er schickte zwei junge Burschen, Hans Busch hieß der eine. Vom anderen, einem geschmeidigen jungen Bettler, der die Dörfer abgraste, ist nur die begeisterte Wertung von Papa Absberg erhalten: »Der ist gerecht auf den Specht!«

Die zwei reisten nach Augsburg, wo die Bundesversammlung tagte, an der Graf Joachim von Öttingen im Auftrag der Mainzer teilnahm. Es sollte sein letzter öffentlicher Auftritt sein.

Freitag vor Johanni war Thomas von Absberg mit 18 bewaffneten Knechten auf Pferden losgeritten. Er traf auf seinen Kumpan, Kuntz von Rosenberg, Chef eines tatkräftigen Raubrittergeschlechts, der zwar nichts mit dem Streit um Spielberg zu tun hatte, aber aus dem Händel persönlichen Gewinn erwartete. Ein weiterer wilder Gesell war Christoph Marschalk, der später seine Teilnahme an diesem Zug bereuen wird, er verliert darüber den Kopf. Kuntz von Rosenberg brachte 25 Berittene mit, alles Knechte oder adlige Knaben, die bei der Verwandtschaft ins ritterliche Handwerk eingeübt werden sollten.

In Treuchtlingen nächtigte die gefährliche Streitmacht. Christoph Marschalk wird auch um die 20 Knechte aufgeboten haben. Schwerter, Spieße und Armbrüste mögen die überwiegende Ausstattung gewesen sein, dazu die Brustharnische. Am Samstag zog man in Richtung Donauwörth, der »Specht« hatte gemeldet, dass schon seit Donnerstag der Zug Joachims von Öttingen auf dem Heimritt sei und durch Donauwörth ziehen würde, dann weiter durch Ebermergen bis hinauf zu seinem Schloss.

Er muss ein sturer Graf gewesen sein, die Donauwörther hatten ihn gewarnt, dass Reiter auf den Höhen vor der Stadt umherstreiften. Der Graf wies das Angebot des Geleits zurück. Vielleicht glaubte er sich auch, mittlerweile war es Sonntag geworden, unter dem besonderen Schutz des Heiligen Johannes, dessen Ehrentag es war. Jedenfalls ritt er an diesem 24. Juni 1520 mit seinen eigenen Knechten und Waffengefährten durchs Tor in Richtung Galgenberg hinaus.

58 Jahre war er alt, kein Alter zum Sterben. Den Bach Wörnitz entlang zog die wohl gesättigte Schar. Späher ritten vor dem kleinen Zug und an den Seiten. Viel Lust werden sie nicht gehabt haben, zumal an den Rändern der Wörnitz sumpfige Wiesen lagen. Unter den Pferdehufen gluckste es tückisch. Wer wird schon einen Grafen angreifen wollen, werden sich die Späher gedacht haben.

Plötzlich füllt Geschrei die flirrende Luft. Pferde schnauben, Wasser spritzt auf, Armbrust-Pfeile zischen durch die dampfige Luft. Der Graf wird verdutzt gewesen sein, aber nur einen Moment. Er schreit Befehle, doch wenn es um Tod und Leben geht, hört man schon mal nicht so recht hin, um sich selbst zu retten.

Ein Knecht indes, dessen Name die Geschichte verschweigt, ist wirklich ein treuer Diener seines Herrn. Er drängt sich zum Grafen hin, der gerade von Philipp Geyer, einem Vetter von Florian Geyer, der sich im Bauernkrieg gegen die Fürsten auszeichnen sollte, mit einem Schwertstich in den Rücken aus dem Sattel gespießt wird. Der Knecht springt ab, schlägt mit dem Schwert wild um sich, deckt den Grafen, der durch die Schwerter von Georg Rechberger und Bartel Franck bedrängt wird. Der Graf steht mühsam auf, versucht weiterzukämpfen. Vielleicht erkennt er Thomas von Absberg, den großen bleichen Kerl, oder dessen Vater Erasmus, der, so waren die Zeiten, seine Pflichten als Amtmann von Crailsheim mal für ein paar Tage hatte ruhen lassen, um aus familiären Gründen ins Gefecht zu ziehen. Vielleicht aber ließ den Grafen der Stich in den Rücken schon Farben sehen, die er nie zuvor gesehen hatte. Sodass er den zweiten Schlag, der ihm die rechte Schulter spaltete, ausgeführt von Rechberger oder Franck, schon gar nicht mehr gespürt hat.

Wadel an Wadel kämpft fränkischer Adel

Kämpft auf einem Landweg und auf sumpfiger Wiese mitten in der Sommersonne Adel gegen Adel – und das blaue Blut stand schon auf verlorenem Posten. Die tapferen Herren wussten es nur noch nicht. Sofern sie nicht zu den immer stärker werdenden territorialen Fürstenhäusern gehörten, zum Hochadel, waren sie auf dem Weg in die Abhängigkeit. Und hier lieferten sie sich einen wütenden Kampf um ein Schloss, das 90 Jahre zuvor vielleicht nicht ganz rechtmäßig verkauft worden war.

Die Mainzischen Gesandten des Erzbischofs verteidigen sich zunächst mit wütender Kraft, trotzen der Übermacht, wild, ungeordnet. Es drehen sich Pferdepaare in Pirouetten, es wird gestoßen und gehauen, dazwischen die Knechte ohne Pferd, die von unten her in die Pferdeleiber stechen, in die ungeschützten Achselhöhlen der Reiter, nicht mit tödlicher Präzision, aber mit ungestümer Kraft, auf engstem Raum.

Graf Joachim kann sich nicht mehr auf den Beinen halten. Die Übermacht der Angreifer setzt sich durch. Hätten die Reiter nicht gute Harnische zum eigenen Schutz gehabt, es wäre ein blutiges Gemetzel geworden, so aber gibt es im Kampf selbst keinen Toten.

Ein schmähliches Ende für alle Beteiligten. Die Mainzischen sprengen wie auf geheimes Kommando davon, in Richtung Donauwörth. Zurück blieben Joachims drei oder vier Begleiter.

Graf Joachim liegt auf der Erde, auf dieser blumenreichen Sumpfwiese gleich neben dem durch Knüppeldämme verstärkten Weg. Nervöse Aufregung flimmert über dem Kampfplatz, vielleicht hat Thomas von Absbergs Vater geschrien, mit dem Kämpfen aufzuhören.

Der Lärm verstummt. Nur das Schnauben der Pferde und Stöhnen der Verwundeten. Der Kampf ist zu Ende. Die Sieger reiten auf den am Boden liegenden Graf Joachim zu.

Thomas von Absberg steigt ab. Er schwitzt, er stinkt wie die anderen. Hat noch nicht den Beinamen »der Handabhacker«. Er geht auf den Grafen zu. Der ist nahezu ohnmächtig. Schaut den Absberger an, sein Atem geht rasselnd. Thomas von Absberg kniet vor ihm nieder. Es sieht wie eine Respektbezeugung aus, Thomas von Absberg greift die rechte Hand des Verwundeten und streift ihm den Grafenring vom Mittelfinger ab, dazu den Rubinring vom kleinen Finger, lässt die Hand fallen, nimmt die linke, streift auch dort zwei goldene Ringe ab, zerrt am blutgesättigten Wams des Grafen, findet an einem Schulterriemen die kleine Ledertasche, reißt sie mit einem Ruck runter, die vielen Gulden und Goldstücke klirren gegeneinander. Er greift neben den Grafen und findet die Hartlederrolle mit Petschaften und Urkunden. Schweigend geht das vor. Keinem ist es peinlich, keiner greift ein.

Thomas von Absberg schaut hoch. »Nehmt ihm seine Pferde«, sagt er. Die erkennt man am gräflichen Brandzeichen. Thomas von Absberg wendet sich wieder dem Grafen zu: »Hört Er mich?« Der Graf nickt schwach.

»Schwör Er mir, dass Er, wann immer ich es Ihm befehle, sich stelle, wo immer ich es wünsche. Schwör Er!«

Der Graf haucht: »Ich nehm's auf meinen Eid.«

Er kann die Bremsen nicht mehr abwehren, die auf seinem blutverkrusteten Gesicht sitzen. Am Bein haben sich erste Blutegel aus den Sumpfwiesen festgesaugt.

Ein letztes Mal sieht Thomas von Absberg dem Graf ins Gesicht. Triumphierend. Endlich hat er sich gerächt für die spöttische, geschickte Hinhaltetaktik der Öttinger, für den eitlen, siegesgewissen Schritt, den Graf Joachim mit seiner Behauptung der Verjährung getan hat. Er, Thomas von Absberg, ist der Herr auf der Walstatt. Am 6. Juli wird der Graf an den empfangenen Wunden sterben.

Vielleicht hat er sich auch durch diese Tat von seinem Vater Erasmus emanzipiert. Der schaut zu. Drängt zum Abmarsch. Hat Angst vor den Donauwörthern. Die haben schnelle Pferde und ein paar tapfere Ritter im städtischen Dienst. Während sie hier alle erschöpft sind.

Thomas von Absberg erhebt sich, er hat kein Mitleid für den Grafen, nicht so wie drei Jahre später für den jungen Sebastian. Er hat nur ein unbändig starkes Glücks- und Siegesgefühl in seinem Kopf. Er weiß nicht, dass er mit diesem Gefecht auf der Sumpfwiese bei Donauwörth das eigene Geschlecht der Absberger auslöscht, dass in 50 Jahren kein Absberger mehr lebt, dass nur der Name des Dorfes überlebt und von einem fränkischen Rittergeschlecht kündet, dessen letzter, mächtiger Vertreter ein Raubritter war.

Ein lausiger Schusswaffenwart

Als das Heer des Schwäbischen (Städte-)Bundes am 25. Juli 1523 sein Schloss stürmte und nach der Plünderung niederbrannte, konnte der Schreiber als Inventar folgende Liste abgeben: »An Hausrat: 24 Unterbetten, 8 Deckbetten, 5 Kissen, 7 Federkissen, 5 Paar Laken. An Artillerie und Zubehör: 4 Halbschlangen, 1 Halbkartaune, 7 Hauptbüchsen, 4 Zentner Blei. An Handwaffen: 6 Armbrüste, 7 Handbüchsen, 13 schadhafte Büchsen, 39 gefasste Hakenbüchsen. An Naturalien: 200 Metzen Roggen, 60 Metzen Dinkel, 14 Schweine, Korn und Heu in größeren Mengen.« Hans Thomas von Absberg, so lehrt das Inventar, schlief gerne warm und flaumig, aß normal und war ein lausiger Schusswaffenwart.

Ein Mann, dessen Charakter ebenso schwer einzuschätzen ist wie sein Aussehen. Zu widersprüchlich sind die Aussagen von Absbergs Kumpanen unter der Folter oder die der Geiseln, die nach ihrer Freilassung gegen hohes Lösegeld blutend, den rechten Armstumpf schreiend hochhaltend, ihre Begegnung mit Thomas dem Handabhacker schilderten.

Einmal ist es »ein volliger Mann«, füllig, der einen »kemlein graben Rockh angehabt und einen schwartzen mutzen geritten«, des Weiteren wieder ein schlanker »Gesell, der einen kurtzen schwartzen part und ein Kurtz koppet har hab«: koppet bedeutet kraus oder dicht. Ein andermal trägt er einen »schwartzen und groben partt«. Um den Hals, schildert ein weiteres Opfer, habe er »zwo guldin oder messin ketten« getragen. Mal trägt er einen grau gefütterten Kittel, mal versteckt er sich in einer braunen Kutte, die er einem bedauernswerten Mönch, den er kastrieren ließ, abgenommen hatte. Oder er kleidet sich wie ein Knecht.

Einmal bringt er auf Schloss Krügelstein einen Toast aufs Handabhacken aus, aber die anderen Adligen, Raubritter wie er, wollen darauf nicht trinken.

Oder er nähert sich gefesselten Kaufleuten und höhnt, bevor er seine Knechte dazu anhält, deren jeweils rechte Hände abzuhacken, wobei auch er selbst zum Messer greifen wird: »Ach, gott, wie ein gericht werden wir heut haltten!«

Auch verschmäht er nicht niedrige Arbeiten. Ein Kaufmann: »Er hat mich hartt an ainen paum hinterwarts, den andern uff die erden creutzweis gepunden, ihm und mir knebel in di meuler gepunden, das wir nichts mer reden konnen.«

Der Junker ohne eigene sichere Burg, ohne mächtige Freunde, in deren Verliesen er seine Geiseln unterbringen konnte, sagt einmal zu einem seiner Kumpane: »Sie entlaufen mir alle. Was soll ich tun? Keiner bringt die Schatzung wie vereinbart. Ich will ihnen allen die Hände abhauen!«

Wenn er andererseits einmal einen sicheren Verwahrort gefunden hat, dauert es ihm auch wieder zu lange, bis Lösegeld eintrifft. Einmal will er nach fünfwöchiger Warterei einen Gefangenen eigenhändig erwürgen. Veit Scharpf, sein wichtigster Helfer und Erster Knecht, hindert ihn mit einem klassischen Satz an der Ermordung des hilflos im Stock sitzenden Nürnbergers: »Was hilfts, so wir ine erwürgen, wir konnen der clauen nit saugen.«

Worauf der Junker zwar vom Hals des Kaufmanns lässt, dafür aber sein Leid klagt: »Wie lange ich auf Lösegeld warten muss! Ich werde durchs Land gejagt und bin in meinem Leben noch nie so arm gewesen.«

Seinen widersprüchlichen Charakter überliefert auch eine sympathische, wenn auch roh endende Szene: Veit Scharpf steigt zusammen mit Absberg den Burgturm hinauf, in dem ein Gefangener namens Geiger seit Wochen angekettet liegt. Veit trägt einen Topf mit warmem Wasser und ein Rasiermesser. Absberg schaut sich die Geisel an und spöttelt: »Geiger, du siehst wirklich abscheulich aus! Wie ein Mörder aus dem Wald.«

Er hockt sich nieder und beginnt den schmutzverfilzten Bart Geigers abzuschaben. Geiger ist baff. Er schreit auf. Der Raubritter hat ihn aus Versehen geschnitten.

»Halt still!«, ruft der Absberger ärgerlich, schabt weiter, wieder schneidet er Geiger, der zuckt zurück, will nicht mehr still halten, Absbergs Jähzorn bricht sich wieder Bahn: Er schlägt mit der Faust ins Gesicht des Gefesselten, beschimpft ihn, Veit Scharpf muss ihn beruhigen, fällt ihm in den Arm.

Wenn er nicht gerade auf Raub aus ist, reitet hinter ihm ein »knab«, der ihm die Armbrust nachträgt. Er selbst hat am Sattel eine »feuerpüchsen mit zweyen roren« hängen. Veit Scharpf muss, sozusagen als Reisebesteck, immer einen kleinen Daumen-Schraubstock für »peinliche Befragung« der Überfallenen mit sich führen.

Mal reitet er einen »praunen Fuchs«, mal einen »gemutzten Rotschimmel«.

Und immer wieder diese Wutanfälle. Er rauft sich wie der letzte Knecht mit den Kaufleuten, was einer seiner Raubgesellen, Cuntz Pfeiffer, in der »gütlichen Befragung« (der immer eine »peinliche« unter Folter folgt) so schildert: »Ich bin zwischen Hanns Thomann und den ainen kaufman geruckt, dene er angefasst hette, die feust abzuhauen, und Hannsen Thoman uffs hochst darfür gepetten, das er ime zugesagt hette, solchs zu untterlassen. Darnach hätt Hanns Thomas ainen andern kauffmann angefasst in willen, ime die faust abzuhauen. Der hett sich mit ime begriffen, das sy bede in einen graben mit einander gefallen waren. Für den hab ich auch so fasst gepetten, mit meinem pferde bin ich zwischen ine geruckt, das Hanns Thoman von ime gelassen hette.«

Überraschend scheint wieder die sanfte Seite seines betrüblichen Charakters auf. Einer seiner Knechte, ein junger Kerl, Walter Kilian, sagte bei seinem gütlichen Verhör, dass er den Absberger oft habe weinen sehen und dass er »auch die taten mit hendtabhauen umb nicht anders willen fürgenommen, dann sein sach zu vertrag zu bringen«. Endlich sein Recht zu bekommen, so wie er es sah.

Seine Gegner, vor allem die Grafen von Öttingen, ließen ihn auf dem Kropf sitzen, wie das bildstark hieß. Bei einem der Vergleichstermine hatten die Öttinger verlangt, dass nach Beendigung der Fehde die Absberger ihnen auf der Straße oder in Herbergen immer ausweichen und untertänig grüßen müssten.

Auch der Bürgermeister von Nürnberg weist in einem Schreiben an den Ritter Bastian von Eyb mahnend darauf hin, wie mit einem Geächteten umgegangen werden müsse: »Nemlich das einicher gewaltiger tetter und fridbrecher von niemand gehaust, geherbergt, und in seiner oberkait aigenthum und gebieten enthaltten und fürgeschoben, sunder dieselben angenomen werden sollen bei peen offenlichs fridbruchs.« Hochdeutsch zusammengefasst: Ein Mensch in der Reichsacht, ein Landfriedensbrecher, darf nicht als Gast aufgenommen, versorgt oder gar der Obrigkeit vorenthalten werden.

Aber diese fortan so zermürbende Isolierung wird Thomas von Absberg erst später erfahren, jetzt, da er Graf Joachim von Öttingen in seinem Blute liegen lässt und mit seinem Haufen davonreitet, fühlt er sich als Sieger.

Plagt ihn das Gewissen? Jedenfalls reitet er in Richtung Flüglingen, ohne die anderen, nur mit seinem Vertrauten Veit Scharpf.

Wolfgang, Herr zu Schwarzenberg, Amtmann zu Flüglingen, wird sich vielleicht gewundert haben, warum zwei schmutzstarrende Reiter auf sein Schloss zureiten und ihn zu sprechen wünschen. Er lässt die beiden im Schlosshof warten, Angst muss er nicht haben, die Seinen sind die mehreren, er geht auf den Platz, er kennt den Reiter, den Hageren, Großgewachsenen. Der steigt nicht ab vom Ross, will über Nacht nicht bleiben. Sicher bemerkt der Amtmann die Wunden am unglaublich hoch gewachsenen Pferd des Absbergers, erblickt auch beim rotbärtigen Reiter wüste Kampfspuren, jedenfalls sieht keiner der beiden so aus, als wäre er zu Ehren dieses heiligen Sonntags für den Heiligen Johannes festgemäß gekleidet.

»Draußt«, fängt der Absberger an, »draußt auf einer Eurer Wiesen, drunten am Fluss, liegt einer. Ist von Adel.«

»Was ist mit ihm?«, mag der Herr zu Schwarzenberg gefragt haben. Sicher ist, dass der Absberger gesagt hat: »Der ist hart gefallen. Nehmt ihn bei Euch auf.« Und wendet ohne Gruß sein Pferd, reitet mit dem Rotbärtigen zum Tor hinaus.

War es der Graf, den der Amtmann bei sich aufnahm? Vielleicht hat der Absberger für einen seiner Ritter gebeten.

Er ist weitergeritten, während man seinen Feind, zu Tode verwundet, nach Donauwörth zurückgebracht hat. Dort starb er nach einigen Tagen, zwischen dem 6. und 8. Juli 1520. An Wundbrand.

Er muss wütend in den Tod gegangen sein. Vielleicht auch deshalb, weil er gehört hat, wie der Absberger seinen Sieg gefeiert hat. Einen Gewaltritt zieht er durch, gut vierzig Kilometer bis nach Merkendorf. Fünf Jahre später wird einer seiner Knechte im peinlichen Verhör aussagen, dass er nimmer einen getroffen habe, der so gut hätte reiten und sich im Wald zurechtfinden können wie der Absberger. 18 Mann stark war der berittene Trupp, der beim Wirt von Merkendorf die Übernachtung begehrte und erhielt. Drinnen in der Wirtsstube ging es hoch her, man zechte, aß oder besser fraß Eier in Schmalz, Käse, sie soffen Wein und Bier, lobten einander, wie tapfer man gestritten habe, vergaßen die Angst, die sie pochend gespürt hatten.

Die beiden Berlichingen gehörten dazu und Kuntz von Rosenberg, sie durften den Absberger duzen und forderten ihn auf, von der reichen Beute einen »Beutepfennig« ans Merkendorfer Gotteshaus abzugeben. Das berichtet die Chronik.

Wie lebendig mag es zugegangen sein in der verräucherten Gaststube, wo auf derbhölzernen Bänken an langen Tischen die verschmutzten Reiter saßen. Der Wirt aber wusste nichts von ihrer Tat, es wäre sein Tod gewesen. Die Nachrichten waren in jener Zeit die Täter selbst. Sie überholte keiner. Und Graf Joachim lebte. Die Angreifer dachten, er überlebt.

Hans Thomas von Absberg ging auf, welch mächtigen Feind er sich gemacht hat. Der Wirt und Mägde berichteten später, er habe sich die Nacht hindurch nicht schlafen gelegt und »wie ein thor« aufgeführt. Er schwankte zwischen prahlerischer Lustigkeit und stiller, stumpfer Verzweiflung, überbordend ein Lied anstimmend, aufbrausend auf einen harmlosen Scherz reagierend – verschwunden auf ewig die Wirklichkeit dieser Nacht, die erste von hunderten, in denen der Absberger kein Aug mehr zumachen kann, gejagt und jagend, Leid und Terror verbreitend – und Frieden suchend.

»Der Teufel bin ich«

Er wird den Beutepfennig aus Graf Joachims Lederbeutel gezogen haben, ein paar Goldstücke mögen es gewesen sein, die er dem Merkendorfer Gotteshaus spendete.

Wird es den Pfarrer gewundert haben? Wird er beim Empfang des Geldes mitten in der Wirtsstube versprochen haben –

unter dem Johlen der Zecher –, dass er selbstredend ein paar Messen lesen werde für den Öttinger? Er wird nicht nachgefragt haben, wird sich tief verbeugt haben vor Hans Thomas von Absberg. Der wird ihm, sicher sentimental und voller Selbstmitleid, zugeflüstert haben: »Und les eine Mess' auch für mich, Pfaff! Sonst hol dich der Teufel, und der bin ich!« Die Zecher werden gegrölt haben.

Später, als sich die einen ins Stroh im Pferdestall verzogen haben, berauscht und erleichtert, weil sie keine Wunde davongetragen haben, sondern nur ihren Anteil der Beute, wird der Absberger hin und her gehen in seinen hohen Reitstiefeln, die noch immer vor Schmutz starren. Vielleicht ahnt er, dass der Graf sterben wird.

Er steigt schon am frühen Morgen wieder auf sein Ross. Bei Uffenheim trennt sich der Trupp. Thomas von Absberg reitet nach Hause, dort erfährt er vom Tod des Grafen, von der Anzeige beim Schwäbischen Bund und von kaiserlichen Schreiben gegen ihn, von bösen Nürnberger Reaktionen, die kamen einigermaßen aus mit den Öttingern, nicht aber mit den Absbergern. Hans Thomas von Absberg verlässt seine Burg, flieht nach Böhmen.

Zwei Jahre lang wird von verschiedenen Seiten her, sogar von der kaiserlichen, versucht, Frieden zu schließen. Es gelingt nicht, und Hans Thomas von Absberg beginnt seinen blutigen Kampf gegen Nürnberg, die Öttinger, den Schwäbischen Bund. Aber er trifft nicht die Verantwortlichen, sondern den unschuldigen Bürger, der nichts von seiner Fehde weiß, sondern in ihm nur den adligen Beutemacher sieht.

Der ferne Kaiser des Heiligen Römischen Reiches Deutscher Nation ließ von Gent aus für Thomas von Absberg »die Acht und Aberacht« erklären, weil der Ritter, so Kaiser Karl V., »unbewahrt seiner Ehre den Landfrieden gebrochen« habe.

Die Grafen von Öttingen schürten und intrigierten gegen Thomas von Absberg, Verbündeten gelang es schon im Juli 1520 vorübergehend, Burg Absberg einzunehmen. Dem Absberger blieben die Böhmen, weil es König Ferdinand nicht so genau nahm mit den kaiserlichen Acht-Erklärungen.

Aber der Absberger kam wieder in deutsche Lande, und es begann, nachdem ein Vergleich zwischen den Öttingern und den Absbergern zu Ansbach vor allem durch die Nürnberger Abgesandten verhindert worden war, das große Leid für die Bürger. Nicht nur für die von Nürnberg, sondern für die aller Städte, die dem Schwäbischen Bund angehörten. Der war 1488 auf Druck Kaiser Friedrichs III. entstanden. Eigentlich sollte er die landgierigen bayerischen Herzöge in Schach halten. Später verlor er im Krieg gegen die Schweizer erheblich an Reputation, erwarb sie sich indes wieder durch den Kampf um die Sicherheit der Straßen gegen die Raubritter. 1534 wurde er aufgelöst. Insbesondere Augsburg als Reichsstadt war wichtiges Mitglied des Schwäbischen Bunds.

Mit Egelhofers Gulden scheppern

Der Augsburger Bürger Marx Egelhofer scheint kein wirklich frommer Mann zu sein. Ausgerechnet am heiligen Karfreitag des Jahres 1522, genauer gesagt am 28. April, reitet er von Kühlsheim in Baden aus, um am gleichen Tag Windsheim zu erreichen, dort zu übernachten, weiter nach Augsburg zu traben, um sich mit neuen Textilien auf die Messe nach Gera zu begeben.

Ach, hätte er den Todestag Christi geehrt, mag er sich oft genug stoßseufzend gesagt haben. Es wird alles andere als ein ruhiger Ritt, bei dem er im Sattel so vor sich hindöst oder die letzten Einnahmen nachrechnet und sich bedenkt, ob Tochter Else den Büttnergesellen Hans heiraten soll, immerhin übernimmt der einmal die Büttnerei des Vaters. Andererseits ist ihm der Hans ein zu selbstsicheres Bürschchen, will immer etwas Neues beim Fassbauen ausprobieren, und überhaupt…

Marx Egelhofer hat die vier Reiter einfach nicht bemerkt. Jetzt hört er die Pferdehufe, dreht sich um, erblickt vier schwer bewaffnete Kerle in Rüstung, die Armbrüste an den Sattel gehängt. Die vier geben ihren Pferden die Sporen, sind im Nu rechts und links und hinter ihm, die Angst packt den Egelhofer, schon sieht er in knapp einem Kilometer Entfernung die ersten Häuser von Wallmersdorf. Er beruhigt sich ein wenig, die vier haben ihre Schwerter nicht gezogen. Sie reiten neben ihm her.

Fragt ihn ein groß gewachsener, bleicher Gesell mit schwarzem Bart und hohem Helm, dessen Visier aufgeschlagen ist, wie er heiße.

»Marxen Egelhofer«, antwortet der und setzt forsch hinzu: »Und wie heißt du?«

Das überhört der Frager und fährt fort: »Woher kommst du?«

Die Angst wird wieder größer beim Egelhofer. Das ist ernst. Vielleicht erkennt er auch, dass die vier ausgezeichnete Pferde reiten, vor allem der, der ihn fragt, so teure, wie sie kaum eine Stadt ihren Reisigen verschaffen kann. Nur das Gesindel, die Landplacker, die Ritter, die reiten die besten Gäule. Und der ihn fragt, irgendwie hat der so eine Art, das muss ein Ritter sein. Der drängt sein Pferd dichter an das seine ran, der auf seiner anderen Seite macht es ihm nach. Egelhofers Pferd scheint die Nähe der beiden Viecher zu mögen, was den Egelhofer irgendwie ärgert.

»Woher kommst du?«, fragt ihn der Hochgewachsene auf dem Prachtgaul noch einmal, härter in der Stimme diesmal.

»Aus Külsen«, antwortet Egelhofer.

»Und wohin willst du?«

»Zu mir nach Haus.« Egelhofer versucht, Zeit zu gewinnen. Es gilt, die richtige Stadt zu nennen, den richtigen Herrn anzugeben, dann lassen sie einen laufen. Aber wer kennt schon alle Fehden und Feindseligkeiten, die gerade in deutschen Landen ausgetragen werden?

Der Reiter lacht laut auf, die anderen drei fallen mit ein.

»Zu dir nach Haus«, wiederholt der Adlige. »Bist ein Schlaukopf! Sag's lieber gleich, dass du ein Nürnberger bist.«

»Ein Augsburger bin ich«, fällt Egelhofer erleichtert ein. Kaum ist es raus, reißt ihm der Ritter die Zügel aus der Hand. »Ha!«, schreit er, »so bist du bündisch! Und bist du bündisch, so bist du mir recht.«

Er zerrt Egelhofers Pferd mit sich vom Weg in den Wald rechter Hand. Egelhofer kann sich nicht wehren, die drei anderen Reiter fuchteln mit ihren Schwertern, sie galoppieren los, schlagen auf sein Pferd ein, dass es nicht zurückbleibt, sie arbeiten gut zusammen, diese Strauchdiebe.

Schon kurz hinter dem Waldsaum stoppen sie, reißen ihn vom Pferd und binden ihn an einen langen Ast, der auf der Erde liegt. »Schaut nach, was er bei sich hat!«, befiehlt der Adlige, von dem Egelhofer inzwischen weiß, dass er hier das Sagen hat. Wer ist das? Mit vielen Rittern liegt der Schwäbische Bund in Fehde. Die drei Reiter folgen dem Wort des Ritters, öffnen seinen Reisesack, und während sie seine Sachen verteilen, verhöhnen sie ihn: »Wirst schon sehen, wie du ohne Fäust' weiterreiten kannst, die hauen wir dir ab. Es sei denn, du zahlst uns ein bisschen mehr, als was du in deiner Geldkatz hast.«

Sie scheppern mit den Gulden, die er so mühsam verdient hat.

»Verteilt wird nachher, aber ehrlich!«, ruft der Ritter und reitet mit einem der drei Knechte davon.

Egelhofers Pferd grast unbeeindruckt, was den Egelhofer schon wieder ärgert.

Halb sitzt, halb liegt er im Wald. Die Fliegen kann er sich nicht vom Gesicht klatschen, Ameisen und widerliche Käfer krabbeln an ihm hoch, er wird gebissen und gestochen, auch die beiden Reiter, die weiterhin auf ihren Pferden sitzen bleiben, sind unruhig. Gott sei Dank ist es nicht so heiß, dazu erfüllt nach einiger Zeit wieder das frühlingsselige Zwitschern und Trällern das Walddickicht aus Ulmen, Eichen und ein paar Birken.

Egelhofer mag nichts reden. Jetzt ist er in der Lage, die er sich nie gern ausmalen wollte. Obwohl viel geredet wurde in Augsburg über die unsicheren Straßen und geschimpft, wozu man eigentlich den Schwäbischen Bund geschlossen habe, wenn der es nicht einmal fertig bringt, die großen Straßen zwischen Augsburg und Nürnberg, Würzburg oder Mainz sicher zu machen. Dieses verfluchte Rittergesindel, mag sich der Egelhofer gedacht haben. Und wer mag wohl sein Ritter sein?

Der kommt nach einer Stunde zurück, die vier tuscheln miteinander, reiten vom Egelhofer weg, als ob er das Gehör eines Luchses habe, er versteht nur, dass seine Vermutung richtig ist: »Junker« reden die drei den Hochgewachsenen mit dem Prachtgaul an.

Die Reiter kehren von ihrer Beratung zurück, sitzen ab. Sie haben keine Lust, ihren Gefangenen weiter zu verhöhnen oder zu quälen, nur einmal sagt der Junker: »Wart nur, bis es dunkel wird!«

Sie verteilen eher lustlos die Beute, durchsuchen Egelhofers Satteltaschen, einer kommt zu ihm, nimmt ihm den Hosengürtel, tastet seine Brust ab, er hat nichts versteckt. Er mault über die magere Beute: »Bist ein schlechter Kaufmann, hast nix bei dir, musst besser handeln, damit wir mehr holen können.«

Nur die drei Knechte lachen über den Scherz, der Junker sitzt etwas abseits am Baum, sinniert vor sich hin, macht gar ein trauriges Gesicht, den Helm hat er abgelegt.

»Hoffentlich hast du ein paar tausend Gulden daheim, wenn dir deine Händ' lieb sind«, sagt er zu Egelhofer. Wieder lachen die drei Knechte. Dann schweigen sie wieder. Sie warten wirklich, bis die Nacht hereinbricht. Vollmond. Die vier mögen den hellen Mond nicht, einer flucht lauthals. Sie haben Angst, denkt sich der Egelhofer. Vielleicht sind Streifen ausgesandt, vielleicht ist das ein bekannter Strauchritter, dieser Junker – da fällt ihm siedend heiß ein: Am Ende ist es gar der Hans Thomas von Absberg!

Egelhofers Hals wird noch trockner. Durst hat er und richtige Angst um sein Leben.

»Los geht's«, sagt der Junker. Leise ist er, schweigend löst einer der Knechte Egelhofer vom Ast, bindet ihm sofort wieder die Hände zusammen, aber vorne, vor seinem schon rausstehenden Bauch. Egelhofer erkennt aus der Fesselung, dass er reiten muss, er wird aufs Pferd gehoben, nur der Sattel ist drauf, alles andere ist geklaut und auf den anderen Pferden an den Sattelknöpfen oder hinter dem Reiter festgebunden. Sie reiten los. In einer Reihe. Vorneweg der Junker, der sich auszukennen scheint in diesem Wald, aber wenn's der Absberger ist, nein, kann's nicht sein, der kennt nicht den Wald, so weit von seiner Burg entfernt? Wieder schöpft Egelhofer Hoffnung. Er reitet direkt hinter dem Junker. Keine Möglichkeit zu entkommen. Nicht nur, weil er gefesselt ist. Die drei hinter ihm würden ihn allemal erwischen. Auch rutscht ihm die Hose ohne den Gürtel. Sie reiten nicht mehr Richtung Windsheim, sondern eher Richtung Würzburg, wie ihm scheint.

Ein Mönch auf Seiten des Bösen

Es wird ein langer Ritt, ohne Pause, selten über Straßen oder Wege, meist im Wald, ein unheimlicher Wald im Mondlicht. Füchse springen vor ihnen auf, Rehe brechen durchs Unterholz, Egelhofer sieht eine Eule, später wischen lautlos Fledermäuse über seinen Kopf. Egelhofer grübelt müde vor sich hin, denkt wieder ans Geld. Aber dieses Mal nicht, wie viel er verdient hat, sondern, wie viel seine Familie aufbringen kann. Unter 3000 Gulden wird nichts gehen. Plötzlich ist der Egelhofer sehr für die Hochzeit seiner Tochter in das Büttnergeschäft. Die sollen gleich mal den Schwiegervater auslösen. Sonst ist's keine Hochzeit, wenn der Brautvater in einem Verlies verreckt!

Das muss er alles schreiben, im Brief, den seine Leute bekommen werden durch irgendeinen Boten dieses Junkers, der vor ihm reitet, manchmal blitzt sein Helm im Mondlicht auf. Und wenn dem Hans die Else keine 3000 Gulden wert ist? Egelhofer spürt wieder die alte Abneigung gegen den Schwiegersohn in spe aufsteigen. Das Reiten wird anstrengend, Gott sei Dank plagen einen keine Fliegen und Bremsen in der Nacht. Seinen Hut haben sie ihm gelassen. So ist er gegen diese Blutsauger von oben geschützt, die man so schwer aus der Kopfhaut wieder rausbekommt, nach deren Biss so viele Menschen wahnsinnig werden.

Es muss schon Mitternacht sein, als die fünf Pferde den schützenden Wald verlassen und auf einen Weiler zureiten. Gleich vor ihnen liegt im hellen Mondlicht ein kleines Haus, dahinter eine Kapelle, gegenüber, auf einem Hügel, erkennt Egelhofer drei mittelgroße Bauernhäuser. Nirgends ein Licht. Der Junker hält auf das Haus neben der Kapelle zu, steigt ab, tritt in den Schatten der Tür, klopft. Beinah sofort und lautlos geht die niedrige Haustür auf. Egelhofer erkennt etwas Weißes, es gleicht einem Weiberrock, der Junker winkt, verschwindet im Haus. Die drei Reiter drängen Egelhofer vor die Haustür, einer flüstert ihm zu: »Steig ab, geh rein. Schreist, stech ich dich zu Tod!« Egelhofer tut, wie ihm befohlen.

Er hat nicht schlecht gestaunt, als er mit gefesselten Händen in die Stube tritt. Steht dort ein Mönch in weißem wollenen Gewand, so wie es die Benediktiner tragen, und stellt grad dem Junker Käse hin und einen Laib Brot. Der Mönch schaut den Egelhofer nicht an, der Junker deutet nur, er soll sich hinhocken, die anderen drei kommen in die Stube, keiner grüßt den Mönch, der fleißig neuen Käse bringt und Krüge mit Wasser, einen für den Junker mit Bier. Von dem nimmt er sich selbst auch.

Eine Riesenwut mag in Egelhofer aufgestiegen sein, als er den Mönch recht liebedienerisch um den Ritter scharwenzeln sieht und den Satz vernimmt: »Lieber Junker, ich seh es gern, dass Ihr da seid, mir ist gesagt worden, die von Nürnberg sollen Euch gefangen haben.«

Der Junker mag eine spöttische Handbewegung gemacht, die drei Reiter gelacht haben, alle sind müde, Egelhofer wird um den mittleren Pfahl gebunden, als ob er ihn umarmen würde, er sagt nichts mehr, er wird gleich schlafen, sitzend, den Kopf an das rußige Holz gelehnt.

Schon um vier Uhr früh wird er hochgerissen, auf sein Pferd gesetzt, sie reiten wieder zu fünft los, still hat der Mönch hinter ihnen die Tür geschlossen. Wenn, schwört sich Egelhofer, wenn ich lebend davonkomme, will ich dafür sorgen, dass dieser Mönch gerichtet wird!

Sie reiten wieder durch Wälder, ein paar Stunden, bis im tiefsten Gehölz gerastet wird. Der Junker verlässt mit einem der Knechte den Rastplatz, die Vorderbeine von Egelhofers Pferd werden zusammengebunden. Er muss auf dem Gaul sitzen bleiben. Nach einer Stunde kommt der Junker wieder, fluchend neben ihm der Knecht: Er muss gehen, balanciert Krüge mit Wein und Brot.

Egelhofer darf absteigen, darf essen, darf auf der Erde sitzen bis neun Uhr abends. »Ich weiß das darum so genau«, wird er später seinem Augsburger Rat schildern, »weil ich die neunte Stund von einer Kirch hab anschlagen hören.«

Das Dorf wird er nicht nennen können. Er muss wieder gefesselt aufs Pferd, sie reiten weiter durch den Wald, mein Gott, kennt sich der Junker gut aus! Und wie sicher der im Sattel sitzt, Egelhofer empfindet wider Willen Bewunderung. Der Junker hat auch nicht mehr mit ihm ums Lösegeld gefeilscht. Egelhofer ahnt, warum: Der Junker muss erst einen sicheren Platz suchen, denn, das weiß der Kaufmann, wenn es der Absberger ist, ist das ein Ritter ohne Burg. Die haben ihm die Bündischen weggenommen.

Aber er weiß auch, dass ein Ritter dem anderen hilft, sie alle halten zusammen gegen die Pfeffersäcke, wie er und seinesgleichen sich spöttisch nennen lassen müssen.

Der Junker hält an. »Blend ihn!«, befiehlt er dem Reiter hinter Egelhofer. Der reitet sofort an die Seite Egelhofers und bindet ihm ein stinkendes Tuch ums Gesicht. Sein Pferd wird geführt, gut eine Stunde lang, am Tritt spürt er, dass sie über einen gepflasterten Weg reiten, über Holz, wie über ein Wasser, das Pferdegetrappel hallt von Wänden wider, der Klang wird räumlich weiter. Aha, ein Burghof, denkt Egelhofer. Aber es geht nicht bergauf. Keine Burg? Und am Pferdegetrappel macht er aus, dass es nur zwei Bewacher sind, die ihn begleiten.

Sie reißen ihn vom Pferd runter, führen den Stolpernden über den Hof, stoßen ihn nieder auf die Knie, einer greift sein Genick wie das eines Karnickels und drückt ihn zwischen zwei Holzbalken in eine Höhlung, gerade weit genug für seinen Hals. Sie reißen seine Beine nach vorne, er fühlt, wie Holz seine Knöchel umschließt. »Ich werd in den Stock geschlagen!«, durchzuckt es den Egelhofer, es stimmt, gerade umschließt auch Holz seine Arme. Die Augenbinde wird ihm weggerissen.

Egelhofer starrt aus fliegenden Augen auf die zwei Knechte des Junkers. Er kommt sich vor wie am Spieß, Arme und Beine ausgestreckt zwischen mächtigen Holzbalken, der Kopf nach vorne gestreckt, schon schmerzend vom Zug zwischen den Holzbalken.

»Na, du Bündischer«, höhnt ihn der eine, »wirst nicht gut scheißen können, halt dich zurück!«

Er lacht laut los, der andere fällt ein: »Scheiß lieber auf deine Augsburger, wenn sie dir keine Gulden schicken!« Wieder großes Gelächter.

Egelhofer ist stumm. »Viel Spottwort« hätten sie ihm gegeben, auch gegen den Schwäbischen Bund, wird er später dem Augsburger Rat erzählen und die empört die Köpfe schütteln, aber Egelhofer steckt in der Klemme. Die sehr wehtut. Sicher wird er keine Theorien aufgestellt haben, ob diese Art der Fesselung nicht grundsätzlich menschenunwürdig sei. So weit dachte man nicht, und schon gar nicht der Egelhofer.

Vergeblich schaut er nach dem Junker aus. Die beiden Knechte haben sich verzogen, sein Pferd sieht er auch nicht, nur dass er neben einem Stall in den Stock geschlagen worden ist. Und dass es kein großes Anwesen ist. Die Wehrmauer deutet auf ein kleines Schloss. Er hört viel Kindergeschrei in der Nähe, viele Menschen müssen hier leben, viele Mütter Kinder gebären. Er hört Fuhrwerke und Flüche der Fuhrleute, Hundegebell, eine Mutter mit zwei kleinen Kindern, Bub und Mädchen, aber die

Mutter will nicht, dass die Kinder Kontakt zu dem hässlichen Menschen mit den ausgestreckten Gliedern und dem unnatürlich nach vorne gestreckten Kopf aufnehmen, sie scheucht sie fort aus seinem Blickwinkel.

Ein eitler Vogt mit Schweinsspieß

Kaum sind sie weg, erlebt Egelhofer einen absurden Auftritt: Spaziert ums Stalleck ein gut gekleideter Mann, sicher auch ein Adliger. Ein Amtmann, wie er sich Egelhofer vorstellt, Vogt dieses Schlosses. Er bleibt breitbeinig vor dem Kaufmann stehen, grinst den ins Holz Geschlagenen an und sagt mit bösem Lächeln: »Ich will einen Gaul um 30 Gulden wetten, dass Ihr nicht in Euers Vaters Haus seid.«

Egelhofer kann ihn nur wütend von unten her angeglotzt haben. Üble Schweine, diese Adligen, mag er sich gedacht haben. Der Amtmann fährt fort: »Aber weil ich hier Vogt bin, der seinem Herrn anzeigt, wer vorbeikommt und sich im Schloss aufhält, bin ich bereit, Euch was zu essen und zu trinken zu geben, sofern Ihr es bezahlt. Ich will auch nicht, dass Euch ein Leids hier geschieht.«

Der Egelhofer in seiner trostlosen Lage mag vielleicht gerade eine bittere Klage angefangen haben oder einen raffinierten Satz, um den Vogt irgendwie auf seine Seite zu ziehen, es gelingt nicht. In schnellem Lauf kommen seine beiden Bewacher her und fahren dem Vogt in die Parade, als seien sie die Herren des Schlosses: »Lasst uns mit unserem Gefangenen so umgehen, wie wir das für richtig halten!«

Der Vogt geht schweigend und sicherlich wütend weg. Der Egelhofer wird sich gedacht haben, dass der Junker, der ihn entführte, ein mächtiger Kerl sein muss, wenn seine Knechte einem Schlossvogt so die Meinung sagen dürfen.

Die zwei lassen den Egelhofer nicht weiter denken, sie beginnen ihn nun in einer stundenlangen Marter zu hänseln, die Fußsohlen zu peitschen, alles nur ein bisschen, die einzelnen Finger lang zu ziehen, bis die Knorpel krachen. Einmal flößen sie ihm Wasser ein, aber so viel, dass er sich verschluckt. Sie lachen herzlich darüber und nennen den armen Egelhofer einen »Poswicht und Schalkh«, was damals kraftvolle Schimpfwörter waren. Sie essen und trinken mit Lust. »Und sein guter Ding' gewesen«, wie Egelhofer später berichten wird.

Ostersonntag ist es, der 30. April 1522. Es wird zehn Uhr abends, die zwei Bewacher schnarchen, sitzend an die Stallwand gelehnt.

Was wirklich eine Stunde später passiert ist, sagt die Chronik nicht, sagt der Egelhofer dem Rat nicht. In der Handschrift bleibt nur der Satz, es habe »Gott dem Gefangenen das Glück gegeben, dass er sich selbst aus dem Stock ledig gemacht«.

Was mag passiert sein? Hat der Vogt eine Wut auf die zwei frechen Knechte gehabt, ist hergeschlichen und hat die Stockschlösser geöffnet? Hat ihn Egelhofer gekauft mit 1000 Gulden? Oder war es etwa die Mutter der zwei kleinen Kinder?

Eine mutige Tat wurde von irgendwem vollbracht, die ihn das Leben hätte kosten können. Die Knechte der Raubritter kannten keine Gnade, sie konnten ihrerseits auch keine Gnade erwarten, waren sie einmal gefasst. Man wollte sich schon vorher für die zu erwartenden Folterqualen rächen.

Egelhofer merkt jedenfalls, dass er den Holzbalken heben kann, er drückt ihn über dem Hals weg, kann sich mit schmerzendem Rücken nach vorne beugen und den schweren Fußbalken lösen, leise, leise, die zwei schnarchen, kein Licht brennt irgendwo, auch kein Mond, er kann aufstehen. Er schleicht sich nach links, dieses verfluchte Stroh vor dem Stall knistert zu laut, aber das Schnarchen geht weiter, er schleicht zur Mauer, weiß nicht, was dahinter ist. Die Mauer ist nicht hoch, nie war er so sportlich wie in diesen Momenten, obwohl Marx Egelhofer diesen Ausdruck nicht kennt, er stöhnt und schnauft, als er sich die Mauer hochzieht, vielleicht auch an einer Deichsel, oder vielleicht half ihm einer gar über die Mauer, er sieht drüber – und ins Wasser.

Ein Wasserschloss, ein Wassergraben.

Konnte Egelhofer schwimmen? Vielleicht hat er sich die Deichsel rübergeholt, vielleicht ist er mit dem Mut der Verzweiflung einfach gesprungen, platscht hinein ins Wasser, denkt vielleicht, das tut seiner stinkenden Kleidung eh gut. Das Wasser muss saukalt gewesen sein Ende April. Der Egelhofer schafft es, er will schließlich der Held sein bei der Hochzeit seiner Else mit dem Hans, der spart immerhin 3000 Gulden! Egelhofer erreicht das andere Ende des Grabens, zieht sich an der Böschung hoch.

Er läuft los, entlang der Straße, die zum Wasserschloss führt, aber natürlich in entgegengesetzte Richtung. Nach einer halben Meile erreicht er tropfnass ein Dorf, Allersheim heißt es, dort klopft er an die erstbeste Tür, es ist die des Bauern Hanns Schmidt. Der hat nichts im Sinn mit adligem Gesindel, nimmt den Egelhofer sofort auf, lässt von der Frau die Sachen waschen und trocknen und führt ihn einen Tag später gegen Mittag nach Bischofsheim, dem heutigen Tauberbischofsheim.

Er hat großes Glück gehabt, der Marx Egelhofer. Thomas von Absberg muss seinen zwei Knechten einen lautstarken Krach gemacht haben, als er zurückkommt. Er hatte sich entfernt, um bei befreundeten Ritterburgen um Unterschlupf für sich und seinen Gefangenen zu bitten, bis das Lösegeld angekommen sei. Hans Thomas von Absberg war der Betrogene. Das mussten viele unschuldige Bürger büßen.

Den Doktor drückt das Frühstück

Doktor Leibolt Jorian aus Wien ist ein vorsichtiger Mann. Wenn er mehr Geld hätte, wäre er noch vorsichtiger, am liebsten würde er mit einer Hundertschaft von Bewaffneten um sich herum reisen. Dann könnte er aus ihrer Mitte heraus von seinem Reisekarren herab jeden Raubritter derblecken.

So aber hat er nur den Nürnberger Fuhrmann Aichhorn bei sich, vielmehr vor sich auf dem Karren. Der treibt die beiden Rösser an, die anscheinend nicht viel Lust haben, den gelahrten Doktor auf die schnellste Weise in die Reichsstadt Nürnberg zu bringen, aus der Aichhorn stammt.

Der Rat hat ihn bis Dietfurt entgegengeschickt, den Doktor zu holen. Was ihn ärgert. Er mag den Doktor nicht, dessen weiche, verschrobene Sprache er kaum versteht. Überhaupt hält er ihn für einen Deppen, weil er schon in Dietfurt selbst im Wirtshaus und auf dem Weg zum Stadttor gefragt hat, ob man was von Landplackern gehört habe.

Die maulfaulen Dietfurter gaben ihm kaum Antwort, und dem Fuhrmann stank das, weil er sich in seiner Ehre gekränkt fühlte. Sie lassen Dietfurt hinter sich und rattern an diesem 29. Juli 1522 auf die bewaldeten Höhen des Hahnenkamm zu. Es ist gegen neun Uhr früh.

Den Doktor, dessen Beruf nicht überliefert ist, drückt vielleicht das reichhaltige Frühstück mit kaltem Huhn, Brot, Speck und Milch. Einen Rülpser lässt er raus, fühlt sich besser, sieht, wie sich der Rücken von Fuhrmann Aichhorn strafft. Dr. Jorian schaut nach vorne, ängstlich.

Aus einer Staubwolke taucht ein Reiter auf, im schweren Harnisch mit Armbrust, Schwert, Spieß, Helm galoppiert er heran. Der Fuhrmann bringt den Reisekarren zum Halten. Er ist unbewaffnet bis auf ein kurzes Schwert, das ziemlich rostig unter seiner Bank liegt.

Aichhorn würde man heute einen Fatalisten nennen. Immerhin ist er mit dieser Einstellung schon 35 Jahre alt geworden, ein gesegnetes Alter in diesen Zeiten. Der Reiter – Aichhorn atmet auf – ist ihm vom Gewand her bekannt, ein Augsburger Bote ist's, na Gott sei Dank. Persönlich kennt er ihn nicht. »Brrr«, macht Aichhorn und zieht die Zügel. Hinter ihm ist Dr. Jorian von seiner marternden Holzbank aufgestanden. Der Augsburger Bote pariert seinen Gaul durch, hält neben dem Fuhrmann. Dr. Jorian kann nicht verstehen, was die beiden schwätzen. Der Reiter schwitzt gewaltig, ist der auf der Flucht?

Dr. Jorian kommt die Angst an, wieder rülpst er. Er mischt sich ins Gespräch, gerade reicht sein Fuhrmann dem Reiter die Lederflasche mit Wasser, der Reiter trinkt gierig daraus.

»Ach bittschön«, fragt Dr. Jorian höflich, »ach bittschön, ich wär der Doktor Leibolt Jorian aus Wien, könnt mir der Herr Reiter sagen, ob's friedlich ist auf dem Hahnenkamm?«

Er weist mit der rechten Hand nach vorne – ach, die rechte Hand...

Der Reiter wischt sich den Mund ab, gibt Aichhorn die Flasche zurück, schaut den Doktor an und sagt bedächtig: »Ich bin der Jörg Santwerffer, bin Augsburger Bote. Tja, was den Hahnenkamm betrifft«, er schaut sich zweifelnd um, die Blicke der beiden anderen folgen ihm hinauf zum bewaldeten Höhenzug, in dem der Weg verschwindet, »'s ist ruhig gewest bisher. Wird wohl auch so bleiben.«

Dr. Jorian setzt sich beruhigt wieder hin, der Augsburger ist einer von der listigen Sorte, muss er auch sein als Bote, bewaffnet ist er kaum, Schnelligkeit ist sein Trumpf, Wendigkeit, Schlauheit, um die Depeschen und Briefe, die geheimen diplomatischen Berichte seiner Herren in Augsburg übers gefährliche Land zu den Adressaten zu bringen. Oder auch gegen Bezahlung Kaufmannsleute zu begleiten, wie zum Beispiel vor einem halben Jahr den Bartholomäus Baumgartner, mit dem zusammen er von Raubrittern gefangen genommen worden war.

Mit frechem Grinsen setzt Santwerffer den Satz fort: »Aber auf dem Hahnenkamm kann man nie wissen, und ich galoppier so schnell es geht, wenn die Wege durchs enge Holz führen. Grüß Gott auch und gute Reise!« Er tippt sich an den Hut und reitet los.

Fuhrmann Aichhorn schreit ihm lustig hinterher: »Der schwarze Teufel soll dich kurz vor Augsburg mit Blitzen braten!« Er knallt mit der Peitsche, langsam und im Holz ächzend setzt sich der Reisekarren in Bewegung. Dr. Jorian ist entsetzt. »Halt!«, schreit er, »halt!«

Aichhorn macht noch mal »brrr!«.

Die Pferde bleiben willig stehen, das ist allemal besser als gehen, auch sie sehen, dass es vorne hügelig wird, sind erfahrene Gäule und lieben das langsam Stetige wie ihr Herr.

Der wird stocksauer, weil dieser Doktor aus Wien von ihm verlangt, er soll sofort nach Dietfurt zurück und Geleit holen.

»Laufen?«, mag Aichhorn ungläubig gefragt haben, der Doktor besteht darauf, er will im Karren warten, mit seinen hölzernen Seitenwänden, seiner Bank, seinen Reisekisten, die Holzwände entlang aufgestellt.

Was soll der fatalistische Fuhrmann machen? Mit einem herzhaften Fluch bindet er die Zügel fest, steigt ächzend ab, greift, das wird den Doktor hoffentlich ärgern, zur ledernen Wasserflasche und geht mit betulichen Schritten zurück in Richtung Dietfurt.

In der Sonne sitzt der Doktor. Allein auf weiter Flur. Von Dietfurt her hört man die Geräusche eines aufstrebenden, fleißigen Dorfes an der Altmühl. Ein leichter Wind weht. Der Doktor fühlt sich irgendwie wohl. Natürlich ärgert ihn die Langsamkeit des Fuhrmanns, der mit seinen Schuhen beim Dahinlatschen Staub aufwirbelt, den der leichte Wind gleich vertreibt.

Kämpfen für den Doktorenstand?

Hat der Doktor eine Sekunde der Ewigkeit erlebt? Hat er seine Situation in Beruf und Familie durchdacht oder seine Verhandlungen, die er in Nürnberg durchzustehen haben wird? War er in diesem Moment einfach glücklich, nun, da er in der Ferne, vom Altenhammer Berg herab, vier Reiter herabgaloppieren sieht, eine imponierende Staubwolke hinter sich.

Mit beiden Händen krallt sich der Doktor ins Holz der Karrenwände, er schaut nach hinten, dieser Mistkerl von Fuhrmann hat nicht einmal die Kapelle beim Stadttor erreicht, der Doktor wendet sich wieder der Staubwolke zu, mein Gott, sind diese Reiter schnell und viel besser bewaffnet als der Augsburger Bote. Nein, freundlich sehen die nicht aus, jetzt sind sie dicht vor seinem Karren, Dr. Jorian steht auf, sie sollen Respekt vor ihm haben, doch erst mal muss er husten, so scharf haben die Reiter die Pferde zum Halt gezwungen, dass sie alle in einer Staubwolke gefangen sind. Das Hüsteln verpfuscht seinen Auftritt.

Die vier schauen ihn an. Sie schwitzen nicht, können nicht lang geritten sein. Zwei haben Blätter und kleine Zweige im Zaumzeug, folglich müssen sie vorne aus dem Wald auf den Weg geprescht sein. Haben sie etwa beobachtet, wie er den Fuhrmann weggeschickt hat?

Ich Dummkopf, mag der Doktor gedacht haben, als ihn der eine, ein lang gewachsener Kerl auf einem verflucht edlen Pferd, fragt: »Woher kommst du? Wohin willst du? Wem gehörst du zu?«

Drei Fragen, stolz rausgestoßen. Neben dem Langgewachsenen ein dicker Kerl mit rotem Knebelbart im Gesicht. Der sieht grausam aus. Dr. Jorian gibt sich die stolzeste Haltung, zu der er fähig ist, er zeigt keine Angst, er antwortet mit betonter Würde, durch die eine deutliche Warnung klingt: »Ich komm aus Wien, ich gehör nach Wien, fahr nach Nürnberg, reitet weiter, denn ich hab Geleit.«

Dr. Leibolt Jorian ist ein frühes Beispiel dafür, wie naiv, wie dumm gelehrte Doktoren sein können. Alle vier ziehen ihre Schwerter, er schmeißt sich voller Angst auf den Boden des Karrens. Das ist geschickt, hinter den Kisten an der Seite des hochrädrigen Reisekarrens können ihn die Reiter schlecht treffen. Wütend versuchen sie es.

Soll er sein eigenes Schwert ziehen und für die Ehre des Doktorenstandes untergehen? Wann hat er zuletzt mit dem Ding geübt? Er greift es, neben dem Kasten hatte er es abgelegt, und wehrt damit, auf dem Rücken liegend, die Hiebe ab, die ungeschickt auf ihn niederprasseln.

»Da schlag der Teufel zu«, schreit zu seinen Schlägen wütend der hoch gewachsene Kerl, und der Rotbärtige plärrt: »Wir scheißen auf das Geleit, dein Scheißgeleit wird dich nicht schützen!«

»Sterben musst du«, hört Dr. Jorian wieder die Stimme des Hochgewachsenen. Wie ein wilder Hornissenschwarm schlagen und stechen die vier auf ihn ein – und treffen ihn einfach nicht. Zu gut hat sich der Doktor verschanzt. Keinen Stich, keinen Hieb hat er noch abbekommen.

Wenn es auf Leben und Tod geht, ist auch im weltabgewandtesten Doktor eine überraschende Geschmeidigkeit.

»Haltet ein!«, schreit er, »was wollt Ihr? Ich lass mich gern schatzen.«

Die vier lachen nur, seine Reisekisten brechen langsam unter den Hieben auseinander, eine gewisse Unordentlichkeit muss man den Angreifern bescheinigen, es gelingt ihnen einfach nicht, den Doktor entscheidend zu verletzen.

»1000 Gulden«, schreit der.

»Reicht nit«, hört er einen schreien, die Hiebe prasseln, einer stochert mit einem Spieß nach dem Doktor.

»2000«, schreit er.

»Reicht nit, du musst sterben!«

»3000«, bietet der Doktor und hat keine Ahnung, wie er das je zusammenbekommen kann, Gelahrsamkeit brachte schon damals nicht so viel ein.

»Reicht nit!«, schreit wieder einer, und jetzt blutet der Doktor.

»Aaaahhh«, heult er auf, ein Schwert hat seine Schulter getroffen, die rechte, der Reiter schaut sich das Schwert an, sieht befriedigt das Blut daran, schlägt wieder zu. »Wo ist dein beschissenes Geleit, da schlägt der Teufel zu!«

Der Doktor hebt seinen Kurs: »4000 Gulden«, ruft er hinter Kasten und Kisten hervor.

Keine Antwort. Die Pferde schnauben. Die des Fuhrmanns haben das grässliche Spektakel hinter sich gleichmütig geschehen lassen. Hätten ruhig lospreschen können. Aber wär's eine Rettung für den Doktor geworden?

Still ist es, der Doktor lugt vorsichtig hoch. »Ich geb mich Euch gern gefangen«, keucht er, drückt mit der linken Hand auf die Wunde an der rechten Schulter. Das Schwert hält er noch immer in der rechten Hand, die Spitze nach unten. Er setzt sich auf eine der aufgehauenen Kisten. Die vier schauen ihn an. Der Hochgewachsene sagt: »Ei, lasst uns ihm die Hand abhauen. Danach kann er fahren – mit seinem Geleit.«

Gejohle der anderen drei Reiter. Hatte der Doktor weit hinten in Wien schon was von Thomas dem Handabhacker gehört? Kaum anzunehmen. Aber vielleicht auf seiner letzten Reise nach Nürnberg? Nein, das kann auch nicht sein, erst im Frühjahr 1522 hat Thomas von Absberg seine Taktik geändert, setzt auf sichtbare Verstümmelungen an den Bürgern seiner bündischen Feinde und pfeift auf das Schatzgeld. Er will die Räte zwingen, mit ihm zu verhandeln. Und je mehr Bürger er verstümmelt, desto größer wird der Druck auf die städtischen Oberen. Klug und grausam, dieser Schachzug des Absbergers.

Überliefert ist sogar, wie er darauf kam. Es war auf der berüchtigten Burg Krügelstein, auf der Hans Thomas von Absberg seine engsten Kumpanen versammelt hatte, Veit Scharpf, den Rotbärtigen, Jorg Rechberger, seinen perversesten Mörder, und Endres Hamerschmid, ein kleines Männlein und draufgängerischer Reiter, der sein Pferd mehr pflegte als sich selbst.

Wir wissen nicht, ob man sich im heruntergekommenen Rittersaal der Burg oder im warmen Pferdestall getroffen hat. Jedenfalls sagt es Veit Scharpf nicht unter der Folter nach seiner Gefangennahme. Schwer atmend hängt er an der so genannten Leiter, die Hände oben in eisernen Handschellen gefesselt, unten um die Knöchel zwei Eisenbänder, in der Mitte, um den nackten Leib, ein grobes Seil. Er stöhnt, Schweißperlen haben sich auf seiner Stirn gebildet, weil er soeben mit einem glühenden Eisen an der linken Wade und an der Fußsohle gebrannt worden ist. Veit Scharpf blickt von der Leiter herunter auf die an einem Tisch sitzenden vier Personen, den Schreiber und die drei vom Bund und von der Stadt Nürnberg beauftragten Frager. Es ist der Sonntag nach Margarete, der 14. Juli 1526. Veit Scharpf stammelt schmerzgepeinigt hervor, wie ihnen Hans Thomas von Absberg auf Krügelstein sein Leid geklagt hatte.

»Es geht so nicht weiter«, habe er gesagt, »wir nehmen Geiseln, reiche Geiseln, lassen sie schwören, schatzen sie, schicken einen Boten aus ihrer Dienerschaft, der das Lösegeld bringen soll – und der Bund verbietet die Auszahlung. Das heißt aber vor allem: meine Sach' geht nicht voran. Ich hab den Lamparter, den Johann Lukas und den Baumgartner umsonst gefangen und bin mit ihnen hin- und hergezogen.«

Die drei nicken, sind eh sauer, weil es kaum Beute gegeben hat, nur lederne Hintern haben sie bekommen vom ewigen Reiten.

»Deswegen«, fährt der Absberger mit einer betont leisen, bedrohlich klingenden Stimme fort, »deswegen befehl ich euch loszureiten und jedem, den ihr fangt, die rechte Hand abzuhauen. Und wer sich weigert, den erstecht!«

Veit Scharpf und die zwei anderen Knechte werden nicht gesagt haben: »Junker, Ihr werdet uns zu grob! Abgeschlagene Hände können keine Gulden geben.« Eher haben sie beifällig gegrinst.

»Die Hand muss her!«

Sie hocken auf ihren Pferden vor diesem Doktor auf seinem Karren, johlen und freuen sich, weil sie wissen, was jetzt ansteht.

Bis einem von ihnen wieder das Wort »Geleit« in den Sinn gekommen sein muss. Dass der Fuhrmann Geleit aus Dietfurt holen sollte.

»Ich pack ihn mir«, schreit einer der vier, auf einem gemutzten Schwarzschimmel, steckt sein Schwert in die Scheide und galoppiert in Richtung Dietfurt, das Fuhrmann Aichhorn inzwischen beinahe erreicht hat.

Dr. Jorian steht aufrecht auf dem Karren. Die drei blicken zu ihm auf. Dem Doktor ist jammerig zumute.

»Ich bitt Euch«, bettelt er, »ich geb mich Euch gefangen, ich halt mein Versprechen, geb Euch 4000 Gulden, ich bin ein frommer Mann.« Die drei lachen höhnisch. Vielleicht wiederholt einer: »Ich bin oin frommer Mann …«

Sicher ist, dass sich einer der drei Reiter aus dem Sattel über den Karrenrand beugt und mit einer beinahe zärtlichen Bewegung dem Doktor das Schwert aus der Hand nimmt.

»Ei, ei, so ein scharfes Schwertlein«, juxt er vielleicht, zieht die Klinge am Karrenholz entlang und schlägt hart mit der breiten Seite gegen die Beine des Doktors. Der knickt ein vor Schmerz.

»Zeig erst mal, was du bei dir hast, wir warten nicht lang auf die 4000 Gulden.«

Mit zitternden Händen, schon geschwächt durch den Blutverlust in der Schulter und den bösen Schlag gegen seine Waden, greift der Doktor in seinen Rock, mit der linken Hand, holt seinen Geldbeutel hervor, will ihn runterreichen. Der sein Schwert genommen hat, hält ihm die Spitze entgegen, er hängt das klimpernde Ledersäckchen an der Schlaufe auf die Schwertspitze, vorsichtig. Unter dem lang gestreckten jubelnden »ooohh« seiner zwei Kumpane holt es der Reiter von der Spitze des Schwertes, öffnet das Säckchen, schaut hinein, lacht auf, schreit zum Doktor hoch: »Das ist nichts.«

»Das sind 50 Gulden«, ruft der zurück und setzt verzweifelt hinzu: »Den Rest bekommt Ihr wahrlich.«

Ein großes Gelächter ist die Antwort, der Reiter schiebt das Geld in sein Wams, schreit: »Die Hand muss her!« und schlägt wieder mit der flachen Klinge gegen die Beine des Doktors, er knickt zusammen. Der Rotbärtige greift ihm ins Haar und reißt ihn mit einem scharfen Ruck über Kisten und Kasten aus dem Karren herab.

Jorian fällt, stützt sich mit den Händen ab, schluckt den aufgewirbelten Staub, hustet, würgt, die Schulterwunde schmerzt, dicht vor seinen Augen sieht er, kniend, nur unruhige Pferdebeine, sieht die Stiefel des Rotbärtigen, der gerade abgestiegen ist, er fühlt sich hochgerissen, der Mann hat ihn an der linken Schulter gepackt und schleift ihn von der Karrenseite nach vorne zu den angeschirrten Pferden, die zwischen sich den Leiterbaum, die Deichsel haben. »Ich bitt, was wollt Ihr? Ich geb alles, was ich hab. Wartet. Ich bin ein frommer Mann, hab immer meine Ehr' unbefleckt gehalten ...«

»Jo, jo«, lacht der Rotbärtige und schleift ihn weiter, »wirst deine Ehr' auch mit einer Hand nicht beflecken.«

Die andern zwei johlen wieder, drängen sich mit ihren Gäulen nah an den Karren ran und versuchen, in die zerbrochenen Truhen hineinzusehen, vielleicht ist Brauchbares drin.

Ein Schrei der Verzweiflung, der Angst, des Entsetzens lässt selbst diese hartgesottenen Mordgesellen kurz zusammenzucken und aufsehen. Veit Scharpf, der Rotbärtige, hat Dr. Leibolt Jorians Hand mit größter Kraft über das Deichselholz kurz hinter den beiden Pferdeärschen gezogen, der Doktor schreit nicht nur wegen der rechten Schulter, deren Wunde weiter einreißt, ein Blutschwall schießt aus einer gerissenen Ader, sondern aus der Gewissheit, seine rechte Hand tatsächlich zu verlieren.

Hoch in die Luft reckt Veit Scharpf des Doktors eigenes Schwert, schon saust es nieder, ein kurzer Schnitt folgt blitzschnell, ein Wimmern entringt sich dem Mund Dr. Jorians, Veit Scharpf hält die blutige Hand seinen Kumpanen entgegen.

»Ha«, ruft er, »mit einem Schlag! Ein gutes Schwert, das dieser Wachtelbeißer hat.«

Er wirft die Hand in hohem Bogen ins Gras. »Ihr Wölfe, ihr sollt auch was Feines haben«, ruft er hinterher. Der Doktor liegt zwischen Deichsel, Pferden und Wagen, er zuckt wie im Todeskampf, der Staub, den er aufscharrt, legt sich auf sein Gewand.

»Wo ist dein Geleit, ha?«, fragt höhnisch einer der beiden anderen Reiter.

»Kommt, lasst uns abhauen«, befiehlt Veit Scharpf, »und vielen Dank auch für die Gulden und das scharfe Schwert, 's werden viele Bündischen zu spüren bekommen.«

Die drei reiten los. In Richtung Dietfurt, doch nicht auf dem Weg, sondern im Wald. Dr. Jorian liegt auf dem staubigen Weg, seine Wunde hört auf zu bluten, eine dicke, klebrige Schicht aus Staub und Blut hat den Stumpf verschlossen. Die Fliegen kommen. Dr. Jorian weint.

Er weint wie seit seiner Kindheit nicht mehr. Alles liegt in diesen Tränen drin: sein verletzter Stolz, sein neues Krüppeldasein, der körperliche Schmerz, die Angst vor der Zukunft, vielleicht auch schon die Ahnung, dass er den Rest seines Lebens immer wieder diese Sekunden durchleben wird, wie man ihn vom Wagen reißt, er sieht das Schwert, er spürt den Schlag auf sein Handgelenk, und er sieht vor seinen Augen seine eigene Hand durch die Luft fliegen.

Dr. Leibolt Jorian weint, der Rotz läuft ihm aus der Nase. Er versucht hochzukommen, vom Deichselbaum trifft ihn ein Blutstropfen auf die Stirn, mit dem rechten Arm kann er sich auf dem Ellenbogen abstützen, er will auf seine Beine, aus dem Karren einen Gürtel holen, er muss, so viel weiß er vom Wiener Medicus schon, den Stumpf abbinden, die Wunde mit frischem Wasser reinigen und viel, viel Huflattich drauftun. Er lehnt sich schwer atmend an die Deichsel, gerade will er sich um die Karrenecke ziehen, als er die Hufe eines Pferdes hört. Im Schritt kommt es langsam heran.

Erschreckt verharrt Dr. Jorian an der Deichsel. Über den Karrenrand sieht er den Helm auftauchen, das Gesicht, es ist der Hochgewachsene, der dem Fuhrmann Aichhorn nachgeritten war. Der Hochgewachsene hängt schlaff in seinem Sattel. Mit starren Augen blickt er Jorian an, der blickt ebenso starr zurück. Reiter und Pferd sind blutbespritzt. Der Reiter bemerkt Dr. Jorians Armstumpf, nickt, Blut klebt an des Reiters Schwert, an seinem Spieß.

Das hat er nun von seiner Langsamkeit, denkt höhnisch in

dieser Sekunde Dr. Jorian über seinen Fuhrmann Aichhorn und ist glücklich. Sein Geist ist stark, sein Überlebenswille kehrt zurück.

Der bleiche Reiter mit den Blutflecken im Gesicht und der Doktor mit dem blutigen Armstumpf, im verstaubten Reiserock an der Deichsel lehnend, schauen sich stumm an. Der Reiter hebt den linken Arm, deutet nach vorne. Dr. Jorian weiß sofort, dass er nach dem Weg fragt, den seine Gefährten genommen haben. Dr. Jorian schüttelt den Kopf. Der Reiter stoppt sein Pferd. Bevor er fragen kann, deutet Dr. Jorian mit der linken Hand in Richtung Dietfurt.

Der Reiter schaut ihn stumm an, lässt den Blick über den Armstumpf schweifen, nickt langsam mit seinem behelmten Kopf, zieht die Zügel nach links, gibt dem Pferd die Sporen und wendet in Richtung Dietfurt. Er reitet zurück.

»Leben will ich, ja, leben«

Dr. Jorian zerrt sich um die Karrenecke, sieht ihm nach. Ein verflucht trauriges Gesicht hat dieser Reiter, denkt Dr. Jorian unwillkürlich, tappst weiter zum rechten Vorderrad, dort, wo die Eisen zum Aufsteigen angebracht sind, zieht sich ächzend in den Sitzbock hoch. Leben will ich, ja, leben, er wird diesen Scheißkarren nach Dietfurt zurücklenken und überleben, und irgendwie ist er über sich selbst verwundert: Wann immer er die grausamen Räubergeschichten hörte und sich in die Lage der Opfer versetzte, was er mit behaglichem Grusel zu gerne tat, war er sich sicher, dass er so eine Tortur nie überleben würde.

Er greift die Zügel mit der linken Hand, lockert sie, wo Aichhorn sie festgebunden hat, einen verfluchten Knoten hat der Kerl gemacht, Gott hab ihn selig, irgendwie ist Dr. Jorian sicher, dass sein Fuhrmann tot ist, richtig: Sonst wäre in der Zwischenzeit das Geleit herangeprescht. Er lacht höhnisch auf, das Scheißgeleit, wo ist es? Das haben ihn auch die Landplacker gefragt.

Es gelingt ihm, die Zügel zu lösen. Den blutbefleckten Reiter sieht er im Dorf Dietfurt verschwinden. Dr. Jorian müht sich mit den Zügeln ab, schaut immer wieder hinter sich in Richtung Dorf. Von dort kommen sie schreiend angelaufen, während Dr. Jorian endlich die Zügel bedienen kann, den zwei Pferden kaum am Maul reißen muss: Die drehen von selbst, denken sich, nach den Erlebnissen rund um ihre Deichsel ist nur die Rückkehr in einen gemütlichen Stall möglich.

Die Dörfler erreichen Dr. Jorian, entsetzte Rufe: »Jessas« und »Maria hilf«, einer springt zu Dr. Jorian auf den Bock, nimmt ihm die Zügel aus der linken Hand und knallt sie den Gäulen über die Ärsche, die fallen langsam in Trab.

»Zwei Tote hat's im Dorf«, hört der Doktor noch, er sackt weg, fällt beinahe vom Bock, mit der linken Hand kann ihn der neue Lenker halten.

Zwei Tage später wird Dr. Leibolt Jorian erfahren, was in Dietfurt passiert ist, sodass er sich glücklich preist, nur eine Hand verloren zu haben.

Aichhorns schlimmes Ende

Fuhrmann Aichhorn, dessen Vorname nur mit dem Anfangsbuchstaben »N« überliefert ist, hätte sich zeitlebens anders verhalten, wäre ihm sein Ende prophezeit worden: Er hätte ausdauernd mit jeder Art Waffe geübt, und er wäre nie und nimmer ohne Geleit aus Dietfurt heraus, um über den Hahnenkamm zu fahren.

So aber geht er wütend und betont langsam, die Sandalen durch den Staub schleifend, in Richtung Dietfurt. Der soll ihm in der Sonne braten, der blöde Doktor!

Er weiß nicht, dass der Tod schon hinter ihm herkommt, auf einem wunderbaren, gemutzten Schwarzschimmel, mit einem Stockmaß von beinahe zwei Metern, es ist ein Tier wie aus der Welt der Riesen. Vielleicht wenn Aichhorn ein bisschen schneller gegangen wäre, schon das Wirtshaus erreicht hätte, um von dort aus das Geleit zu organisieren, hätte er sein phlegmatisches Leben eine Weile fortführen können, wäre vielleicht sogar zu Hause ein paar Jahre später bei der nächsten Pest brav im Bett gestorben, so aber, er ist gut 100 Meter vom Wirtshaus entfernt, hört er ein trabendes Pferd hinter sich.

Er dreht sich um und sieht einen hoch gewachsenen Kerl in vollem Harnisch auf einem riesigen Pferd, der Reiter gibt dem Ross die Sporen, reißt aus der Sattelflausche einen Schweinsspieß und hält direkt auf wen, um Gottes Willen, auf ihn, den Fuhrmann Aichhorn, zu, auf ihn, der nie jemandem ein Leids getan hat. In dieser Sekunde, einer der letzten seines Lebens, muss Aichhorn erkannt haben, dass Schnelligkeit seine Rettung ist, er läuft los, zwischen den Bauernhäusern durch, dort hinten ist ein Zaun, wenn er drüber kommt, mag sein, dass ihn dieser Mordbube nicht einholt.

Das Hufgetrappel kommt rasend schnell näher, er spürt einen Stich, wird beinahe hochgehoben, vom unteren Ende des Rückens steigt ein unerträglicher Schmerz herauf, ein Geräusch wie ein Schnitt durch Fleisch, er spuckt sofort Blut, kann trotzdem weiterlaufen, erreicht den Zaun, schwingt sich aufs oberste Brett zwischen den Pfosten.

Das Letzte, was Fuhrmann Aichhorn vielleicht gesehen hat, ist das hoch gewachsene Gras auf der anderen Seite des Zauns. Vielleicht denkt er sich, das muss dringend gemäht werden, bevor es ihm schwarz wird vor Augen, weil er von einem viel größeren Schmerz in der Brust durchzuckt wird. Als Allerletztes hat er vielleicht roten Mohn auf sein Gesicht zufliegen sehen.

Der hoch gewachsene Reiter hält schwer atmend das blutige Schwert in der Rechten, mit dem er von hinten Aichhorn durchstochen hat, der auf der anderen Seite des Zauns liegt. Tot. In der linken Hand hält der Reiter den blutigen Schweinsspieß, der Aichhorn knapp über dem Beckenrand von hinten durchbohrt hatte.

Tod auf dem Misthaufen

Es kommt kein Geleit mehr für den Doktor aus Wien, mag sich der Mörder denken. Er wendet sich vom Zaun weg. Er sieht in fünfzig Meter Entfernung das Wirtshaus, den Stall daneben, den Misthaufen an der Seite, dort steht ein Bauer, schaut stumm zu ihm rüber. Die Tür des Wirtshauses öffnet sich, ein Mann tritt heraus, im typischen Gewand eines Boten, leicht bewaffnet. Er schaut gar nicht zu dem Reiter hin, er geht zum Bauern, will in den Stall.

Der Reiter kneift die Augen zusammen. Den kennt er. Das ist der, der ihm den Eid geschworen, dass er das Lösegeld bringt für seinen Herrn, den Kaufmann, der hat seinen Eid gebrochen! Ist nie wieder aufgetaucht. Der Reiter gibt die Sporen, reitet dem Mann hinterher.

Der Mann geht in den Stall, der Reiter verlangsamt seinen Trab, fällt in Schritt, nähert sich dem Bauern, durch die offene Stalltür kommt der Mann zurück. Es ist Jörg Santwerffer, der Augsburger Bote. Er führt sein Ross am Zügel, schwingt sich in den Sattel, wieder gibt der hoch gewachsene Reiter seinem Pferd die Sporen. Jörg Santwerffer hält neben dem Bauern, fängt mit ihm zu reden an, er hört das herangaloppierende Pferd, schaut hoch, fragt den Bauern: »Kennst du den?«, da ist der Reiter schon heran.

Huscht der Schrecken des Erkennens über Jörg Santwerffers Gesicht? Hans Thomas von Absberg! Dem er den Eid geleistet hat.

»Du Poswicht, du musst sterben!«, schreit Thomas von Absberg und schlägt mit dem noch blutigen Schwert auf Jörg Santwerffer ein. Der weicht dem Schlag aus, spornt seinen Gaul an mit scharfem Sporenstoß, er galoppiert den Stall entlang, hinter ihm her der Absberger, er überholt ihn, schlägt wieder auf Santwerffer ein, versperrt ihm das rettende Stalltor.

Jörg Santwerffer bleibt nur der Weg über den Misthaufen, er

reißt die Zügel herum, das Pferd springt mit einem gewaltigen Satz auf den Misthaufen, viel gewaltiger ist der Satz des riesigen Schwarzschimmels. Auf dem Misthaufen hat der Absberger Santwerffer eingeholt, ist gleichauf, versucht ihm mit seinem Schwert den Schädel zu spalten.

Auf dem duftenden Berg braust eine Million Fliegen auf, Jörg Santwerffer duckt sich über den Hals seines Pferdes, sodass ihn der Schlag nicht auf den Kopf, sondern quer über den Rücken trifft. Tief schneidet sich das Schwert ein. Santwerffer stöhnt auf, vielleicht ist er schon tödlich getroffen, das Pferd springt vom Misthaufen, will zum Stalltor, schafft es auch, dicht dahinter ist der Absberger, Santwerffer kann sich kaum auf dem Rücken des Pferdes halten, sein Rücken ist gespalten, das Blut fließt heraus, er sieht den schwarzen Schlund des Stalltores, da sticht ihn von hinten der Absberger durch die Brust.

Jörg Santwerffer, der lustige Bote, der vor knapp einer Stunde den Dr. Leibolt Jorian ein bisschen aufgezogen hatte, fällt tot vom Pferd.

»Und alsbald der reuter des poten war genommen«, heißt es wortgetreu in der Chronik, die diese Szene beschreibt, »hett er sein schwert gewonnen und gesagt: ›du poswicht, du must sterben‹, und von stundan auf den potten gestochen, der im in den hof, am wirtshaus gelegen, empfliehen wolt; aber der reutter hett ine übereylt und hintterwertling mit dem schwerth uff dem misst und untter der stalthür durchaus gestochen, das er von dem pferdt gefallen und tods verschiden.«

Die Chronik berichtet weiter, dass der Bauer den Absberger angeschrien habe, der habe schwer schnaufend – zwei Morde innerhalb einer Viertelstunde – den Bauern angeschaut, mit seinem blutigen Schwert auf ihn gezeigt und gesagt: »Schweigst du nit auf der Stell', stoß ich das gleich' Schwert durch dich wie durch ihn!«

Der Bauer schweigt, der Reiter wendet das Pferd, reitet vorbei am Stall um das Wirtshaus herum zu einem anderen Tor hinaus, wiederum in Richtung Hahnenkamm, verpasst so zunächst seine drei Kumpanen, die durch das Kapellentor einreiten, vorbei an den Dietfurtern, die sich um die beiden Toten sammeln und sich vom Bauern alles erzählen lassen. Viele Menschen sind das. Sie schauen sehr misstrauisch. Gegen diese Übermacht wütender Bauern und Handwerker wäre kein Kraut gewachsen.

Die drei fragen nicht nach Hans Thomas von Absberg, bekommen vielleicht aus den Augenwinkeln mit, welch Blutbad ihr Junker angerichtet hat. Sie suchen nach Absbergs Gaul, ob er irgendwo angebunden ist, durchstreifen wachsam das schon etwas weitläufig gewordene Dorf Dietfurt.

Dann sehen sie ihn, den Absberger, wie er angetrabt kommt. Sofort fühlen sich die drei sicherer, tauschen ein paar rüde Scherzworte, die vier reiten, wie die Chronik berichtet, »guets muets«, guter Laune, über die hölzerne Altmühlbrücke in Richtung Weißenburg davon. Zum Kapellentor wird derweil der schwer verwundete Dr. Leibolt Jorian aus Wien hereingefahren.

Es ist nicht bekannt, ob und wie lange er überlebt hat. Vielleicht begann die Wunde an der Schulter eher zu pochen als der Armstumpf, flossen mehr Wundwasser und Eiter von dort. Vielleicht wollte er nur noch nach Hause, nach Wien, um dort zu sterben, letzte Entscheidungen für seine Familie treffend. Vielleicht wurde er aber auch der geschickteste Linkshänder, der über die eiserne Faust eines Götz von Berlichingen nur lachen konnte, von der er, sofern er überlebte, sicher hörte.

Jörg Santwerffers Leichnam wird von Dietfurtern auf einen Karren gepackt und nach Augsburg geschickt. Nackt und nur mit einem hastig aufgesetzten Begleitschreiben, dass es sich bei diesem corpus um den gemordeten Boten etc. handle. Als Ausgleich für die Transportkosten behalten die Dietfurter Santwerffers Pferd und was von Rüstung und Kleidung brauchbar scheint.

Keiner von ihnen weiß, dass der lustige Bote eigentlich wegen eines Kaufmanns ums Leben kam, den er nicht lange zuvor begleitet hatte.

»Gebt euch gefangen!«

Baltasar Baumgartner heißt der. Er und sein Bote Santwerffer sind am Mittwoch vor Philipp und Jakobi 1522 im Gasthof zu Pleinfeld gelegen und reiten auf Nürnberg zu. Baumgartner, wie er es auf weiten Ritten mag, hat über seinen Kopf eine Kappe gestülpt, die seine windempfindlichen Ohren und seine Stirn schützt. Das gibt ihm etwas Unheimliches. Dabei ist der Baumgartner ein herzensguter Kerl, der täglich Ärger mit seinen Rössern kriegt, weil er sie zu sanft behandelt.

Die zwei hatten nur eine halbe Meile bis Schwabach vor sich, das größte Stück bis zur Reichsstadt war schon zurückgelegt, als hinter ihnen vier Reiter angeprescht kamen. Kein angenehmes Gefühl, aber immerhin haben die vier keine Waffen gezogen.

Vertrauenswürdig sehen sie dennoch nicht aus. Der eine hat einen roten Knebelbart, groß und dick ist der Kerl, macht aber trotzdem einen drahtigen Eindruck. Der andere ist ein Mordstrumkerl auf einem Schimmel, der dritte schaut wie das genaue Gegenteil aus, als »ein clein alts knechtlein« wird ihn Baumgartner später beschreiben.

Die vier reiten teils neben, teils hinter ihnen, und der Rotbärtige fragt ihn freundlich: »Wohin, ihr Reiter?«

Antwortet der Baumgartner, erleichtert über die scheinbar friedliche Absicht: »Wir wollen nach Nürnberg.« Weil er sich selbst weiter beruhigen will, redet er gleich weiter. »Wisst, 's ist ein angenehmer Ritt, und gute Krebse hat's im Wirtshaus zu Pleinfeld. Wart Ihr auch mal dort?«, fragt er betont leutselig den Rotbärtigen.

Der, statt zu antworten, beugt sich aus seinem Sattel und reißt dem Baumgartner die Zügel aus der Hand.

»Gebt euch gefangen«, sagt er dazu, sehr laut und aufgeregt, und schon drängt er Baumgartners Pferd auf den Wald zu. Jörg Santwerffer versucht gar nicht erst auszureißen, lenkt sofort sein Pferd dem seines Herrn hinterher. Es hätte den Schlag auf die

Flanke gar nicht gebraucht, die der große Kerl seinem Pferd mit der flachen Hand verpasst.

Kaum sind sie im Wald angekommen, lässt der Rotbärtige die Zügel von Baumgartners Pferd los. Sie sitzen sich auf ihren Pferden gegenüber. Starren sich an. Sagt der Rotbärtige zu Baumgartner: »Tu deine Kappen ab! Lass mich sehen, wie du wirklich ausschaust.«

Baumgartner weigert sich nicht. Er hat nichts zu verbergen. Mit einer Hand zieht er die Kappe nach hinten. Der Rotbärtige mustert ihn und überrascht Baumgartner mit der Frage: »Bist du nicht ein Baumgartner?«

»Wohl bin ich's«, antwortet der. »Woher kennst du mich?«

Der Rotbärtige winkt ab und fährt fort: »Du bist unser Gefangener. Du musst dich schatzen lassen. Oder willst' sterben?«

Um seine Drohung zu verdeutlichen, zieht der Rotbärtige auch gleich an seinem Schwert.

»Ums Leben ist mir nicht bang«, sagt daraufhin kühn der Baumgartner, »ich denk, du bist ein Ehrenmann und lässt mich frei, wenn du das Schatzgeld kriegst.«

»So ist's recht«, nickt der Rotbärtige, »nimm auf deinen Eid und schwör mir, dass du dich jederzeit zu jedem Ort begibst, wohin du gefordert wirst. Durch wen auch immer. Und selbst, wenn itzo irgendwas passiert, dass du entkommst.«

Der Baumgartner hätte jeden Eid geschworen, hat sich gedacht: »Du kannst auf dein Geld lang warten, wenn ich in meinen Augsburger Mauern sitz!«

»Ich schwör's und nehm's auf meinen Eid«, sagt er deshalb laut und schwört den Meineid mit erhobener Rechten.

Ein bisschen verlegen wird er, weil man auch dem Jörg Santwerffer den Eid abnimmt und obendrein bestimmt, dass Santwerffer das Lösegeld bringen soll. Wann immer selbiges in seiner Höh' bestimmt ist.

Der Bote schwört mit leichter Hand, zeigt keine Angst.

Wie treu, sinniert Baumgartner, wie treu wird mir der Santwerffer sein? Ihm ist ein bisschen bange.

Kaum sind die Eide gesprochen, hat der großmächtige Kerl zwei Lederstricke in der Hand, beugt sich vom Pferd zu Baumgartner hinüber und fesselt ihm die Hände. Gekonnt, muss sich Baumgartner eingestehen. Genug Raum lässt der Kerl, um die Zügel zu führen, zu wenig, um sich zu befreien. Das zweite Lederband schlingt er um das linke Bein Baumgartners und befestigt das andere Ende an seinem Sattel. Nein, es gibt kein Entkommen. Der Großmächtige fesselt auf die gleiche Weise Santwerffer an sich.

»Auf geht's!«, mag der Rotbärtige gerufen und seinem Pferd die Sporen gegeben haben.

Ein geheimnisvolles weißes Schloss

Der Ritt ging los, ein Ritt, auf dem Baltasar Baumgartner beinahe sterben sollte, ein Ritt, der ihn für ein halbes Jahr von seiner Familie, seiner Stadt entfernte, ein Ritt, wie wir ihn heute nicht mehr erleben können, und suchten wir ganz Deutschland nach ähnlichen Landstrichen ab, wie sie die vier Landplacker und ihre zwei Gefangenen durchritten.

Es ist zu bezweifeln, ob sie für die Schönheit der Natur ein Auge hatten. Für diese endlos sich hinstreckenden Wälder, die Ulmen, die Eichen, dazwischen, herausgerodet, Ackerflächen, auf denen der Dinkel schon die Körner trug, über Bäche, an denen man kurz Rast machte und ohne Schaden Wasser trank, den beiden Gefangenen wurde eine Schale mit dem frischen Nass hochgereicht. Zunächst abseits von Straßen und Pfaden ritten sie, durch den Waldsaum schauten sie auf einzelne Bauernhäuser, und dann, erzählt Baumgartner später, »hab ich ein weiß Schloss zu der linken Hand gesehen«.

Ein weißes Schloss, geheimnisvoll, es taucht plötzlich auf, in einer Waldsenke oder nachdem die kleine Reiterschar auf einer Hügelkuppe freie Sicht auf das Land bekam. Die einzigen Geräusche waren die des Waldes, die der Kühe auf den Wiesen um die Bauernhäuser. Sie passierten in sorgfältig gewählter Deckung das weiße Schloss, bis heute weiß man nicht, welches es war, welchem Herrn es zugehörte, der Rotbärtige schwenkt auf einen Karrenweg ein, auf dem es gar beschwerlich zu reiten war, so tief eingefurcht war er von den Rädern der Bauernkarren.

Wie mag der Baumgartner gestaunt haben, als sie vor einer kleinen Kirche standen, einer Kapelle eher, mit Pfarrhaus nebenan, der Pfarrer steht schon unter der Tür, er sieht die zwei Gefesselten und ihre Bewacher, es erstaunt den Pfaffen keineswegs, er grüßt herzlich und hat, als ob die kleine Schar schon angemeldet worden wäre, einen großen Krug Milch in seiner Hand.

Er reicht ihn dem Rotbärtigen, der nimmt tiefe, durstige Schlucke und reicht den Krug dem Baumgartner weiter, der ihn mit seinen gefesselten Händen nur mühsam zum Mund führen kann. Die Milch ist sahnig, frisch und kühl, der Pfarrer muss sie im kühlen Kirchlein aufbewahren. Baumgartner reicht den Krug weiter an den großen Kerl. Vielleicht versucht er, die Aufmerksamkeit des Pfaffen zu erregen.

Der tut so, als wäre niemand gefesselt, redet freundlich mit dem Rotbärtigen, hat aber Eile, mit dem leeren Krug im Haus zu verschwinden, nein, er kommt wieder raus, hat ein Kruzifix in der Hand und spricht einen Segen für die Reisenden. Alle bekreuzigen sich, Baumgartner und sein Bote aus Not mit beiden Händen.

»Vergelt's Gott!«, ruft ihm der Rotbärtige zu. Sie reiten in die Nacht hinein, wieder nur durch Wälder. Bis zehn Uhr abends, wird Baumgartner später schätzen. Sie machen Halt, die zwei Gefangenen dürfen absteigen, werden mit den Füßen jeweils an einen Baum gefesselt, aber so, dass sie liegen können. Das kleine alte Knechtlein durchsucht sie mit zittrigen Fingern, findet die zwei zur üblichen Ausrüstung gehörenden Jagdmesser, beim Baumgartner den Geldbeutel, schmeißt alles seinen Gefährten zu, so, als habe er kein Interesse daran. Baumgartner erfährt auch den Namen des Rotbärtigen: Veit wird er genannt. Veit reitet davon. Die zwei Gefangenen dürfen nicht reden. Haben sie versucht, ihre Fesseln zu lockern, um gegen Morgen, wenn die anderen erschöpft schlafen, in die endlosen Wälder zu entfliehen?

Vielleicht haben sich die fünf Zurückgebliebenen sogar freundlich unterhalten, Jörg Santwerffer wird es sicher getan haben, er fühlt sich eh von der untergeordneten Stellung her den Knechten des Veit näher. Der kommt nach gut einer Stunde wieder, neben ihm ein Bauer. Veit hat quer über dem Sattel einen riesigen Sack mit Hafer, darüber hält er einen gut fünfpfündigen Brotlaib. Der Bauer, von dem Baumgartner alsbald durch Zurufe erfährt, dass er Müllner heißt, trägt eine große Flasche Bier und holt aus einem Sack gut zwanzig hart gekochte Eier. Sie teilen alles in gleiche Teile, die Gefangenen bekommen genauso viel wie ihre Bewacher, und nach zwei Stunden, es ist ein Uhr, reiten sie wieder los, verlassen den Wald. Die Nacht zwingt sie hinaus.

Nein, es war kein Zuckerschlecken für die Geiselnehmer, vor allem wussten sie nicht, bei wem sie für ihre Gefangenen Unterschlupf finden konnten.

Jörgs Freiheit für den Tod

Baumgartner berichtet von Kerzenlichtern in Bauernhäusern, an denen sie vorbeireiten, es ist die Zeit, in der die Frauen nach knapp fünfstündigem Schlaf schon wieder aufstehen, um zu weben oder Wolle zu spleißen oder vielleicht auch schon in den Stall zu gehen, dessen Wärme auch die Schlafstube behaglich macht.

»Wären die eine Nacht für und für geritten«, sagt Baumgartner später aus, und die Strapaze dieses endlosen Ritts klingt nach. Der geht den folgenden Tag weiter, ein Freitag, sie kommen durch ein Dorf, hier scheinen sich die Reiter mit ihren Geiseln sicher zu fühlen. Oder haben sie ihnen schon die Fesseln abgenommen?

Jedenfalls lässt Veit beim Dorfschmied in aller Ruhe sein Pferd beschlagen.

Sie reiten weiter, Stunde um Stunde, für Baltasar Baumgartner ist keine Hilfe in Sicht, die Gegend kennt er auch nicht, später wird er meinen, es sei ins Böhmische hineingegangen. Er bekommt am Nachmittag, abseits des Weges, auf dem sie selbstsicher reiten, wieder zu essen. Bier, Eier und Brot. Sie ruhen aus. Inzwischen wird sich, wie immer zwischen Geiseln und Geiselnehmer, eine Art Umgangston entwickelt haben.

Dann passiert das, was den, der in die Freiheit entlassen wird, später das Leben kostet: Bevor sie in die Nacht hinein weiterreiten, darf Jörg Santwerffer gehen mit all seiner Habe, die nicht sehr groß ist. Und mit einem Brief an die Familie des Baumgartner in Augsburg, zu einer bestimmten Stelle in soundso viel Tagen oder Wochen das Lösegeld zu bringen. Es mögen an die 3000 Gulden gewesen sein, hoffentlich 20 000 Euro in heutigem Wert.

Die Chroniken sagen nichts aus über den genauen Briefinhalt und die Höhe des Lösegelds.

Sicher hat Jörg Santwerffer dem Baumgartner hoch und heilig versprochen, das Geld zu bringen, er schwör's auf sein Leben. Und reitet los.

Dieses freie Durchatmen, jetzt, wo er wieder frei ist, frei! Er gibt dem Pferd die Sporen, reitet gen Westen in die Abendsonne, er pfeift laut, schlägt dem Pferd begeistert auf den Hals – frei ist er! Natürlich will er den Baumgartner retten, aber wirklich so schnell?

Erst wird er in dem Dorf, wo der Veit sein Pferd beschlagen ließ, beim Wirt einkehren, Eier in Schmalz essen, vielleicht haben die auch Flusskrebse, er wird aufs Stroh niedersinken und schlafen …

Derweilen hängen die fünf Reiter müde auf ihren Gäulen, die auch immer lahmer werden, völlig überanstrengt sind. Die Pferde haben beim letzten Aufenthalt nur Brot zu fressen bekommen, Veit Scharpf sieht ein, dass eine Pause sein muss,

Baumgartners Pferd weigert sich weiterzugehen. Trotz heftiger Schläge mit der Peitsche. Die Entführer vermuten, der Baumgartner will, ohne seinen Boten, den Weiterritt verzögern. Veit lenkt schließlich die kleine Schar vom Weg ab durch einen Wald zu einer Wiese, an deren Ende eine Hecke blüht. Die Pferde werden abgesattelt, Baumgartner wird an einen Baum gefesselt, bald schreckt lautes Schnarchen die tierischen Waldbewohner.

Wachen werden nicht aufgestellt, ein Versäumnis, das später Veit Scharpf die Freiheit und seinen Kopf kosten sollte.

Nachts um drei Uhr wird Baumgartner durch einen nicht allzu groben Fußtritt geweckt, wieder muss er rauf aufs Pferd, nimmt einen Rest vom Brot, das er übrig hat, der Ritt, das ahnt er schon, wird über Stunden gehen. So ist es auch, erst nach dem Mittagsläuten nähern sie sich einem Dorf, durch dessen Mitte ein Bach führt, das größte Anwesen im Dorf gleicht einem Brauhaus, hat auch eine Wirtsstube, oben im ersten Stock, ohne Ofen, wie Baumgartner später aussagen wird.

Bevor sie ins Wirtshaus reingehen, reitet Veit Scharpf nah an ihn ran, löst ihm die Handfesseln und sagt: »Baumgartner, willst am Leben bleiben, tu, als wärst einer von uns. Wenn nicht, stoß ich dich zu Tod.«

Baumgartner wird genickt haben. Er ist in der verrauchten Wirtsstube in einer verteufelten Lage. Es ist Sonntag, gemütlich trinken um ihn her Einheimische. Soll er laut losschreien? Kann er auf die Hilfe dieser Menschen bauen? Er glaubt es nicht. Vielleicht geht ihm auf, dass die meisten, die da sitzen, nicht viel Federlesens mit einem Wachtelbeißer oder Pfeffersack wie ihm machen würden. Er gehört zu den Reichen, den Kaufleuten, den Städtern. Das sehen die. Und von denen, werden die denken, ist nie Gutes gekommen.

Baumgartner verhält sich freundlich, scherzt mit seinen Bewachern, während Veit Scharpf ein sonntägliches Essen bestellt.

Sie schmatzen und schmausen, große Knödel in dunkler Sauce, Rehbraten, riesige Stücke ein jeder, dazu das beste Bier, das der Baumgartner je getrunken hat. Aus dem eigenen Bräu des Gasthofs kommt es. Einer fragt, vielleicht Scharpf, wer an den besten Tisch dort hinten ins Eck kommt, weil sich niemand hinsetzt. Antwortet ihm der Wirt: »Da sitzt unser Schultheiß.«

Veit Scharpf bekommt vor Schreck einen Hustenanfall, er spuckt ein Stück Rehbraten aus. Der Großgewachsene schlägt ihm lustig auf den Rücken, bevor er bleich wird, weil er kapiert: Der Schultheiß in einem so großen Dorf, das gar ein Brauhaus hat, ist sicher einer, mit dem man nicht spaßen kann. Wenn der laut durch den Raum ruft: »Packt sie, das Gesindel!«, werden sich die Dörfler sofort auf diese Fremdlinge stürzen.

»Heiß ist's hier drinnen«, sagt Veit Scharpf und zieht sich seinen Harnisch aus. Die anderen murmeln blöde: »Ja, ja, 's ist heiß.« Ziehen auch aus, was nach Krieg ausschaut, gürten ihre Schwerter ab, möglichst unauffällig, und verstecken Waffen und Harnisch unter der Bank oder, wie sich Baumgartner erinnert, ziehen den Rock drüber.

Baumgartner mag sich gedacht haben: Solche Dummbeutel, so lächerlich das alles. Wieder peinigt ihn das Verlangen – der Schultheiß kommt gerade herein und mustert die Fremdlinge streng –, blitzschnell von der Bank hochzuspringen und zu schreien: »Schultheiß, helft! Ich bin Geisel! Die vier verschleppen mich! Um Jesu Willen, helft!«

Er tut es nicht. Sie werden ihn in Augsburg gefragt haben, warum nicht. Veit Scharpf hat ihm diesen widerlich kleinen Dolch so fest durchs Hosentuch in die Haut oberhalb der Hüfte gestochen und dort festgehalten, dass jedes falsche Wort von ihm eine tödliche Verwundung bedeutet hätte.

Lieber auf die Zukunft hoffen, sagt sich Baumgartner deshalb und grüßt freundlich den Schultheiß zurück, gibt sich wegen der besseren und privaten Kleidung sogar als Kaufmann aus, der mit ein paar Knechten zur Messe will, jedenfalls bringt der Schultheiß den ersten Schluck Bier auf die Gäste aus.

Geiselnehmer, schwer beschwipst

Ein bisschen mürrisch und misstrauisch stimmen seine Dörfler mit ein, Veit Scharpf und die Seinen entspannen sich, lassen mehr Bier auffahren, schmeißen vielleicht sogar eine Lokalrunde. »Von meinem Lösegeld im Voraus«, giftet sich Baumgartner, aber er macht mit. Das Bier ist wirklich verteufelt gut. Jedenfalls sind sie »bliben meines achtens biß nach vesper zeith«.

Schwer beschwipst, ob Geisel oder Geiselnehmer, rumpeln sie aus dem Wirtshaus die Stiege hinab zum Stall, wo ihre Pferde ein ebenso köstliches, allerdings alkoholfreies Mahl bekommen haben. Alle satteln bei lauten Scherzworten ihre Gäule, Baumgartner fühlt diese irritierende Leichtigkeit des Seins in sich, ist vielleicht neidisch auf das Leben dieser Landplacker, die eigentlich nette Burschen sind, vielleicht lassen sie ihn auch frei, und er schwört ihnen, das Lösegeld zu schicken – am St. Nimmerleinstag, er muss loslachen.

Die anderen stutzen, Veit Scharpf kommt zu ihm, hat einen enormen Bieratem und sagt nur: »Brüderchen, du hast zu viel des Biers, wir müssen dich aufs Pferd binden, damit du uns nit auf den Arsch fällst.« Die anderen drei lachen, Veit Scharpf selbst am lautesten. Baumgartner muss die Hände vorhalten, bekommt wieder die Lederfessel um, Veit Scharpf hilft ihm gar mit einem kräftigen Heber aufs Pferd und röhrt: »Wir sind deine Knechte, muss doch einer seinem hohen Herrn aufs hohe Ross helfen!«

Laut lachend reiten sie aus dem Stall, über die Brücke. Baumgartner flucht leise vor sich hin, ist wieder nüchtern und versucht zu verdrängen, was für ein Feigling er im Wirtshaus war: sich so gemein zu machen mit dem Pack!

Sie reiten und reiten und reiten, in den Abend hinein, in einen Wald hinein, Veit Scharpf entfernt sich und kommt mit einem Bauern in Kittel und Kapuze wieder. Der ist schwer bepackt. Neben einem Schweinsspieß zur eigenen Sicherheit ist er mit Brot behängt. In den Armen trägt er große bauchige Flaschen mit Bier. Er nähert sich dem Baumgartner, reicht ihm ein Brot raus und sagt leise zu ihm: »Baltasar, wieso Ihr? Mir ist leid, dass Ihr da seid. Wollt', sie hätten einen andern. Ich will mich um Euch kümmern, so gut es geht.«

»He, was redst du mit dem?« muss einer der Geiselnehmer dazwischengeschrien haben, nie wird Baltasar Baumgartner herausbekommen, wer der Bauer war und woher er ihn kannte.

Der Bauer geht zu den anderen, verteilt seine Brote und das Bier, Veit Scharpf hängt derweil die Hafersäcke vor die Pferdemäuler. Er ist lustig, sagt vielleicht auch zu seinen Kumpanen: »Ist nimmer weit. Wird unser Herr bald ein weiches Bettchen bekommen.«

Die anderen lachen, der Bauer verschwindet, die kleine Schar reitet los. Schon nach einer Stunde drängt Veit Scharpf sein Pferd an das des Baumgartner, ruft »Brrr!«.

Baumgartner stoppt sein Pferd. Scharpf hat einen schmutzigen Schal in der Hand.

»Ich blend dich«, sagt er.

Baumgartner, mit gefesselten Händen, muss es sich gefallen lassen. Er beugt sich gehorsam zu Veit Scharpf hinüber, der ihm mit geübter Hand und gar nicht mehr berauscht den Schal fest um den Kopf bindet, am Hinterkopf verknotet. Er lässt los.

»Baumgartner!«, ruft Veit Scharpf von der Seite her. Baumgartner dreht den Kopf zu ihm. Blitzschnell sticht Veit Scharpf mit diesem kleinen widerlich spitzen Dolch gegen Baumgartners Auge. Selbst der Teufel hätte gezuckt, wenn er was gesehen hätte, Baumgartner sagt nur fragend: »Ja?«

Kurz vor Baumgartners linkem Auge stoppt Veit Scharpf den Schwung des Dolchs, steckt ihn wieder ein, sagt nur: »Ist gut, schmor du mal in der Finsternis, wird dich eh bald holen!«

Er reitet los, hat wieder einen Lederriemen an das Halfter von Baumgartners Pferd geklinkt.

»Da lernt man einen singen dran«

Sie reiten bergab, jetzt ist es nicht nur vor Baumgartners Augen, sondern auch draußen finster. Er riecht Kuhmist, Pferdemist, hört aufgeregtes Gänseschnattern, sie reiten in einen Hof ein, das muss schon ein stattliches Gebäude sein, eine Burg, er merkt es am Echo der Pferdeschritte. Die Pferde halten, er wird von dem seinen gerissen. Einer nimmt seine Hände an den Lederfesseln, zieht ihn nach vorne, über eine Schwelle, durch einen Stall, eine steinerne Stiege hinunter, es riecht muffig. Das muss ein langer, enger Gang sein, gut fünfzig Meter lang, hohl klingen seine Schritte und die seines Bewachers, der ihn führt, ein steinernes Gewölbe, denkt Baumgartner. Es stimmt, wie er im Licht einer Kerze erkennen kann, jetzt, wo ihm sein Bewacher die Augenbinde mit einem schmerzhaften Ruck vom Kopf reißt.

»Schau 'nauf!«, befiehlt sein Bewacher, den er nicht kennt, offenbar stammt er von dieser Burg. Er hält das Talglicht in die Höhe. Baumgartner entdeckt zwei eingemauerte Ringe. Der Bewacher droht: »Da lernt man einen singen dran.«

Der Bewacher reißt ihn nach vorne, drückt ihn in die Knie, dort ist eine Fußkette, der Bewacher hat das Talglicht auf den Boden gestellt, drückt Baumgartners Fuß nach hinten. Baumgartner fällt beinahe auf sein Gesicht, so schnell, kräftig und geübt sind die Bewegungen und Griffe dieses Mannes, und schon spürt er um den Fuß das kalte Eisen, im Stroh liegt ein Hammer, schon ist der Bolzen durchgesteckt, zwei, drei Hammerschläge, der Bolzen ist verkeilt. Baumgartner stöhnt auf, sagt kein Wort, dreht sich aus der unwürdigen Lage, lehnt sich an die Gewölbewand, die Kette rasselt seiner Fußbewegung hinterher.

Der Knecht entfernt sich mit dem Talglicht, sagt im Weggehen: »Bist still, bin ich's auch. Machst Lärm, lehr ich dich singen!«

Baumgartner hört ihn weit hinten die Stiege emporgehen. Er

ist allein. In der Chronik steht lapidar, er »sey ob einem virtl jars doselbst gelegen«.

Wie leicht sich das liest. Wie entsetzlich es gewesen sein muss. Drei Monate, 90 Tage und Nächte, alleine, ohne Tageslicht, Baumgartner pisst und scheißt so weit von seinem Sitzplatz entfernt, wie es die Fußkette erlaubt. Es stinkt. Er muss sich die Spottworte des Knechts gefallen lassen, der seinen Kot entfernt, mit Stroh die Feuchtigkeit aufwischt, neues Stroh streut, nein, sterben soll er nicht, 3000 Gulden ist er wert.

Deswegen wird ihm gut und reichlich zu essen gebracht, von einer Frau, die ihn nicht einmal anschaut, nur stumm das Essen hinstellt. Wein, Speck, Brot.

Oder es ist ein Bub, der ihm das Essen bringt. Der steht manchmal mit der Fackel bei ihm, schaut ihm beim Essen zu. Baumgartner fragt, wie er heißt, der Bub schüttelt den Kopf.

Klar, denkt sich Baumgartner, das ist ein eingeübter Haushalt, und den Buben haben sie schon so eingeschüchtert, dass es das Leben seiner Eltern kosten würde – unter grausamen Folterqualen –, wenn er auch nur ein Sterbenswörtchen zu den Menschen sagen würde, die sie hin und wieder unten im Verlies gefangen halten.

»Kennst mich, du Poswicht?«

Baumgartner ritzt Einkerbungen in die Wand, mit dem Bolzen am Fußeisen, der hat eine Kante, er ritzt an der Wand herum, bis er mit den Fingerkuppen die Vertiefung spüren und zählen kann. Oh, er kennt jede Kerbe in ihrer Eigenart. Zehn zählt er, als sein eigentlicher Entführer in den Keller zu ihm herabsteigt: Hans Thomas von Absberg.

Der große hagere Mann mit dem riesigen Siegelring am Finger, den er dem sterbenden Graf Joachim von Öttingen abgerissen hat, kommt mit einer Fackel in der Hand zu Baumgartner. Das Gesicht des Absbergers ist bleich im flackernden Licht. Er hält die Fackel näher an sein Gesicht, beugt sich nieder zum liegenden Baumgartner, sagt: »Kennst mich, du Poswicht?«

Baumgartner schüttelt den Kopf.

»Ich bin der Hans Thomas von Absberg. Kennst du den Ring?« Er streckt Baumgartner den goldenen Siegelring bei geschlossener Faust entgegen. Wieder schüttelt Baumgartner den Kopf.

»Das ist dem Grafen Joachim von Öttingen seiner. Hat ihn mir 'schenkt. Schenkst mir auch was, wannst tot bist?« Er lacht laut auf, wedelt mit der Fackel vor Baumgartners Gesicht hin und her, stoppt, bekommt ein ungemein spöttisches Aussehen, zieht die Mundwinkel hoch und fragt mit betont neugierigem Ton: »Mein Lieber, wo kommst du denn her? Was willst du hier eigentlich?«

Wieder ein lautes Lachen, Baumgartner spürt die Schmach, den triefenden Hohn. Später wird er den Augsburger Ratsmitgliedern erzählen, dass ihm der Absberger noch »vil ander spottwortt« gegeben hat. Er erzählt nicht, ob der Absberger nach dem Lösegeld gefragt hat, warum es nicht gekommen sei, ob man dem Jörg Santwerffer eigentlich trauen könnte, nichts, nur Spott für den Gefangenen. Was hat ihn getrieben, den Absberger?

Er hat Frau und zwei gut gewachsene Kinder. Sie flohen von Schloss zu Schloss, weil sie immer beobachtet wurden, ob sie sich mit Hans Thomas trafen, damit man ihn packen, seinem Treiben endlich ein Ende bereiten konnte. Er muss etwas Fanatisches in sich getragen haben. War die Grausamkeit in seiner Kindheit geprägt worden? Oder wuchs sie mit den ersten Fehden, als er an mehreren Überfällen des Götz von Berlichingen teilgenommen hatte?

Es muss eine unheimliche Szene gewesen sein, in jenem Keller, den man nie entdeckt hat, der vielleicht heute irgendwo im Böhmischen existiert. Vielleicht findet man die beiden Fußketten oder die Ringe an der Gewölbewand, an denen man die Leute singen lehrte …

Der Absberger geht davon. Der Baumgartner hat noch fürchterliche Monate vor sich. Nichts erfährt er von der Außenwelt. Er döst, erzählt sich Märchen, sein Bart wächst, er bekommt Pusteln, einen Ausschlag auf der Haut. Mit dem eigenen Urin reibt er sich ein. Das hilft, er glaubt daran. Manchmal versucht er stundenlang, den Bolzen aus der Halterung zu schlagen, immer wieder dröhnt das Fußeisen gegen die Wand. Mögen es die oben hören oder nicht.

Es nützt nichts, der Knecht versteht sein Handwerk. Manchmal hat Baumgartner die schreckliche Vision, dass man ihn hier unten vergisst, dass er verhungert und verdurstet. Manchmal sieht er deutlich, wie die Wände immer näher rücken, Gott sei Dank sind keine Ratten im Gewölbe.

Aber etwas anderes spürt er: riesige, glitschige Würmer. Sie kriechen über ihn hin, wenn er schläft, liegen in Klumpen auf dem Steinboden. Baumgartner gewöhnt sich an sie.

Veit Scharpf wird später wegen der Würmer extra leiden. Bei seiner Folter wird er gefragt: »Wo war das Gewölb mit den großen Würmern?« Er schreit in Qual, er wisse es nicht.

Baumgartner kratzt die 93. Kerbe in die Gewölbemauer, als er eine bekannte Stimme weit hinten hört. Er lächelt beinahe, so glücklich ist er: Veit Scharpf kommt mit einem Talglicht. An der Seite ein Knecht, er trägt Hammer und Zange. Veit Scharpf setzt das Talglicht ab. Auch der Knecht trägt eines.

Fürsorgliche Verlagerung

»Jede schöne Zeit geht einmal zu Ende«, spottet Veit, aber immerhin spricht er zu Baumgartner, während der Knecht mit rohem Griff an Baumgartners Fuß zieht, vielleicht »Pfuideifi« brummt, weil der Fuß glitschig und nass ist von offenen Stellen, von den Würmern, von Schweiß, Urin. Er verdreht den Fuß, damit der Knecht an den Bolzen kommt. Der hantiert erst mit der Zange, bald erschüttern schmerzhafte Hammerschläge den geschwächten Körper Baumgartners, die Fessel fällt.

Veit hilft ihm beinahe fürsorglich auf die Beine, stellt ihn sich zurecht und verbindet ihm wieder mit einem Tuch die Augen. »Muss sein«, sagt er dazu, führt ihn den Gang entlang, schiebt ihn vor sich her die Treppe hinauf, sagt sogar: »Pass auf, die letzte Stufe«, worauf Baumgartner brav stehen bleibt.

Er ist ein gebrochener Mann. Er spürt an der kühlen Luft, dass es Nacht ist. Er wird auf ein Pferd gesetzt, nein, es ist sein Pferd, sein Sattel, die Hände werden ihm an den Sattel gefesselt. Zügel bekommt er nicht. Er wird geführt, hört an den Huftritten, dass nur ein Pferd neben seinem ist. Baumgartner ist mit Veit Scharpf allein. Der führt ihn gut eine Stunde, dann nimmt er ihm die Binde ab. Es ist Nacht. Es muss Spätsommer sein. Heu duftet. Das Krummet, die zweite Mahd, ringsum ausgebreitet. Er blickt sich in der herben Dunkelheit um.

»Lohnt nicht«, sagt Veit Scharpf, »wirst nit finden dein Gefängnis.«

Er gibt ihm die Zügel in die gefesselten Hände, die er vom Sattel löst. Sie reiten nebeneinander her. Gut drei Stunden lang, meist stumm. Nur einmal sagt Veit zu Baumgartner: »Ich will dich zu vielen Leuten führen, aber lass nur mich reden.«

Er verbindet ihm wieder die Augen, sie reiten eine halbe Stunde, Scharpf hält an. »Steig ab«, sagt er zu Baumgartner. Der tut es, steht ruhig, kann nichts sehen, wagt nicht, sich zu rühren. Veit, das hört er, bindet die beiden Rösser irgendwo an.

Anscheinend nicht sorgfältig genug, wie Baumgartner mitbekommt. Vielleicht hat er es auch schon vor Veit gemerkt, dass eines der Rösser davontrabt. Veit Scharpf versucht, zu Fuß Kontakt aufzunehmen mit einer Burg, die Baumgartner nicht weit von sich vermutet. Baumgartner hört durch das sanfte Rauschen des Waldes Geräusche von oben, wie sie nur von einem Burghof herrühren können, der Hall dicker Mauern gibt jedem Geräusch einen eigenen Klang. Plötzlich flucht Veit Scharpf, Baumgartner gibt diesen Fluch später wörtlich an den Augsburger Rat weiter.

»Poxfleisch«, schreit Veit Scharpf, »kumbt der gaul ettwo zu einem paurn, so wirt unns der teuffel bescheißen!«

Das wirft kein gutes Licht auf die Bauern, die anscheinend alles an Fremdgut einsackeln, was kreucht, fleucht und wächst in ihrer Nähe. Veit Scharpf hat Glück, Baumgartner Pech: Er hört Pferdegetrappel, das typische Geräusch, wenn über einen kahl geschlagenen Burghügel Reiter herabgaloppieren. Sie jagen dem Pferd nach.

Veit Scharpf führt Baumgartner den Burgweg hoch, schreit, weit vor dem ersten Burgtor, ein lautes »Hooo-a-hoooh!«

Von ferne kommt ein für Baumgartner unverständliches Echo zurück, so etwas wie »Pschitskowjetchypaturska!«

Woraus der Augsburger Kaufmann entnimmt, dass es tschechisch sei, er sich folglich im Böhmischen aufhält.

Wo bleibt Jörg Santwerffer mit dem Lösegeld, mag er sich seufzend gedacht haben. Ihm ist klar, dass die Tortur weitergehen wird. Er genießt jeden Schritt, so weh er ihm tut. Zu lange lag er im Verlies. Er ahnt, dass er wieder angeschmiedet wird.

Veit Scharpf reißt ihm in diesem Moment die Binde von den Augen. Baumgartner stöhnt auf. Das Tageslicht, seit drei Monaten entbehrt, schmerzt flirrend in seinen Augen. Er schließt sie, kneift die Lider eng zusammen, Tränen quillen hervor, lindern den Schmerz. Vorsichtig blinzelt er. Sie sind schon in den äußeren Verteidigungsanlagen der Burg.

Gute Arbeit, denkt Baumgartner vielleicht. Jedenfalls vermeldet er später, dass er über zwei Brücken geführt wurde – zwei Verteidigungsgräben sichern die innere Burg.

Veit Scharpf führt ihn über den großen Burghof zum Stall, der direkt an einen Turm gebaut ist. Baumgartner wird schwach. Das ist ein Gefangenenturm, ein Faulturm, eines der grauenhaftesten Verliese, die man in jener Zeit kannte. Ohne frische Luft, angefüllt je nach Anzahl der Gefangenen, die in vielen Jahren darin gefangen gehalten wurden, mit meterhohem Kot.

Die Knechte, die er im Vorbeigehen sieht, wenden sich von Baumgartner ab. Was nützt dem Kaufmann ihr schlechtes Gewissen, das sich in keiner Tat Luft macht?

Veit Scharpf führt ihn durch den Stall eine Stiege hoch. Baumgartner saugt mit verzweifelter Sehnsucht die Lungen voller Luft, nie dünkte ihm Stallgeruch betörender. Er steigt die letzte Stiege hoch, wird eine Wendeltreppe hochgezerrt, immer ist er gefesselt. Veit Scharpf wird rücksichtsloser.

Baumgartner entdeckt einen groß gewachsenen Mann in düsterem schwarzen Mantel, im Gesicht ein schwarzer Knebelbart, er sieht wie der Tod aus. Hinter ihm sieht Baumgartner das Loch im Boden. Darüber die Vorrichtung für den Flaschenzug. Das Seil läuft in eine Strickleiter über.

Baumgartner zittert. Zum ersten Male in seinem Leben lässt er seinen Stolz und seine Würde fahren. Er beginnt zu betteln, spricht den Knebelbärtigen an: »Das könnt Ihr nit tun. Ich bitt Euch, lasst mich heroben. Ihr könnt mich knebeln und blenden und fesseln, aber bitte, lasst mich oben. Ich will brav warten, bis der Bot' mit der Schatzung kommt.«

Sein Flehen ist vergeblich. Der düstere Kerl schaut ihn kurz an, greift in sein Gewand, zieht ein kurzes Seil hervor, kniet nieder und fesselt schnell und gekonnt Baumgartners Füße aneinander. Er packt ihn wie zum Tanz um den Leib, zerrt ihn zur Strickleiter, steigt in eine Sprosse, reißt Baumgartner mit sich und »rumpelt«, wie Baumgartner das später nennen wird, rumpelt mit ihm ins Loch hinab.

Unten lässt er den Kaufmann los, der fällt ins stinkende Stroh, in den stinkenden Kot, den Atem verschlägt es ihm ob der Pestilenz, die ihm die Kehle abschnürt.

Veit Scharpf zieht den Schwarzgekleideten am Strick wieder hoch. Sein schwarzes Gewand flattert um ihn herum, als fahre der Teufel auf. Oben angekommen, schiebt er einen schweren Holzdeckel über das Loch. Finsternis umgibt Baumgartner.

Selbst 500 Jahre später spürt man noch den Schrecken, die Verzweiflung, die aus Baumgartners Satz klingt: »Solcher thurn war rund und vast stincket und ungeheuer« – Dieser Turm war rund, stinkend und unheimlich.

Dort liegt der Augsburger, gewöhnt sich an den Gestank, schichtet das etwas trockenere Stroh über das feuchte, faulige, sammelt Halm um Halm vom trockenen für seine eigene Lagerstatt, rutscht auf allen vieren im Kreis, prüft mit den Händen, wo es am wenigsten platscht, um dort seine »Lagerstatt« aufzubauen, überwindet sich und hebt mit den bloßen Händen für seine Notdurft ein tiefes Loch aus.

Vergeblich versucht er, den Spezialknoten seiner hanfenen Fußfessel zu lösen. Manchmal hat er Erstickungsanfälle. Manchmal ist er so verzweifelt, dass er anfängt, mit den Fingernägeln seine Pulsadern zu überprüfen, ob er sie sich aufreißen soll. Diese Qual wird nie ein Ende haben. Wo bleibt Santwerffer? Nach seiner letzten Zählung ist er im vierten Monat Gefangener.

Bisweilen wird er vom Gestank ohnmächtig. Aus seinem Dämmerzustand zwischen Ersticken, Furcht und Verzweiflung holt ihn der fahle Lichtkegel. Das Loch oben ist offen. Die Strickleiter wird herabgeworfen. Ein Knecht klettert behände herab. Hat Essen bei sich. Beinahe wirft er es Baumgartner vor die Füße, um möglichst schnell wieder aus diesem Gestank wegzukommen.

Baumgartner, nicht mehr der stolze Kaufmann, der bei den Fuggers daheim in Augsburg angesehen ist, sondern nur eine verdreckte Kreatur, fleht den Bauernknecht an der Strickleiter an, er möge ihm um Jesu Christi Leiden willen oben das Loch offen lassen, und er lacht beinahe irre vor Glück, weil der Knecht tatsächlich nicht mehr den Deckel darüberschiebt.

Der fahle Lichtkegel oben zeigt ihm den Tag an. Die Faulstoffe setzen ihm arg zu, er wird krank. Einmal denkt er schon, er ist tot, denn der Teufel selbst mustert ihn, schwarz sieht er aus, mit brennenden Augen, riesigem Mund und einer silbernen Kette um den Hals, bis er im zweiten Hinsehen merkt, dass ein riesiger Hund mit einem aus Messing geschmiedeten Halsband zu ihm runterschaut und gierig schnüffelt. »Hinabgeschmeckt«

habe er, wie es Baumgartner später im Protokoll viel sinnlicher nennen wird.

Zu dem Zeitpunkt wird er sicher schon mit seinem Leben abgeschlossen haben, wird sicher nicht mehr die Kraft gehabt haben, daran zu denken, seine Peiniger in einem Protokoll belasten zu können. Was er nur gewusst haben mag, ist, dass er auf dem Schloss eines Verbündeten des Absbergers gefangen gehalten wird, bis von dem ein Zeichen kommt, dass das Lösegeld eingetroffen ist.

Für diejenigen, die den Baumgartner in ihrem Faulturm verwahren, ist es sicher nicht gut, wenn sie dem Absberger mitteilen müssen, dass die Geisel leider erstunken sei.

Der Bauernknecht holt den Kranken aus dem Faulturm hoch, legt ihn neben dem Loch auf den Steinboden. Wieder schmerzen die Augen Baumgartners, mehr schmerzen ihn in seiner Brust die ersten Atemzüge klarer Luft.

»Musst fein Luft holen für die Nacht, da musst du wieder runter ins Loch«, sagt der Knecht und stellt ihm überraschend gutes Essen hin: eine kalte Gänsekeule, drei hart gekochte Eier und einen getrockneten Fisch. In einem kleinen Schälchen findet er eine Hand voll Pfeffer und gemahlenen Koriander. Kostbarkeiten! Dazu einen Krug mit Wasser.

»Hättst mich unten liegen lassen«

Irgendwer hat Mitleid mit ihm. Später wird er vom Knecht erfahren, dass es die Schlossherrin selbst war. Aber ihren Namen nennt der Knecht nicht. Auch nicht den des Schlosses oder des Landstrichs.

Das ist heute schwer nachzuvollziehen, aber riesig, fremd und gefährlich schien Europa, nur Kaufleute und Krieger kamen herum, es gab keine Ortsschilder. Baumgartner musste genau beschreiben, was er von seinem Platz aus sehen konnte, um Anhaltspunkte für eine Identifizierung zu geben.

Baumgartner trinkt, und das Labsal stärkt seinen Charakter. Er findet Mut zur Wut, herrscht den Knecht an: »Hättst mich unten liegen lassen, hätt ich die Marter bald hinter mich gebracht.«

Das wirkt. Der Knecht berichtet vom elenden Aussehen des Gefangenen, jedenfalls darf Baumgartner fünf Tage lang oben neben dem Loch bleiben, nach wie vor gefesselt. Er scheißt und pisst von oben ins Loch hinunter. Er hat keine andere Wahl. Sehnsüchtig hofft er auf ein Zeichen von Jörg Santwerffer. Wünscht ihm den Tod, den er später durch die Hand des Absbergers in Dietfurt auf dem Misthaufen erleiden wird.

Kaum fühlt sich Baumgartner besser, wird er unternehmungslustig. Behindert durch die Fußfessel, hopst er mehr, als dass er steigt, die Treppe im Turm höher und höher, entdeckt oben hinter einer Bodenluke einen weiteren Raum. »Ein Stüblein« nennt es Baumgartner, gefüllt mit »Rennzeug«, also eine Waffenkammer. Und draußen auf der Brüstung, vor dem Stübchen, stehen zwei Büchsen, zwei Kanonen. Die Eisenkugeln liegen handlich geschichtet daneben.

Baumgartner, wie ein Eremit muss er ausgesehen haben in seinem zerrissenen Gewand, mit dem riesigen Vollbart und den wirren langen Haaren, lugt über die Brüstung, sieht unter sich die roten Ziegel, mit denen die Burgdächer gedeckt sind, eine mächtige Anlage ist das, er sieht weit ins Land hinein, auf einen Wald, dahinter eine große Wiese.

Vielfältige Geräusche verkünden ihm, dass der Burgherr kein müder Eckenhocker ist, sondern alle Möglichkeiten wahrnimmt, um – nicht nur durch das Verstecken von Geiseln – Geld zu machen: Baumgartner hört das vielmaulige Geräusch, wenn Pferde im Stall ihr Futter fressen, hört die Knechte gewaltige Mengen Futters einstreuen, auch für Kühe und Schweine.

Er hört auch viel Gesinde beim Weben, er hört die surrenden Räder fürs Spinnen der Fäden, hört das Klappern des hölzernen Webstuhls, das seidige Flutschen der Ahle zwischen den gespannten Webfäden – alles reich an Romantik, wenn der arme Baumgartner nicht um sein Leben fürchten müsste. Allein hockt er auf den Steinstufen des Faulturms, beißt in eine geräucherte Wurst, die ihm die Schlossherrin geschickt hat.

Nie hat er sie zu Gesicht bekommen, die Dame mit dem Mitleid und den vielen Gewürzen. Das erwähnt Baumgartner später extra, diese Gewürze, die er zu jedem Essen bekam. Erholt hatte er sich wieder. An die kleinen Trippelschritte hatte er sich auch gewöhnt, zu denen er durch seine Fußfesseln gezwungen war. Er hat sich Gedanken gemacht über diesen emsigen Burghaushalt, von dem nicht einmal der nächste adlige Nachbar gewusst haben wird, dass hinter der Fassade der Treuherzigkeit Gefangene erpresst wurden.

Baumgartner konnte das Wort »Mafia« noch nicht kennen, aber das alles erinnert an die ehrenwerte Gesellschaft, die hinter (adliger) Fassade kriminell zu Werke ging.

Vielleicht war der Kaufmann Baltasar Baumgartner durch das Webgeräusch darauf gekommen, was ihm inzwischen selbst alles an Geschäften entgangen war. Vielleicht bringt ihn diese Wut über die verlorenen Groschen und darüber, dass er am Ende 3000 Gulden zahlen muss, dazu, nach Fluchtmöglichkeiten zu suchen.

Aber es ist zu spät. Am fünften Tag nachdem man ihn hochgeholt hatte, taucht über der Stiege wieder der schwarz gewandete Knebelbärtige auf, packt ihn, reißt ihn an sich und rumpelt mit ihm das zweite Mal ins stinkende Loch. Ist schon wieder oben aus dem Loch entschwunden, bevor bei Baumgartner das Entsetzen im Hirn Platz greifen kann.

Vielleicht lässt Baumgartner einen wütenden, verzweifelten

Schrei los, tritt in sinnloser Wut mit dem einen Fuß gegen die Mauer, hat aber in seinem Zorn die Fesselung vergessen, reißt durch den Schwung des Fußtritts das zweite Bein mit und fällt so nach hinten in den Kot, den er fünf Tage lang selbst von oben nach unten befördert hatte.

Das Loch bleibt offen. Der Kaufmann überlebte sechs Wochen in Gestank und Fäulnis. Nur das Essen blieb weiterhin gut. Mit viel Gewürzen. Vielleicht, es ist nicht überliefert, hat später Baumgartner seiner Frau mehrmals giftig zugeraunzt, sie möchte nur ein einziges Mal solche Gewürze daherbringen wie seine Schlossherrin seinerzeit in der Geiselhaft.

Noch ist es nicht so weit, noch ist Baumgartner nicht wieder städtischer Spießer, sondern entschlossen, um sein Leben zu kämpfen, sollte er je wieder aus diesem Loch rauskommen. Und er kommt heraus.

Oben empfängt ihn Thomas von Absberg, tritt vielleicht ob des Gestanks, der Baumgartner umwabert, einen Schritt zurück, lässt ihn in die Scheune bringen, wo er im Heu warten muss, bis sich der Absberger, Veit Scharpf und ein junger Adliger, der anscheinend beim Absberger von fürsorglichen Eltern in die Raubritterlehre geschickt worden war, den Harnisch angelegt haben.

Baumgartner wundert sich wieder über den riesigen Burgbetrieb: Ein Doppelstall sei das gewesen, mit unglaublich vielen Pferden, schildert er später. Sicher hat er sich im Heu, so gut es ging, abgeputzt. Vielleicht hat er auch gefragt, ob das Schatzgeld angekommen ist. Vom Absberger hat er nur ein übellauniges Brummen abbekommen. Irgendwie wird Baumgartner gemerkt haben, dass beim Absberger das Feuer raus ist. Weiß der Himmel, was der den zwei Burgherren hat zahlen müssen an Kostgeld für ihn, den Baumgartner.

Veit Scharpf ruft ihn, mit geübten Trippelschritten tänzelt Baumgartner vom Heuhaufen herab, erkennt die schmutzige Binde, neigt bereitwillig den Kopf, damit sie Scharpf leichter um seine Augen legen kann. Sie reiten los. Drei Stunden lang,

»gegen Mittag«, gegen Süden, wird er – mein Gott, nicht schon wieder in ein Verlies! – auf eine kleine Burg geführt.

Von hier ab schweigen die Akten.

Baltasar Baumgartner, dieser geschundene, seelisch für sein Leben gebrandmarkte Augsburger Kaufmann, kann fliehen. Aus Burg Waldstein. Diesen Namen erfährt er auf seiner Flucht. Kein Mensch weiß, wie sie ihm gelang. Hat ihm jener Bauer geholfen, der ihm am Anfang seiner Geiselhaft im Wald zuraunte, dass es ihm Leid täte, ihn hier zu wissen, und der seinen Namen kannte? Hat ihn Thomas von Absberg selbst entfliehen lassen?

Oder konnte Baumgartner, als er im Heu lag und relativ unbeobachtet war – weil sich seine Bewacher mit dem schweren Harnisch abrackerten und kräftig fluchten –, einen eisernen Gegenstand, ein verlorenes Messer vielleicht, das er wie die Stecknadel im Heu zufällig fand, unter das stinkende Gewand stecken, das sicher keiner durchsuchte?

Oder war es die Schlossherrin, die ihn mit so leckeren Gewürzen beglückt hatte? Bestach sie Veit Scharpf?

All diese wunderbaren Geschichten – begraben von der Vergangenheit. Es gibt keine Spuren. Der alte Baumgartner wird sicher seinen Kindern und Enkeln bis zum Überdruss sein Abenteuer mit Thomas dem Handabhacker erzählt und darüber nie vergessen haben hinzuzufügen: »Den Jörg Santwerffer hat die gerechte Strafe Gottes ereilt.« Was ungerecht ist.

Burg Waldstein aber, bei Münchberg im Fränkischen gelegen, ist heute eine schaurige Ruine.

Ein Pfarrer wird gefoltert

Das hat Pfarrer Johannes Hering sicher nie für möglich gehalten, dass er hier nackt an der Folterleiter hängt und ausgepeitscht wird. Der behaarte fette Bauch schwabbelt ohne Halt, die Arme sind an den Handgelenken am oberen Leiterende festgebunden, die Füße an der untersten Sprosse.

Hochwürden stöhnen ob der Peitschenhiebe, die auf Brust, Beine und Bauch niedersausen, die Haut aufschlitzend.

Es ist heller Tag. Die Leiter des Leidens ist provisorisch im großen Vorratszelt aufgestellt. Im Lager des Schwäbischen Bundes, nicht weit von Uffenheim.

An diesem Julitag des Jahres 1523 hat es den Pfarrer erwischt. Um sein Leben winselt er. Er, der Gott zu Rottlein unterhalb des Schlosses Franckenberg dient, ruft Gott zu Hilfe an und zum Beweis, dass er die Wahrheit sage. Man möge nur aufhören zu schlagen.

Der Züchtiger zählt die Schläge mit, die er austeilt, ungerührt von Blut, Stöhnen, Stoßgebeten und Geschrei des geweihten Opfers.

Hinter dem Züchtiger sitzen, wie es sich für ein peinliches Verhör gehört, der Profos, Herr Clas Seydensticker, der die Fragen stellt, und ein Schreiber, dessen Mitschrift erhalten geblieben ist.

Von draußen dringen die üblichen Geräusche eines Soldatenlagers herein. Pferdegewieher, das derbe Lied einer Marketenderin, Hämmern aus der Feldschmiede und viel Gelächter von Männern, die ihre Angst vor dem anstehenden Kriegszug gegen die schwäbischen Raubritter hinter markigen Witzen verbergen.

Heiß ist es, Fliegen summen herum, einige von ihnen haben den blutenden Körper des Pfarrers entdeckt, werden indes immer wieder durch die Peitschenhiebe des Züchtigers aufgescheucht.

Dieser gottverfluchte Junker, mag der Pfarrer unfromm gedacht haben, der hat mich in diese schamvolle und schmerzliche Lage gebracht. Nein, beschließt er, schützen will er ihn nicht, auch wenn der ihm vor zwei Jahren die ertragreiche Pfründe bei Ludwig von Hutten besorgt hat.

Kaum zählt der Züchtiger den 20. Hieb, schreit der Pfarrer, dass er wirklich alles erzählen wolle, so wahr ihm Gott helfe.

Profos Seydensticker, der weiß, was sich selbst jenen Geistlichen gegenüber schickt, die mit Raubrittern paktieren, gibt dem Züchtiger den Befehl, Pfarrer Hering loszubinden. Beinahe fällt der von der Leiter herab. Er darf sich eine Pferdedecke umhängen, die kaum seinen umfangreichen Bauch abzudecken vermag. Der Profos schiebt ihm über den groben Feldtisch hinweg einen Becher mit Wasser hin.

Der Pfarrer setzt sich stöhnend auf die Holzbank. Vielleicht erstaunt ihn, dass er sich, abgesehen vom Brennen der Wunden, eigentlich gut fühlt, nicht mal einer Ohnmacht nahe. Diese Züchtiger sind sehr erfahren im quälenden Umgang mit Menschenkörpern.

Der Profos ist kein Sadist, er will sich nur formgerecht seiner Pflicht entledigen. Ihm wurde aufgetragen, den Pfarrer zu vernehmen. Ein Kaufmann soll vier Tage und Nächte bei Johannes Hering im Pfarrhaus eingesperrt gewesen sein. Der Pfarrer habe mit dem übelsten Landplacker, der je im Heiligen Römischen Reich Deutscher Nation sein Unwesen getrieben hat, gemeinsame Sache gemacht: mit Thomas von Absberg.

»Nein«, stammelt der Pfarrer, »ich bin dazu gezwungen worden.«

Er nimmt einen Schluck Wasser und erzählt, wie es am Himmelfahrtstag abends ans Pfarrtor geklopft habe. Pfarrer Hering schaut durchs Fenster hinaus, sieht dort im Nachtschatten ein langbeiniges Nachtschattengewächs stehen.

»Was willst du?«, ruft er.

»Komm raus, Pfarrer, ich hab mit dir zu reden.«

Johannes Hering ist diesen Ton nicht mehr gewöhnt, auch kommt ihm die herrische Stimme nicht bekannt vor, obwohl, ein dunkles sekundenlanges Erinnern …

»Ich lass niemanden ein, es ist schon spät«, ruft er und will schon wieder das kleine Fenster mit der bleigefassten Butzenscheibe schließen, als es von unten herauf herrisch klingt: »Ich bin der Knecht von Junker Geyer, der hat mit dir was zu reden und schickt mich.«

Darauf schließt der Pfarrer das Fenster und steigt ächzend die Stufe hinunter, ach Gott, diese Pfründe bringt ihm allzu viele Pfunde auf den Leib.

Er hält die Laterne mit der brennenden Kerze vor sich, schiebt den schweren Riegel an der Haustür zurück. Er öffnet. Draußen steht der groß gewachsene Mensch, das Gesicht im Schatten. Er drängt sich rein, stößt den Pfarrer zur Seite. Der ist erschrocken, schließt die Tür.

Als er sich zum Fremden umdreht, ist der kein Fremder mehr. Es ist Thomas von Absberg.

»Junker, Ihr?«

»Ja. Ihr müsst mir Herberg geben für Freunde, die ich bring.«

Das war ziemlich plump, mag sich der Pfarrer gedacht haben, denn Thomas von Absberg besitzt wieder seine geräumige Burg unweit von Gunzenhausen. Der Pfarrer wusste deshalb, dass mit »Freunden« Kaufleute gemeint waren, die es so lange zu verstecken galt, bis das Lösegeld eingetroffen war. Ärger stand ins priesterliche Haus. Und den konnte Hering nicht gebrauchen, sein Dank an Absberg für die Pfarrei hin oder her.

»Jetzt bin ich der Wirt!«

»Das geht nicht, Junker«, antwortet er darum mit betont fester Stimme, »mir hat's mein Herr, Ludwig von Hutten, verboten.«

Er hat nicht mit dem Ausbruch gerechnet, der folgt. Weil er schon vergessen hat, wie jähzornig Thomas von Absberg werden kann, sieht er sich jetzt wieder an das irrsinnige Flackern in dessen Augen erinnert.

Der Absberger geht mit zwei Riesenschritten auf ihn zu, reißt ihm die Laterne aus der Hand und schreit ihn an: »Du elender Pfaff, der Teufel soll dich holen, was willst du mir, dem Absberger, abschlagen?«

Er dreht sich um, stapft, in gotteslästerlicher Weise fluchend, den Gang entlang, betritt des Pfarrers gute Stube, setzt sich an den Tisch, knallt die Laterne aufs Holz und schreit, dass ihm die Spucke nur so aus dem böse aufgerissenen Mund fliegt: »Ich will dich lehren, mir keine Herberg' zu verschaffen. Jetzt bin ich der Wirt, und du kannst mich um Herberg' anbetteln.«

Pfarrer Hering schildert dem Profos sicher nicht, wie verängstigt er dagestanden ist, vor seinem ehemaligen Herrn, von dessen Grausamkeiten er sicher schon erfahren hatte. Vielleicht durch den höhnischen Spruch, der die Runde in Süddeutschland macht: »Die Nürnberger haben einen neuen Feind, der ihnen Händ und Füß abhackt.«

Der Pfarrer muss nachgegeben und dem Absberger versprochen haben, seinen »Freunden« Unterschlupf zu gewähren.

Am Samstag nach Himmelfahrt, wieder ist es abends, klopft es an die schwere Holztür, der Pfarrer öffnet, Thomas von Absberg steht draußen.

»Bring Euch einen Kranken«, sagt er und tritt zur Seite. Der Pfarrer sieht im Hof drei Pferde stehen.

Während er schaut, wird um den Türstock herum ein Mann im typischen Kaufmannsrock reingeschoben. Von einem schwer bewaffneten Knecht.

Der Kaufmann sieht nicht krank aus, eher total übermüdet. Und verdreckt ist er. Das muss ein langer Ritt gewesen sein. Kaum sind die drei im Haus, drängt Thomas von Absberg schon wieder nach draußen.

»Hol ihn Euch morgen wieder fort.« Und weg ist er.

Der Pfarrer hört die Hufe des Pferdes auf dem gepflasterten Pfarrhof. Er ist mit den beiden allein.

Die Augen des Kaufmanns sind neugierig auf ihn gerichtet. Das ist kein Einfaltspinsel, der nur sein Geld zählt, denkt sich vielleicht der Pfarrer und hat wieder starke Angst.

»Ich bin Hans, der Wirt«, sagt er barsch.

Oh, er fühlt sich wie Petrus, auch er verleugnet wie jener Jesus: Alles, was heilig ist, Kreuz oder Gebetbuch, Messgewand oder Votivbild, er hat es versteckt, er gibt sich als Wirt aus, hofft, dass er vom »Kranken« nicht als Pfarrer erkannt wird.

Doch Bartholomäus Stecken ist ein hellköpfiger Schweizer aus St. Gallen.

Es klappern die Zähne

Es ist ziemlich sicher, dass er schon an diesem ersten Abend dem Pfarrer erzählt hat, was er zusammen mit Nikolaus Kirmair und Hans Mair, zwei Kaufleuten aus Augsburg, erlebt hatte:

Am 11. Mai sei er zusammen mit den zwei Augsburgern auf Schwabach zugeritten. Ohne Waren. Sozusagen auf Geschäftsreise, um ein paar gute Abschlüsse mit Nürnberger Kaufmannshäusern zu tätigen oder die reichen Leipziger für drei Wagen Safran zu begeistern, die im Oktober in Augsburg eintreffen sollten. Solche Geschäftskontakte bedeuteten lange und gefährliche Ritte, aber der Gewinn war erheblich. Wenn alles klappte.

Diesmal klappte es nicht, dafür klapperten die Zähne der drei Kaufleute, aus dem Nichts heraus waren sie von fünf Reitern umringt. Das kommt davon, wenn man an Geleit sparen will, stattdessen nur einen markgräflichen Geleitbrief bei sich führt. Ein jeder der drei wird sich geschworen haben, hinfort teurer mit der eigenen Sicherheit umzugehen – wenn es überhaupt eine Zukunft gab …

Was will so ein Pfeffersack auch machen, wenn eine Armbrust mit gespanntem Bogen auf ihn gerichtet ist, er vielleicht sogar den Pfeil sehen kann? Wie soll er sich mit seinem kurzen Dissacken verteidigen, wenn ihn schon die Spitze eines langen Schwertes in die Seite piekst und er zu Gott betet, dass sein Pferd keinen blöden Schritt zur Seite macht? Und dem dritten, dem Bartholomäus Stecken, der eben noch so heiter die Vorteile der Schweizer Handelswege gepriesen hatte, blieb das Wort im Halse stecken, schon deshalb, weil daran ein Schweinsspieß mit der scharfen Schneide ruhte.

Was heute das Autokennzeichen, war sintemalen die genaue Beschreibung der Pferde. Sie ist überliefert: Zwei braune Mutzen seien es gewesen, mit gestutztem Schweif. Wobei das eine Pferd einen längeren Schwanz hatte als das andere, dazu eine Plassen. Weiter ein gemutzter Falbe mit einem schwarzen Strich den Rücken entlang, das fünfte Pferd war ein dürrer Rappen. Auf diesen Pferden saß die Bedrohung in Form von fünf wilden Gesellen.

Wichtig zwecks späterer Identifizierung ist damals wie heute die Beschreibung der Kleidung. Auch die liefert die Chronik nach Aussage von einem der drei Kaufleute. Zumindest für vier Täter. Drei von ihnen hätten schwarze Kittel angehabt, der vierte einen eisenfarbenen Rock.

Hervorragend sei die Qualität ihrer Harnische gewesen, besonders beeindruckte der Brustpanzer des Rotbärtigen. Auf dem waren St. Jörgen und St. Anna gemalt.

Sie waren im Namen der zwei friedlichen Himmelsgrößen ein wahrlich gut eingeübtes kriegerisches Quintett im Umgang mit Reisenden. Ein kurz geraunztes »Gebt euch gefangen!« veranlasste die drei, sehr laut und zittrig zugleich ihr Einverständnis zu erklären.

»Kommt mit!« war der nächste Befehl. Zwei setzten sich mit ihren Gäulen vor die drei Kaufleute, drei dahinter, und ab ging's vom staubigen Landweg zwischen Büchenbach und Pleinfeld ins schattige Gehölz. Zwei Stunden nach Mittag war es, selbst das ist überliefert. Die drei hatten ihr Geleit, aber sie fühlten sich alles andere als sicher. Zu Recht. Kurz darauf standen sie frierend in ihrem linnenen Unterkleid.

Kirmair wedelte nur kurz mit dem markgräflichen Geleitbrief, schon war er ihm aus der Hand gerissen und schwebte in kleinen Fetzen auf den Waldboden.

Zwei Landplacker saßen zu Pferde, die Armbrüste im Anschlag, die drei anderen hatten sich je einen Kaufmann vorgenommen, beobachteten genau, wie der sich auszog, auf dass er nichts verstecke. Die drei Kaufleute hatten gutes Geld an Reisespesen (Nürnberger und Leipziger ließen sich gerne einladen). Sie mussten zusehen, wie ihre Geldkatzen von den Räubern juchzend in die Luft geworfen wurden, sodass die Vögel das Zwitschern vorübergehend einstellten, ob der ungewohnten Konkurrenz.

Die Ruhe war beinahe tödlich. Die Räuber wurden ernst und wieder grob, Kirmair und Stecken wurden gepackt und weiter in den Wald hineingeführt.

»Wir müssen«, sagt der eine, der mit dem roten Bart, der dick und groß und ungeschlacht wirkt, aber behände wie fließender Samt in seinen Bewegungen ist, »wir müssen euch die Händ abhauen.«

»Jessasmaria, der Absberger!«, wird vielleicht der Kirmair ausgerufen haben.

»Der nicht, aber in seinem Namen«, antwortet der Rotbart. »Ich bin Veit Scharpf, bin sein Gesell. Und bin wie der Absberger der Nürnberger und des Schwäbischen Bundes Feind.«

Er packt Kirmairs Arm. Den rechten.

»Drei sind uns treulos worden«, sagt Veit Scharpf, »vorhin.« Das heißt in den Worten damaliger Zeit, dass sie drei Kaufleute nicht haben halten können. Die waren geschickter als Kirmair, Mair und Stecken. Hatten vielleicht auch die besseren Pferde. Oder das Schnauben eines Pferdes seitwärts vom Hohlweg im Gebüsch hatte Veit Scharpf und seine Spießgesellen für einen Moment abgelenkt, und die Kaufleute nutzten die Chance.

Sie hatten die Pferde herumgerissen und waren in klopfender Angst zurückgaloppiert, hörten hinter sich die Pferde der übertölpelten Heckenreiter herjagen, vielleicht flogen Armbrustpfeile an ihnen vorbei, jedenfalls hatten sie es geschafft, saßen überglücklich beim Wirt in Gmund und warteten auf ein Geleit. Und er, der Kirmair, hatte den Schaden und bald nur noch die linke Hand. Beinah.

»Es hellt keiner glauben«

Wie im Schraubstock steckte sein Arm in den Fäusten Veit Scharpfs, als er ihn über einen Baumstamm zog. Der zweite Räuber kam mit einem Holzprügel. Veit Scharpf drückte Kirmairs Arm hart aufs Holz nieder, plötzlich blitzte ein Messer in seiner rechten Hand, das er dem Kirmair »nit weit von dem elnpogen angesetzt hat«, wie die Chronik berichtet.

Scharpf ruft dem mit dem Prügel zu: »Schlag zu, hau zu, es hellt keiner glauben!« Man kann keinem mehr trauen, heißt das ins Hochdeutsche gebracht. Das klingt auch in den Ohren Kirmairs wehleidig, der zum überzeugendsten Plädoyer seines Lebens ansetzt.

Der Schmerz um den anstehenden Verlust seiner Hand, seines Lebens beflügelt den nüchternen Kaufmann zu herzinniglichsten Beschwörungen an das Gute im Menschen Veit Scharpf, dem er im gleichen Atemzug seine, Kirmairs, augsburgweit bekannte Freigebigkeit schildert. Die ermögliche es ihm, was immer er auch für seine körperliche Unversehrtheit bezahlen solle, es beim Sterben seines geliebten Weibes zu garantieren. Wo immer hin es Herr Scharpf gebracht wünsche.

»Augsburger Schwachkopf, feiger«, raunzt der, aber ihm fehlt die Unerbittlichkeit seines Herrn Thomas von Absberg.

»200 Gulden für deine Pfote?«, fragt er spöttisch den Kaufmann. Noch immer sitzt das Messer auf dem Arm. Noch immer steht der andere mit dem Knüppel schlagbereit.

»200, Gott befohlen«, seufzt Kirmair. Der Schweiß rinnt ihm vom wilden Haar, zerzaust durchs Ausziehen. Auch er weint, wiederholt: » 200, ich bitt Euch sehr!«

Scharpf lässt den Arm los, Kirmair fällt nach hinten auf den Waldboden. Schon folgt der nächste Schrecken: an seinem Hals die Spitze eines Schwertes. »Kriech mal los, auf allen vieren«, befiehlt ihm der dritte.

Er kriecht und sieht, wie sie dem Bartholomäus Stecken auch

das Messer an den Arm unterhalb des Ellenbogens setzen. Auch der spricht flehentlich, muss indes mehrfach ermahnt werden, deutsch zu reden, das Schwyzerische klingt Veit Scharpf und seinen Kumpanen wie Hohn in den Ohren.

Auch er wird auf 200 Gulden geschatzt, muss auch auf allen vieren kriechen, hinter Kirmair her. Dem Mair geht's nicht anders. Dreimal 200 Gulden, aber sie dürfen nicht gehen, nein, die drei Kaufleute in ihrem linnenen Unterzeug müssen sich von hinten an die Schultern fassen und im Kreis laufen, immer schneller, so, wie der Knecht den Takt mit dem Knüppel auf den Baumstamm hämmert.

Sie sehen so lächerlich aus, sie fühlen sich so gedemütigt. Veit Scharpf und seine vier Spießgesellen lachen grell, fordern Purzelbäume von den dreien, nein, sie dürfen das niemandem erzählen, auch und vor allem das nicht, was noch passierte. Die Zeiten waren derb, die Scherze roh, jedenfalls verschweigen die drei, was sie vier Stunden in diesem Wald bei Gmund erdulden mussten, zu was sie gezwungen wurden. Sie berichten nur, dass mit ihnen »vil pöser mutwilliger wortt getriben, das es zuerparmen gwest«.

Nach diesen vier Stunden, es wurde schon Abend, beschloss Veit Scharpf, Mair und Kirmair laufen zu lassen. Keiner weiß, warum sie ausgerechnet den mit den komischen Rachenlauten, den Schweizer, mitnahmen. Jedenfalls verlangt Veit Scharpf, die 600 Gulden sollten innerhalb der nächsten vier Wochen zum Herzog von Württemberg ins Schloss Mümpelgard gebracht werden.

»Wo aber das nit geschieht«, drohend hebt Veit Scharpf die Stimme und zieht am langen Strick, dessen anderes Ende um den Hals von Bartholomäus Stecken geknotet ist, der mit nach vorne gefesselten Händen auf seinem Pferd sitzt, »so wollen wir ihn zu kleinen Stücken hauen.«

Sollte Veit Scharpf der Erfinder des Zürcher Geschnetzelten sein? Es war Bartholomäus Stecken aber aus St. Gallen, sodass die Gnome von Zürich selbst ihr berühmtestes Gericht geklaut haben!

Stecken wird beschwörend auf die beiden Augsburger eingeredet haben, als er sich wieder anzog, und die werden ihm hoch und heilig versprochen haben, dass sie ihren Kaufmannsgefährten nie und nimmer im Stich lassen würden. Damit zogen sie zu Fuß von dannen, Scharpf und seine Bande hatten ihre Pferde, ihre Kleidung, ihre kümmerliche, aber gut geschmiedete Wehr abgegriffen. Das Reisenecessaire damaliger Zeit bestand weniger aus Zahnbürste und Waschlappen als vielmehr aus einem Jagdmesser zum mundgerechten Zerschneiden von Fleisch, Käse oder Brot, dazu ein kurzes Schwert, meist ein Dissacken, mit dem ein mutiger Pfeffersack böse Stiche führen konnte.

Der kühle Maiabend kräuselt Kirmair und Mair eine Gänsehaut, das wird ein langer Marsch bis Gmund in dieser Dunkelheit und nahezu nackt.

Nach der anderen Seite zogen davon der St. Gallener am Kälberstrick und um ihn herum Veit Scharpf, Jörg, auch ein Knecht des Thomas von Absberg, Hanns von Embs, aus einem bei seinesgleichen hoch geachteten Raubritterhause stammend, der Schramhanns, von dem nur zu erfahren ist, dass er einen Falben geritten hat.

Der arme Bartholomäus Stecken aber schaukelte einer Zukunft entgegen, die ihn in kurzer Zeit zu einem Experten in Raubritterfragen machen sollte.

Alsbald haben sie ihm den Kälberstrick vom Hals gelöst, stattdessen die Zügel seines Pferdes mit dem Strick verbunden und an Veit Scharpfs Sattel befestigt. Der führte die kleine Schar zurück auf den Weg und hinüber in den Fluss, es wird die Rednitz gewesen sein. Auf einem engen Weg ging's einen Hügel hinauf, vorbei an einer gemauerten Mühle, deren Windrad abgestellt war. Keine Nachtschicht bei Müllers.

Sie ritten in der Abenddämmerung weiter, vom Weg ab in einen Eichenwald. Dort rasteten sie, bis die Nacht hereinbrach.

Jetzt war es der Kaufmann, der keine Angst mehr haben musste, stattdessen mussten die Räuber sich vorsehen, nicht entdeckt zu werden.

Was später in dieser Nacht passieren sollte.

Sie ritten aus dem Eichenwald hervor und weiter auf einem sandigen Weg auf eine Stadt zu, die einen erstklassigen Türmer mit Adleraugen hatte. Der verblies sie auf seinem Horn.

Heideck soll die Stadt gewesen sein, vermutete später der Schweizer.

Der Name des Nachtwächters ist leider nicht überliefert. Die fünf Reiter müssen mit ihrem Gefangenen wie die Apokalyptischen vom Weg weggeprescht sein, keine Chance für Bartholomäus, aufs Stadttor zuzureiten, der Strick hinderte ihn. So ritt auch er, tief auf den Hals des Pferdes gepresst, querfeldein.

Sie müssen durch die Bauerngärten vor den Stadttoren gefegt sein, schwere Flüche werden ihnen die Bauern auch am Tag darauf nachschicken, wenn sie die zertretene Saat entdecken, die geknickten Setzlinge, das zerstampfte Dinkelfeld.

Die schnelle Flucht ist, mit den Augen Veit Scharpfs gesehen, durchaus berechtigt. Manche Städte verfügten über eine exzellente Eingreiftruppe, die auf städtischen Pferden einen schnellen Ausfall machen konnte und manchen Schnapphahn gefangen hatte. Auch in der Nacht.

Die sechs galoppieren eine Zeit lang querfeldein, halten, lauschen, niemand folgt. Sie kehren auf den Weg zurück und reiten in die andere Richtung.

Es ist Mitternacht, als sie im Mondlicht wieder auf eine Stadt zureiten.

Der St. Gallener schildert sie später, und irgendwie meint man herauszuhören, dass ihn die Silhouette beeindruckt habe. In einem Tal gelegen habe »dasselb stettlein vil turmlein, und sey eintweders ein Schloss einer großen kirchen gleich darinnen oder ein kirch«. Kühl ist es, ein sanfter Maienwind, heiße Pferde im Schritt, der Mond, einzelne Wolken, eine ferne Stadtmauer, geschlossene Tore, im Mondschein aufblitzende Hellebarden der Wachen, und schon wieder werden sie verblasen. Auf einem Horn. Der Türmer war's. Schon wieder so ein Hundsfott von Adlerauge. »Angeblasen« habe er sie, wie die Chronik Steckens Worte wiedergibt, der meint, die Stadt sei Spalt gewesen.

Ein samtener Junker

So geschickt Veit Scharpf und seine Männer im Gefangennehmen waren, so wenig vorbereitet waren sie, wenn es um die sichere Verwahrung ihrer Beute ging. Zu Recht muss man fragen, warum sie einfach auf Städte zugeritten sind. Kannten sie sich in der Gegend nicht aus?

Es muss schon gegen Morgen gewesen sein, als sie endlich bei einem Bauern in einem Dorf einkehren, der ihnen Eier im Schmalz reicht. Dazu kuhwarme Milch. Ein kräftiges Frühstück. Wohl verdient, zumindest für den armen Bartholomäus Stecken. Dieser Bauer muss Veit Scharpf und den Seinen bekannt und freundlich gesonnen gewesen sein, er verschwindet unauffällig, kurz darauf erscheint in der Bauernstube, in der Stecken zwischen den Räubern sitzt und isst, »eine feine person«, die einen »parchantenen kittel« angehabt habe, einen gewebten Samtrock. Ein Junker, der nach dem Frühstück die sechs Pferde zur Tränke an einen Weiher führt.

Aus purer Vorsicht wurde so gehandelt, der Bauer durfte nicht raus mit so vielen Pferden, andere Dörfler hätten ihn gefragt, der Feine konnte es tun. Bartholomäus Stecken hatte keine Chance, um Hilfe zu rufen, hätte auch nichts genutzt, die Bauern waren nicht unbedingt darauf versessen, einen Fremden zu befreien.

Der Feine, ein Junker wohl, führte Pferde und Reiter in sein Haus. Der St. Gallener konnte ausruhen, einen Tag lang. Weiter lernt er Deutschland bei Nacht kennen. Sie reiten durch Laub- und Nadelwälder, über Ansbach Richtung Windsheim, kehren für drei Nächte bei Pfarrer Hering ein.

Zwei Gesellen des Veit Scharpf sind davongeritten, bekamen 15 Gulden vom geraubten Geld. Das wird den St. Gallener gefuchst haben, es war auch sein Geld. Später bestätigt er nicht, was der Pfarrer nach seiner Auspeitschung gestanden hatte: Die Sache sei mit dem Absberger abgemacht gewesen.

Der St. Gallener will nichts von diesem Junker gehört haben, aber er ist ein Schlitzohr, wie zu erfahren sein wird.

Jedenfalls bekommt er bei Pfarrer Hering einen Bettgenossen. Einer der Räuber schläft immer in seiner Kammer. Der Pfarrer muss von außen abschließen. Dass der Schweizer und der bewachende Franke so gut miteinander auskommen, liegt auch daran, dass ihm der Franke, es war Jörg, in einer intimen Minute einen kleinen Daumenstock aus der Hosentasche präsentiert hat und dem St. Gallener mit sanfter Eindringlichkeit gesagt hat: »Sieh her, das ist eigentlich für dich. Sollst deine Daumen drin tragen. Wennst' mir kein' Ärger machst, bleibt er im Sack.« Der Daumenschraubstock.

Er wird trocken geschluckt haben, der Bartholomäus Stecken.

Dieses Detail stammt wiederum von Pfarrer Hering, der auch schildert, dass der Daumenschraubstock nur aus Schrauben gefertigt gewesen sei. Wie wird der Pfarrer, der sein Amt verleugnete, Himmelfahrt gefeiert haben? Über diesen hohen katholischen Feiertag hinweg blieb der St. Gallener im Pfarrhaus gefangen. Vielleicht hat sich der Pfarrer weggeschlichen, um die Messe zu lesen.

Der Schweizer wird ihn schon lang durchschaut haben, schon allein abends, wenn er mit seinem Wächter zusammen in der verschlossenen Kammer lag, schwätzt man gerne ein bisschen.

Er muss eine schlaue Art gehabt haben, dieser Kaufmann, im Umgang mit Veit Scharpf und seinen Mannen. Vielleicht hat er sich auch herzlich bei Pfarrer Hering für die Gastfreundschaft bedankt, als er am Freitag nach Himmelfahrt wieder aufbrechen musste.

Sorglos tränken sie ihre Pferde in einem Weiher unterhalb

des Pfarrhauses. Bartholomäus Stecken war zu diesem Zeitpunkt wohl überhaupt nicht mehr gefesselt.

»Ey, dass dich Sankt Valtin schändt!«

Er zog mit den drei Räubern durch einen großen Weingarten, einen Berg hinauf, durch einen Wald, bis er in der Ferne ein großes Dorf entdecken konnte. Dort stoppten sie. Veit Scharpf nahm aus seinem Reisesack die Kappe des Kirmair, die er ihm abgenommen hatte, und stülpte sie dem St. Gallener über den Kopf, sodass er nichts mehr sehen konnte. Gleichzeitig wurden ihm die Zügel aus der Hand genommen, sein Pferd am Dorf vorbei einen weiteren Hügel hinauf über eine Ebene geführt.

Dann muss auch er, wie so viele Kaufleute vor ihm und nach ihm, jenes eigentümliche Erlebnis gehabt haben, mit verbundenen Augen auf ein großes Gebäude zuzureiten, nur an den Geräuschen den Übergang zu erkennen zwischen Landweg und gepflastertem Weg, der dann wieder dumpf und hohl aufdröhnte, als er über eine Zugbrücke ritt, durch das steinerne Tor, das die Huftritte als Echo wiederholte, in einen Hof.

Gerüche des Burglebens mischten sich in seiner Nase, Küchendunst, Schweine- und Pferdegeruch, das rhythmische Hämmern eines Fassbinders, Hundegebell, nicht unfreundlich, vielleicht hat der Schweizer gemerkt, dass dies ein Burgleben von harmonischem Zuschnitt war, kein herrischer Tyrann oder verzweifelter Raubritter herrschte hier mit Furcht und Schrecken.

Sicher, man betrieb dieses und jenes kleines Nebengeschäft mit dem Verstecken von Kaufleuten. Der Hausherr, er genoss deshalb den Ruf eines absolut sicheren Verwahrers in seinen Kreisen, behandelte sie mit gebotener Aufmerksamkeit. Bartholomäus wurde gebeten, vom Pferd zu steigen. Die Augen unter der Kappe, wurde er eine steinerne Treppe ungefähr »vier oder sechs staffl hinab gefürt«, gute zwölf Meter, der frische Geruch ebenerdiger Geschäftigkeit wurde in Steckens Nase durch die dumpfe und feuchte Luft abgeschlossener Steingewölbe ersetzt, er hörte das Knattern der Fackelfeuer, einer der zwei Begleiter ging voraus, Stecken hörte schon am Klirren von Eisenketten, was ihm bevorstand.

Zwei Eisenringe wurden ihm um die Füße geschlossen und verkeilt. Aber das Stroh war frisch, er hatte Bewegungsfreiheit. Nur ein wenig beunruhigte ihn der Satz, den einer der beiden Begleiter mit »haiserer stim« geraunzt hatte: »Ey, dass dich Sankt Valtin schändt!«

Später sollte Stecken vermuten, dass es sich beim St. Valtin um den Burgherrn handelte, was indes nur aufzeigt, wie sehr dieser Schweizer Kaufmann schon der katholischen Kirche entglitten war, ein gelungener Vorläufer des Calvinismus, der sich in seiner Heimat breit machen sollte.

»St. Valtin« ist auch ein Name für den Teufel. Es war demnach der unfromme Wunsch seines Aufsehers, dass ihn der Teufel schänden möge. Das geschah nicht. Steckens Eindruck eines wohl geordneten Burghaushalts bestätigte sich trotz Ankettung.

Es war ein First-Class-Verlies, in dem er drei Tage und Nächte angekettet lag: Jeden Tag bekam er frisch gebratenes Fleisch, das ihm nicht herabgeworfen, sondern sauber auf einem Zinnteller gereicht wurde. Dazu gab's eine Kanne Wein, was vielleicht dazu geführt haben mag, dass man den Schweizer tief unten lustige Jodler anstimmen hörte. Besonders achtbar empfand Stecken, dass er »steth weiß prot«, resches Weißbrot, vorgelegt bekam.

Auch sonst mangelte es ihm nicht an Gesellschaft. Täglich habe es Schwätzchen gegeben mit dem Langen Cuntz, wie er genannt wurde, der ihm das Essen brachte, oder einem Schreiber, der auch mit ihm plauderte.

Dieser Schreiber steht ohne Zweifel am Beginn des Klischees vom Sekretär: Er trug eitel farblich abgesetzte Hosen, wie Stecken später zu Protokoll gab: vorne leibfarben, hinten braun.

Ein Schweizer kommt auf den Hund

Mit den zwei Männern kam immer ein rotweiß gefleckter Hund die Verliesstiege herabgewedelt, der auch dem charmanten Wesen des Schweizers erlag: Er wollte bei dem Gefangenen bleiben. Er wird es geduldet haben, dass Stecken seinen Kopf ins warme Fell bettete. Vielleicht aber war es vom Burgherrn auch ein weises Stückchen Taktik, vielleicht war der Hund auf Gefangene trainiert, half ihnen über die Schrecken der Finsternis und der Eiseskälte bei Nacht hinweg.

Auch der eitle Schreiber wurde vom Burgherrn nicht von ungefähr hinabgeschickt. Er sollte vom Kaufmann Näheres über die Leipziger Messe erfahren. Bartholomäus bekam Gänsekiel und Tinte, zerknittertes Papier, das einseitig schon benutzt worden war. Er zeichnet genau die Verkaufsstände auf der Leipziger Messe auf, beschreibt die Wege der ein- und ausreisenden Kaufleute, verrät die Wirtshäuser, in die sie mit Vorliebe einkehren. Zwischen den Papieren entdeckt Stecken eines und lässt es bei sich verschwinden, übergibt es später dem Rat zu Augsburg. Auf dem Zettel war vermerkt, dass der Kohlmülner von Kitzing dem Burgherrn »drei Gulden an Gold geliehenen Geldes« schuldig sei. Er war schon ein Hund, der Schweizer, würde ein Bayer anerkennend sagen.

Wie romantisch wäre es, wenn man nach seinen genauen Beschreibungen den Keller der Burg finden, sich an die gleiche Stelle wie der Schweizer setzen und mit seinen Augen hinaufblicken könnte: Oben im Gewölbe des Verlieses sei ein Loch gewesen, darüber eine große Wand, das Ende eines »hultzen ganncklh«. Aus Holz gebaut.

Und hören, was er hörte: Stampfen, Schnauben und Wiehern von vielen Rossen und das nervtötende Hämmern eines Fassmachers.

Vielleicht findet man auch diese Fußeisen, in denen die Schweizer Füßchen steckten. Vielleicht ein eingeritztes Grafitti: »Der Bartholomäus Stecken aus St. Gallen lag bänglich hier und wartete auf Erlösung.«

Die kam. Der St. Gallener sah oben am Loch Fackellicht, einer kam die steile Stiege herab, der Hund hob den Kopf, Stecken richtete sich auf, es war Veit Scharpf, der rotbärtige grobe Gesell mit den geschmeidigen Bewegungen. Er steckte die Fackel in die Halterung an der Wand, schlug mit einem mitgebrachten Hammer die Verschlüsse aus den Fußeisen, während er mit beinahe honigsüßer Stimme sagte: »Wohlauf, und leg dich bald an.« Was so viel heißt wie: Auf geht's, mach dich fertig.

»Du must darfon, und bist ledig.« Du kannst gehen, du bist frei, sprach Scharpf weiter. »Deine gesellen haben sich wol gehalten und die 600 gulden schatzung erlegt.« Mair und Kirmair hatten ihr Versprechen gehalten und das Lösegeld zum Herzog nach Mümpelgard gebracht.

Bartholomäus Stecken war inzwischen aufgestanden, rieb sich die Fesseln, strich sich das Gewand glatt, säuberte sich von Strohhalmen – und hielt erstaunt in der Bewegung inne, als er die nächsten Worte von Veit Scharpf hörte: »Die 400 Gulden hat man genomen; aber diweil du ein schweizer bist, hat man dir dein 200 fl. wider geschafft, sambt dem, das dir genomen ist.«

Der Schweizer musste sich arg zusammennehmen, um nicht einen großen Zorn zu zeigen. Er hat von Anfang an unter stärkster Verwendung von Rachenlauten darauf gepocht, dass er ein Schweizer sei, der in Augsburg nur seinen Handelssitz habe. Für nix und wieder nix die Todesängste, die endlosen Ritte, das kalte Verlies!

Aber Bartholomäus Stecken ließ die Wut in sich stecken. Dieses Raubgesindel konnte jähzornig werden. Vielleicht freute er sich aber auch über die wundervolle Erfahrung, die jahrhundertelang in seinem Volk weiterleben sollte: die Sicherheit des Schweizer Passes.

Vielleicht wuchs in diesem fränkischen Verlies irgendwo bei Kitzingen der nicht zu brechende Stolz der Schweizer. Außerdem wird er die Deutschen in späteren Jahren schon durch überhöhte Rechnungen für die erlittene Unbill büßen haben lassen, sodass vielleicht genau hier die gegenseitigen Vorurteile zwischen beiden Völkern entstanden.

Das Wappen ist weggeschliffen

Stecken ist sauer und wieder Herr: Sofort nimmt er die Fackel aus der Halterung und stapft, ein bisschen unsicher auf den Beinen, zur steilen Stiege und kraxelt hinauf. Ein harter Griff bringt ihn aus dem Gleichgewicht.

»Holla, so nicht«, mag Veit Scharpf ausgerufen haben. Er hat den St. Gallener zurückgerissen, ihm die Augen verbunden und die Fackel aus der Hand genommen, dann stößt er ihn die Stiege hinauf. Oben im Hultzengang drängt ihn Veit Scharpf vorwärts, sagt ihm vielleicht zu spät, dass – Achtung – vor ihm eine niedrige Tür sei, Stecken knallt dagegen, er fällt durch und ist in einem Raum. Zehn Uhr abends. Scharpf reißt ihm die Augenbinde ab. Stecken kann kaum etwas erkennen. Räume wie diesen gibt's so viele, dass ihn Stecken später gar nicht beschreibt. Aber jetzt, denkt er, macht dieser Scheißburgherr seinen entscheidenden Fehler.

Aus dem Halbdunkel reicht ihm eine Magd einen silbernen »Mogolla«. Auf dem wird er das Hauswappen entdecken, frohlockt Bartholomäus, nimmt freudig das Gefäß, trinkt, seufzt, sagt »wunderbar« auf Schwyzerdytsch, dreht mit beiden Händen den Becher und flucht innerlich: Das Wappen ist weggeschliffen.

Vielleicht zwinkern sich bei dieser Szene Magd und Scharpf spöttisch zu.

Später wird der St. Gallener vielleicht anerkennen, wie wohl durchdacht dieses ritterliche Gefängnis organisiert ist. Hier war die Kunst des Kaufmannsfangs zu hoher Vollendung gebracht.

Vielleicht erkennt Stecken im Hintergrund, im tiefen Schatten, einen anderen Mann in einem weiten Umhang, das Gesicht ohne Konturen, den Herrn der Burg. Allein wird Veit Scharpf Stecken nicht den Eid abgenommen haben, den er auf Vorhalten des Rotbärtigen zu allem Überdruss sagen muss.

Dass er nämlich Urfehde schwört, oder besser gesagt, der Fehde abschwört, dass er sich nicht anschickt, sich zu rächen für das, was ihm passiert ist.

»Ich schwöre es«, sagt Bartholomäus Stecken aus St. Gallen und denkt daran, dass er sich persönlich daran halten wird, aber dass er durch präziseste Beschreibung dafür sorgen will, dass man dieses perfekte Raubnest aushebeln wird. »Ich schwöre es«, wiederholt er deshalb hintersinnig.

Schwuppdiwupp ist er wieder unter Kirmairs Haube.

Die Magd nimmt dem Blinden den Mogolla aus der Hand, Scharpf führt ihn aus der Kammer bis zu einem Stall, setzt ihn auf ein Pferd, mein Gott, ist das dürr, denkt sich Stecken, als er die Schenkel unterm Sattel um den mageren Leib schließt.

»Die 200 Gulden sind deinem Hauptmann Brosy ausgehändigt worden«, sagt Scharpf.

Er drückt ihm einen Beutel mit Geldstücken in die Hand. »Und hier ist zurück, was wir dir genommen.«

Stecken ist verwirrt, steckt die Geldkatze in sein Wams, bekommt auch seinen Dissacken um den Leib geschnürt, seinen Reisesack hinten auf den Sattel geschnallt, und schon wird sein Pferd aus dem Stall geführt. Wieder vernimmt er die gleichen Geräusche, die ihm den Burghof, das Torgewölbe, die Zugbrücke, den Landweg anzeigen.

Es ist kühle Nacht. Es ist der 8. Juni 1523 kurz vor Mitternacht.

Sie reiten vom Weg ab. Der Huftritt wird weich, beinahe geräuschlos. Gras. Ein Rauschen kommt näher, umfängt Stecken. Ein Laubwald. Eiche, rät Stecken und liegt richtig. Sie reiten und reiten, er weiterhin blind unter Kirmairs Kappe.

Der Morgen graut. Sie halten. Sie halten lange. Veit Scharpf reißt ihm mit einem Ruck die Kappe vom Kopf. Freiheit.

Und ein witziges Schlusswort von Veit Scharpf: »Nimm's nit für ungut«, sagt er zum Schweizer, »der Überfall und dein Gefängnis galten eigentlich dem Nürnberger Kress, der aber hat ein zu starkes Geleit, wir konnten ihn nicht angreifen.«

Der Nürnberger Kress war Chef des Schwäbischen Bundes, Hauptfeind des Thomas von Absberg und anderer Raubritter in jenen Tagen.

»Reit hin, du hast zwo Meil wegs gen der Neustatt«, sind die letzten Worte, die Stecken von seinem Peiniger hört, bevor der im Wald verschwindet. Während Stecken erst jetzt erkennt, dass der magere Gaul zwischen seinen Schenkeln sein eigenes Pferd ist.

Das hatten die auf der Burg in der Zeit seiner Gefangenschaft rücksichtslos vor Pflug oder Heuwagen gespannt oder Tag und Nacht geritten.

In Stecken verstärkt sich der Respekt für den Burgherrn, der gestohlene Pferde, die bei ihm nur untergestellt sind, nicht unnütz fressen lässt, sondern zielsicher ausbeutet.

Der schlaue Schweizer findet immerhin so viel raus, dass er im Bermudadreieck für Kaufleute zwischen Scheinfeld, Uffenheim und Neustadt an der Aisch in einem Gewölbe gelegen haben muss.

Frei und reich ausstaffiert mit eigenem Geld und seinem Reisesack reitet er glücklich dahin in Richtung Neustadt. Wehmut mag ihn angekommen sein, eine kleine Sehnsucht. Noch immer klingt ihm das leise Abschiedsgeheul und das kurze Bellen des rotweiß gefleckten Hundes in den Ohren, der ihm zum Freund geworden war im tiefen Verlies.

Pfarrer Hering hatte auch Glück. Er wurde seinem Bischof, dem von Würzburg, übergeben, »der«, so die Chronik in vergeblicher Hoffnung, »seiner verhandlung nach mit pfaffen gepürlich zuhandln wiße«.

Sicher, der normale Mönch aus dem Volke, meist letztes Kind einer zerarbeiteten Bäuerin, die vor ihm schon 14 oder 15 Kindern das Leben geschenkt hatte, war selten ein Gottesdiener voll glühender Sehnsucht nach Vergeistigung und Jenseits. Nein, Mönche aus dem Volke blieben in jenen Zeiten dem Volke stets irdisch verbunden. Vor allem dem weiblichen. Kein Trieb wurde unterdrückt, schon gar nicht der des Geschlechts. Bis Martin Luther dafür sorgte, dass sich die katholische Kirche am Riemen riss.

Gott wirft ein scheeles Auge

Den trug sehr locker jener Mönch, den wir Ambrosius nennen wollen. Denn sein wahrer Name ist – aus Gründen der Scham – in keiner Chronik vermerkt.

Auf Ambrosius muss Gott ein scheeles Auge geworfen haben, sein Schicksal war ein schlimmes. Dass Gott ausgerechnet Thomas von Absberg zu seinem Werkzeug erwählte, um Ambrosius abzustrafen, gehört zu jenen Unwägbarkeiten, die bis heute Religionen attraktiv machen.

Andererseits: Der Schmerz, den Ambrosius erdulden musste, hätte eigentlich seiner Heiligsprechung Tür und Tor im Vatikan öffnen müssen, was allein aufgrund der Delikatesse seiner Verwundung unterblieb.

Ambrosius war, das kann man der Chronik entnehmen, bis zu seiner Verstümmelung ein urwüchsiger Kerl.

So stand er auch auf seinem Holzkarren, vor den zwei Pferde gespannt waren. Er hielt sie straff am Zügel, trieb sie mit allerlei schändlichen Verdächtigungen bezüglich ihres Charakters, ihrer Gesundheit sowie ihrer Einstellung zu schneller Fortbewegung voran.

Das muss er auf dem Weg nach Gunzenhausen an diesem Sommertag des Jahres 1524 so lauthals getan haben, dass Hans Thomas von Absberg, Hanns von Embs und Veit Scharpf in ihrem Waldversteck aufmerksam wurden. Ach, hätte der Mönch sein Maul gehalten!

Die drei haben sich auf ihre Pferde geschwungen und sind bis zum Waldsaum vorgeritten, um einer prächtigen Szene ansichtig zu werden: Ein dicker Mönch mit Tonsur steht auf einem Holzkarren und treibt, wild die Zügel schlagend, zwei Pferde an. Der Wagen rumpelt über den unebenen Weg. Der Mönch steht trotzdem fest auf zwei fetten Beinen, die man nur ahnt. Die Kordel der Kutte flattert im Fahrtwind. Er muss eine Lebenslust ausgestrahlt haben, die ohne Zweifel im Widerspruch zu seinen Gelübden stand. Galten doch die Mönche in jenen Zeiten als besonders potent. Nach einem neidischen Volksspruch verübten sie mühelos fünf bis sechs Begattungen pro Nacht.

Vielleicht hatte Ambrosius gerade eine solche Nacht hinter sich oder war unterwegs zu ihr, sicher hatte er auch von jenem Martin Luther gehört, der den Zölibat beseitigen wollte. Wie auch immer, er war ein Inbild von einem stattlichen, selbstsicheren Mönch.

Ärgerte das die Raubritter? Dass einer mitten im Leben stand, während sie im dunklen Wald lauern mussten, verfemt, verachtet, immer auf der Flucht?

Andererseits hatten die drei schon seit Wochen keinen Kaufmann mehr abfangen können, vergeblich auf die aus Augsburg gelauert, die von der Leipziger Messe kamen, lustlose Trübsal blasend tagsüber in den Wäldern am Wegesrand gelegen, abends beim Dorfwirt rumgelungert. Gerade waren sie eine Stunde lang auf dem Weg zum Geiersberg hingezogen, hatten sich zur Rast in den Wald zurückgezogen, als sie den Mönch heranpoltern hörten.

Thomas von Absberg gibt seinem Pferd die Sporen, die beiden anderen Männer folgen ihm. Schnell haben sie die Karre des Mönchs erreicht, der Absberger vorneweg. Der Mönch pariert die Pferde durch. Der Karren, ein »wegenlein«, wie die Chronik schreibt, kommt zum Stehen.

Der Raubritter stößt ein paar raue Rufe aus, damit der Mönch ihm brav ins Holz folge, der hat nur den Kopf geschüttelt, ist richtig grob geworden.

Einen Dreck wird er tun, hat er dem Absberger entgegengeschleudert, und schon sieht er die Sternlein blitzen, der Absberger hat ihm in maßlosem Jähzorn mit der flachen Seite seines Schwertes über den Schädel gehauen.

Der Mönch wankt, weicht aber nicht. Im Gegenteil. Er fängt an laut herumzuschreien, dass er diesem Räubergesindel auf gar keinen Fall zu Willen sein werde, dass er im Namen des Herrn hiermit fordere, dass sich dieser Teufel von bleichem Junker hinwegheben möge in die ewige Verdammnis.

Vielleicht hat er aber auch, Bauernsohn, der er sicher war, dem Absberger ein unglaublich geschertes »Leck mich am Arsch, Herr Ritter!« entgegengebrüllt, sodass der vollkommen außer sich geriet. Was sich in der Chronik so liest: »Aber der münich het nit in das holtz gewolt, sonnder geschryen und pölt wie ein ochs; hab Hanns Thoman ine bey dreyen maln über den kopff geschlagen, das ime das plut über den kopf gesprungen.«

Das sagt unter Folterpein Veit Scharpf vier Jahre später aus. Der Mönch bricht blutüberströmt zusammen.

Der Absberger befiehlt Veit Scharpf, den Wagen in den Wald zu bringen. Dort, im Schatten der Bäume, hat Hans Thomas von Absberg sich noch nicht beruhigt. Wie der niedrigste Knecht fällt er über den Mönch her, reißt ihn vom Karren, durchsucht den Halbohnmächtigen auf dem Waldboden.

Währenddessen kramt Veit Scharpf auf dem Karren herum, greift sich den Wätschger, was nach dem Grimmschen Wörterbuch ein Mantelsack, Geldbeutel oder eine Umhängetasche ist, und findet darin vierzig Gulden.

Gute Beute, die er auf der Folterleiter auch nach vier Jahren in Erinnerung hat.

Ein Glied der Kirche wird verstümmelt

Thomas von Absberg aber findet in den Kuttentaschen des Mönchs etwas anderes, Geheimnisvolles. Man muss es sich vorstellen: auf der Erde ein blutender Mönch, stöhnend. Kniend daneben in Harnisch und Helm ein Ritter, der einen silbernen, kunstvoll geprägten Gegenstand hochhält. Er liegt gut in der Hand. Neugierig schaut ihn sich der Absberger von allen Seiten an. Plötzlich schrickt er zusammen: Ein Messer schnellt hervor. Er muss an eine geheime Feder gekommen sein. Ein Taschenmesser!

Das andere Ende sieht rätselhaft aus. Es wölbt sich auf zu einem Häubchen. Hans Thomas fummelt daran herum. Es springt auf – und ein silberner Penis streckt sein entsprechend gestaltetes Haupt hervor.

Hanns von Embs, der auf seinem Pferd sitzend alles beobachtet, lacht laut auf. Alle drei lachen, spotten des Mönchs, dass der einen »zagel« nur in silberner Form zu nutzen weiß. Derbe Witze fliegen hin und her, die Stimmung steigt, vielleicht auch die Wut über das Hintertriebene der Mönche, vielleicht hat auch der Mönch, wieder aus der Ohnmacht erwacht, die derbsten Verwünschungen gegen das Plündererpack ausgestoßen. Jedenfalls reißt der Absberger mit einem Ruck dem Mönch die Kutte und das wärmende Untergewand hoch, greift mit steinerner Kraft die Hoden und schneidet sie in einem rasend schnellen Schnitt ab. Dazu sagt er spöttisch: »Die brauchst du nit!«

Schreibt die Chronik.

Wir hoffen, dass Ambrosius die Gnade einer weiteren Ohnmacht zuteil wurde. Oder hat Gott ihn den Schmerz bewusst erleben lassen? Der Schrei des Ambrosius muss den Wald durchzittert haben.

Die Chronik aber, sie spricht bei den Fragen, die vier Jahre später an Veit Scharpf gerichtet werden sollen, vom »verwundeten Mönch«. Er hat überlebt. Ein kastrierter Kater, dessen Potenz vielleicht nicht einmal gelitten hat. Die Nachwelt wünscht es ihm.

Zwei Jahre später verliert ein anderer Mönch, ein Kaplan des Erzherzogs Ferdinand von Österreich, seine Hoden. Und sein Begleiter die rechte Hand. Wieder ist es Thomas von Absberg selbst, der die grausame Tat vollbringt. Der Mönch stirbt an seiner Entmannung.

Veit Kilian war diesmal Augenzeuge. Auch ihn fragen die Folterer, warum Hans Thomas von Absberg das Unaussprechliche an einem Glied der Kirche verübt habe. Kilian antwortet: »Soweit ich weiß, geschah es, weil die Bündischen den Pfarrer Hans Hering gefoltert haben.« Aus den kargen Angaben der Chronik tritt die andere Seite des Absbergers zu Tage: treue Freundschaft zu Männern, die ihm einst halfen. So, wie zu dem Pfarrer, der die gefangenen Kaufleute des Absbergers versteckte. Und dafür büßen musste.

Ein farbenfroher Überfall

Es war ein Fest der Farben, des Duftes, des Diebstahls. Damals, als Veit Scharpf und die Seinen auf Befehl des düsteren Hans Thomas von Absberg und unter Führung des Junkers Christoph Marschalk einen voll beladenen Kaufmannszug ausplünderten. Dieses ewige Handabhacken, sie waren es leid; dieses trostlose Herumirren mit verstockten Pfeffersäcken, die Meineide en gros zu leisten pflegten, wenn sie nur freikamen, sie hatten es satt; das frustrierende Warten, ob das Lösegeld gezahlt wurde, es war einfach kein rechtes Raubritterleben.

Aber dieser Tag, das war ihr Tag. Das war ihr Leben, so wie sie es sich immer vorgestellt hatten. Sie hatten es sich wirklich verdient, die Wochen davor waren sauer genug.

Die letzte Nacht in einer gemütlichen Wirtshausscheune lag schon über 14 Tage zurück, es war in einem Dorf irgendwo an der Altmühl, Clas Penk kann drei Jahre später unter der Folter keine genaueren Angaben machen, außer dass ein »zerprochen Schloss hoch darob uff einem perg« liege.

Von dort sind sie in den Weißenburger Wald geritten, »an einen ort zum Dürrenast genannt«. Dort sind sie 14 Tage lang gelegen. Junker Hanns von Embs holte jeden Tag von irgendwoher Brot, Eier und Bier für die acht Schwerenöter, die erfahren hatten, dass ein reicher Kaufmannszug unterwegs nach Nürnberg sei. Nur wann die Beute auftauchen sollte, das wussten sie nicht.

Es muss ein mitreißendes Gefühl gewesen sein für die Lauernden, als sie unter den üblichen Waldgeräuschen fremde Laute erhorchten: das ächzende Knarren von schweren Rädern, das Knallen von Ochsenziemern, antreibende Rufe der Fuhrleute. Sie werden sich auf die Pferde geworfen und sich tiefer in den Wald zurückgezogen haben, an diesem Tag wollten sie nicht tätig werden. Der Grund ist nur zu vermuten. Vielleicht mussten sie erst ausspähen, wie viele Reisige, bewaffnete Kämpfer, der Kaufmannszug mit sich führte. Oder war es schon zu spät am Tag?

Die Landplacker ließen den Kaufmannszug passieren. Sie müssen sich die Lippen geleckt haben ob all der Herrlichkeiten, die sie unter den hoch gewölbten, fest verzurrten Planen auf den Kaufmannskarren vermuten durften. Sie werden ohne ihre Pferde, damit die sie nicht durch Schnauben oder Wiehern verraten konnten, nah am Weg im Unterholz gelegen haben, die Junker Hanns von Embs und Christoph Marschalk mit seinem Knecht, Schiek genannt, und seinem Knaben, Jörg Rechberger, ebenso wie Veit Scharpf, genannt der Dicke, Clas Penk, Haymeran Nussberger, Wilhelm Heuß und dessen Bub, Hennslein genannt. Fünf Wagen rumpelten vorbei. Fünfmal ein Vermögen, fünfmal Belohnung für ewiges Scheißen im Wald, Ameisenbisse, Bremsenstiche, Kreuzotter-Ängste, nächtliches Wolfsgeheul, näher kommendes Brummen von Bären. Der deutsche Wald war reich an Unheimlichkeiten, am gefährlichsten waren diese acht im Hinterhalt, da sie beobachteten, wie wenig Geleit die Kaufleute bei sich hatten. Sie wähnten sich schon im Nürnberger Wald und damit in Sicherheit. Es sollte ihre letzte Nacht der Ruhe werden. Das letzte Mal, dass die vier Kaufleute den zu erwartenden Gewinn überschlugen.

Seltsam, dass sie so ungesichert entlangfuhren. Es war eine gefährliche Zeit für Reisen. Aber, wie ein Historiker erkannte, es war trotz Gefahren aller Art eine Blütezeit des Handels.

Langsam rumpelte der Kaufmannszug an den blitzenden Augen im Unterholz vorbei. Erreichte er für die Nacht ein Waldwirtshaus? Überliefert ist es nicht. Nur was anderntags geschah. Am frühen Morgen. Als die Kaufleute tatsächlich in den Nürnberger Wald rumpelten, im Besitz dieser hochmütigen und stinkreichen Reichsstadt, die ihre raffigen Krakenfinger weit ins Land hinaus gestreckt hatte.

Sie hatten den Kaufmannszug nicht aus den Augen gelassen, waren auf beiden Seiten des Wegs in gebührendem Abstand, gedeckt durch den Wald, mitgeritten. Ahnungslos tölpelhaft die Kaufleute und ihre Fuhrleute. Es war zu spät, als sie das Geschrei der Angreifer hörten, die Pferde heranpreschen sahen, die Armbrüste im Anschlag oder das Schwert nach vorne gestreckt, den Schweinsspieß bereit für den Wanst des Pfeffersacks. Guter Gott, müssen die ihren Pferden die Sporen gegeben haben! Und die Fuhrleute sprangen von ihren Ochsenkarren und rannten, so schnell sie konnten, hinterher.

Eine gigantische Beute!

Fünf große Karren stehen auf dem Waldweg. Ruhe. Vogelgezwitscher. Aufgegebenes Eigentum. Herrenlos. Frei für jedermann. Den Angreifern muss das Herz im Leibe gehüpft sein. Sie werden sich ungläubig durch den Bart gestrichen haben, staunend die Karren entlanggeritten sein, auf der anderen Seite wieder zurück, vielleicht mit dem Schweinsspieß die erste Plane angehoben haben, die zweite, die dritte, vierte, fünfte, ihre Bewegungen wurden schneller, die ersten zwei springen vom Pferd direkt auf einen der Karren, mit einem schnellen Schnitt ihrer Schwerter sind die Seile durchtrennt, sie reißen die knatternde Plane zurück, erste Juchzer steigen in die Luft, und der Wald sieht neue Farben: Die fantastischsten Seidentücher wirbeln durch die Luft, schwere Damaststoffe, blauer Samt, weich wie ein Kinderarsch, schreit einer und hält sich den Samt an die

Wange, Hosen werden in die Luft geworfen und mit dem Spieß aufgefangen.

Alle sind auf die Karren gesprungen, ob Junker, Knabe oder Knecht, hier ist die demokratische Gleichheit des Raubens, und der Wald riecht neue Düfte: Pfeffer, Safran, Kümmel, Rosenpulver, Schwaden ziehen die Äste hoch, bestäubt mit den Gewürzkostbarkeiten. Niesend wegen des Pfeffers und des Korianders, lachend und schreiend wegen der Erlösung von Gefahr, wühlen sich die Raubritter durch die Karren.

Bald ist der Weg übersät mit erlesener Ware, viele hundert Gulden wert, sie sind schon im Rausch, bevor sie Weinflaschen finden, sie stoßen an, sie schreien sich die lustigsten Zoten zu, werden, so waren Männer schon in jener Zeit, mit diesen Kostbarkeiten alle Dirnen Frankens kaufen und die böhmischen dazu. Und ob dem Junker seine Alte reicht, jetzt, wo er sich die leckersten Weiber kaufen könnte, mit diesem Damast, in den sich gerade der dicke Veit mit einem Holterdipoltertanz auf dem Ochsenkarren hineindreht. Ob ihn die Erinnerung an diesen Tag die Schmerzen besser ertragen lässt, die ihm der Foltermeister zufügt an der Leiter des Leidens, vier Jahre später?

»Auffgehauen« hätten sie die Kaufmannswagen, heißt es in der Chronik. Es muss ein farbenintensiver Saustall gewesen sein, den die zurückkehrenden Kaufleute entdeckten. In den Bäumen hing Damast, auf der Straße rollte Schamlot, ein feiner Wollstoff, ursprünglich aus Kamelhaar, eine Spitzenqualität, zertrampelt von Pferdehufen.

Einer der Landplacker hatte den Ochsen Hauben aus Atlas um die Köpfe gewickelt, worüber die verbitterten Kaufleute aber frühestens zehn Jahre später lachen konnten, komisch sahen die Ochsen schon drein, gutmütig blöde ihre feinen Kopftücher tragend. Ein Abschiedsgruß des Raubgesindels.

Die Inventur vor Ort brachte großes Jammern. Die teuersten Sachen fehlten: der Safran, dieses arabische Gewürz, von dem später Goethe lüstern schreiben wird: »Safran entfaltet gewaltige Glut.« Die meisten Ballen der Atlasseide: dahin, dahin.

Dito der Taft. Oje, und die italienischen Öle, perdauz, einer rutscht gerade darauf aus – ausgeschüttet, diese Saubande von Raubrittern!

Schadenfrohe Vernichtungslust muss die Strauchdiebe zum Schluss ergriffen haben. Sie verschmutzten und zerrissen, was sie nicht auf ihre Pferde laden konnten. Und ritten krakeelend davon. Mit vollen Sätteln, mit satten Bäuchen, mit trunkenem Blick, sie hatten die Marschverpflegung und die feinen Obstschnäpse aus dem Elsass am Tatort genossen.

Was tun mit der heißen Ware?

Salomon, Hehler und Freund

Sie wussten es. Hans Thomas von Absberg hatte es ihnen gesagt. Dessen bester Freund und Hehler hieß Salomon und betrieb seine nicht immer gesetzestreuen Geschäfte von Alt-Zedlitz aus. Das liegt im Böhmischen, nicht weit von Waidhaus. Hier, im heutigen Stare Sedliste, gibt es einen verträumten alten Friedhof. Mit einer ebenso alten Kirche. Er wird oft daran vorbeigeritten sein, der Junker Hans Thomas von Absberg, auf dem Weg zu seinem Freund Salomon.

Vielleicht hat er Halt gemacht an der Kirche, sein Pferd angebunden, ist in den kühlen Kirchenraum gegangen, hat sich vielleicht dort mit Frau und Kindern verabredet, wenn es zu gefährlich war, diese im böhmischen Kisch zu treffen, wo Frau von Absberg ein Bauernhaus bewohnte, nachdem die Absberger Burgen vom Schwäbischen Bund zerstört worden waren.

Im Böhmischen hatte der Absberger seinen Unterschlupf, dort überwinterte er. Zwar gehörte auch Böhmen zum Reich, aber der Kaiser hatte keine Macht im Land des böhmischen Königs. Der ließ gewähren, was im Grenzland zu Franken passierte, zog sicher auch seinen Anteil ein.

Bald nach dem Aufhauen der Kaufmannskarren im Nürnberger Wald hatten sich die Beteiligten getrennt, Veit Scharpf und

Christoph Marschalk brachten ihre Beute zu Salomon. Er zahlte für das Pfund Safran vier Gulden, das brachte Clas Penk zum Beispiel 400 Gulden ein, heutiger Kaufwert ungefähr 4000 Euro. Hoffentlich.

Haymeran Nussberger gab seine Beute Christoph Marschalk mit und äußert noch unter der Folter den Verdacht, dass er von Marschalk nicht das bekommen hat, was der bei Salomon erlöste.

Immerhin hat der ihm auf ein geklautes Pferd 100 Gulden gezahlt, und als Nussberger das von Marschalk in Gold haben wollte, hat der es ihm anstandslos gegeben. Alle waren eigentlich zufrieden. Nur für Hans Thomas von Absberg war dieses Unternehmen nicht dienlich. Seine Autorität war vollends zerbrochen.

Der Handabhacker entwischt

Veit Scharpf hatte sich von ihm losgesagt, »bei bös Lohn ist nicht gut dienen«, sagt einer seiner Kumpane, befragt, warum sich der beste Vertraute des Absbergers losgesagt habe.

Als Veit Scharpf von den Nürnberger Häschern endlich gefangen wird, in Perg, und zunächst gütlich, das heißt ohne Marter, befragt wird, erzählt der »Dicke«, wie es anfing mit dem Absberger. Der habe ihm für seine Dienste pro Jahr angeboten: acht Gulden, zwei neue Kleider, ein Paar Stiefel und ein Drittel des Gewinns, wenn sie »gefangene eroberten«.

Das lockte den dicken Veit. Fünf Jahre hielt die Zusammenarbeit, gut war sie vermutlich nie. Denn mit der Beuteteilung nahm es der Absberger nicht so genau, unter Martern schimpft Veit Scharpf, dass er ihm 150 Gulden schulde. Wäre er bei dem erfahrenen Reitersmann geblieben, wäre er nicht erwischt worden, der Veit Scharpf. Diese Schlamperei, ohne Wache im Wald die Nacht zu verbringen, wäre Hans Thomas von Absberg nie passiert.

Zweimal war er nah dran, erwischt zu werden. Das eine Mal auf Schloss Krügelstein, dem Sitz seines Schwagers Jörg Wolf von Giech. Die Bündischen schossen zu früh, schon mitten in besonders düsterer Nacht, und Giech und Absberg konnten gemütlich auf der anderen Seite des Krügelstein davonreiten. Oder war es das Zeichen irgendeines geheimen Verbündeten in der Armee der Bündischen?

Das zweite Mal bereitete er sich gerade mit seinem Schwager auf den blutigsten Überfall seines Lebens vor. Es war im Mai 1527. Der Absberger hatte sich den Namen Scherndinger zugelegt, stets die Kappe vors Gesicht gezogen und unerkannt im Wald bei Grefental zwölf Reiter versammelt. Keiner wusste genau, worum es ging. Offiziell war Jörg von Giech der Anführer. Der fragte seinen Schwager, auf wen sie denn lauerten. Der Absberger antwortete: »Auf die Bündischen.«

Keine Kaufleute, sondern Bewaffnete. Dem Raubritter von Giech wurde bange, er fragte laut Chronik den Schwager: »Und was machen wir mit denen?«

»Ich will sie alle erstechen.«

Sauber, muss sich von Giech gedacht haben, das wird ein gefährliches Schlachtfest!

Er redet auf den Schwager ein. Ob man nicht anders vorgehen könnte: Man nehme die vier, die sich am tapfersten beim Überfall gewehrt hätten, mit. Die anderen würde man »mit Eiden verstricken«, dass sie sich später stellen, wo immer man sie hinbefehle.

»Ich weiß nicht, wohin mit den vieren, hab keinen Unterschlupf.«

Der Absberger befand sich wirklich in einer verzweifelten Lage. Er spricht weiter: »Gut, im Sommer könnt ich mit ihnen im Wald herumziehen, aber sobald der Winter kommt, müsst ich sie erstechen.«

Da grauste sich Schwager Giech wieder und redete auf den blutrünstigen Schwager ein, bis der ihm in die Hand versprach: »Nun, ich will dir folgen, will ein oder zwen mit mir nemen.«

Sie waren abgestiegen von ihren Rössern. Jeder hatte das seine an einen Baum gebunden. Die zwei standen bei Giechs Pferd. Im schönen Monat Mai. Im Wald von Grefental. Absberger wollte nicht als Führer auftreten, folglich konnte er auch nicht die Wache organisieren. Das sollte aber nicht er büßen, sondern der Schwager.

Er hatte seinem Schwager vertraut. Der hatte versagt. Keine Wachen. Plötzlich Schüsse, schwirrende Armbrustpfeile, Klirren von Schwertern, Geschrei. Wildes Gerenne. Giech sieht sein Pferd nicht, will auf das des Handabhackers springen und davonjagen, schon hat der Absberger das Schwert herausgezogen, Giech die Zügel aus der Hand geschlagen, schon schwingt er sich drauf und galoppiert davon.

Jörg Wolf von Giech, der Mann, der des Absbergers Schwester geheiratet hatte, starrt verzweifelt hinterdrein, Söldner ergreifen ihn, er wird zu Boden gerissen, gefesselt. Mit ihm die meisten. Nur der Absberger ist fort. Zum grenzenlosen Zorn der Nürnberger Häscher.

Jörg Wolf von Giech aber wird im Kerker wütend und anerkennend zugleich ausrufen: »Gott sollte ihn mit Pestbeulen überziehen, wenn er nicht die Chance wahrgenommen hätte. Ich hätte ihn genau so in das Fass gesetzt, in dem ich jetzt steck!«

Er wird Glück haben, der Herr Jörg von Giech, vier Jahre lang wird er zwar im Kerker liegen, hin und wieder ein bisschen gefoltert werden, letztlich aber kommt er frei.

Der Hochadel kümmert sich. Blaues Blut ist dicker, klebt besser zusammen. So sendet er ein einfühlsames Bittschreiben an den Nürnberger Rat: »Er ist ein junger muthwilliger gesell, der nit ganz bey seiner vernunft und in solchem seinem vater gleich, der auch seiner vernunft beraubt gewest; so ist er auch ein großer zutrinker, der hinter dem wein viel leut beschädigen und städel abbrennen wollt.«

»So will ich sie alle erstechen«

Thomas von Absberg muss wegen seiner Flucht ein schlechtes Gewissen gehabt haben, mit aller Macht und Grausamkeit versucht er, den Schwager zu retten, die Nürnberger so unter Druck zu setzen, dass sie nachgeben. Es fallen Hände, es schreien die Verstümmelten, es zahlen die Kaufleute zwischen Saale und Donau, der Absberger ist überall.

Die ihn kannten schildern ihn als verschlagen, misstrauisch, »widersinnig und aigenwillig«, grausam. Für Giech wird er allerdings zum Bettler.

In einem Brief an die Bundesversammlung schreibt er: »Gnädigste und gnädige Herren, Euer Kurfürstliche und Fürstliche Gnaden ist zweifellos bekannt, aus welch guten, ehrbaren und gerechtfertigten Gründen ich mich veranlasst sah, tätlich anzugreifen und eine Fehde zu beginnen. Wodurch einer meiner Verwandten gefangen genommen wurde, nämlich Jörg von Giech mit zwei Knechten. Ich bitte deshalb Euer Kurfürstliche und Fürstliche Gnaden, dass Sie sich gegen den obgedachten Jorgen von Giech und den zweien Knechten peinlicher Straf enthalten. Mit ihrem Tod wäre Ihnen wenig geholfen. Bitte deshalb noch einmal untertänig, dass Euer Kurfürstliche und Fürstliche Gnaden, jene in eine ehrlich rittergemäße Herberge verbringen.«

Genutzt hat Absbergs Schreiben nichts. Er war überall im Reich untendurch. Unter der Folter fiel Schwager Giech gar ein Dialog ein, den er mit ihm nach der Gefangennahme von mehreren Kaufleuten geführt hatte. Schimpft Giech: »Potz fleisch, es helt dir kein kauffman; sy halten nit, wann sy dirs schon zusagen; so hast du kein underschleipf oder enthalt, und weist nit mit inen wohin.«

»Ja ich weiß auch werlich nit wohin mit inen«, antwortet der Absberger, »nun so will ich sy alle erstechen.«

»Dabey wil ich nit gern sein und will dennach nit mit dir reyten!«

Jetzt hatte Thomas von Absberg sogar seinen Schwager verloren. Er ist zum Outlaw geworden. Einem Kumpan gesteht er verbittert: »Kein Stand im Bund verfolgt und bedrängt mich stattlicher und fleißiger als die von Nürnberg« und setzt trotzig hinzu: »Darumb will ich ihnen auch ernstlich und fleißig nachstellen.«

Es waren Sprüche. Drei Jahre hielt er sich noch in Freiheit. Ein wirklich runtergekommener Raubritter, der einzige, der keine geheimen Schätze hinterlassen haben dürfte. Zwei Knechte sollen mit ihm geritten sein. Kümmerliche Überfälle brachte er im Grenzland zu Böhmen zustande, in der Nähe seines Schlupfwinkels hinter der Grenze, den er bei Verfolgung schnell erreichte. Seine adligen Kumpane wandten sich von ihm ab, seine Knechte und Knappen wurden gefangen, gefoltert, hingerichtet.

Unter ihnen war, wie erwähnt, auch Veit Scharpf, der grausame Knecht des Absbergers, der sich 1526 in einem Brief an den Nürnberger Rat über die nicht vorhandene Zahlungsmoral der gefangenen Bürger beschwert hatte: »Aber das ich syhe, das sy ir gelübt und ayd so leichtlich achten, so wirt ich dahin bewegt, das ich muss die hennd und fueß abhauen, und zuerstechen und zuerwürgen.«

Es war auch gleichzeitig ein Absagebrief an Thomas von Absberg. Auch Cuntz, ein Knecht, hat Thomas aufgekündigt, weil der ihn in einem seiner sinnlosen Wutanfälle quer über einen Acker geschlagen hatte. Verehrt hatte Veit Scharpf seinen Herrn schon lange nicht mehr. Andererseits wurde er dem Absberger immer ähnlicher. Beinahe wie jener haut er auf die Überfallenen ein und lässt zum Beispiel den Nürnberger Bürger Jos Haug verbluten, nachdem er ihm alles Bargeld abgenommen hat.

Andere Angegriffene schildern Scharpf später so: »Der erst und nidertrechtigst under inen, ongeverlich auf XXX jar alt, glaunet mit den augen [schielte] und hat ein rots knebelpertlein under der nasen.«

Durch die spätere peinliche Befragung der Gefangenen erhielten Städte und Obrigkeiten die genauesten Aussagen, die je in der deutschen Geschichte der Raubritterei zusammengestellt wurden.

Der einzige Adlige, der weiterhin zu Thomas von Absberg hielt, war Christoph Marschalk von Pappenheim, »ein großer, dicker hübscher Kerl mit rotem Bart«, wie eine Gastwirtstochter schilderte. Dessen Heimatburg war gleichfalls vom Heer des Schwäbischen Bundes verbrannt worden. Heimatlos auch er, streifte er, teils gemeinsam mit anderen Raubrittern, teils allein durch Franken, ein durch die Reichsacht vogelfreier Ritter wie Thomas von Absberg.

Der Pfannenschmied Volker Döner, den der Absberger 1527 überfallen hatte, schildert den späten Absberger als einen »alt man, plaich und ein wenig liebeuglet«.

Mathes Künig aus Danzig hat ein paar Monate später einen anderen Thomas von Absberg vor sich, als der ihn am 20. Oktober 1527 überfällt: »Den die andern Junker gehaysen, sas auf einem rotschimel, tregt ein schwartzen zötigen huet, ein sylbrin stoßdegen an der seiten, ein püchsen am sattelpogen, ein gaysel in der hannd; derselb ist fürer gewest; ist ein dürrer pleicher man, bey 40 jarn alt, hab ein geschnurrt packen, ein högerle uf der nasen, ein eben falb herlein, ein dünnen falbem part, ist ronig von leyb, hat ein zimliche lenng.«

Hat sich der Junker selbst rausgezerrt aus seiner raubritterlichen Depression, Haar und Bart gefärbt, sich mit Degen und martialischer Peitsche bewehrt, um seiner inneren wie äußeren Verlotterung Einhalt zu gebieten?

Für ihn gab es nur Folter und Hinrichtung, wenn er sich stellen würde. Obwohl Thomas von Absberg stattdessen dringend einen Psychiater gebraucht hätte.

Ein Kriegsveteran greift an

Am 6. Oktober 1530 ritt Albrecht Scheurl, ein Nürnberger Bürger, von Joachimsthal aus nach Hause. Hinter ihm ritt ein schwer bewaffneter markgräflicher Geleitsreiter, inzwischen ein alter Freund von ihm, so oft hatte er ihn schon auf diesem Weg begleitet. Vor ihm ritt sein Knecht, der das Packpferd mit seinen Reisekleidern und Briefschaften hinter sich herzog.

Eine friedlich dahintrottende Dreiergruppe. Auch der Knecht muss einen Namen haben, auch wenn er nur noch eine Stunde zu leben hat, also soll er Clemens heißen, der Milde, milde war er wirklich, konnte keinem Strauchritter was zu Leide tun, wie Scheurl ihm einmal spöttisch zugerufen hatte.

Mit dem Scheuerl, wie er sich heute schreiben würde, war nicht gut Kirschen essen. Als Söldner hatte er sich geschickt während so genannter gerechter, kirchlich abgesegneter Kriegszüge ein kleines Vermögen zusammengeraubt, mit dem er sich unter anderem einen Anteil am Silberbergwerk in Joachimsthal gekauft hatte. Seitdem ging es ihm prächtig. Er war ein körperbewusster Mann, der das Wohlleben zwar schätzte, aber sich nicht auf die faule Haut legte. Noch immer übte er mit Veteranen den Schwerterkampf, gewann Wettbewerbe im Bogenschießen und war vor allem glänzend im blitzschnellen Zustechen und Halsaufschlitzen. Zumindest an Puppen, die sie bei ihren monatlichen Sportveranstaltungen, in Lebensgröße ausgestopft, abschlachteten.

Dieser ehrengeachtete Bürger Nürnbergs, der es gerne hörte, wenn man ihm sagte: »Du schlägst höllisch wie ein Ritter!«, träumte heimlich von einem Zweikampf mit einem Adligen. Aber das war unmöglich. Er war nur ein Bürgerlicher. Er musste lachen. »Es sei denn«, murmelte er heiter vor sich hin, »es sei denn, ein adliger Schnapphahn greift mich an.« Er schüttelte den Kopf. »Nein, nein, das Glück hab ich nicht.«

Er fasste den Knauf seines Schwertes. »Hast du was vom Handabhacker gehört in letzter Zeit?«, fragte er nach hinten.

Der Geleitreiter erwachte aus trägem Halbschlummer. »Nein, der grausame Kerl ist am Ende«, antwortete er. »Soll nur noch im Böhmischen hacken.«

Beide lachten kurz auf. Vom dicken Clemens kam ein milder Tadel: »Aber Herr, über so was lacht man nicht!«

»Ist ja gut, mein milder Kloß«, lachte Scheuerl freundlich. Clemens war wirklich mit einer großen Wampe gesegnet. Außer zum Kürbiszerteilen hatte er nie das Schwert an seiner Seite benutzt.

Die drei Reiter mit den vier Pferden näherten sich Konradsreuth, als sie die fünf Reiter erblickten.

Das sah schon gut aus, dachte sich Scheuerl. Der alte Kriegsmann wusste sofort, dass es um Leben und Tod ging, zog das Schwert, schrie erst zu seinem Knecht: »Clemens, reit los nach Konradsreuth!«, und zum Geleitreiter – weil der letztlich überlebte, kriegt er auch keinen Namen, Geschichtsschreiber können so grausam sein! –, ihm jedenfalls rief Scheuerl zu: »Zeig, was du kannst, das sind Schnapphähne, die wollen uns ausrauben oder abstechen oder beides!«

Der Geleitreiter, gut, soll er doch einen Namen haben – Historiker können so liebevoll sein! –, tapfer genug hat er ja gekämpft, Hans-Joachim heißt er also, unter Freunden »Hanni« gerufen. Hanni rotzte kurz auf, packte den Spieß und griff hinter Scheuerl die fünf herangaloppierenden Reiter an. Die waren arg verdutzt. Das war ihnen bei ihren Überfällen auf Pfeffersäcke noch nie passiert.

»Verdammt, die Zeiten ändern sich!«, schrie einer von ihnen, groß gewachsen, mit einem roten »böhmischen« Bart, wie die Chronik schreibt, dann gab er seinem Pferd wieder die Sporen, schrie »Pfeffersack oder Adel, jetzt gilt's« und flog mit schwingendem Schwert auf Scheuerl zu.

»Werd dir den Pfeffersack geben, du stinkender, adliger Schweinskopf!«

Schon waren sie aneinander. Was der Bartträger und Scheuerl an großartiger Schwerterkunst zeigten, hat niemand überliefert. Es muss ein verbissener Kampf gewesen sein, ein Kampf der alten Welt gegen die neue, der Kaufmann und Ex-Söldner gegen den verknorrt auf göttlichen Vorrechten beharrenden Adelsspross. Scheuerl und sein Gegner deckten sich hageldicht mit Schlägen ein, jeder durchschaute sofort die Finten des andern, es war kein Durchkommen, schweißnass standen sie in den Steigbügeln ihrer Pferde, ein unerbittlicher Abtausch von Hieben. Nur für Sekundenbruchteile gelang es ihnen, die Verteidigung des anderen zu überlisten und ins gegnerische Fleisch zu schneiden. Mehr und mehr Blut rann ihnen beiden auf die Sättel runter. Nachgeben wollte keiner.

Auch Hanni führte eine geübte Klinge, hielt die drei anderen Reiter in Schach.

Der tapfere milde Kloß

Der vierte hatte seine liebe Not mit Clemens. Er war nicht geflohen, nie würde er seinen Herrn im Stich lassen, er hatte einfach seinen Gaul gegen den vierten Reiter gewendet und ihn über den Haufen geritten. Auch Clemens stürzte vom Pferd. Sein Gegner rappelte sich hoch, schon lag der dicke gutmütige Clemens mit seinem mächtigen, wabbligen Wanst auf ihm und drückte ihn mit seinen Zentnern ins Gras. Dazu schrie er aufgeregt: »Du poswicht, ich tu dir nix, ich tu dir nix, was fällt dir ein, den milden Clemens anzugreifen!« Dann biss er ihn ins Ohr.

Hannis beachtliche Kraft erlahmte. Zwei Gegner, das war zu viel. Er ergab sich. Sie nahmen ihm die Waffen ab und wandten sich ihrem Anführer zu, drängten sich rechts und links an Christoph Marschalks Seite. So hieß ihr Anführer, Thomas von Absbergs wichtigster Weggenosse der letzten Lebensjahre.

Gegen drei Schwerter zugleich war Scheuerl machtlos. Er senkte sein Schwert, gab sich gefangen.

Noch immer schrie Clemens: »Ich tu dir nichts!« Der Feind unter seinen Fettwülsten konnte sich nicht rühren, er schrie vor Schmerz, weil ihm Clemens schon beide Ohren zerbissen hatte. Seine siegreichen Gesellen lachten nur kurz auf. Einer stach vom Pferd aus mit seinem Spieß eine halbe Hand breit in den Rücken von Clemens, sodass der in Schmerzen seitwärts von seinem Opfer runter rollte.

Fuchsteufelswild erhob sich der gepeinigte Reitersmann. Das Blut troff ihm von den Ohren. Die Schmach war enorm. Scheuerl und seine beiden Begleiter wurden gefesselt auf ihren Pferden in den Wald getrieben. Die Wut der Sieger war unvergleichlich. So war ihnen noch nie von Pfeffersäcken mitgespielt worden.

Der blutohrige Knappe riss Clemens vom Pferd, steckte seinen Hals durch die Schlaufe eines Pferdehalfters, warf es über den Ast einer Eiche, nah am Stamm und versuchte, den gefesselten, erheblich aus dem Rücken blutenden Clemens hochzuziehen. Unmöglich bei dem Gewicht. Das Halfter schnürte den Hals zu. Clemens röchelte. Der Blutohrige fesselte ihn mit Stricken an die Eiche.

»Lasst ihn, Junker«, wandte sich Scheuerl an Marschalk. »Er ist mein einspänniger Knecht. Ich bin's doch, den Ihr wollt.«

Marschalk antwortete nicht einmal. Der Blutohrige nahm des milden Clemens Schwert, zog es aus der Scheide, schaute kurz zum Junker hoch, der nickte, schon stieß es der Blutohrige durch den Leib des armen Clemens. Und gleich ein zweites Mal.

Clemens schrie auf, Blut sprudelte aus seinem Mund, aus seinem Leib. Er sackte in seinen Fesseln zusammen.

Marschalk schrie Scheuerl an: »Sieh, du Bluthund! So wird es dir auch ergehen! Aber vorher werden wir dich rumjagen und unser Mütchen an dir kühlen. Ihr Böswichter zu Nürnberg könnt ja nicht daheim bleiben! Habt mir mein Haus verwüstet und mich des Landes vertrieben. Das will ich rächen, solang ich lebe!«

Scheuerl blieb still. Hanni zitterte totenbleich und wünschte sich ins Gebirg. Clemens hing tot an der Eiche. Ein mutiger Kerl, fuhr es durch Scheuerls Kopf.

Hanni soll in seiner Heimatstadt bis zu seinem Lebensende jeden neuen Humpen Bier stets mit dem gleichen Toast zum Munde gehoben haben: »Auf alle fetten, sanften Wüteriche!«

Der Sinne verwirrende Clemensgriff

Jeder in Joachimsthal kannte Hannis saftige Geschichte, wie Clemens den Gegner niedergewalzt und ihm die Ohren zerbissen hatte. Zu gerne machten das die Jugendlichen nach, riefen dazu lustig, wenn auch in ihrem für Fremde unerquicklichen Heimatdialekt: »Ich du dir nischt!« Erst als sie daraufkamen, dass es besonders verwunderlich mit gleichaltrigen Joachimsthalerinnen ging, weil beim Aufeinanderwälzen so ganz andere Gefühle entstanden, griff der Stadtrat ein und verbot den »Clemensgriff«, wie diese Kampfart genannt wurde.

Hanni wurde bei Egern im Böhmischen freigelassen. Ihm verdanken wir die historischen Aussprüche Marschalks und die Aussagen über den Tod von Clemens.

Scheuerl musste, aufs Pferd gefesselt, weiterreiten. Irgendwann, Wochen später, hat ihn Christoph Marschalk an Thomas von Absberg übergeben.

Über Marschalks Äußeres existiert eine sehr gute Beschreibung von einem der Überfallenen. »Er ist für ein edelman geachtet, seins alters beyleufftig umb 28 biß 30 jar, ein roner gesell, einer zimlichen leng, plaich unter dem antlitz, hat ein roten part, neben zu halben packen auff der lincken seiten am kyn ein kleins pertlein ungeverlich einer kleinen haselnuß gros, ein ufgeworfen maul wie einem morn [Mohren]. Sein rüstung ist ein groen rock mit zerschnitten und plown futer unterzognen ermeln, ain weiß bar hosen, ein rote kapp mit vier farben, nemlich roten, gelben, weisen und graen zotten; reit ein gemutzten rotfarben schimel einer zimlichen grössen, hinden am lincken fueß mit einem woöfsbiß oben im pret oder diech.«

Acht Monate lang zog der mittlerweile schwarzbärtige Thomas von Absberg mit Scheuerl durch die böhmischen Wälder und kettete ihn, wenn er Überfälle im Fränkischen unternahm, in Bauernkellern an. Er war standesmäßig stark abgesunken. Nicht einmal mehr ein ordentliches Verlies stand ihm zur Verfügung, mit seiner die Geisel erweichenden Nässe, Kälte. Mit den Ratten, Wanzen, Flöhen und dem eichenen Stock, in dessen engen Löchern Füße und Hände der Gefangenen schwollen, platzten, brandig wurden oder abstarben.

Was mögen der raubende Junker und der bürgerliche Bergwerksbesitzer miteinander gesprochen haben auf ihren langen Ritten? Der Absberg, immer auf der Flucht, immer lauernd. Haben sich die zwei angefreundet? Gab es tiefsinnige Gespräche über die Stände, den Adel, das Bürgertum, die Handwerkerzünfte? Brach aus Thomas von Absberg einmal an einem späten Lagerfeuer in tiefstem Wald die Verzweiflung heraus?

Seine Frau mit den drei »bildhübschen Söhnen«, wie überliefert ist, hatte er schon monatelang nicht gesehen. Und wenn, war das Wiedersehen auch nur kurz, hastig, an immer neuen Orten, die immer gefährlicher wurden, weil ihn seine Raubkumpane verlassen hatten. Hat er das sinnlose Handabhacken vor Scheuerl bereut? Oder verharrte er stur und schweigend acht Monate lang auf seinem Adelsprivileg?

Aussagen von Gefangenen schildern ihn als einen Mann, der im Umgang mit seiner Räuberhorde mehr und mehr Gleicher unter Gleichen wurde. Dass er sich sogar knechtisch kleidete, wodurch seine Überfälle anderen Adligen zugerechnet wurden und nicht dem Absberger.

Ein Freund wird zum Rächer

Die Nürnberger bestürmten den böhmischen König Ferdinand, endlich gegen Thomas von Absberg vorzugehen, ihm den Rückzug in seine böhmischen Schlupfwinkel zu verlegen. Gleichzeitig sorgten sie dafür, dass sich die früheren Raubritter-Kollegen mit Reich und Bund und Städten und Fürsten und Kurfürsten aussöhnten. Und: Die Nürnberger setzten Spione auf den Absberger an, fanden bald heraus, wo sein letzter Schlupfwinkel war.

Irgendwann im Juni 1531 ließ Thomas von Absberg seinen Gefangenen Albrecht Scheuerl in einem Dorf unweit von Alt-Zedlitz in einem Bauernkeller anketten.

Scheuerl muss zu dieser Zeit ein gebrochener Mann gewesen sein. Er war krank, dürr, schmutzig. Das war aus dem angesehenen Bruder des hochberühmten Rechtsgelehrten Alphons Scheuerl geworden!

Thomas von Absberg stand vor ihm im niedrigen, stinkenden Keller. Er hatte keine gute Laune. »Gib mir deinen Ring!«, herrschte er den im Kot sitzenden Scheuerl an.

»Kann's nicht hindern«, antwortete er verbittert. Es hatte ihn eh gewundert, dass man ihm diesen Siegelring in all den Monaten seiner Gefangenschaft gelassen hatte.

»Damit ich immer an dich denk«, sagte Absberg spöttisch und drehte Scheuerl den Ring vom rechten Mittelfinger der gefesselten Hände. Grußlos stieg der Absberger über die Leiter aus dem Keller.

Draußen sagte er zu seinen beiden Knechten, er reite allein. Sie sollten auf ihn bis übermorgen warten, er käme wieder.

An der Seite das Schwert, über der Schulter die Armbrust, am Sattel eine Feuer schlagende Büchse, so ritt er los, nach Alt-Zedlitz, zu seinem Freund, dem Wirt Salomon.

Er stieg vom Pferd, ging hinein, begrüßte den Wirt, wunderte sich über Freund Salomons nervöses Benehmen, irgendwie war er anders als sonst, aber der Absberger forschte nicht nach, war auch zu müde.

Er befahl ein Bier und setzte sich an den groben Holztisch. Salomon stellte den Humpen vor ihn hin.

Was werden sie gesprochen haben? Wann er wieder mit Ware rechnen könne?

Jedenfalls nötigte er Hans Thomas von Absberg ein Bier nach dem anderen auf. Dazu eine schwere, schmalztriefende Eierspeise und böhmische Würste. Der Junker wurde immer müder, langsam ließ er den Kopf auf den Tisch sinken.

Was geschah, hat der Nürnberger Chronist Müllner mit der vollen Abneigung eines gesitteten bürgerlichen Städters gegen die wilden und grausamen Umtriebe eines adligen Raubritters niedergeschrieben: »Unterdessen hat sich Hans Thoma von Absperg ohne seine knecht, denen er nit alle zeit vertrauet, gen Altenzedlitz zu Saloman juden, seinem vertrautesten und besten freund und wirth, dem er gewöhnlich seinen raub zugeführt und wohlfeil verkauft hatte, sich verfügt.

Der hat ihn trunken gemacht, dass er auf dem tisch entschlafen, und ihme mit einem faustrohr einen schuß ins herz geben, und mit hilf eines andern juden den kopf mit kolben zerschlagen, und ihne wie einen wüthenden hund, ehe er recht aufwachen können, in seinen sünden ermordet und in einen kornacker geschleipft; allda er den dritten July stinkend und madig von hunden gefunden und zu Altenzedlitz auf dem kirchhof in einer ecken begraben worden.

Bey ihme hat man Albrecht Scheuerls wappenring gefunden: der ist König Ferdinando gen Prag geantwortet und durch den cardinal von Trident des Scheuerls bruder zugeschickt worden. Und dies ist das end und der ausgang gewest dieses tyrannischen gottlosen mannes, der vielleicht nit würdig gewest, dass er in der obrigkeit hand gerathen, sonder hat aus gottes rechtmäßigem urthel seinen verdienten lohn durch einen verfluchten juden empfangen müssen.«

Ist Salomon ein Held? Weil er Franken und Böhmen von

einem perversen Handabhacker und Hodensäbler befreite? Ja, selbst wenn er von den Nürnbergern bestochen wurde, wie vermutet wird. Und doch: Der Makel des Verräters klebt.

Vielleicht wollte Salomon unbedingt Scheuerl retten. Er muss ihn in den vergangenen acht Monaten kennen gelernt haben. Hat Scheuerl sein Mitleid geweckt? Vielleicht hat auch der ihm wie die Nürnberger heimlich Geld geboten.

Du armer toter Hehler Salomon, wie glatt bedienst du mit deinem Mord alle Vorurteile hierzulande!

Rache an einem Unschuldigen

Drei Tage warteten Absbergs beide Knechte, Thomas und Balthasar. Dann ritt Thomas nach Alt-Zedlitz. Die zwei kannten den liebsten Schlupfwinkel ihres Herrn. Aufgeregt kam Thomas am Nachmittag zurück: »Unser Junker ist tot. Erschossen und erschlagen und begraben!«, schrie er.

Sofort sprang auch Balthasar aufs Pferd, und beide galoppierten in wilder Flucht davon. Nach gut zweihundert Metern parierte Balthasar sein Pferd durch, kehrte um, ritt vor das Bauernhaus, in dessen stinkendem Keller Scheuerl angekettet lag.

Er stieg ab, schob die Bauersfrau zur Seite, öffnete die Holzluke im Boden, stieg die kümmerliche Holzleiter hinunter. Halbdunkel war es, ein bestialischer Gestank schlug ihm entgegen, im Winter lebten dort die Schweine, langsam gewöhnte er sich an das schummrige Licht. Er entdeckte Scheuerl. Der war trotz seiner unbequemen gefesselten Haltung aus Erschöpfung und Fieber eingenickt, atmete schwer.

Balthasar, der letzte Getreue des toten Absberg, ging gebückt auf seines Herrn letzte Geisel zu, kniete vor Scheuerl nieder, nahm seinen Dolch, Scheuerl öffnete die Augen, sah nah das Gesicht des Knechts vor sich, sah das Messer, wollte schreien, der Knecht hielt ihm den Mund zu und stach ihm das Messer ins Herz.

»Mein Junker ist tot. Warum sollst du Poswicht weiterleben?«, flüsterte er dem Sterbenden ins Ohr.

Noch immer existiert der kleine Friedhof in Alt-Zedlitz oder Stare Sedliste, noch immer ist es das gleiche Geviert, noch immer wären nur vier Ecken umzugraben, um die Gebeine des grausamsten aller Raubritter zu finden.

2
Vater Rheins liebster Raubritter: Philipp von Hohenfels

Plaudereien eines eitlen Flusses

Ach, könnte der Rhein erzählen! Was der alles beobachtet hat an Hinterlist und Vorderladern, an Schlagetots und Hochzeitskähnen, an wüsten Schimpfkanonaden über seine Wasser hinweg von Ufer zu Ufer und an scharfen Beschießungen der Burgen, die rechts und links hoch über ihm thronten.

Er könnte die Gesichter raubeiniger Ritter nachzeichnen, die sich tief über ihn beugen und die heiße Wampe voll saufen nach grässlichem Kampf, sich das Blut abwaschen, ihr Schwert säubern oder die tiefe Schulterwunde mit seinem Wasser kühlen, stöhnend, heimlich weinend und gleich wieder so fluchend, dass seine Wellen sich aus Scham kräuseln.

Der heimlich herrschende Rhein, er müsste gestehen, wie sehr er es liebte, wenn die Raubritter, vor allem die von Burg Reichenstein oberhalb von Trechtingshausen, Seile spannten von hüben nach drüben und so die Kaufmannskähne übel stoppten. Der stählerne Hanf riss die Pfeffersäcke von den Booten, die führungslos an den Felsen zerschellten.

Er könnte mit sanftem Mitgefühl schildern, wie die Gefoppten in seinen eiligen Wassern ertrinken, die Münder offen, die Augen schreckgeweitet, mit den Armen rudernd. Zu schwer hängen die Geldsäcke an ihnen, gefüllt mit den erhandelten Talern, die ziehen sie runter auf den sandigen Boden oder zwischen scharfe Felsbrocken. Zuletzt siegt die Lebens- über die Geldgier. Die Handelsreisenden versuchen im schnellen Wirbel der Wasser die teuren Gehänge vom Leib sich zu reißen. Goldtaler, Gulden und Ringe quellen hervor. Spielerisch nimmt der Rhein die einzelnen Stücke, wirbelt sie lustig hin und her, auf und nieder, hält sie gegen die Sonne empor oder beäugt sie sich nah aus verschiedenen Winkeln. Ein Blitzen und Blinken schickt er nach oben, bevor er sie versteckt auf ewige Zeiten in seinen unheimlichen Tiefen, in Felsspalten oder grundlosen Sanden, legt sie gar unter den Nibelungenschatz, schichtet sie lustig zwischen die Rippen von Toten aus Jahrhunderten, die bei ihm ruhen, von ihm in Fürsorge überspült, den Schild fest gegen die Brust gepresst, die Lanze im Arm, die hohlen Augen der beinernen Schädel starren leer und sind doch gefüllt von Erinnerungen an ein kurzes Leben voll Kampf und Lust und Leidenschaft und Pest und Syphilis.

Wie könnte der Rhein, würde er's ehrlich meinen, die Maske runterreißen von all den Bischöfen aus Köln und Mainz und Trier. Oder von den mächtigen Äbten von Kornelimünster, die scheinheilig unter dem Schatten des Kreuzes die übelsten Beutezüge gegeneinander und gegen weltliche Ritter durchführten, die entlang seiner Ufer in Adlerhorsten Ausschau hielten und sich nicht ergeben wollten dem fürstlichen Willen, der so leicht in Unwillen umzuschlagen pflegte.

Ach, der gute alte Rhein, er könnte glucksend schildern, wie dämlich ihm Cäsars eitles Rundgesicht vorgekommen ist, als der 55 vor Christi Geburt bei Andernach über ihn setzte und Gedanken wälzend hineinglotzte, ob er noch einmal seinen berühmten Satz »alea iacta est« sagen sollte.

Er könnte das wilde, bärtige Gesicht von Hermann dem Cherusker beschreiben, als der in ihn hineinschiss auf dem Weg zur Schlacht gegen die Römer im Teutoburger Wald. Und wie er, was Hermanns Charakter eigentlich ehrt, aus Angst vor den Römern einen so gewaltigen Durchfall bekam, dass es ihn, den etepeteten Rhein, einiges an Wasserspülung gekostet hat, bevor er sich wieder sauber fühlte in seinem Bett, das nicht zwangsreguliert war.

Der Rhein verfällt dem Probusstrunk

Und er könnte lieblich lächeln, wenn er vom herrlichsten Freudentag in seinem Wasserleben spräche, als er in der Hand eines gewissen Herrn Probus, eines eher unleidlichen Kerls mit schwarzen Haaren und hochmütigem Wesen, dem dennoch – hier muss der Rhein widerstrebend zustimmen – etwas Künstlerisches eigen war, eine bis dato unbekannte Pflanze in einem kleinen Topf entdeckte.

Nie zuvor hatte der Rhein – der weiß Gott ein genauer Kenner seiner Uferflora war, zumal er Wälder, Wiesen, Äcker mitzureißen wusste, wenn er Lust auf Überschwemmung verspürte – eine solche Pflanze gesehen. Es war die Weinrebe, die er, der verdutzte Rhein, im Jahre 278 nach Christi Geburt von unten her beäugen durfte.

Seit diesem Tage änderten sich die Hänge an seinen Ufern gewaltig. Die Anwohner rissen wie von Sinnen die urwüchsigsten Pflanzen raus und schmissen sie in ihn hinein, nur damit sie diese verflixten Probussträunke, wie sie der Rhein zunächst verächtlich nannte, einpflanzen konnten.

Er änderte seine Meinung erst, als er vom Saft ihrer Früchte erstmals kosten konnte. Was war das für eine wunderbar betäubende neue Flüssigkeit, die aus zerbrochenen Fässern in seinen 1000 Kilometer langen Gaumen lief. Sie machte ihn giggelig und kitzlig und übermütig und verträumt, und er sah die perplex in ihn hineinstarrenden Gesichter der Probusstrunkbauern. Ein bisschen schämte er sich für sein herumwaberndes Leben, und gleich versuchte er wieder gemessen zu fließen, wenn nicht diese komischen Hickser gewesen wären, die er an sich bis dahin nie gekannt hatte, diese komischen Wasserstrudel, die er nach einem Probusstrunktrunk bildete.

Ja, heute gäbe er es zu, bald konnte er nicht genug vom Probusstrunksaft kriegen, jahrhundertelang habe er es extra darauf angelegt, an die Fässer mit diesem köstlichen Nass zu gelangen, diesem teuflischen Guttuer, der ihn viel heiterer in jenes grässliche Nordmeer mit seinem salzigen fischigen Heringsgeschmack fließen ließ.

An dieser Stelle könnte man den Rhein unterbrechen und ihm vorhalten, dass es wirklich eine Schande war, wie er mit Vorliebe die Weinkähne zu sich runtergeholt und auf seinem Grund üble Saufgelage angestellt habe, sodass der Rheinstör, die Rheinforelle, die Rheinkrebse, die Rheinrenken, die Rheinbarsche und die Rheinhunde mit ihrem hellblauen Fell und den langen roten Schuppenschwänzen um ihren Bestand fürchten, Letztere sogar wegen ständiger Trunkenheit aussterben mussten.

Verlegen würde der Rhein das Thema wechseln und von denen erzählen, die er am liebsten von unten her durch seine wässrigen Augen beobachtet habe: die Raubritter.

So ein Fluss hat einfach keine Moral. Anstatt von den bedauernswerten Opfern zu plätschern und die Raubritter gehörig zu verachten, wie es so beispielhaft die deutsche Geschichtswissenschaft seit ihrem Bestehen vormacht, flaniert Gevatter Rhein am liebsten mit den Bösewichtern seine Ufer entlang, tut ihnen gar schön, indem er ihnen bei ihren schamlosen Überfällen auf brave Kaufleute durch günstigen Wasserstand hilft. Oder er verrückt blitzschnell unterirdische Klippen, damit sie sich nicht das Genick brechen, wenn sie im kühnen nächtlichen Angriff auf einen Bischof zu Pferd in voller Rüstung durch seine Fluten schwimmen.

Der wildeste, frechste, gemeinste, lustigste war der Lieblingssohn der Wildgräfin Beatrix. Sie hatte Philipp und drei weitere Söhne mit einem Grafen von Heinsburg gezeugt.

Einmal Hecht hin und zurück

Der Rhein wusste sofort, als er den kleinen Philipp zum ersten Mal beim Fischen beobachtete: Der ist richtig, der hat Mut, der will sich ausleben. Deswegen hat er ihn gleich mal ausprobiert und ihm einen so riesigen Hecht an die Angel gehängt, dass der den kleinen Philipp bis Schloss Stolzenfels und zurück schleppte, meist unter Wasser.

Aber, glaubst du, dass der kleine Philipp die Angel losgelassen hätte, fragt bewundernd der Rhein. Nicht ums Verrecken!, gibt er sich selbst die derbe Antwort.

So wuchs der Kleine als Philipp von Hohenfels zu einem Mordstrummannsbild heran, das seine Burg Reichenstein oberhalb von Trechtingshausen bei Rüdesheim im 13. Jahrhundert, genauer ab dem Jahr 1241, zu einem Hort all dessen machte, was die Menschheit noch heute plagt: Gier, Untreue, Neid, Mord, Hinterhältigkeit, Trunk- und Brunftsucht, Rechthaberei, Unterwürfigkeit und schmutzige Fingernägel.

Wobei Philipp nur verfeinern musste, was der Raubritter Gerhard von Rheinbod, der die Burg bis 1214 bewohnte, begonnen hatte. Selbst dem Rhein, bei all seiner Vorliebe für das ritterliche Gesindel, wurden die Übeltaten des »Raubsacks« zu viel: Wenn Gerhard in gestrecktem Galopp mit seinen Knechten und Knappen den Burgberg hinabtobte, auf den Rhein zu, und über die Kaufleute mit ihren hoch bepackten Pferdewagen herfiel, war das ein wirklich schlimmes Gemetzel.

Der Mann hatte einfach keine Etikette. Weder fragte er die armen Handelsreisenden, woher sie seien »ecetera«, wie es in Chroniken abgekürzt steht, noch ob sie »die Rechten« seien. Es unterblieb auch der Hinweis, sie müssten sich »schatzen und lösen«, weil er mit ihren Herren oder Heimatstädten eine faire Fehde habe, die es ihm nach altem Ritterrecht erlaube, sie auszuplündern. Nein, das war dem üblen Gerhard piepegal. Der raubte, vergewaltigte, mordete.

Nichts weiß man über seine Opfer. Wie viel Leid mag der Rhein mit sich fortgetragen haben, wie viele Tränen, wie viel Blut. Der Rhein redet nicht gerne darüber, fängt lieber an, Heinrich Heines unvergessliches Lied von der güldenhaarigen Loreley zu pritscheln, die oben auf dem Felsen ihr goldenes Haar kämme und mit ihrem betörenden Gesang Schiffer und

Kahn in seine Tiefe stoße, weil die mehr auf sie als auf die Tücken des Flusses achten.

Gerhards tägliche Arbeit war es, sich der auf dem Rhein fahrenden Schiffe zu bemächtigen. Die Kähne wurden wegen der schlimmen Stromschnellen rund ums so genannte Binger Loch (Folge der gegorenen Probusstrunkfrüchte!) an langen Seilen von Pferden und Knechten »getreidelt«, vom Ufer aus stromaufwärts gezogen.

Wurde ein Fagger so zu Fugger?

Was an diesem Ort einem Augsburger Kaufmann und seinem ersten Gehilfen widerfuhr, erfährt der Suchende aus nicht vorhandenen exakten Quellen: Josephus Pertramer sitzt fett wie Brunhilde auf dem riesigen Lastkahn, zusammen mit seinen Knechten und Fuhrleuten. In Köln hat er beste Geschäfte gemacht, mit seinem ersten Gehilfen, einem gewissen Fagger, quatschte er nach Meinung des Rheins unsinniges Zeug: Wie gottgewollt die Erde als Scheibe und Mittelpunkt der Welt sei, und sieh nur die Burg dort drüben droben, Reichenstein, ist sie nicht herrlich, aber so reich wie ich werden die dummen Ritter nicht sein, die dort oben hausen, die Banausen!

Beide sehen die vom Burgberg herabrasende Horde, es blitzen die Schwerter, die Speere, sie erkennen die Bögen und Armbrüste, die Treidelknechte stoppen die Pferde, der schwer beladene Kahn mit dem dicken Pertramer aus Augsburg hängt im Strom fest, der Sog des Rheins ist enorm, dem Fagger wird bange.

Er sieht, wie die Knechte der gerüsteten Ritter die Treidelknechte mit ihren Waffen bedrohen und wie der am besten gerüstete Ritter ein ellenlanges Horn nimmt, es an den Mund setzt, und zu seinem Erstaunen kann der dicke Pertramer deutlich die Worte hören. Sagenhaftes Instrument, denkt er sich.

Er lauscht den blechern über die Rheinwellen daherscheppernden Worten: »Grüß Gott, Fettsack! Bist du einer vom Stamm der Rheinbods, mir verwandt?«

Pertramer sah sich um, aber tatsächlich war kein anderer auf dem Boot, der so eine gestandene Leibesfülle wie er hatte. »Hab nit die Ehre. Bin ein Pertramer aus Augsburg.«

»War auch nur ein Scherz, Fettwanst!«, schrie Gerhard durch sein Megafon, das Jahrhunderte später wieder erfunden werden musste. Warum der Scherz, das erklärt der nächste Satz, den Gerhard über die Wellen schickte: »Ich bin nämlich der Letzte meines Stammes!«

»Das tut mir Leid«, war die Antwort Pertramers.

Der Rhein spritzte ein bisschen, ihn langweilte der Dialog, er luchste nach Probusstrunkfrüchtefässern auf dem schweren Lastkahn.

Gerhard von Rheinbod gab einen unhörbaren Befehl an seine Knechte, die hielten wie auf Kommando ihre Messer an die straff gespannten Treidelstricke, die den Kahn hielten.

»Hör zu, Fettwanst!«, schrie er wieder durch seine Zaubertüte, »du hast zwei Möglichkeiten: Entweder du gibst uns all deine Habe, oder wir schneiden die Stricke durch, und du zerschellst an den Klippen dort hinter dir. Auf deinen Steuermann habe ich, du kannst es sehen, drei Armbrustschützen angesetzt.«

Tatsächlich war der angstschlotternde Kölner Rudergänger im Visier von drei Bolzenschussgeräten.

»Herr, sollen sie die Stricke kappen«, drängte Fagger, »dann haben wir eine größere Chance.«

»Ach Quatsch«, antwortete Petramer, »er ist ein gewöhnlicher Raubritter, die hab ich schon ein paar Mal erlebt. Das kostete mich immer eine Stange Geld, aber nie das Leben.«

»Herr, diesmal schon. Der ist spezial.«

»Ist er nicht, die haben ihre Etikette.«

»Der nicht, Herr, der sticht Euch ab!« Fagger wusste, dass er gegen seinen sympathischen, aber selbstherrlichen Meister nicht ankommen konnte. »Gebt mir wenigstens den Wetschka«, bat er Pertramer um dessen Geldbeutel.

»Das ist gut«, antwortete der nach einem kurzen prüfenden Blick auf seinen Lieblingsgehilfen. »Ich trau dir. Hier, verwahr ihn, dich werden sie hoffentlich nicht durchsuchen!«

Pertramer schrie zum letzten Gerhard seines Stammes hinüber: »Ich ergeb mich. Hoff auf Eure Gnade. Zieht uns ran!« Er duckte sich kurz hinter die Stoffballen und flutschte Fagger seine prall gefüllte Geldkatze hin. Der stopfte sie sich unters Hemd und schlich auf die andere Seite des Bootes.

Die Treidelpferde zogen los, langsam näherte sich der Kahn dem Ufer unterhalb von Burg Reichenstein. Unauffällig löste Fagger die Schnallen seiner Stiefel und zog sie aus, legte den dicken Reisemantel ab, steckte ein Messer in den Hosenbund und duckte sich hinter Pertramers Pferde, die auf dem Kahn festgebunden waren. Das Schiff war nur zehn Meter vom Ufer entfernt.

Fagger hockte sich auf die niedrige Holzreling und ließ sich langsam ohne platschendes Geräusch hintenüber ins Wasser gleiten. Nur der Steuermann beobachtete seine Flucht, sagte aber kein Wort.

Der Rhein mochte mutige Leute wie den Fagger. Getreulich ließ er ihn in sich eintauchen, trug ihn gnädig mehrere Kilometer stromabwärts, ließ ihn seinen breiten, schmeichelnden Wasserkörper queren, sodass er auf der anderen Seite ankam. Fagger war in Sicherheit. Pitschnass, erschöpft, zählte er Petramers Geld, wog die kleinen Gold- und Silberbarren, warf aus unerfindlichen Gründen dem Rhein einen dankbaren Handkuss zu und schaute rheinaufwärts in Richtung Burg Reichenstein. Aber die war zu weit weg.

Plötzlich entdeckt er eine schnell daherschwimmende gewölbte Masse auf dem Rhein. Ein totes Pferd? Dieser riesige Bauch? Oder ist er's am Ende, sein Herr? Fagger steht auf, legt die Hände über die Augen, um das Sonnenlicht abzudecken und schärfer schauen zu können. Tatsächlich, es ist seines Herrn Bauch.

»Tolle Etikette, was, Pertramer?!«, murmelte er. In der Mitte des Stroms trieb schaukelnd tatsächlich Pertramers in Fett umgesetztes Wohlleben an ihm vorbei. In seiner Brust stak ein hölzernes, gut ein Meter hohes Kreuz mit einem kleinen Kranz daran. Das Gesicht war blutverschmiert, die Ohren abgeschnitten und auf die Stirn genagelt. Pertramer schwamm, weil er ringsum von aufgepumpten, bleichen Schweinsblasen hochgehalten wurde.

Der Raubritter mochte solche Scherze mit fetten Kaufleuten. Er soll Tränen gelacht haben. Der Rhein leider auch. Gerhard von Rheinbod, der eigentlich nur Vogt auf Burg Reichenstein war, hatte wieder einmal satte Beute gemacht.

Auch Fagger war's zufrieden, änderte raffiniert seinen Namen in Fugger und war der eigentliche, von Fuggers Erben bisher glaubhaft geleugnete Gründer der reichsten Kaufmannsdynastie. Mit Pertramers Geld, sozusagen als Gründungsdarlehen. Wenn's wirklich so war, mögen sich bitte alle Erben des Josephus Pertramer an die Fuggersche Stiftung wenden. Wegen Rückzahlung des gewährten Darlehens, zusammen mit knapp 800 Jahren Zinsfuß.

Der nackte Mönch am Kreuz

Wie das damalige Gerücht wissen wollte, war Gerhard von Rheinbod der Letzte des Stammes, weil er alle Verwandten ermordet habe. Wer heute im Rheintal Leichen aus dem 13. Jahrhundert findet, in lustig verquirlter Stellung liegend oder ohne Arme und Beine, kann sicher sein, dass es entweder Verwandte Gerhard von Rheinbods, arme Pilger oder reiche Kaufleute sind. Sie alle starben unter schlimmsten Folterqualen und hörten als Letztes Gerhards höhnisches Lebensmotto: »Ritter Rheinbod bringt frühen Tod!«

Der Konvent von Kornelimünster wurde des blutigen Anteils, den ihm Rheinbod stets zukommen ließ, nicht mehr froh und beschloss, den grausamen Kerl als Burgvogt abzuberufen.

Der Mönch, der ihm die Botschaft überbrachte, soll, nackt an ein Kreuz genagelt, auf einem Fuhrwerk liegend, von den braven Klosterpferden wieder zurück zum Kloster gezogen worden sein. Das Pergament, auf dem der Abt die Kündigung des Arbeitsverhältnisses geschrieben hatte, war auf die Mönchsbrust genäht. Quer darüber hatte Rheinbod mit dem Blut seines Opfers geschrieben: »Nicht genehmigt!«

Der genagelte Mönch überlebte, wurde jedoch ungläubig, sodass ihn die lieben Mitbrüder, was Heimatforscher demnächst herausfinden werden, lebendig einmauerten.

»Tut uns Leid, Bruder Ketzer, bete für uns«, sollen sie dem Verzweifelten auf den Weg in den langsamen Tod mitgegeben haben, bevor sie die letzten Steine vor sein Gesicht setzten und mit Mörtel verputzten.

Das passierte 1213. Noch nicht geschüttelt vom Zweifel an der allein selig machenden katholischen Kirche, nahm der Abt von Kornelimünster einen Teil der Abgaben von Burg Reichenstein und kaufte damit ein handfestes Söldnerheer zusammen. Das stauchte Folter-Gerhard den Mut. Er floh.

Wo er geblieben ist, war nicht herauszufinden. Kenner der Zeit wollen wissen, dass er sich den letzten Wikingern anschloss und nach Amerika übersetzte, wo er, nachdem er freundlichen Indianern einige seiner köstlichsten Foltermethoden beigebracht hatte, von ihnen mit selbigen zu Tode gebracht wurde. Er soll furchtbar geschrien haben.

Dem Rhein war das gleichgültig. Er freute sich, dass sein sturer Hecht-Torpedo endlich ab 1241 neuer Herr auf Burg Reichenstein wurde. Die Ritter, die nach dem Verschwinden von Gerhard in der Zwischenzeit auf Burg Reichenstein geherrscht hatten, waren im Sinne dieses Buches langweilige Lehensmänner, garantierten indes für die Bevölkerung ringsum wie für reisende Kaufleute eine idyllische, friedliche Zeit.

Der Rhein gähnte in diesen Jahren, sodass sich so genannte grüne Löcher ergaben, tiefe Schlünde, die er beim Gähnen in sich riss, zahllose Kähne fielen hinein.

Chroniken sollen gar vom »Binger Schlund« berichten, in dem selbst bei ruhigstem Strom unvermittelt Schiffe verschwanden. Wenigstens etwas, grummelte der Rhein. Ab 1241 wachte er auf. Da konnte er wieder sehen, zu was diese schuppenlosen Menschentiere auf dem Trocknen fähig sind, besonders ein Edelgebürtiger, sein Philipp von Hohenfels.

Philipps tugendloser Nasenbiss

Der dachte, dass alle Untertanen Hechte seien, die er an seiner Angel aus ihrem Leben ziehen könnte. Spärlich sind die Nachrichten. Was aber von Philipp überkommen ist, lässt Friedfertige erprüden, Sinnliche erglühen. Irgendwer muss Philipp erzählt haben, dass es das Jus Primae Noctis tatsächlich gäbe und nicht nur ein witziges Theorem zwischen mittelalterlichen Juristen gewesen sei. Es besagt, der Herrscher habe das Recht, bei jeder Hochzeit die erste Nacht mit der Braut verbringen zu dürfen. Philipp hat nicht nur dies bei den hübschen Rheinländerinnen eingefordert, sondern wer ihm gefiel zu Schäferstündchen auf seine Burg geschleppt. Schreibt die kluge My Heilmann[1]: »Der von Hohenfels war ein skrupelloser, die Gesetze missachtender Geselle. Er misshandelte seine Untertanen, raubte deren Frauen und legte die Geistlichen in Ketten. Das Rheintal hallte vom Geklirr der Waffen und den Todesschreien der Überfallenen wider.«

So was mochte der Rhein, dieses heuchlerische Wassergeläuf. Fünf Jahre lang durchbrach der hodenstrotzende Raubritter die Gesetze der Scham, der Sittlichkeit und des Glaubens. Wie sah er aus? Klein von Wuchs wird er gewesen sein, das würde vieles erklären. Seine Ritterrüstung hatte vermutlich Kindermaße.

Seine Spezialität war der Nasenbiss.

Daran erkannten die Dörfler, welche Maid er schon bei sich

[1] In ihrem Buch »Burgen und Ritter am Rhein«, Duisburg 1980.

auf Burg Reichenstein zur Hingabe gezwungen hatte: Er pflegte sie kräftig in die Nase zu beißen, ja, Knechte haben in längst verschimmelter Chronik berichtet, dass er rückwärts gehend die Dorfschönheiten im Nasenbiss bis in seine Kemenate zwang.

Noch heute findet der Tourist rings um Burg Reichenstein, aber auch runter bis Rüdesheim und rauf bis Mainz Mädchen mit diesen feinen Abdrücken auf ihren sanft geschwungenen Nasenflügeln. Ein genetisches Mal, dass auch sie letztlich von Philipp von Hohenfels abstammen, dem Rheingaurammler, wie er von wütenden männlichen Anrainern beschimpft wurde.

Ein Sonderprogramm hatte Philipp für die in der oben zitierten Chronik erwähnten Geistlichen ersonnen. In seinen schimmlig-kalten Verliesen mussten sie, angekettet an langen Fußketten, Kacheln glasieren, Ziegelsteine brennen, Teppiche mit rein weltlichen Motiven wie Murmeltierjagden oder Reigen tanzenden nackten Mädchen knüpfen. Dazu durften sie fromme Choräle singen, die nach und nach verweltlichten, sodass sich zum Ende der jeweils viermonatigen Leidenszeit selbst hartgesottene Knechte und Knappen bei Philipp über allzu unanständige Lieder aufregten, die aus den Kerkerlöchern drangen.

Mit dem moralischen Niedergang des Gesangs verbesserten sich andererseits die handwerklichen Fähigkeiten der bis dato fettfingrigen Mönche dergestalt, dass sie unerwartet künstlerische Züge in ihre Arbeiten hineinbrachten.

Kenner reden sogar von ersten surrealistischen Ansätzen bei einem drei mal vier Meter breiten Teppich (heute im Schlafgemach des Mainzer Erzbischofs), gaben die Mönchsgeiseln doch der darauf abgebildeten nackten Nymphe zwei Gesichter sowie vier Brüste und verlegten ihren Hintern nach vorne.

Der Nasenbeißer freute sich sehr, er hatte nach My Heilmann »Sinn für künstlerische Gestaltung«. Später soll einer der freigelassenen Mönche geschwärmt haben: »Das war die glücklichste Zeit meines Lebens.« Und das angekettet!

Vielleicht waren die Mönchssklaven des Raubritters auch deshalb so zufrieden, weil sie den besten Wein aus geraubtem Gut zu trinken bekamen. Damit sparte Philipp nicht, sagte immer: »Ich töte gern, um andre leben zu lassen!«

Auch ihn ließ man nicht in Ruhe rauben. Der Abt von Kornelimünster wurde schon rot, wenn man nur das Wort »Rhein« erwähnte, so schämte er sich für seinen Lehensmann auf Burg Reichenstein. In heißen Gebeten rief er den heiligen Christophorus herbei, der schwer schnaufend und triefnass in seine Zelle schlurfte, und bat ihn um Hilfe. Dessen Antwort, ein höhnisches Lachen, hängt auch heute schwer über den Fluren rings um das Kloster, lässt, was immer die Bauern auch pflanzen, nur Christophorusveilchen erblühen, aus denen ein hinreißender Schnaps gewonnen wird (18,60 Euro die Einliterflasche).

Nachdem sich Christophorus die Lachtränen aus den Augen gewischt hatte, dauerte ihn der jammerige Abt, und er empfahl ihm: »Gib die Burg an Mächtigere ab, du frömmelnde Heulsuse!« Und verschwand wieder im Jenseits.

Der Abt, der ein aufmüpfiges »Aber erlaubt« hinterherschickte, besann sich und gab zu, dass der Heilige Christophorus Recht hatte. Folgsam übergab er 1245 Burg Reichenstein an den Erzbischof von Mainz. Der Abt von Kornelimünster, das heute bei Aachen liegen soll, rieb sich befreit die Hände, der Mainzer Erzbischof verschränkte die seinen in Untätigkeit, der Raubritter Philipp erlebte seine fruchtbarsten, für die Opfer furchtbarsten Jahre. Unersättlich verbiss er sich in Jungfernasen, unerbittlich peitschte er vor allem Mainzer Kaufleute in den Rhein, wo er sie lehrte, in komischer Armhaltung um ihr Leben zu schwimmen. Später nannte man diese Erfindung des Philipp von Reichenstein »Kraulen«.

Der Rhein ließ es aus Liebe zu Philipp mit sich geschehen, dass die Kaufleute sein Wasser schluckten, verzweifelt spuckten und ihren Peiniger anbettelten, lieber ihr ganzes Vermögen als Lösegeld einzusackeln, als sie weiter diese unwürdige Art des Schwimmens zu lehren.

Und wie sie bezahlten! Es war für Philipp eine Freude, Raubritter zu sein. In seinen leider verschollenen Memoiren »Mein sattes Burgleben« reimt er:

Wieder zwei Fuder Geld im Fels versteckt,
Wieder zwei Jungfern zum Dreischlaf geneckt,
Wieder zwei Nürnberger Kaufleut gehenkt,
Wieder zwei Mainzer im Rhein versenkt –
Gott, der ewige Zerstörer, lobe mich, Amen.

Gut hundert Pergamentseiten hat Philipp mit seiner krakeligen kleinen Schrift voll geschrieben. Seine vom rüden Inhalt begeisterten Sklavenmönche illustrierten das Manuskript mit kostbaren Miniaturen – ein unbezahlbarer Schatz deutscher Nationalliteratur, wenn man ihn denn hoffentlich bald hebt.

Der Rhein lüpft sich für Philipp

Im Jahre 1253, als sich nicht einmal mehr blinde Bettler in Richtung Reichenstein begeben wollten, die Geschäfte des Reiches zum Erliegen kamen, rüstete mit erzbischöflich Mainzer Genehmigung der damalige Städtebund ein Heer aus.

»Was ist das?«, rief erstaunt Philipp oben auf Reichensteins Zinnen, als er tief unten im Tal entlang des Rheins von Mainz her Kolonne um Kolonne von Marschierenden wahrnahm. »Die werden doch nicht etwa …?«

Er ließ den Satz unbeendet. Mulmig wurde es ihm, als er die riesigen Belagerungsmaschinen sah, die herangerollt wurden: mächtige Steinschleudern, die auch brennende Pechklumpen in seine Burg schmeißen konnten, endlos lange Sturmleitern, und die so genannten Blockhäuser, mit denen die Angreifer, nach oben geschützt, bis an die Burgmauern heranrollen und zum Sturmangriff ansetzen konnten.

»Sauber, sauber«, murmelte Philipp und glotzte wie seinerzeit Cäsar gedankenschwer in die Fluten des Rheins. Der ahnte die Besorgnis seines Lieblingsraubritters und versuchte mit einer jähen Riesenwelle, die Soldaten in seinen Schlund zu schwemmen. Der Tod der paar armen Teufel, die es erwischte, brachte keine Entlastung, zumal der Anführer sehr richtig erkannte, dass der Rhein sich auf die Seite des Raubritters geschlagen hatte.

»Achtung«, schrie er, »der Rhein ist verhext, weg von seinem Ufer!«

Die Soldaten folgten ihm, näherten sich vorsichtig der Burg.

»Das wird eng«, sagte oben Philipp von Hohenfels, ging mit schnellen Schritten auf dem Burghof hin und her, suchte nach einem Ausweg. Er hatte nicht viele Mannen um sich, nicht viele Geschütze, die gefangenen Mönche liebten ihn zwar, würden aber nicht für ihn kämpfen können, unausgebildet wie sie waren.

»Lasst die Mönche frei!«, schrie er. Sofort ging Knappe Kuno zum Verlies, öffnete die Luke, aufreizender schweinischer Singsang drang von unten herauf, er ließ die Leiter hinunter, warf den riesigen Schlüssel für das Kettenschloss hinab. »Ihr seid frei, kommt rauf!«

»Aber wir sind noch nicht fertig«, rief einer von unten. »Die Ziegel müssen noch einen Polchter lang brennen, und der Teppich mit Odins Jagd ist auch noch nicht fertig geknüpft!«

»Macht nichts. Herrje, wir werden angegriffen, verzieht euch!«

Die Mönche folgten mürrisch.

Die Angreifer waren bei dem Anblick sprachlos, der sich ihnen wenig später bot. Rasselnd ging die Zugbrücke nieder, quietschend öffnete sich das schwere Eichentor, und heraus drängten gut vierzig Mönche in braunen oder schwarzen Kutten, schnatternd und lachend, winkten den Stadtsoldaten, die den Belagerungsring bildeten, schon von weitem vergnügt zu.

Jeder trug einen Krug mit Wein und hatte eine Art Stullenpaket um den Hals hängen. Beim Näherkommen entdeckten die Angreifer die lange Eisenkette, an die sie alle mit beiden Fußknöcheln geschmiedet waren. Ihre Gesichter waren bleich, nie zuvor hatten die Soldaten so dünne Mönche gesehen, aber auch noch nie so heitere.

Der Feldschmied löste ihre Fesseln. Sie wollten dennoch dem Kommandanten keine rechte Auskunft geben, mit welcher Gegenwehr zu rechnen sei. Stattdessen zeigten sie ihm neue Teppichknüpftechniken, betatschten sein Gesicht, nannten ihn »bildhübsch wie Odin«, als ob sie ihn gleich zeichnen würden, bis der wutentbrannte Kommandant »die gottlosen Glaubensscharwenzler« (mündliche Überlieferung) verjagte.

So ging, was von Philipp als diplomatische Offensive geplant war, gründlich durch seine verderbten Geiselmönche daneben. Der Kommandant gab Befehl, den Belagerungsring endlich zu schließen, die Geschütze zu laden und mit dem Schleudern von Steinen zu beginnen.

In der Ferne verschwanden die Mönche, weiterhin miteinander tändelnd und scherzend.

»Und wo bleiben die Steinschleudern?«, schrie der Kommandant. Es begann eine wüste Belagerungszeit für Philipp. Nein, das machte ihm keinen Spaß. Auch der Rhein beobachtete mit Ingrimm, wie sich der Belagerungsring immer enger um sein Hechtsöhnchen schloss, es half auch nichts, dass Philipp glühend heißes Pech auf die Soldaten niederschütten ließ, zu gut waren die abgedeckt, die abgebrannten Blockhäuser erneuerten sie im Nu.

Schon am vierten Tag waren die Mauern von Reichenstein durch die gewaltige Wucht der Steinschleudern zerbrochen. Die Belagerer stürmten durch die Bresche in den Burghof. Philipp floh in den Bergfried, den Turm, den jede ordentliche Burg als letzten Ort des Rückzugs hatte und in dessen erstes Geschoss man nur mit einer Leiter gelangte.

Geräucherter Ritter

Der erfahrene Kommandant ließ sich nicht beirren. Erst trieb er Vieh, Schweine, Hühner und die Pferde fort, deckte dann den Brunnen ab, ließ riesige Stöße mit trockenem Holz rings um den Bergfried aufrichten, schnallte sich in seine vierzig Kilo schwere Prunkrüstung, stolzierte wie ein Hahn über den eroberten Burghof zum Bergfried und schrie hinauf: »Philipp von Hohenfels, ich gebe dir nur einen halben Polchter Zeit, um dich der Gnade meines Herrn, des Erzbischofs von Mainz, auszuliefern. Bleibst du schwarzhirnig, brenn ich dich aus, mit Stumpf und Teppich – äh, Stiel!« Leise mumelte er: »Diese verfluchten Mönche!«

Er starrte nach oben. Die Rüstung hinderte ihn an schneller Bewegung. Deswegen wusste er, dass er dem nicht ausweichen konnte, was von oben angeflogen kam. Und es kam. Der grausige Inhalt eines riesigen Kübels mit Kuhgedärm, menschlichen Fäkalien, Rheinhundknochen und übel vergorener Maische klatschte auf ihn. Dazu krähte die hohe Stimme des Nasenbeißers: »Brenn er doch, der Stinker, der städtische!«

Und in Ermangelung von Jungfernnasen hieb Philipp seine Zähne in die Steinbrüstung des Fensters, aus dem er sich herausgelehnt hatte. Der unglaublich stinkende, glitschige, sich im Gedärm verfangende Kommandant – dieser Szene wegen soll nie der Name des adligen Geschlechts verraten werden, dem er entstammte – zog sich rutschend aus der Gefahrenzone zurück, während sich die anderen Soldaten nur schwer das Lachen verkneifen konnten, es brach unterdrücktes Gehuste los.

»Brennt sie aus!«, schrie der Kommandant. Heimlich grinsend legten die so genannten »Pechknechte« Feuer an die zundertrockenen Haufen. Hochauf loderten die Feuer, schwarzgrün qualmte es, als Pech draufgeschüttet wurde, nasses Holz, frisches Blattgrün, auch ein paar Christophorusveilchen, die bekanntlich so unlauter stinken.

Der hohe Bergfried war auch aus nächster Nähe nicht mehr zu sehen. Durch das Knattern des heißen Holzes hörten sie die Stimme Philipps von Hohenfels: »Wigalaweia, wogende Wasser, weinender Rhein, schleuder mir Schleier schlüpfrigen Regens, dass sie mir schlürfen schlitzige Glut!«

Danach Stille. Nur Knacken und Knistern des ungebärdigen Feuers. Die Soldaten fröstelte es trotz der unglaublichen Hitze.

»Da!«, schrie einer. »Gott helfe uns!« Er zeigte über die niedergeschossenen Mauern hinab auf den Rhein. Genau unterhalb der Burg hielt der heilige Fluss inne, als ob ihn ein unsichtbarer Damm am Weiterfließen hindere. Das Flussbett rheinabwärts leerte sich. Welse, Aale und einer der letzten so scheckig bunten Rheinhunde zappelten auf dem immer trockeneren Flussgrund.

Aber von oben drang Wasser nach, unsichtbar hob sich der Damm, in Sekundenschnelle schwoll der Rhein empor. Ein unheimlicher Wind erhob sich, und mit einem gewaltigen Fauchen trieb er eine Wasserfront hoch in die Lüfte, ließ sie milliardenfach zerstäubt niederregnen auf den Bergfried, den Burghof, den stinkenden Kommandanten, dem es die letzten Gedärme von den Schultern spülte. Das Feuer zischte gequält auf, erlosch widerwillig, das schon schmelzende Gestein am unteren Bergfried erstarrte.

Der Rhein floss wieder so gediegen dahin, als habe er nicht soeben ein Highlight seines ewigen Lebens erlebt. Wie gut kann er sich verstellen. Damals lächelten seine Wellen, schmeichelten sich selbst, der Rhein sah stolz hinauf. Was er sah, befremdete ihn: Im Fensterloch des Bergfrieds hängt Philipp von Hohenfels, so bleich, so geschockt von seinem Erfolg. Er hebt die Hand, zieht sein Schwert, wirft es hinab, klirrend zerbricht der Stahl auf dem Burghof vor den Füßen des halbwegs gesäuberten Kommandanten.

»Ich ergebe mich«, stammelt Philipp, verschwindet in der Fensterhöhlung und lässt sich wenig später mit der Leiter innen auf den Boden des Bergfrieds nieder. Gemäß seriöser Geschichtsforschung hat My Heilmann das unglaubliche Geschehen so zusammengefasst: »Um dem Räuberunwesen ein Ende zu bereiten, sammelte sich 1253 mit Zustimmung des Erzstiftes Mainz das Heer der Städtebünde, belagerte und zerstörte im Auftrage von Kornelimünster die Burg Reichenstein. Philipp von Hohenfels ergab sich in demütiger Haltung, leistete den Treueid künftigen Gehorsams und trat sogar dem Städtebund bei als Mitwahrer des Rechts und des Friedens.«

Im Hohlweg ein Schlachtfest

Das tat der listige Raubadler. Und während er mit den Mächtigen an den Rändern des Rheins trügerisch Tugend schwätzte, ließ er daheim Burg Reichenstein mit drei Meter dicken Mauern wieder aufbauen. Er hatte die Lehre aus der Belagerung beherzigt. »Bau glatt und feuerfest«, soll er gesagt haben.

Die versteckten Kostbarkeiten, die ihm die Geiselmönche angefertigt hatten, holte er aus den Felsverstecken im Berg, richtete sich mit kostbarsten Möbeln, Gobelins, Kachelöfen (in deren Glasur von den Geiselmönchen leider auch unzüchtige Darstellungen aus den deutschen Heldensagen gebrannt worden waren) wieder wohnlich ein und drohte so nachhaltig mit einem weiteren Aufstand des Rheins (»Ich sage nur eins: Wigalaweia …!«), dass ihm Reichenstein schließlich gar als Eigentum übertragen wurde.

Jetzt hatte er eigentlich alles. Sogar ein liebendes Weib, das ihm nach und nach ohne jeden Nasenbiss sechs Söhne und zwei Töchter gebar. Aber die Menschen sind nie zufrieden. Nie konnte Philipp den sausenden Flug unter Wasser aus seinem Kopf bannen, wie ihn der riesige Hecht an seiner Angel fortriss. Die Angel, die Angel! Er musste sie wieder auswerfen. So pochte es in Philipps Kopf.

Er gab nach. Biss wieder in Jungfernnasen und spezialisierte sich auf geistlichen Diebstahl. Zusammen mit seinen sechs Burgmannen und den übrigen Knechten verkleidete er sich als Mönch, die grimme Schar wurde zur Pilgergruppe, die Schwerter und kurz gesägten Armbrüste verbargen sie unter ihren Kutten. Laut betend zogen sie los, sobald ihnen Späher einen Handelskarren oder ein Handelsschiff der Kirche meldeten.

»Bevor ihr zustecht, lasst euch erst segnen«, mahnte Philipp von Hohenfels seine Schar, »dann habt ihr den Ablass für die Untat schon vorab.«

Meist ritt ein Prälat oder sonstiger Geistlicher mit den kostbaren Transporten. Der Raubritter und seine Kumpane knieten am Pfadesrand nieder, drehten Rosenkränze durch die Finger und senkten die Köpfe, wenn der schwer bewaffnete Prälatenzug mit den vier bis zehn hinter fetten Rössern wackelnden Packkarren voller güldener Kelche, in Edelsteinen gefasster Reliquien (von Jesus bis zum seligen Grossi), blutroter Weine, samtener Stoffe, sizilianischer Klingen und venezianischer Prunkgläser an ihnen vorbeizog.

Kaum hatte der eitle Prälat der frommen Pilgerschar das Kreuz geschlagen, war die Hand, mit der er es getan hatte, schon nicht mehr an seinem Unterarm. So schnell hieb sie Philipps Lieblingsknecht Kuno mit seinem Stahl ab. Das nervtötende Geschrei des armstumpfigen Prälaten auf seinem Ross trug sehr zu Schock und Schrecken der Überfallenen bei, die sich deshalb nicht richtig zu wehren vermochten. Sie wurden entweder von Philipp selbst mit scharfem Nasenbiss aus dem Sattel gehoben oder von seinen Knappen und Burgmannen zerstochen. Ein Schlachtfest im Hohlweg.

Kirchenbann und Höllenfeuer

Dem Erzbischof gingen Prälaten und güldene Kelche aus. Aber er herrschte in jener glücklichen Zeit, in der kirchliche Flüche selbst von einem Philipp von Hohenfels beachtet wurden. In einem durch reitende Verkünder landesweit übertragenen Festakt verhängte er über Philipp von Hohenfels den Kirchenbann. Der besagte, dass er ab sofort außerhalb der Christenheit lebt, später auf ewig in höllischer Verdammnis brennt.

Weil Philipp wusste, dass nicht einmal die gesammelten Wasser seines besten Freundes Rhein ausreichen würden, ihn dort unten zu kühlen, legte er sein Schwert dem Mainzer Erzbischof zu Füßen, man schrieb das Jahr 1267, und schwor mit süßer hoher Stimme, »die kirchlichen Güter zu schützen und sich selbst aller erpresserischen Unternehmungen zu enthalten«.

Auch die nächste Erniedrigung nahm er auf sich, musste Burg Reichenstein als Lehen vom Erzbischof empfangen, war nur mehr Vogt auf seiner stolzen Veste, die er dem Abt von Kornelimünster abgeluchst hatte. Er gab nicht auf. Hecht an der Angel, pochte es in seinem Kopf.

Es pochte nicht nur in seinem. Deutschland erlebte seine kaiserlose Zeit. »Jeder kleine Ritter gründete seine Dynastie und herrschte nach eigenem Belieben«, schreibt My Heilmann. So nahmen zum Beispiel am Rhein über fünfzig Zollstellen den Reisenden widerrechtlich das Geld aus der Tasche.

Die so genannten freien Reichsstraßen, über die nur der Kaiser Gewalt hatte, waren alles andere als frei, gaben nur den mehr oder weniger ebenen Untergrund für gnadenlose Überfälle ab. Der erfahrene Raubritter Philipp mochte einfach nicht zurückstehen.

Bald hallten wieder schweinische Gesänge neuer Geiselmönche aus den Verliesen von Burg Reichenstein, lernten wutige Kaufleute wieder Kraulen, steckte Philipp Gold und Edelsteine in die bis heute nicht gefundenen geheimen Felsverstecke, nur die Jungfernbisse vergaß der alternde Triebtäter nach und nach. Seine von ihm herzlich geliebte Ehefrau war sehr froh darüber und beendete deshalb alsbald ihr Verhältnis mit Kuno.

»Zeig mir den silbrigen Hecht«

Beide lebten in austeilender Grausamkeit altersglücklich dahin, bis eines Sommertages 1277 der Rhein von unten Philipps blasse, kranke Augen droben im Fenster wahrnahm.

Beide wussten, dass Philipp sterben würde. Philipp winkte von seiner Zinne aus mit der rechten Hand dem drunten im Sonnenschein gleißenden Fluss einen wehmütigen Gruß zu, ging wieder in den großen Rittersaal zurück und setzte sich unterhalb der nackten surrealistischen Nymphe mit dem kunstvoll geknüpften Vorderhintern in seinen hochlehnigen Eichenstuhl.

»Hol die Familie«, befahl er Kuno, »ich werde sterben.«

Kuno gehorchte.

Bald darauf standen sie um den Stuhl herum, sechs groß gewachsene Söhne, zu denen er seit ihrer Pubertät hochschauen musste, dazu seine zwei hinreißenden Töchter, die einzigen Mädchen weit und breit ohne die vom Biss des berüchtigten Schänders gestempelten Nasenflügel.

Philipp sah sie an, stöhnte kurz auf und erklärte: »Prima Brut, die ich in die Welt gesetzt habe.«

Die Familie lachte. Sie hatte untereinander einen ironischen Ton gefunden, der ihnen das gemeinsame Leben erleichterte.

»Ich werde heute sterben. Freund Rhein hat es mir gesagt.«

Die Familie lachte nicht mehr. Sie hatte einen ehrlichen Ton gefunden, weswegen keiner log und behauptete: »Nein, Paps, du siehst blendend aus, selbst deine Beißerchen strahlen vor Lebenslust.«

Philipp griff an seinen Hals, holte eine goldene Kette hervor, an der ein kleiner stählerner Haken hing. »Ihr wisst, ich habe stets versucht, den Reichtum der Hohenfelser zu mehren.«

Die Familie nickte.

»Setzt euch hin«, pfiff sie der Patriarch an.

Die Familie nahm um den riesigen Eichentisch herum Platz.

»Dieser Haken«, fuhr er fort und hielt den Haken hoch, »öffnet euch den Mechanismus, sodass ihr einen Felsbrocken wegdrehen könnt und Zutritt habt zu einem Gelass, in dem ich unsere ehrlich geraubten Schätze versteckt habe.«

Die Familie lachte. Auch Philipp von Hohenfels musste mitlachen. Herrgott, hatte er ein gutes Leben leben dürfen, dachte er sich. »Wo dieses Gelass ist«, fuhr er mit einem ironischen Unterton in seiner krächzig hohen Stimme fort, »das, ihr Lieben, könnt ihr hier hinter mir sehen.«

Die Familie sah mit neuem Interesse auf den Teppich mit der nackten Nymphe, den zwei Gesichtern, vier Brüsten und dem Vorderhintern.

»Nehmt den Teppich als Landschaft, lasst euch von den geknüpften Linien leiten, den Brüsteln, den Nasen, den Pobacken – und ihr findet den reichsten Schatz am Rhein.«

Die Familie starrte den Wandteppich an.

Philipp legte den Haken auf den Tisch. Die Familie bemerkte es nicht. Sie ging näher an den Teppich heran, Gier keimt in den Gesichtern auf.

Leise erhebt sich Philipp, stakert zur Tür, die Treppen hinunter. Die Sonne war eben untergegangen. »Gelassen steigt die Nacht ans Land«, murmelt Philipp, »lehnt träumend an der Berge Wand. Das hat sie sonst nie getan«, staunt er, »und warum geht mir dieser poetische Satz durch den Kopf?« Er befiehlt der Wache, die Zugbrücke runterzulassen.

Er hatscht über die groben Eichenbohlen, den Burgweg hinunter, dreht sich kurz um und krächzt zum Torwächter: »Zieh die Brücke wieder hoch!«

Er quält sich weiter, hält sich den Bauch, dieses üble Gewächs, das er seit einem Jahr wachsen spürt, es nahm ihm mehr und mehr den Atem.

Der Rhein sah ihn kommen, freute sich, hatte nicht gedacht, dass er ihn nach dem Abschiedswink noch einmal sehen würde, wusste sofort, was der alte Humpelphilipp wollte.

Schwupps, warf ihm der Rhein eine alte Angel raus. Philipp lachte, sprang wie ein Junge ans Ufer, die Angel in der Hand, und schrie: »Zeig mir den silbrigen Hecht!«

Er warf die Angel aus, weit segelt das Blei hinaus in den Strom, Philipp springt hinterher, und der Rhein umhüllt zärtlich seinen mörderischen Liebling, als dem die Sinne schwinden und er hinter einem ferne dahinschießenden silbernen Hecht in die ewigen Jagdgründe abtaucht.

Keiner fand je das Versteck, keiner fluchte deshalb des Vaters, des Gatten. Die Familie liebte Vergeblichkeiten. Noch heute steht der Bischof von Mainz im geheimen Auftrag der römischen Kurie in seinem Schlafgemach vor dem Wandteppich auf der Suche nach dem Schatz. Zu Recht geht die Glaubenskongregation davon aus, dass er überwiegend aus Kirchengerät und kostbarst gefassten Reliquien besteht.

Dietrich, der dritte Sohn Philipps, bekam alle Rechte des Vaters und nahm sich auch dessen lebenslang geübter Pflichten an: Er raubsackte wie Papa, aber es war keine Finesse mehr darin, kein Nasenbiss, keine Kunstliebe, kein attackierender Ehrgeiz gegen die Geistlichkeit, keine Freude an Rätseln. So ein Raubritter ohne Kick musste untergehen.

Das besorgte der erste Kaiser nach dem Interregnum. Rudolf von Habsburg zog, den Sinn auf Machtgewinn und daher auf Befriedung gerichtet, mit einem kleinen Heer vor Burg Reichenstein. Er musste die überlegene Baukunst des toten Philipp anerkennen. Es gelang ihm nicht, die Burg zu erstürmen. Immer wieder ließ er seine bayerischen und österreichischen Gebirgsjäger gegen das glatte Bollwerk anklettern, sie kamen, verbrannt von Pech, gespickt mit Pfeilen, schreiend zurück oder gar nicht.

Schweres Gerät wie Steinwerfer oder Rammböcke hatte Rudolf nicht, so blieb ihm nichts anderes übrig, als die Burg auszuhungern, was auch nach vielen Wochen gelang. Als die Besatzung mit knurrenden Mägen das Burgtor öffnete und vor dem einreitenden Kaiser demütig das Knie beugte, drehte dieser im Hof bewundernd eine Runde, hielt sein Pferd an und sagte: »Wenn Philipp noch lebte, stünde ich nicht hier.«

Er schaute die vor ihm Knienden an. »Wer von euch ist sein Sohn, Dietrich von Hohenfels?«, fragte er.

»Der ist geflohen, kaiserliche Hoheit«, antwortete Kuno, »hat den Teppich mitgenommen.«

Rudolf war enttäuscht und dadurch gereizt. »Hör auf, von irgendwelchen Teppichen zu schwafeln!«, schrie er, ließ wütend die Burg niederbrennen, die Mauern schleifen und die Verteidiger in einem Akt rachedurstiger Ungerechtigkeit unten am Fluss an die Bäume hängen.

Den Rhein gruselt es deshalb noch heute.

3
Die Quitzows – Raubritter, die unfreiwillig Preussen schufen

Der ewige Spuk

Unwahr ist, dass sich zu Seedorf in der Pfarrkirche jedes Jahr in der Johannisnacht die Geister aller Quitzows versammeln, geschäftig durch den Kirchenraum wabern, die Kerzen auspusten, am Altar rütteln, als ob darunter ein Schatz läge, und späte Besucher, die sich in dieser Nacht in die Kirche verirren, immer wieder in die Ohrläppchen kneifen, mit kalter Puste in die Augen blasen und zuletzt, wenn sich die Besucher verschreckt und zitternd in das rechte hintere Kircheneck zurückgezogen haben, ihnen einen ziemlichen Fußtritt versetzen.

Wahr ist, dass nur Curt Dietrich von Quitzow alljährlich auf die beschriebene Weise die Lebenden erschreckt. Dem Brudermörder hatte zu Lebzeiten eine Wildsau im Auftrag Gottes die Hand abgebissen. Unerlöst wie die anderen Quitzows schweift er seitdem durch die Zeiten.

Wie gesagt, nicht alle Quitzows versammeln sich zu Seedorf in der Johannisnacht, das tun nur die jüngeren Generationen, die des 16. und 17. Jahrhunderts. Die älteren, die den Ruf begründeten, wer gegen Quitzow sei, könne sein Testament machen, versammeln sich stattdessen in der Ruine des Ursulinenklosters, jeweils in der Todesnacht ihres wutigsten, berüchtigsten, unersättlichsten Familienmitglieds, Dietrich von Quitzow.

Der hat, so heißt es, schon 1417 in Harbke bei Helmstedt seine sündige Seele ausgehaucht. In Form eines grünen Schleiers soll sie stracks nach unten in den Kammerboden gesegelt sein. Direkt zum Teufel.

Dieses Buch wird das Lügengespinst um den Tod Dietrich von Quitzows zerreißen und endlich die Wahrheit schreiben, ohne ableugnen zu wollen, dass Seelen sündiger Toter in der Tat als grüne Schleier in den Boden zu segeln pflegen.

Das Ursulinenkloster bei Marienborn, das ist historisch gesichert, erklärte sich bereit, den Raubhelden auf seinem Friedhof zu bestatten. Die Priorin, eine Nichte Dietrichs, hätte es nicht gestatten sollen. Denn heute ist ihr Kloster eine Ruine, woran nur der tote Onkel schuld ist. Unerklärliche Scheinschwangerschaften plagten durch Jahrhunderte die Schwestern, unwürdige Lustanfälle, die sie einander verschwiegen, ihre Beichtväter, die sie besuchten, konnten ihrer Lenden nicht einmal im Beichtstuhl sicher sein. Was schlimmer war: Im Ursulinenkloster wurde gestohlen, dass es zu unerhörtesten Verdächtigungen der Nonnen untereinander und gegen die jeweilige Äbtissin kam.

Die Lösung ist einfach: Dietrich von Quitzow, der, wie bewiesen werden wird, nicht wirklich starb, legte sich des Nachts, durchs Gemäuer in die Zellen fließend, anregend, kitzelnd, wonneverzückend, neben Nonne um Nonne, und stibitzte danach, seinem alten Raubritterberuf getreu, wie eine Elster alles, was glänzte oder ihm von Wert schien.

In seinem Grab häufte er jederzeit zu hebende Kleinodien. Man muss es nur finden. Und man muss den Todestag wissen.

Der stimmt, ein raffinierter Schachzug des Untoten, nicht mit dem offiziellen Sterbedatum überein, das zudem, wer immer es hinschreibt oder druckt, auf geheimnisvolle Weise verschwindet.

Der Grund: Dietrich von Quitzow will nicht gestört werden, wenn er sich am Todestag in den Ruinen des Ursulinenklosters mit seinen Brüdern Johann, Henning und Konrad trifft, mit Vater Kuno, und vor allem mit Johanns Frau, mit der er zu Lebzeiten in unvergesslicher Manier das Städtchen Nauen brandschatzte.

Sie strömen zusammen, die Quitzows, als betörender Duft,

den sie während ihrer Lebenszeit nie ausströmten, gewaschen haben sich die Quitzows jahrhundertelang grundsätzlich nicht.

In den jährlichen Feiern zu Dietrichs angeblichem Tod gellt hohes und tiefes Lachen die Mauern entlang, Überfälle werden erzählt, nachwachsende Generationen verspottet und einander versichert, dass sie ein erfülltes Leben geführt hätten.

»Und«, schreit Dietrich von Quitzow gegen ein Uhr nachts, bevor sie alle wieder für ein Jahr verschwinden, »Teufel auch, was wäre aus Preußen geworden, wenn Kaiser Sigismund die Mark uns Quitzows und nicht den tumbsackigen Hohenzollern überantwortet hätte!«

Mit Wehmut sieht das auch der preußischste aller Dichter so, Theodor Fontane. Er drechselte den Quitzows in seinen »Fünf Schlösser« betitelten märkischen Impressionen klarste Prosa und mochte nicht von der Idee lassen, dass sie eine attraktive Alternative gewesen wären.

Die Zeitgenossen der lüdrigen Brüder Dietrich und Johann sahen es anders. Vor allem jene, die von ihnen überfallen worden waren. Abgesehen davon, dass sie sich wegen des Lösegelds auf Jahrzehnte verschulden mussten, stotterten sie hinfort dank ausgeschlagener Zähne und zerbrochener Kiefer. Unrichtig zusammengewachsene Rippen und verbrannte Beine ließen sie unangenehm durch den märkischen Sand stolpern. Auch hatten Daumenschrauben ihre Finger so verunstaltet, dass sie unschuldig fragenden Fremden ewig die falsche Wegrichtung zeigten.

Mit einem Wort: Die Herren von Quitzow waren um 1400 Raubritter der erfahrensten, sprich unmoralischsten Sorte.

Ein Wusterwitz gegen alle Quitzows

Einer, der das der Nachwelt überlieferte, war der Chronist Engelbert Wusterwitz. Als Stadtschreiber von Neustadt richtete er seit ungefähr 1400 sein fieses, weil parteiisches Skribentenauge auf die Quitzows. Leider ist seine Chronik nur bruchstückhaft überliefert. Nach Wolfgang Ribbe, dessen lesenswerte Edition »Die Aufzeichnungen des Engelbert Wusterwitz«[2] hier benutzt wird, wurde der Chronist vermutlich 1385 im brandenburgischen Neustadt geboren. Die Familie stammt, brav dem Namen folgend, aus dem unfern von Neustadt gelegenen Dorf Groß-Wusterwitz. Er war nicht irgendein Turmschreiberpoet, sondern eine gewichtige Persönlichkeit, betraut mit vielen politischen Aufgaben bis hin zum Vermittler zwischen Streitparteien. Nach mehreren Stationen in verschiedenen Städten starb er 1433 in Brandenburg.

Um eine Historikerdebatte loszutreten, könnte man die Schandtaten der Quitzows als Reaktion auf die Schandtat des hauptberuflichen Raubritters und nebenbei als Erzbischof agierenden Albert von Magdeburg zurückführen. Der hatte, zusammen mit Sigismund von Anhalt und Graf Johann von Querfurth, am 4. Dezember 1394 im Städtchen Rathenau eine Orgie der Sinne und der Gewalt zelebriert.

Engelbert Wusterwitz schildert sie mit kaum verhohlener Wut: »Do dan viel lesterliche boßheiten und ubelthaten durch die knechte und söldener im ganzen stedtlein geübt, als entehrung der jungfrauen und ehelichen weiber, und dergleichen viel mehr boßheit ungestrafft begangen und ein jeder nur gethan hat was ihm gefallen und gehandelt nach seinen willen und lust, er war edel oder unedel.«

Der Erzbischof ließ in Winterskälte die Bewohner, sofern sie gehen konnten, aus Rathenau vertreiben. Woraufhin »die dinge und bewegliche[n] güter, so da befindlich, weggenommen, und was ein jeder von den genomenen gütern bekomen, mit sich getragen, also man sagt, das sie uber 100 wagen mit genomenen gütern und hausgeräth geghen Magdeburg gefürt«.

Ein farbiger Zug: Trunkene Knechte, die sich mit allerlei Weiberzeug, Röcken und Hüten, kostümiert hatten, saßen auf

[2] Berlin 1973.

den schweren Karren, die hoch beladen waren. Mit Bratpfannen und Schweinen, Brennholz und Stroh, Säcken voll Weizen. Dazwischen miaute armselig eine lebendige Katze, die auf dem Packwagen wie Christus an zwei gekreuzten Besenstielen festgebunden war. Humpen mit dem leckeren Rathenauer Bier schütteten sich die Raubhelden gegenseitig über die Köpfe, wischten es mit Damast vom Fahrersitz, warfen die nassen kostbaren Lumpen den neben ihnen schwankend dahinreitenden Knappen an die Köpfe, mehr den an ihnen festgebundenen Jungfrauen, die sie zwecks weiterer Vergnügungen gleichfalls mit nach Magdeburg schleppten.

Warum schweigt Magdeburg?

Wer heute in Magdeburg nach einem schlechten Gewissen bezüglich der Untaten in Rathenau forscht, ist übel dran: Keiner will etwas wissen, keiner will's gewesen sein, keiner fühlt Verantwortung für das, was die Magdeburger den Rathenauern an jenem 4. Dezember 1394 angetan haben.

Nicht einmal Wusterwitz' Schilderungen machen sie weich: »Do nu die guter weggebracht, hat sich der ertzbischof mit seinen reutern, einem jeglichen als ihm behagte, in sonderliche heußer deßelbigen stedtleins, do sie die einwoner davon getrieben, gesetzt, und do sie alles getrenck so da befunden, ausgetruncken, haben sie die feßer auf den abendt mit sonderlichen freuden verbrandt, und ein freudenfeuer gemacht, bencke, tische, stüle und andere dinge zu vermerung des feuers angelegt.«

Ein Bewohner am Kirchplatz, Johann Arfkow genannt, hat in seinen sofort verschollenen Aufzeichnungen beschrieben, wie die Herren den Brandplatz umtanzten, »sich mit den henden umbfassten, dan sich wider gegensitig auf die arsche patschten und dazu lauticklich sungen«.

So sahen sie aus, die hohen Magdeburger Herren am Abend der Rathenauer Orgie: nacktärschig, nur mit Hemd und Harnisch bekleidet, die Ritterhelme nach hinten geworfen, sodass sie beim Tanzen auf den Schultern sprangen und schepperten.

In der gelöst auftrumpfenden Gesellschaft stimmte der Erzbischof ein ihm aus Jugendtagen bekanntes Liedlein an, dessen einzelne Zeilen die anderen Raubritter grölend wiederholten:

Ein Haupt aus Böhmerland,
Zwei weiße Arme aus Brabant,
Die Brust von Franken her,
Von Lübeck zwei Tüttlein, ragend als ein Speer,
Ein Arsch von Polenland,
Auch eine bayrisch Fut daran,
Das würd ein schöne Jungfer sein,
Sodass ich würd zum adlen Schwein!

Abrupt stoppte der Erzbischof mit Sang und Tanz, als er nämlich zwei betrunkene Knappen sah, die aus dem Rathaus Wappen und Insignien des Markgrafen von Brandenburg brachten. »Halt!«, schrie er, raste blankärschig hinüber, riss den beiden die Insignien kaiserlicher Lehensmacht aus den Händen und warf die Kostbarkeiten heraldischer Gestaltungskunst auf die Stufen des Kirchenportals.

Schwankend lallte der Bischof seine beiden Kumpel, den Anhalter Fürsten und den Querfurter Grafen, herbei, indem er zu der populären Melodie von »Hab ich eyn blau swanzelein« grölte:

Und jetzt scheißen wir noch eins,
Und jetzt scheißen wir noch eins,
Auf unsern lieben Kaiser,
Und jetzt brunsen wir noch eins,
Und jetzt brunsen wir noch eins
Auf diesen blöden Markgraf!

Hier nähert sich Wusterwitz wieder der viel drastischeren Aufzeichnung Arfkows an und schreibt: »Sind alle gemelde, insignia und wapen des herrn marggraffen zu Brandenburg mit koth besudelt [worden].« Was heißt, dass der Erzbischof und seine zwei Kumpane sich auf die Kirchentreppe über den Bildern niederhockten und »gewalticklich sich entlereten«, wie Arfkow schreibt.

Rathenau wartet bis heute auf eine Entschuldigung der katholischen Kirche und Entschädigungszahlungen aus Magdeburg.

Rauben ist angeborene Natur

Für Familie Quitzow war dieser Überfall des Magdeburger Erzbischofs dankbar begrüßter Anlass, um rücksichtslos Dörfer und Städte der Mark Brandenburg mit stürmischen Überfällen zu überziehen, obwohl Magdeburg gar nicht zur Mark Brandenburg gehörte.

Eines der Talente des Quitzower Geschlechts war es, selbst aus völlig anders gearteten politischen Vorgaben persönlichen Gewinn zu ziehen.

Sie brandschatzten die Mark. Wobei sie an Sach- und Geldwerten so viel einnahmen, dass sie sich beim rechtmäßigen Herrn der Mark, dem damaligen Markgrafen von Brandenburg, Jost von Mähren, Vetter des deutschen Königs Wenzel, weitere Rechte erkaufen konnten. Ihr Ziel war es, die Mark mit Zwingburgen wie gegen ein feindliches Volk zu überziehen.

Zu heißer Hilfe kam ihnen Dietrich von Quitzows begnadete Pyromanie. Nach seinem Lieblingsspruch »Gebt mir ein Streichholz und einen halben Polchter Zeit, und ich fackle euch eine Welt ab!« verübte er einen der ersten Blitzkriegs-Feuerüberfälle der Geschichte. Schreibt Wusterwitz wütend: »[Hat] Diterich von Quitzow, der grimmige heerfürer mitwochs fur S. Matheus [20. September 1402] umb mittag in das stedtlein Strausberg feurige pfeile geschoßen und dasselbe mit einem edlen oder reißigen kriegsvolck erfüllet, durch brandt verterbet, alle privilegien hinweg genomen, die einwoner von ihren wonungen vertrieben, und großen schaden in dem lande eingefurt.«

Noch heute soll bei Einheimischen abends im Herbst die Mär erzählt werden, wie an jenem Tag der ehrenwerte Tuchweber Bartel im Garten beim Mittagessen saß und, ohne es zu merken, brennendes Pech als Gulasch löffelte, weil sich einer von Quitzows Brandpfeilen in den Topf gebohrt hatte.

Bartel konnte in der grellen Herbstsonne die Flammen nicht sehen und hat sich sein geschwätziges Maul arg verbrannt. Nur schwer ließ er sich von seiner Frau Anna überzeugen, dass nicht sie es war, die ihm die Suppe zu scharf gewürzt habe, sondern dieser Raubritter.

Die letzten Worte musste sie indes schon schreien, zum einen loderten immer krachiger Flammen ringsum aus den Häusern, zum andern schrillte wie blöd die Feuerglocke, zum dritten schrien die Leute auf der Straße »Feurio, Feurio!«

Dazwischen tönte aggressives Geschrei der einreitenden Raubritter und ihrer bewaffneten Knappen und Knechte. Anna lief ums Hauseck und sah, wie ein abschreckend aussehender schwarzbärtiger Kerl mit einer brennenden Fackel in der Hand auf die Scheune mit den städtischen Getreidevorräten zugaloppierte.

Es war Dietrich von Quitzow, der, obwohl er sich dadurch oft um wertvolle Beute brachte, nicht anders konnte, als voll gepackte Vorratshäuser anzuzünden.

»Sy heten alle ynen haw!«, schrieb sicher ein unbekannter Zeitgenosse an seinen Bruder in Berlin: Sie hatten alle einen Hau, die Quitzows.

Ritter von Alvenslebens letzter Wurf

Strausbergs Schicksal gerann markauf, markab zur apokalyptischen Mär. Die Wut der Bürger wuchs. Büßen musste es der Raubritter Jordanus von Alvensleben. Er wurde von den Neustädtern in Brandenburg gefangen und in die Stadt geschleppt.

Es ist schon merkwürdig, wie so ein Ritter schrumpft, ohne Pferd, ohne Harnisch, ohne Schwert, einfach nur in Fesseln, ein dünnes Bürschchen. Die Alvenslebens haben sich, Historiker von Bedeutung wissen das, nie durch körperliche Aufgeplustertheit ausgezeichnet. Stattdessen hatten sie ein großes Mundwerk (»snelles maul«) und waren zielgenaue Werfer des Morgensterns.

Diese entsetzliche rundgezackte Waffe, die jeder Alvensleben ab dem 14. Lebensjahr über 150 Meter weit schleudern konnte, gab während ihres rotierenden Flugs einen blutgefrierenden Heulton von sich. Im Sonnenlicht glitzerte er stählern tödlich.

Jetzt war dieses Zigarettenbürscherl von einem Raubritter mit einem Stahlband an die neu eingerichtete städtische Folterkammermauer gefesselt und bot Geld: »Zu freien meine person bit ich 1000 schock behemischer groschen.«

Er hatte ein feines blasses Gesicht, eigentlich war er eher zum Sterben an Pest oder Tuberkulose geboren. Jetzt lehrte ihn städtische Gerichtsbarkeit, wie viel schmerzhafter ein Lebensende sein konnte.

Der Rat der Stadt Neubrandenburg lehnte das Vermögen ab, was ein Skandal war. Sie hätten von dem Geld nahezu die ganze Stadt mit einer neuen Mauer umgeben können. Doch der Druck der Straße, endlich ein Zeichen gegen die Raubritterei zu setzen, war zu stark.

»Du musst sterben«, sagte ihm der Bürgermeister.

»Nun denn«, seufzte Jordanus. Er war, wie alle Alvensleben, schwach in Schlussworten.

Als er am nächsten Tag zum Schafott geführt wurde, fragte er plötzlich: »Darf ich noch einmal meine Lieblingswaffe schleudern? War auch nie Blut eines Neubrandenburgers dran.«

»Darfst!«, antwortete ihm nach Rücksprache mit dem Rat der Scharfrichter. »Aber nur mit der linken Hand«, fügte er mit einem so hundsgemeinen Grinsen hinzu, dass es jeden außer Jordanus von Alvensleben zu Tränen erbittert hätte.

Jordanus war Linkshänder, wie alle Alvensleben, die was taugten. »Dank Euch, will's versuchen«, sagte er deshalb gelassen, nahm diesen grausamen, blitzenden, Tod bringenden Stern in seine linke Hand und schleuderte ihn vom hohen Gerüst, auf dem das Schafott aufgebaut war, mit einem letzten wunderbaren Schrei, der an den fernen Klang von Rolands Horn erinnerte, hoch in den frühblauen Himmel dieses Morgens, dass er bis über die Stadtmauer hinweg in der Flugkurve weiter stieg und stieg, wie eine Lerche tirilierte und wie ein wirklicher Stern glitzerte.

Das Volk staunte.

»Bravo«-Rufe wurden laut.

»Das ist ja ein Künstler«, schrie einer, aber der war als neumodischer Kasper in der Stadt nicht sehr gelitten.

»Dank Euch, mein Gutester«, rief Jordanus von Alvensleben seinem Bewunderer zu, und eine merkwürdig zarte Röte wie von Verlegenheit überzog seine jugendlichen Raubritterwangen. »Jetzt lässt sich's gut sterben.«

Willig neigte er seinen Kopf auf den Block.

»Nie«, äußerte sich später der Scharfrichter gegenüber seiner Tante, »nie hab ich durch einen entspannteren Hals geschnitten. Das ging wie Butter.«

Wenn auch der von Alvensleben auf Seiten des Magdeburger Erzbischofs seine Untaten begangen hatte, so war es doch ein Adliger, an dessen Hals kein Städter das Recht hatte, ein Schwert anzulegen. Die Quitzows entflammten in großer Blutwut, und sie erhöhten ihr tägliches Einnahmesoll.

Einer ihrer friedlichsten Überfälle, sogar ohne jedes Blutvergießen, gelang ihnen ausgerechnet mit einem Hochadligen, dem Stellvertreter von Markgraf Jost. »[Nachdem] markgrafe Jodocus«, schreibt Wusterwitz höhnisch, »seinen beutel gefüllt, ist er widdermal in Merhern gezogen, die Marcke in irrunge und trübseligkeit, wie er sie gefunden, gelaßen. Herr Günther aber zu Schwartzburg, nachdem er verweser und hauptmann der Marcke war worden, und anfenglich nach Tangermünde ziehen wollte, und sein gesinde auf einmal uber die Elbe nicht mochte gesetzt werden, hat sich Diterich von Quitzow in den püschen und streuchern verhaltende, eilendes über graff Günthers gesinde, so dißeit der Elbe war, gemacht, diselbe beraubt und die besten kleinodien des grafen genomen.«

Eine Sternstunde im Leben eines Raubritters. Erstens »Kleinodien«, sprich Gold und Edelsteine, ferner kostbares Geschirr, kostbare Kleider, Truhen und Kasten mit dem gräflichen Reisehaushalt, dazu sicher güldene Trinkgefäße. Zweitens keine Gefahr durch kampfbereit zurückeilende Knappen und Knechte des Grafen.

Ohnmächtig mussten sie über den ruhig dahinfließenden Strom mit ansehen, wie Dietrich von Quitzow goldene Kelche und Ketten hoch in die Luft hielt und dem Grafen übers Wasser zuschrie: »Interessant gewirkt – wo lasst Ihr arbeiten? Bedank mich hartiglich, Günther, für Euer Geschenk. Ah, und was ist dies? Ein Amulett, belegt mit Juwelen. Und darinnen? Ach wie süß: Herr Graf selbst! Sein eigen Bild! Wie herzig seine Nasenwarze! So ein hübsch warz Bübelein!«

Nie soll Graf Günther eine unwürdigere Stunde erlebt haben, da er nun beobachten musste, wie sich der freche Dietrich von Quitzow gar in seine kostbaren Kleider warf, damit eitel am Ufer auf und ab marschierte, ihm mit dem Riesenfederhut zuwinkte und untertänige Verbeugungen ausführte. Sogar des Grafen gefangene Knechte mussten loslachen, als der Quitzow auch die Trippelschritte ihres Herrn nachäffte.

Der Graf gab kurz darauf sein Amt als Verweser und Hauptmann der Mark wieder auf.

»Ich wult ire swanze prennen sen«

Die Lage im Lande war so verworren, dass sie für die Quitzows zu stärkster Machtentfaltung führte, nach ihrem geheimen Motto: »Schaffe Chaos und nutze es.«

Überraschend geschah etwas, was Fontanes Herz sicher hochschlagen ließ, als er es herausgefunden hatte: Die Quitzows wurden patriotisch. Denn die Mark galt ob ihres verlotterten Zustands auch auswärtigen Mächtigen als leichte Beute. So war der landgierige Herzog von Pommern-Wolgast in jenes märkische Städtchen Strausberg einmarschiert, das zuvor schon die Quitzows verwüstet hatten.

In einem überraschenden Zangenangriff, vertrauend auf die sprichwörtliche Langsamkeit der Pommern, gelang es den urplötzlich heimatbewussten Raubrittern von Quitzow am 17. September 1404, die Pommern aus Strausberg zu vertreiben.

Was selbst der Quitzow-giftige Chronist Wusterwitz zu erwähnen vergisst: Natürlich frönte Dietrich von Quitzow wieder seiner Leidenschaft zu zündeln, wobei er erstmals eine völlig neue Brandtaktik anwandte.

In Zusammenarbeit mit seinem Büchsenmeister, einem gewissen Jupp von Moltke, hatte er einen Brandpfeil mit einer klebrigen Spitze aus Stechapfel- und Quittensaft, versetzt mit Schwefel, Pech und Pferdeschwanzhaaren, entwickelt, den er bei der Befreiung Strausbergs sowohl selbst verschoss als auch von seinen bevorzugten Armbrustschützen auf die Pferde der Pommern schießen ließ.

Die Haftpfeile suchten wie Magnete (Rosshaar zu Rosshaar!) ihr Ziel, verfingen sich im pommerschen Rosshaar und setzten die Pferde von hinten her in Brand, sodass sie in schmerzhaft wildem Galopp mit ihren Reitern zum Kühlen in die rings um Strausberg liegenden Seen sprangen.

Leider entflammten die Quitzowschen Brandpfeile auch manchmal statt des Pferdeschweifs das Schamhaar der pommerschen Ritter (nahezu gleiche Gen-Konsistenz), sodass nicht nur manches Ross gepeinigt aufwieherte, sondern auch sein Reiter, weil aus dem Schoße kokelnd.

Dass Dietrich von Quitzow mit diesem Effekt gerechnet hat, beweist sein überlieferter Satz: »Ich wult ire swanze prennen sen, beim dübel!« (Kurz vor endgültiger Bestätigung durch damalige Ohrenzeugen.)

Das Geheimnis des biologischen Magnetismus seiner Brandpfeile hat Dietrich von Quitzow mit ins Grab genommen, respektive bis heute nicht verraten. Und im Familienarchiv der von Moltkes sollen erstaunlicherweise alle Hinweise auf einen

Ahnen »Jupp von Moltke«, der an dieser anrüchigen Waffentechnik beteiligt gewesen sein soll, getilgt worden sein.

Markauf, markab lobten die Märker ihre Quitzows, sodass Dietrich gerührt den Eid schwor, hinfort die Mark zu schützen, »wiewol er«, so Wusterwitz, »von seinen füchsischen tücken und hinderlisten nicht abgestanden ist«.

Dietrich aß zu gern Verbranntes

Die »füchsischen tücken« mussten die Quitzows notgedrungen einsetzen, um zu verhindern, dass ein neuer Ordner von außen ins geliebte märkische Chaos einbrach, der als Josts Hauptmann die Mark befrieden sollte: Herzog Johann von Mecklenburg. Die Quitzows versprachen »hinderlistig« mit allen ritterlichen Ehrenworten freies Geleit – nur um ihn ungerührt bei Liebenwalde gefangen zu nehmen.

Wusterwitz stellt das Schicksal des hohen Herrn mitleidig dar: »Lenger den ein jahr ist er in schwerer gefengnis gehalten, darnach ist er auf dem Schlosse Botzow in gefengnis erbermlich gehalten und bewartet, do er mancherley elend erlitten. Aber die bürger der neuen stadt Brandenburg, in betrachtung der wolthaten, so sie zuvor von ihme, do er hauptman uber die Marcke war, empfangen hatten, haben ihme nothürfftige zerunge geschickt.«

In Wirklichkeit durfte der Herzog im Schloss umhergehen, hatte Diener, doch was die Zehrung betraf, so war die bei der anerkannt schlechten Küche der Quitzows nicht herzogsmäßig.

Das lag vor allem an Dietrich von Quitzow, der nur stark Verkohltes essen wollte, Fleisch und Mehlwaren, an denen er Brandspuren entdecken konnte. Diese von ihm begründete Quitzowsche Familientradition wird noch heute in vielen quitzowtreuen Gasthäusern und Restaurants lebendig gehalten.

Weil der gefangene Herzog die schwarze Küche nicht vertrug, durften ihn Neubrandenburger Essensträger täglich mit dem erstmals in Europa eingeführten Catering verwöhnen: Teltower Rübchen, gesäuerte Speckwürfel, getrocknete Kutteln und zum Nachtisch gezuckerte Schweinezungen. Klug knüpften sie mit dem schmausenden Gefangenen geheime Fluchtbande.

Die Quitzows hatten für ihn kein Lösegeld verlangt. Sie wollten den Ordnungsfanatiker schlicht in gefänglicher Ohnmacht halten. Die Flucht wurde ausbaldowert, wobei, so Wusterwitz, ein »armer beckerknecht« dem Herzog behilflich war. Er spielte mit seinem Leben, dem Gefangenen das Seil zu besorgen, damit er sich über die Burgmauer abseilen konnte. Konnte er, ein armer Bäckerknecht, sich auf den herzoglichen Kuttelfreund verlassen?

Beten wir zu St. Georg, dem Schutzgott aller Raubritter, dass der Bäcker sein friedliches Bäckerleben in Cottbus fortführen konnte, woselbst ihm die Erfindung des so genannten »Niederlausitzer Hörnchens« gelang. Es erinnert in seiner süßen Klebrigkeit an Dietrich von Quitzows Brandpfeile, erfreute sich größter Beliebtheit und wurde erst am 1. März 1883 amtlich verboten. Die allen Lausitzern seit den Zeiten des »armen beckerknechts« eigentümliche Tendenz zu wochenlanger Verstopfung des Verdauungstraktes verschwand explosionsartig: »Die Einkotung der Kreise Cottbus, Forst etc. durch die wiedergewonnene Darmtätigkeit der Niederlausitzer musste militärtechnisch beseitigt werden.« Soweit der Bericht an den preußischen Ständetag vom Juli 1883 (letzte Sitzung vor der Sommerpause).

»Ohne Kutteln flieh ich nicht!«

Der arme Bäckerknecht händigte dem Herzog ein gut zwanzig Meter langes hänfernes Seil aus, versteckt im Essenskorb, den er von den Neubrandenburgern übernommen hatte.

Der Herzog, der nicht sehr helle war, beschwerte sich zunächst lauthals: »Was soll ich mit dem Strick? Wo sind meine Kutteln? Ohne Kutteln flieh ich nicht!«

»Psst, psst, Euer Gnaden«, flüsterte der arme Bäckerknecht und deckte schnell wieder das bunte Tuch über den schweren Korb.

Er beschwor den Herzog, dass er mit Kutteln nicht über die Mauer käme, sondern nur mit einem Seil. Endlich kapierte der Herzog, dass er für seine Freiheit auf seine Kutteln verzichten musste.

»Es ist sehr kalt«, brummelte er, und prüfte mit feinen Herzogfingern das raue Seil.

»Das ist auch gut so, Euer Gnaden«, sagte der arme Bäckerknecht, »die Havel ist zugefroren, Euer Gnaden können drübergehen und sich im Busch am jenseitigen Ufer verstecken. Dorthin kommen die rettenden Reiter und bringen Euer Gnaden stracks nach Berlin!«

»Wenn das man gut geht!«, seufzte der Herzog und wusste nicht, dass er in dieser Sekunde an jenem 2. Februar 1408 einen für das deutsche Gesamtbefinden sehr wichtigen und deshalb danach milliardenfach wiederholten Satz geprägt hatte.

Der arme Bäckergeselle war bass vor Erstaunen, mit wie einfachen Worten dieser blässliche Mensch in seinen etwas schmuddelig gewordenen herzoglichen Kleidern jede Art von Zukunft in eine griffige Sentenz verwandelt hatte.

Mit großer Bewunderung wiederholte er ehrfurchtsvoll: »Wenn das man gut geht!«

Adel verpflichtet: Der Herzog war zur Flucht bereit. Am Abend des Marientags wartete er auf den armen Bäckerknecht, damit der ihm hülfe, das Seil zu befestigen und ihn über die Mauer zu hieven. Nie wird aufzuklären sein, warum er nicht kam. Hat er sich wie die Wachen sinnlos betrunken, aufgewühlt von Herzog Johann von Mecklenburgs Epochensatz?

Zu loben ist der Edelmann, er tut's, wenn er nicht anders kann. Dieser Spruch der sachsen-anhaltinischen Linie muss auch auf Herzog Johann angewandt werden. Er nahm, nachdem er vergeblich gewartet hatte, den Fresskorb, in dem sich das Seil verbarg, über den Arm und schlich nach draußen.

Ein so kalter schwarzer Wind pfiff ihm entgegen, dass es ihn schier zurückwarf. Es müssen in jener Nacht mindestens zehn Grad unter Null gewesen sein. Der Herzog kroch über den Schlosshof. Schon wurden ihm die Finger klamm, ein erstes schweres Zittern ließ seinen schmalen Körper mit dem kleinen, von seiner Gattin geliebten Kuttelbäuchlein gegen die damastenen Kleider knistern. Er schlich sich weiter, das Wachhäuschen war geschlossen, ein Blick durch das Fenster machte ihn neidisch: Drinnen schliefen betrunken die Wachen.

An der Mauer angelangt, stellte er den Korb darauf, schaute hinüber. Eine eiskristallversetzte Bö erwischte sein zartes Gesicht.

»Oh Gott!«, entfuhr es dem Herzog. Er duckte sich wieder hinter die Mauer.

Er schaute auf das grausig vor ihm aufragende Schloss. »Ich fluche euch, Quitzows«, flüsterte er mit brennenden Augen. Der kalte Atem bildete eine Wolke, die sich gegen das Schloss ausbreitete und es einhüllte. »Ich fluche euch! Nie sollt ihr die Mark Brandenburg bekommen! Ihr sollt untergehen wie ein Stein im Havelmatsch! Ich fluche euch, Quitzows!«

Zwei ausgereckte Finger stieß der Herzog gegen das Schloss aus. Der Himmel, mit ihm im Bund, ließ einen heulenden Sturm los und trieb Schnee und Eiskristalle ums düstere Schloss. Der Herzog nahm aus dem Korb das Seil, knotete das eine Ende um sein Bäuchlein, erhob sich, schaute über die Brüstung, unten das Helle, das war die zugefrorene Havel, er nahm das rund gewickelte Seil und warf es mit einem geflüsterten »Wenn das man gut geht!« in hohem Bogen über die Mauer.

Das Seil riss ihn schier hinterher. Er stemmte sich gegen die Mauer, fluchte unherzoglich, löste ächzend das Seil von seinem Bauch, befestigte es an einer alten Kanone, zog darauf, hier beginnen wieder die Zweifel an seinem Verstand, die Schuhe aus, die zwar dünn waren, aber ein bisschen wärmten, warf den

Überrock ab und ließ sich mit nackten Füßen in dünnem Hemd hinunter.

Nie zuvor war er geklettert, aber er schaffte es, schneller, als er dachte, er hatte die Schwere seines Kuttelbäuchleins unterschätzt, das durchflutschende Seil riss ihm beide Handinnenseiten auf, er schrie vor Schmerz laut, aber der heulende Eissturm schluckte sein Kreischen, er plumpste am Fuß der Mauer auf die hart gefrorene Erde, die mit Schnee bedeckt war, sodass sein Absturz glimpflich ausging.

»Wir tretten eunen Hohenstauffen tott«

Der Herzog stakerte barfuß zum Havelufer und schlitterte über das blank gewehte Eis. Er fror erbärmlich, doch hielt ihn drinnen auf komische Weise der Fluch gegen die Quitzows warm. Denen wollte er es zeigen. Er erreichte das andere Ufer. Er spürte seine Füße nicht mehr, er kauerte sich nieder, wärmte mit klammen Fingern die Zehen, sah jenseits der Havel das schwarze Ungetüm von Schloss Bötzow, seinem Gefängnis, spuckte verächtlich aus, drehte sich um und stolperte über den huckeligen Acker, bis er zu dem großen Gebüsch kam, das ihm der arme Bäckerknecht gezeigt hatte.

Dort würde er die rettenden Reiter treffen. Mit heißen Kutteln würden sie ihn verwöhnen, ein scharfer Schnaps dazu, schon übermorgen würde er in Berlin sein und einen Kriegszug gegen die Quitzows planen.

War das nicht Pferdegewieher? Kamen schon seine Verwandten, die vom Datum seiner Flucht unterrichtet waren?

Nichts. Niemand. Kein Wiehern, kein leise gewispertes »Hoher Herr, seid Ihr das dort im Hemde?«.

Herzog Johann von Mecklenburg schlug sich die Arme um den Leib, tanzte von einem Bein aufs andere, lief hundert Meter nach hier, nach da, machte Abzählspiele. Dann sagte er wichtige geheime Daten aus der Geschichte seiner Familie auf:

»17. oktober 804, wir murden den herrn auf Butzow, 24. dezember 1014, wir tretten eunen Hohenstauffen tott im Altmültal. Mittsommerwend 1207, wir beschultigen zwey von uns geschwengerte weiber der hexerey und laßen sie verprennen.«

An dieser Stelle kicherte Herzog Johann. Wieder lauschte er. Eine lausige Verwandtschaft hatte er! Frostblasen bildeten sich auf seinen Lippen.

Der Osten wurde rot. Der Herzog noch blasser.

Sie hatten sich verfehlt, seine Retter und er. Oder war er am falschen Datum geflohen? Endlich kroch er zurück in den Busch. War das warm, dachte der Herzog, kuschelte sich mitten hinein ins dichte Gehölz, machte sich klein, umhüllte mit seinen Armen die Beine, versuchte in Hocklage sein Leben aufs Überleben zu konzentrieren.

Ich bin eine dumme Person der Zeitgeschichte, dachte er und fiel in den Schlaf des Erfrierenden.

Die Sonne ging über der weißen Landschaft auf. Die verkaterten Quitzows entdeckten die Flucht ihres Gefangenen, Johann machte sich mit Knechten und Hunden auf, »den Mecklenburger Mistbock« (unbekannte Quelle) zu suchen. Die Hunde kläfften, die Quitzows fluchten, die Pferde schnaubten, ein ländliches Idyll, wie es seitdem unvergänglich eingebrannt ist in die Havel-Landschaft.

Die Erfindung der Vogelscheuche

Im Busch erwachte vom regen Lärm der Herzog, zum Erbarmen sah er aus, zerfroren, zerrissen, er drehte sich aus der Schlafknautsche auf die Knie, erhob sich ächzend, stolperte aus dem Busch und winkte mit einer schwachen Geste seiner rechten Hand dem gut 500 Meter entfernten Suchtrupp zu.

Kurz darauf zitterte die eisige Morgenluft vom mächtigen Gelächter Johann von Quitzow, dem sich mit untertäniger Verzögerung die Knechte anschlossen.

Die bekannte Erfindung der Vogelscheuche durch die Quitzows soll auf dieses Bild zurückzuführen sein, das sich dem Raubritter bot: Im zerrissenen Hemd und zerrissenen Hosen, barfuß, schlotternd und mit Frostbeulen im Gesicht stand auf vereistem Acker Seine Herzogliche Gnaden Johann von Mecklenburg. Wirklich eine Vogelscheuche.

Jedenfalls befahl Johann von Quitzow allen Bauern, solche »verfrorenen Herzöge im Hemde« als ewige Erinnerung an die Blamage auf ihren Äckern mit alten Kleiderfetzen auf Stangen nachzuahmen.

Der Erfolg war, wie wir wissen, überragend: Die Vögel flohen die Saat, und es entstanden im Osten blühende Landschaften. Es waren die Quitzows, die als einzige Adelsfamilie neben den Thurn und Taxis eine wirklich weltumspannende, noch heute lebendige Idee hatten.

Wusterwitz fasst all dieses unter vielfältiger Auslassung von hier erstmals Dokumentiertem zusammen: »Anno Christi 1408 im winter umb purificationis Mariae ist herr Johannes hertzog zu Meckelborch durch hulfe eines armen beckerknechtes, der auf dem Schlosse Plauenn diente, aus dem gefengnis kommen und uber die maure bis zum pusche auf dem eiße bey der Havel, in hoffnung, das er daselbst würde etliche von den seinen finden die auf einen andern ort seiner warten, und do der genante hertzog barfuß mit geringer kleidung angethan niemand fandt und nicht fürder gehen konte in der großen kelte, hat er sich als einer der verlaßen in dem pusche niddergelegt. Do aber Johann von Quitzow erfur, das der hertzog weg war, machte er sich auf mit seinen knechten, jegern und hunden, und suchte ihn bis auf den morgen. Wan do gemelter hertzog wegen der großen kelte im pusche sich nicht lenger vermöchte zu bergen, hat er sich selbst gemelt und offenbart.«

Die Quitzows verlegten ihren Gefangenen auf ein anderes Schloss, mussten ihn jedoch im Austausch gegen Johann von Quitzow freigeben, als es den Mecklenburgern gelang, den Fänger des Herzogs selbst zu fangen.

Der Herzog soll viele Lebensjahre später in den Armen seiner Ehefrau, die sie liebevoll um seinen Kuttelbauch geschlungen hatte, mit den Worten »Wenn das man gut geht!« und einem neugierigen Lächeln in die Ewigkeit abgereist sein.

Die Entstehung des Jungfernhäutchens

Markgraf Jost, zu dem er damals reisen wollte, hatte nicht das Schmalz, es mit den Quitzows, die ihn immer wieder mit gutem Geld versorgten, aufzunehmen.

Dafür verübeln wir Jost die Vernichtung der Niederlausitzer Raubritter. Die waren, was leider heute nicht mehr recht zu beweisen ist, wegen ihrer schrecklichen Erscheinung rings um Cottbus übel gefürchtet. Um das Grauen, das sie verbreiteten, nicht direkt benennen zu müssen, erfanden die Lausitzer für sie das Wort »Sumpffpliete«. Heute: Sumpfblüte.

Das Lausitzer Gebiet war voller Sümpfe, weswegen sich die Städte auch nicht in befruchtendem Handel miteinander so entwickeln konnten wie westlicher gelegene Gemeinwesen. Schwankende Knüppeldämme zogen sich zwischen schaurigen Wasserwüsten von Stadt zu Stadt hin.

Im Wasser selbst, zwischen abgrundtiefen, giftig blubbernden Untiefen, nur auf geheimen quatschenden Pfaden zu erreichen, lagen die Heimstätten der Raubritter. Nicht aus Stein, nein, aus Holz waren sie gezimmert. Schwimmende Burgen, die ihren Standort jeweils verändern konnten, indem sie riesige Segel setzten. Wer sie durch Zufall erreichte, meinte Spukschlösser in Nebelschwaden zu sehen, umflogen von kreischenden Sumpfvögeln.

Dieses Bild des Horrors hat sich vielen dorthin verschleppten Niederlausitzer Kaufleuten bis ins Mark eingebrannt, nachdem sie durch die tollste Technik überrumpelt worden waren, die adlige Wegelagerer je entwickelt haben.

Ihre einheimischen Raubritter hatten nämlich ein Verfahren

entwickelt, das es ihnen ermöglichte, auf ihrem Pferde sitzend, direkt aus tiefem Sumpf aufzutauchen, triefend nass, Krokodilen gleich. Kleine gelbe Krebse, Kröten, Sumpfnattern und riesige Blutegel krabbelten und ringelten sich an ihren Helmen herab oder am Sattel, hingen über ihrem Speer, der Armbrust, dem riesigen Schwert. Grünes, teils schleimiges Wasser zog lange Fäden über Ross und Reiter.

Viele Kaufleute traf bei ihrem Auftauchen umgehend der Schlag. Auch ein Grund übrigens, warum sich die Niederlausitz wirtschaftlich bis heute nicht so recht entwickeln konnte.

Schreckensstarr, der Ohnmacht oder dem schnellen, schmerzhaften Herztod nahe, sahen die Kaufleute nie genauer hin, entdeckten nicht das feine Nasenhorn aus ineinander gesteckten Kuhhörnern, das den Pferden über die Nüstern gestülpt war, wodurch sie unter Wasser atmen konnten. Sie identifizierten nicht die meist aus Goldblech getriebenen Luftsaugrohre, die den Reitern aus dem Mund hingen und sich, befestigt an einem Gestänge, das sie auf dem Rücken trugen, senkrecht in die Luft streckten. Sie analysierten nicht die schweren Schieferplatten, die an den Pferden hingen und so den Auftrieb unter Wasser ausglichen.

Oh, ihr armen Niederlausitzer Kaufleute: Reist mit eurer Ladung auf Karren über den Knüppeldamm, plötzlich teilt sich rechts oder links von euch zwischen dunkelgrünen Grasinseln das tief purpurne Wasser und langsam steigen entsetzliche Reiter aus dem Sumpf auf, fragen, dank der ewigen Erkältung, unter der sie alle natürlich leiden mussten, stark verschnupft: »Wer seid ihr? Ihr seid gefangen. Ihr müsst euch lösen et cetera.«

Markgraf Jost, der aus der Niederlausitz nichts mehr erpressen konnte, machte ein einziges Mal ernst in seinem Leben, belagerte die Sümpfe, lauschte auf das leider zu laute Niesen und Rotzen der verkühlten Raubritter, entdeckte dadurch einen Teil ihrer geheimen Holzwasserburgen, die wegen Windstille nicht mehr zu entsegeln vermochten. Den Rest dieser Höllenbrut erwischte Jost, indem er teilweise die Feuchtgebiete trockenlegen ließ. Achtzehn besiegte Raubritter schworen in erstmals trockenen Gewändern im September 1408 Markgraf Jost Urfehde: Sie würden auf ewig jede Art Feindlichkeit einstellen.

So furchtbar war der Ruf der »Sumpfblüten«, der Hackeborns zu Priebus, der Köckritze zu Tiefenau, Sathain, Wildenau und Glaubitz oder der Bünaus, dass Engelbert Wusterwitz sich weigert, die oben geschilderten Einzelheiten kundzutun, hingegen die ganze Unternehmung ängstlich infrage stellte. Er mag an ihren Erfolg nicht glauben: »Do hat herr Jodocus maggraff zu Brandenburg umbleget das schloß Dreweckow [heute Drebkau bei Cottbus], und hat fast den gantzen sommer mit kriegerischer zubereitung und mercklicher rüstung, den stedten der Marcke zu großer beschwerung dafür gelegen, und doch wenig daraus gericht und daran gewonnen.«

Nicht einmal den Erfolg gegen die 18 Raubritter erwähnt er. In späteren Jahrhunderten wurden alle Sümpfe der Niederlausitz trockengelegt, sofern es ihnen nicht gelang, sich in manche Köpfe zurückzuziehen, in denen sie bis heute ihre übel riechende Brühe am Leben halten.

Unterschlagen hat Wusterwitz auch, dass die Entstehung des Jungfernhäutchens den Niederlausitzer Raubrittern zu verdanken ist. Eine Mutation, entstanden durch das in den ersten Jahrhunderten noch halb unter Sumpfwasser stattfindende Familienleben der ersten »Sumpfblüten«, bevor sie später ihre schwimmenden Raubritterburgen bauen konnten.

Dass sich das Niederlausitzer Sumpfjungfernhäutchen inzwischen über die ganze Welt verbreiten konnte, ist dem aktiven gesellschaftlichen Leben der trockengelegten Raubritterfamilien zu verdanken, die ihre Niederlage glänzend überwunden haben.

Offiziell wurde übrigens nie nach den anderen Raubrittern gesucht, die damals den Tod im Sumpf fanden. Stolz bis zum letzten Atemzug saßen sie auf ihren Pferden, trotzten schändlicher Unterwerfung. Umgeben waren sie von ihren angehäuften Schätzen. Ach, all das viele Gold, die Edelsteine, Porzellan,

Hartgeld in allen gängigen Währungen, vor allem aber die wunderhübschen Kronen und Krönchen, Diademe, Ohrringe und herrlichen Ritterrüstungen für den Turniergebrauch!

Was diese gewaltigen Schätze betrifft, so gehen ernst zu nehmende Gerüchte dahin, dass die riesigen Bagger des so genannten Braunkohleabbaus in Wirklichkeit diese Schätze suchen. Sie sollen, das wird dem einfachen Niederlausitzer Volk natürlich nie mitgeteilt werden, auch schon jede Menge Preziosen der einzigen nassforschen Raubritter der Weltgeschichte gefunden haben.

Ein Auge wird gerächt

Zu den unabdingbaren Erfordernissen eines Raubritters gehört körperliche Unversehrtheit. Ohne die waren nur wenige aus dem Hinterhalt heraus erfolgreich. Dazu gehörte Götz von Berlichingen mit der eisernen Hand (siehe diesen) und sein Kumpan, der einbeinige Ritter von Selb.

Schon ein gutes Jahrhundert vor diesen zwei Edelraubrittern bewies erstmals ein blaublütiger Wegelagerer, dass es auch mit einem Auge gelingt, die aggressiven Kaufleute in Schach zu halten: Johann von Quitzow, der Erfinder der Vogelscheuche.

Verloren hatte er seinen rechten Gucker in hehrem Kampf gegen einen Eindringling. 1408 machten sich Stiftsvasallen des Magdeburger Erzbischofs in die Mark auf, raubten, plünderten und vergewaltigten im Namen des Erzbischofs. Ihr Anführer war ein gewisser Kuno von Wulffen, der beste Speerwerfer seiner Zeit, der ungedopt (geheime Fußnote der Wusterwitz-Chronik) den Speer, geschnitzt aus dem Innersten einer Eiche, über 100 Meter weit warf.

Der kühne Kuno konnte mit dem Langholz Mann wie Pferd, Bär wie Wolf, Hexe wie anbiedernde Fee aus dieser Entfernung durchbohren. Der schwirrende Ton ließ die Opfer in der Fluchtbewegung erstarren. Das den Flug begleitende dämonische Lachen Kunos nahmen sie als letztes Geräusch mit in die Ewigkeit.

Der Erzbischof hatte ihn und seine Raubgesellen ordentlich gesegnet, trug ihnen auf, alles zu rauben und zu töten, »was euch wert ist, und gebet mir den zehenten Teyl von allem geschatzten«. Soll er gesagt haben. Und fügte hinzu: »Wenn ihr mir den Kopf eines Quitzows bringt, geb ich euch 2000 Jahre Ablass ...«

Kuno fiel in die Mark ein, exerzierte das für seine Opfer unerquickliche Abc eines Raubritters so exakt durch, dass Bischof Henning von Brandenburg schriftlich sein »schinden und rauben« bejammerte.

Nicht weit vom Dörfchen Gloina, kaum drei Kilometer vom Städtchen Görzke entfernt, passierte es. Gerade hatte Kuno Gloina anständig verwüstet, als ein Knappe in die Weite deutete: »Herr, dort hält ein Quitzow.«

»Wo?«, schrie Kuno aufgeregt. »Richtig. Potztausend! Dass dich der Satan schendt!« Er holte sofort seinen riesigen Speer aus dem endlos langen elchledernen Futteral. Kuno war eigen mit seiner liebsten Waffe.

In der Ferne saß Johann von Quitzow auf dem Pferd und hielt, jedenfalls sah es so aus, eine Rede an seine gut 40 berittenen Begleiter und die gut 30 im Gras herumlungernden Fußkämpfer: »Hunde, wollt ihr ewig leben? Wann ihr zulasst, dass die Beutelschneider des Magdeburger Erzbischofs unsere Mark ausrauben, seid ihr selbst schuld! Das sind unsere Raubgründe! Ein Hundsfott, der unseren Lüsten zuvorkümmt!«

Er machte eine kurze Pause, ein leicht schwirrendes Geräusch irritierte ihn. Es kam von hinten.

»Junker«, sagte einer aus seiner Truppe, »dreht Euch um, da hinten sammelt sich der Feind. Ach ja, und es kommt was geflogen, länglich, glänzend, kann's nit deuten, mag sein, ein Speer!«

Das schwirrende Geräusch ging in ein gefährliches Heulen über. Johann fiel ein, dass er etwas Patriotisches sagen sollte, denn er sah seinen Hofchronisten eifrig Notizen machen. So schrie er in der Drehbewegung, um zu sehen, was mit so lautem Lärmen angeflogen kam: »In den Staub mit allen Feinden Branden …«

In sein rechtes Auge bohrte sich der eichene Speer Kunos von Wulffen, dessen Triumphgeschrei die geschockten Männer rings um den Getroffenen hörten. Johann von Quitzow, vibrierend stak in der rechten Augenhöhle Kunos gewaltiger Speer, hielt sich im Sattel, er stöhnte porentief schmerzlich auf, das Siegesgeschrei der erzbischöflichen Banditen wurde lauter, sie ritten mutig heran, als sie sahen, dass der Quitzow einen riesigen Speer im Kopf stecken hatte.

Sie kannten die Quitzows nicht. Nicht ihre harten Schädel. Nicht ihren unbändigen Überlebenswillen. Johann von Quitzow entrang sich ein so wütender Schrei, dass ein unweit im Wäldchen grasender gewaltiger siebzehnendiger Hirsch völlig durcheinander kam und dachte, die Brunftzeit setze schon ein.

Johann hielt den Speer mit der linken Hand am ausgestreckten Arm fest, stieg auf den Sattel, drehte sich dem anstürmenden Feind entgegen, Blut troff ihm aus der Augenhöhle, an wenigen Sehnen baumelte das Auge. Er sah Kuno von Wulffen, schrie noch einmal so röhrend auf, dass der nahebei in einem Wäldchen grasende Hirsch nun vollends verwirrt das ihm zunächst grasende Reh besprang, welches ein Rehbock war.

Johann stand wie ein Monument aus Wut, Blut und Lebensglut auf seinem Ross und riss in einer einzigen Bewegung den Speer aus dem Auge. Ein »Aaaah!« ging durch Freund und Feind, die ihre Pferde durchparierten.

An diesem 10. Juli 1408 schwiegen sich zwei übel beleumundete Raubrittermächte aus zwanzig Meter Entfernung an. Nur die Pferde schnaubten, rissen am Geschirr.

Johann von Quitzow setzte sich in den Sattel zurück. Im Herzrhythmus blubberte Blut stoßweise aus seiner leeren Augenhöhle. Sein Gesicht schwoll an. Kurz schwankte er, riss sich zusammen, rief zu dem auf schwarzem Ross mächtig gerüstet dasitzenden Anführer der Magdeburgischen: »Du, Kuno von

Wulffen, hast mir ein Auge genommen. Ich, Johann von Quitzow, werde dir dein Leben nehmen!«

Er donnerte Kunos Speer seitwärts in die Erde, dass der täglich mit Honigmet polierte Schaft lange nachzitterte, riss sein Schwert aus der Scheide, gab seinem Pferd die Sporen und galoppierte auf Kuno von Wulffen zu. Der hatte weder die Zeit, das Visier seines Helms zu schließen, noch seine zweite Lieblingswaffe, die mit Stahlnägeln besetzte Eisenkugel, an der Kette zu schwingen, nur sein Kurzschwert konnte er packen, schon war er heran, der blutüberströmte Quitzow mit dem baumelnden Auge, und drosch mit seinem zweischneidigen Kurzstahl auf Wulffen ein.

Sinnloses schrien sie zueinander, Angst und Berserkerei verbanden sich zu schnellen Hieben. Gegen die Wut des Verunstalteten konnte der gefürchtete Speerwerfer nichts ausrichten. Zwar stach er ihm in die Schulter, er selbst musste Wunde um Wunde einstecken, die Wange klaffte, zeigte die braunen Stummelzähne, ein Ohr hing runter, der Quitzowsche Stahl schnitt seinen Hüftknochen auf, schlitzte nach oben in seine Weichteile, Kuno stöhnte auf, schrie schwächer, verteidigte sich mit sterbender Energie.

Ringsum tobten andere erbitterte Zweikämpfe. Quitzows Chronist, ein von den Schlagetots als feig verachteter, bisher unentdeckter Intellektueller, hatte seine eigene gemeine Art, dem Herrn zu dienen: Flink tauchte er unter die feindlichen Pferde und schnitt den Reitern in die Achillessehnen, sodass sie der Schmerz am Fuß ablenkte. Manchmal gelang es ihm mit einem gefühlvollen Schnitt, die Sehne nur so weit zu trennen, dass sie kunstvoll verzögert mit einem lauten Knall riss. Er mochte das.

Kuno von Wulffen konnte nur gurgeln, als er die Spitze von Quitzows Schwert in seiner Gurgel spürte, er versuchte mit der Hand, das Schwert zu stoppen, tiefer stieß es Quitzow hinein und trennte durch den Hals Kunos Nacken.

Quitzow lachte laut auf, riss mit der linken Hand sein baumelndes Auge ab und stopfte es dem Toten in den Mund.

»Da«, schrie er, »sag nicht, du wärest hungrig gestorben!«

Er riss das Schwert aus des Gegners Hals, Kuno von Wulffen sank leblos vom Pferd. Kurz darauf fiel auch Johann ohnmächtig von dem seinen. Der intellektuelle Chronist zerrte ihn hinweg, belebte ihn mit heftigen Ohrfeigen und dem Ruf: »Junker, wir haben gesiegt! Brandenburgs Raubgründe sind unser!«

Später kroch er zwischen Sterbenden und Toten hindurch zu Kuno von Wulffen, riss dessen Mund auf und nahm Johann von Quitzows Auge heraus. »Sollst doch hungrig in die Hölle fahren!«, flüsterte er dem Toten ins Ohr und hüllte den Augapfel seines Herrn in ein Tuch, das er sich unter den Gürtel band. Er ließ die Reliquie in eine silberne Kugel einschmieden und versteckte sie in einer der Mauern des Plauener Schlosses.

Das versilberte Auge wollte er seinem Herrn an dem Tage überreichen, an dem er oder sein Bruder Dietrich zum Markgrafen von Brandenburg ernannt werden würde. Dagegen sprach, wie wir inzwischen wissen, der Fluch der Vogelscheuche, des Mecklenburger Herzogs. Noch heute wartet die silberne Kugel mit Johann von Quitzows rechtem Auge im Schutt des alten Plauener Schlosses, über dem schon längst ein neues gebaut wurde.

Obwohl der intellektuelle Quitzow-Chronist Johanns Heldentat Engelbert von Wusterwitz erzählte, hielt der es nicht für nötig, den heroischen Kampf in seiner Chronik genau festzuhalten. Karg ist sein Bericht: »In demselben jahre am tage der 7 brüder hat Hans von Quitzow bey dem dorffe Gloine streitende erschlagen Kuhne von Wulffen von dem Schlosse Grabow, und derselbige Hans von Quitzow ist auch widder mit einer lantze in ein auge gerent und verwundt, das er einaugig worden.«

Anstatt einen Hauch Mitgefühl für den einäugigen Raubritter zu verschwenden, wirft ihm der Chronist sogar vor, dass er nicht länger auf dem Krankenlager verbracht habe, stattdessen gleich sportlich zu neuen Unternehmungen aufgebrochen ist.

Ohne Fortune: »Hieran ist nicht genug gewesen, sondern am

montag in der gemeintwoche [1. Oktober 1408], als er ein wenig beßerung gefült an seiner verwundung, doch halb sehende, ist er eingefallen in das hertzogthumb Meckelborch mit vielen reutern gefangen und zu Lychem gefenglich gehalten bis auf nativitatis Christi [Weihnachten]. Durch dis gefengnis ist hertzog Hans von Meckelboch von den Quitzowen gefengnis gefreiet.«

Nie waren Raubritter mächtiger

Der Fluch des Hans von Meckelboch [Johann von Mecklenburg] musste – wie jeder Fluch – erst Energie laden, bevor er wirken konnte. Die Quitzowbrüder wurden deshalb immer mächtiger, reicher, auch an Einfluss. Schimpft Engelbert von Wusterwitz über die Lage des Landes im Jahre des Herrn 1409: »Es ist ein wunderlich ding geweßen, das die Quitzowen, die jammers und betrübnis die gröste ursache geweßen, dennoch die fürnembste städt an des marggraffen hoffe gehalten, und für andern allen angesehen worden, gleich als seine andere handt.«

Die geheimen Herren der Mark freuten sich deshalb besonders auf eine Kindstaufe, die am 15. Juli 1410 in Tangermünde stattfinden sollte. Mit ihr wollten sie ein öffentliches Zeichen ihrer Allmacht setzen: Nicht im geschlossenen Kreis auf der Heimatburg sollte die Taufe des Sohns von Dietrich von Quitzow gefeiert werden, nein, mit größter Pracht in einer Stadt, weitab von Schloss Friesack oder Schloss Plauen.

Wie es so oft kommt im Leben der Menschen: Scheint alles Glück erreicht, dräut schwarzes Unglück schon am Horizont. So auch bei den Quitzows. Sie hatten die Mark in brutaler Hand. Vor beinahe jeder Stadt wachte eine ihrer Raubburgen. Sie hatten sich die Städte durch vielfache Erpressungen gefügig gemacht. »Uns kann keener«, war ihre Devise, und sie ließen das Geld springen.

Wusterwitz verschweigt sie nicht, die luxustriefende Taufe in der Stadt Tangermünde, deren Bewohner sich noch heute durch etwas starre, übergroße und leicht glotzende Augen auszeichnen, Folge ihrer damaligen Überwältigung durch den unbeschreiblichen Glanz, den die Quitzows entfalteten: »In dießem jahre, am tage S. Johannis baptistae, ist auch Diterich von Quitzow ein sohn geboren im Schlosse Freysack, von Elisabeth seiner frauen, eine tochter des schenken zu Sydow, der ist Johannes getauft, und sie haben großen pracht und hoffart getrieben, als das kind getaufft worden. Alle Quitzowen, so alda versamlet waren, mit ihren silbern gürteln und güldenen ketten, silbern dolchen und schwertern, sind mit großem jubilieren und unaussprechlichem frolocken kommen gegen Tangermünde, da man auch taufen solte den sohn Caspar Ganßens herrn zu Putlitz zu der zeit Hauptman uber die alte Marcke. Und do das kind aldo zu Tangermünde getaufft war, haben sie eitelkeit mit tanzen, springen, hendeschlagen und andere freude getrieben.«

Gaukler, Zauberer, Feuerschlucker waren für das Fest verpflichtet worden. Dazu kamen, teils widerwillig, teils neugierig, Zwerge, Gnome, Elfen, eben alles, was an zwittrigen Wesen in den Wäldern Deutschlands hauste. Dem Ruf der Quitzows mochten sie sich nicht entziehen.

Es soll sich auch eine Abordnung des tückischen Rheingoldbewachers Alberich eingefunden haben, gemein aussehende Zwerge, die sich im Festzug vergeblich bemühten, sympathische Gesichter zu machen. Schwer trugen sie an ihrer goldenen Kleidung, auch hatten sie sich alle Zähne vergolden lassen, goldene Finger- und Fußnägel über die echten gestülpt, und das Zwergenhorn, das ihnen bekanntlich zwischen den Schulterblättern aus dem Rücken wächst, war über und über mit schmerzhaft funkelnden Edelsteinen besetzt.

Die Tangermünder fürchteten sich vor Alberichs Truppe sehr. Die knapp 80 Zentimeter großen Winzlinge verschwanden auch bald hinter der Fleischerei Langer (sehr beliebt durch ihre Mettwurst aus Fuchsfleisch). Ihnen waren die begehrlichen Augen der Quitzows aufgefallen, sie sahen vielleicht, wie sich

Kindsvater Dietrich die Lippen leckte und überlegte, ob er mit seinem Prunkschwert nicht schnell einem dieser überreich geschmückten rheinischen Lumpen das Zwergenhorn abschwertern könnte. Die Taufkosten wären herinnen.

Es war das letzte große, so genannte rauschende Fest der Quitzows, sie fraßen alles, soffen noch mehr, grölten, lachten und erzählten sich die krummsten Raubruhmesuntaten.

Konrad von Quitzow, der dritte Bruder, der in Paris auf Priester studierte, den Fluchtweg Quitzows nach oben freihalten sollte, hüpfte, den Kopf mit einer Schellenkappe bedeckt, auf dem Rücken eines fetten Mönchs durch den Festsaal, peitschte ihn mit langen kostbaren Perlenketten.

Bruder Johann hatte sich ein Hühnerbein in die leere Augenhöhle gesteckt und brachte so den Täufling zu verzweifeltem Geschrei, während Pyromane Dietrich erstmals die von Jupp Moltke entwickelten Tischraketen in den lecker gebratenen Fasanen und Ferkeln explodieren ließ, sodass die Festgesellschaft über und über mit Fleisch, Soße und dem köstlichen Aphrodisiakum aus Elbtang (heute vergessen) bespritzt war.

Es war herrlich, mit den Quitzows zu leben. Begeistert stimmten sie ihren (leider nur in zwei Reimpaaren überlieferten) Sippensong an, den Wusterwitz wegen seiner frechen Klasse der Nachwelt neidisch vorenthielt:

Wir plagen mit Teufels Hilfe das Land,
Wir sind die Quitzows, im Töten gewandt.
Es seufzet unsrethalben arg
Unsre heiß geliebte Mark…

Der liebe Gott wendet sich ab

Mag sich der Herrgott über Konrads Ritt auf dem Mönch geärgert haben oder über die positive Erwähnung des Teufels, jedenfalls hat er nach seinem von Moses zusammen mit den Gesetzestafeln überbrachten Wahlspruch »Kleine Strafen schicke ich sogleich, mit den großen warte ich ein bisschen« dem Tauffest eine schlimme Wendung gegeben.

»Do ist«, schreibt mit hämischer Freude Engelbert Wusterwitz, »lachen in weinen, die freude in betrübnis verwandelt.«

Die trunkene Festgesellschaft hatte sich zum Elbufer aufgemacht, wo reich geschmückte große Kähne bereitlagen, um sie alle ans andere Ufer zu rudern, heimwärts zu den eigenen Schlössern der Quitzows.

Dietrich und Bruder Konrad bestiegen zusammen mit Dietrichs Schwiegervater Apyts von Sydow und 23 Knechten nebst Pferden, reichen Geschenken, Geschmeide von unschätzbarem Wert den Kahn und trieben den Takt der Ruderer mit dem dazugehörigen Shanty an:

Einmal ist eine Ehr',
Zweimal ist nicht zu sehr,
Dreimal ist nicht aus der Weis',
Viermal ist der Jungfrauen Speis',
Fünfmal tut es nicht wehe,
Sechsmal behält die Ehe.
Siebenmal ist eben gerecht,
Achtmal tät's meines Vaters Knecht,
Neunmal dünket es den Frauen gut,
Ein Joseph, der's nicht zehnmal tut.
Und wer's zum elften Mal nicht kann,
Der stoß zum zwölften Mal die Nase dran.

Die Quitzow-Brüder schunkelten, es schunkelte Schwiegerpapa Apyts, es wieherten die Pferde, es klatschten die spitzigen reschen Wellen in den Kahn, es lachten die Ruderer und schrien amüsiert von der »Nase«, die Pferde schreckten halsaufbäumend zurück, versuchten sich loszureißen, die Truhen mit den Geschenken rutschten nach Lee, die spitzen Elbewellen drängten sich ins Boot, die Ruderer wurden weiß um die Nase, die Quitzows stoppten das Schunkeln, der Schwiegervater fluchte, drei Pferde stiegen auf den Hinterbeinen hoch, die Knechte ließen die Zügel, das Boot legte sich zur Seite, die Pferde rutschten mit, das Boot kenterte wie in Zeitlupe, versank gurgelnd in den Fluten der Elbe vor Tangermünde.

Nur Pferdeköpfe sah man zwischen den spitzen Elbewellen, die wie gierige kleine Zungen an ihnen klebten, ein Menschenkopf taucht auf, Dietrich von Quitzow, der kokelnde Oberrabauke, unverkennbar sein riesiger schwarzer Bart.

Neben ihm blubbert ein zweiter Kopf hoch. Schreit Dietrich aus den Wassern zum Strand: »Sagt Muttern, 's ist Apyts!«

Dann taucht er wie wild nach dem geliebten Bruder Konrad, immer wieder, er schreit seinen Namen, fühlt eine große Pein in sich, ahnt, dass sich vielleicht die Opfer seiner Raubzüge so fühlten, taucht wieder, bis ihn Johann von Quitzow, der mit einem anderen Boot und ein paar Knechten zu Hilfe ruderte, aus dem Wasser reißt.

So endete der prächtigste Tag in der Geschichte der mächtigsten Raubritterfamilie Mitteleuropas. Nie wurde Konrads Leiche gefunden, nie die gewaltigen Schätze im Kahn, noch heute liegen sie, vergraben vom Strom unter meterdickem Schlick und Sand. Noch immer starren die Tangermünder mit ihren Riesenpupillen ungeschlacht antriebslos über die Elbe.

Wilde Orgien in Berlin

Konrads Tod blieb als Narbe in Dietrich von Quitzows Seele zurück, stachelte ihn andererseits zu neuen Untaten an. Sie zu verhindern trieb die Städte, vor allem Berlin, zu unwürdigen Angeboten. Selten hat einer höhnischer das Berliner Wesen beschrieben als Wusterwitz: »Ihr habt gesehen, wie die reichen und namhafftigsten zu Berlin und Cöln Diterich von Quitzow zu scheinbaren und kostlichen eßen geladen, ihm zu ehren den tisch mit schönen frauen und seitenspiel gezieret. Und wer ihn nicht zu tische kunte laden, ward nicht unter den reichen geacht, sondern von ihrer geselschafft ausgeschlossen. Item ihr habt gesehen, wie sie ihn auf den abendt mit laternen, fackeln und freudengesengen zu einer herberge gefurt und beleitet haben. Item ihr habt gesehen, wie sie ihm offte einen abendtanz mit schonen gezierten jungfrauen und weibern zu ehren gehalten und welschen wein geschenkt haben.«

Das waren, vom schütteren Wort zur Wirklichkeit gebracht, wilde Orgien, die untertänige Berliner dem gefürchteten Dietrich von Quitzow ausrichteten. So exzessiv waren sie, dass sogar Ehefrau Elisabeth durch Bildballaden, die in der Mark aufgetaucht waren, vom Berliner Begatten des Gatten erfuhr. Spöttische Gaukler deuteten vor staunendem Landvolk mit Stöcken auf naiv und drastisch zugleich gemalte Szenen und sangen dazu nachfolgendes Lied:

»Kommt her, ihr Bauern, guckt euch an,
Wie toll's ein Quitzow treiben kann!
Hier sieht man Diterich von hinten
In einer Jungfer Arsch versinken.
Doch kaum schlupft er aus ihr hervor,
Küsst er der zweiten heiß ins Ohr.
Drückt danach geil sofort der dritten
Den Quitzowbaum zwischen die Titten
Und spielt – seht Bildchen Nummer vier! –
In einer nächsten Fut Klavier.
Zuletzt, der Mann ist ja von Adel,
Ergießt er sich ins schönste Madel.
Seufzt dann genüsslich, der Schlawiner:
›Gottteufel, ich bin ein Berliner!‹«

Elisabeth war eine wunderbare Frau, eine starke Seele, voll innerer Kraft, sogar voll des saftigen katholischen Glaubens, also im guten wie im sündigen Sinne mitten im adligen Leben stehend. Sie verzieh ihrem »Räuberchen«, wie sie Dietrich in innigen Stunden zu nennen liebte, erst, als der zur Versöhnung nunmehr die Berliner, die ihn so verwöhnt hatten, überfiel. Zur hämischen Freude von Wusterwitz:

»[Er] hat den raub für Berlin geholt, kuhe und schweine ohne alle vorhergehende absagung weggenomen und auf das Schloss

Botzow (heute Oranienburg) geführt. Der Berlinischen, die ihm widderstand gethan, denen das vihe angehört, hat er etliche todtlich verwundt, und 16 nahmhafftiger mit pferden und wagen gefangen mit sich hinweg gefürt. Einen, Niclas Wieß genant, hat er mit den füßen in starcken eißern feßeln schentlich setzen.«

Der arme Niklas, wie man ihn heute schreiben würde, schon vom Namen her außerordentlich sympathisch, musste angeschmiedet zusehen, wie die Quitzows auf Bötzow, ihrer Zwingburg vor den Toren Berlins, ein lustiges Gelage mit Borstenvieh und Schweinespeck veranstalteten.

Dem frechen Witz ihrer Sippe folgend, hängten sie dem angeschmiedeten Niklas Schweineringelschwänze um den Hals und ließen an einer Eisenkette ein saftiges Stück Braten vor seinem Gesicht baumeln, nach dem er, ausgehungert wie er war, zur Freude der Festgesellschaft hilflos schnappte.

Sosehr sich Wusterwitz über den Schaden für die Berliner freute, so sehr ergrimmte ihn der Zustand seiner Heimat in der zweiten Jahreshälfte 1410: »Ich kan mich nicht genugsam verwundern, warumb der marggraff Jodocus vielen und offentlichen bösen hendel und ubelthaten [der Quitzows] nicht widdersteht, weils ihme gebürt und er die abnutzung von der Marcke hat und seinen beutel davon füllet, das feiste saugende vom volck.« Das Feiste vom Volk saugen! Oh ewige Erkenntnis.

Die Mark Brandenburg war ausgeblutet, leer geplündert, regierungslos. Im Würgegriff der Quitzows und ihrer Adelsgenossen wie der Bredows und der Gans von Putlitz, um nur die nach den Quitzows schlimmsten Raubritterdynastien zu nennen.

Beschwörung des Satanskessels

Die Quitzows mögen sich schon darauf eingestellt haben, dass ihnen bald auch offiziell von König Sigismund die Mark verliehen werden würde: Markgraf Jost war zum Gespött geworden.

Um dem nachzuhelfen, bildeten die Quitzows in der Nacht zum 15. Januar 1411 erstmals wieder nach Jahrzehnten ihren »Satanskessel«.

Dieses in der Familie als heiligstes Gut geheim gehaltene Ritual durfte nur bei lebenswichtigem Anlass zelebriert werden: Es sprengte die Barriere zwischen Diesseits und Jenseits, zwischen Vergangenheit und Gegenwart.

»Seid ihr bereit?«, fragte Dietrich mit leicht belegter Stimme und nahm die Hand von Elisabeth, die mit der anderen Hand nach Agnes' Hand griff, der Frau von Johann Quitzow, die schon ihre Hand in die des Gatten geschmiegt hatte. Sie hockten hoch oben auf dem Schlossturm von Friesack, an den Wänden flackerten Fackeln, es war kalt, aber nicht windig, der Kreis der Verschwörer ließ einen Platz frei, zwischen Johann und Dietrich. Die drei übrigen nickten ihre Bereitschaft zum Beginn der Zeremonie.

Dietrich begann mit der uralten geheimen Quitzowschen Beschwörungsformel: »Tubis, Trabus ...«

Er stoppte, sah sich befremdet um. »Hier stimmt was nicht. Einer hat ein unreines Gesicht.« Die Quitzows schauten einander verwundert an.

»Wissen nit«, Agnes zuckte mit den Schultern.

Wieder begann Dietrich: »Tubis, Trabus ... Herrgottnochmal, hier hat einer Unreinheit im Gesicht. Die Unkraft kommt von dir, Johann.«

Johann schaute überrascht. »Weiß nit, Bruder!«

»Hast du etwa wieder Diebsgut im Aug?«, fragte Dietrich.

Johann haute sich mit der flachen Hand an die Stirn, wobei es aus dem Kopf klirrte. »Teufel auch, gut, dass du's sagst!«

Er schob die leuchtend rote Augenklappe zur Seite und holte mehrere Ketten und einen Diamanten heraus. Unbefangene Beobachter wären erstaunt, wie viel Geschmeide in einen adligen Hohlkopf hineingehen. Johann legte die Kostbarkeiten hinter sich auf den Stuhl, schob die Klappe wieder übers Auge, Dietrich sagte: »Na endlich«, konzentrierte sich und begann zum dritten Mal mit »Tubis, Trabus …« Er schaffte es bis zum Ende. Still saß die Runde, zusammengekauert.

»Macht die Augen zu! Er kommt«, flüsterte Dietrich. Sie parierten, spürten nur, wie eine Eiseskälte durch den Raum waberte, die sich zu Konrad, dem elbtoten Bruder, verfestigte und zwischen seine beiden lebenden Geschwister setzte. Keiner wagte ihn anzusehen.

»Konrad, bist du's?«, fragte Johann, der kaum den Gestank aushielt, den Konrad, von Würmern übersät, ausströmte.

»Na klar, Hohlkopf«, sagte der und stieß in herzlichem Lachen einen noch schlundtiefer stinkenden Atem aus.

»Höre, Bruder«, sagte Dietrich mit geneigtem Kopf, »die Mark ist reif für uns. Wir wollen ein großes friedliches Land bauen …« Hier musste er unterbrechen, weil Johann losgluckste. Der tote Konrad stimmte mit ein. Dietrich lächelte säuerlich, fuhr staatsmännisch fort: »Es muss endlich Frieden werden in der Mark. Wir haben genug Vermögen. Wir müssen ehrenwert werden und ein kulturvolles, für jeden Bürger sicheres Reich aufbauen.«

»Wie langweilig«, tönte es fegefeurig riechend aus Konrads Mund, was den einäugigen Johann wieder kichern ließ. Kurz schaute er hoch und sah, wie sich Konrad eine Hand voll ringelnder Würmer von seinem verfaulten Armfleisch sammelte, in den Mund stopfte und genüsslich losschmatzte.

»Halt's Maul!«, rief Dietrich, »ich bin des Raubens müde.«

Konrad hielt verdutzt ob des barschen Brudertons im Kauen inne. Dietrich fuhr fort: »Ich will euch herrlichen Zeiten entgegenführen. Daran hindert uns dieser geldgierige Böhme, dieser Jost, der noch immer Markgraf ist.«

Dietrich räusperte sich, wandte sich an den toten Bruder: »Kannst du ihn töten?«

Konrad schwieg.

»Bitte, Konrad«, ertönte die sanfte Stimme von Agnes, Johanns Gattin, »tu es, dann bist du nicht umsonst ertrunken.«

Das Lächeln, das ihr der tote Konrad daraufhin schenkte, gehörte in Agnes fürderem Leben zu den grässlichsten Bildern, die sich in ihrem Kopf festgezurrt hatten.

»Wenn ich es tue«, tönte blechern Konrads Stimme, »erlaubt ihr mir Triumph?«

Alle nickten eifrig.

»Klar, Brüderchen«, versicherte Johann, schaute ihn an, hielt seinen Schrecken versteckt, gab sich einen Ruck und fuhr fort: »Sag, Konrad, sehen alle so aus? Drüben?«

»Schlimmer«, antwortete der tote Konrad, und zwischen den Würmern rings um sein rechtes Auge drang eine Träne durch.

Elisabeth, Dietrichs Frau, stand auf, ging um den Familienkreis herum zu ihrem Schwager, legte ihm die Hand auf den Schädel. »Wir kommen bald nach, Schwäher, ich fühl's.«

»Ich weiß«, antwortete Konrad und blickte aus Augen voller Maden zu Dietrich. »Ich weiß.«

Preußen per Handkantenschlag

Schon drei Stunden später, so lange fliegt nach glaubhaften Berechnungen der Jesuiten ungefähr ein Geist von Schloss Friesack nach Brünn, unterschiedliche Ankunftszeiten hängen allein mit Gegenwind zusammen (oder der Fliegende vergaukelt sich unterwegs), hatte Konrad Brünn erreicht und Markgraf Jost entdeckt. Der ging an diesem Morgen des 17. Januar 1411 im Schloss zufrieden vor sich hin, als ihn von hinten ein kloaköser Gestank anwehte. Er wollte sich umdrehen, doch das Letzte, was er in seinem Leben spürte, war ein gewaltiger Handkantenschlag ins Genick. Seine brechenden Augen sahen eklige Würmer vorbeifliegen, dazu hörte er ein schaurig ins Ohr gewispertes »Triumph!«, danach sah er sich noch durch die Wucht des Schlages einen doppelten Salto vorwärts mit gestreckter Schraube durchführen, bevor er tot auf die marmornen Fliesen klatschte.

Die hinter ihm gehenden Diener klatschten Beifall, weil sie

die Eleganz dieser noch nie zuvor irgendwo auf der Welt gezeigten turnerischen Übung sofort erfassten.

Erst als sich der Markgraf so gar nicht erheben wollte, um den Beifall einzuheimsen, und die Diener erschrocken eklige Maden um sein Genick und aus dem Mund kriechen sahen – was das Gerücht eines Giftmordes beförderte und einen Unschuldigen nach Folterqualen zwecks Geständnis zum Vierteilen aufs Schafott in Böhmisch-Brodt brachte (eine Ungerechtigkeit, die jetzt von ihm wegzunehmen leider zu spät ist) –, merkten sie, dass ihr Herr in den Tod abgehoben hatte.

So begann Preußen.

Gott sei Dank, sagen die einen, grauenhaft, die anderen.

Anstatt die ans Reich zurückfallende Mark dem ortsansässigen stärksten Geschlecht, eben den Quitzows, anzudienen, gab König Sigismund das abgewirtschaftete Land 1412 dem Burgvogt von Nürnberg, Friedrich von Hohenzollern, als seinem »rechten obersten und gemeinen Verweser und Hauptmann«.

Johann von Quitzow fluchte: »Was will der Fremde hier in unserer Mark?« Wütend ließ er mehrmals die Augenbinde gegen die leere Augenhöhle klatschen. »Wir können den Nürnberger Tand hier zu Lande nicht brauchen. Und wenn's ein Jahr hindurch Markgrafen von Nürnberg regnete, wir ließen sie nicht aufkommen. Wir wollen unsere Burgen und Schlösser doch behalten!« Er wandte sich zu Agnes um: »Sollen wir Konrad wieder losschicken?« Doch die kluge Agnes winkte dummerweise ab. Friedrich setzte sich durch, bekam fünf Jahre später, am 18. April 1417, sogar die Belehnung mit Kurwürde und der Mark Brandenburg.

Der Fluch der Vogelscheuche, alias Herzog Johann von Mecklenburg, hatte sich erfüllt.

Friedrich begann 1412 als raffinierter Politiker. Geschickt zog er nach und nach die märkischen Städte und Adligen auf seine Seite. Die Quitzows schauten scheelen Auges zu und versuchten zu hintertreiben, wo es nur ging. Als Friedrich merkte, wie die Quitzows auch weiterhin »ihr boßhafftiges gemüte widder ihn ausgegoßen«, so Wusterwitz, habe »er das gasthütlein abgelegt und widder die ungehorsamen rebellen und widderspenstigen aufwickler, zu seliger freyung und erledigung der Marcke, angefangen sich ernst und gestrenge zu beweisen«. Köstliche Wendung: »Das Gasthütlein ablegen.«

Der Hohenzoller belagerte gleichzeitig die vier Burgen der letzten widerspenstigen Adligen in der Mark, darunter die der Quitzows. Es war im eiskalten Februar des Jahres 1414. Anschaulich beschreibt Wusterwitz, was passierte:

»Do nun die vier schlößer umblegt waren, haben sie die großen büchsen dafürgebracht, die mauern niddergelegt, manlich und ritterlich gestritten und am tage scholastica ist Diterich von Quitzow heimlich entflohen vom Schlosse Freysack und herr Friderich hats eingenommen.«

Ein bitterer Tag für den wilden Dietrich. Was nützten seine kleinen Kokelpfeile gegen die riesigen Geschütze? Was vermochte er anzurichten mit seiner Armbrust? Die paar Feinde, die er auf eigenem Grund abbolzen konnte, halfen ihm nicht. Es waren zu viele, die über die Schutthalden ins Burginnere drangen. Der mächtige Dietrich von Quitzow – ein schäbiger Lump, ein verschmutzter Strauchdieb mittleren Alters, ohne Burg, ohne Mark, ohne Macht.

Schlechter erging es seinem einäugigen Bruder Johann auf Schloss Plauen. Wusterwitz genießt es: »Do nu die dicken mauren des Schlosses Plauen, do seine zuversicht auf stund, zerschoßen, nam er montags nach Mathiae apostoli [26. Februar 1414] die flucht. Aber die bürger beider stedte Brandenburg, die auf der andern seite des Schlosses uber der Havel waren mit ihren büchsen, folgten sie ihme baldt zu roße und fuße nach. Do das sahe Johan von Quitzow, verließ er sein roß und lief in pusch, in meinung sich daselpst zu verhalten.«

Er, der Erfinder der Vogelscheuche, weil er so herzlich über den Mecklenburger Hemdenmatz gelacht hatte, musste sich selbst im Busch verkriechen!

Schwer senkte sich sein Kopf zur Seite, so viel Gold und Juwelen hatte er in seine Augenhöhle gestopft, Fluchtgeld, das ihm nichts nützte: »Die knechte haben ihm nachgespürt und gefenglich angenomen und in der kirchen bey Plauenn in einen stock gesetzt.«

Später kroch er demütig zum Hohenzollern-Friedrich, bekam – ein politisch kluger Schachzug des neuen Herrn der Mark – nach zweijähriger gemütlicher Haft auf Schloss zu Calbe die enteigneten Güter zurück, raubte hie und da noch ein bisschen herum und starb 1437. Er kam in den Genuss des Hohenzollern-Spruchs, den viel später Ritter Ludwig von Eyb als typisch für seine eigene Herrschaft berichtete: »Abgewunnene Sloss und hingelaufene Weiber komen gemeinlich zu seiner Zeit wider heim.«

Johann soll eine Augenhöhle voll Gold und Diamanten mit ins Grab genommen haben. Dort liegt der Schatz noch heute.

Neues von der Lachschaukel

Für alle, die risikoreich leben wollen, passierte seit 1412 Trostloses: Die Mark Brandenburg verfiel ohne ihre unzähmbaren Quitzows in eine erschreckende Langweiligkeit, auch Horror vacui genannt. Die späteren Eroberungskriege Preußens sollen aus dieser Leere entstanden sein. Oder wie ein damaliger Balladensänger klagte:

»Das kann doch nicht alles gewesen sein,
Das bisschen Rauben und Folterschrein.«

Nur Wusterwitz, müde, immerzu Untaten beschreiben zu müssen, freute sich über die lahme Ruhe: »In dießen zeiten, do der Quitzowen hoffart und übermut gesteuert und ihnen das cantate gelegt worden, ist friede worden in der Marcke. Also soll man den hoffertigen geßten das schamhütlein abziehen und den hohen beumen die gipfel verhauen, das sie nicht in himmel wachsen.«

Wie viel erfolgversprechender nähme sich solches Deutsch in modernen Geschäftsbriefen aus: »Namens der Direktion teile ich Ihnen mit, dass wir Ihnen Ihr Schamhütlein vom Kopfe abziehen und Ihnen die Kantate mit rund 700000 Euro legen...«

Johann Quitzow im Knast, die Familienschlösser zerschossen oder in fremde Hände gelangt, der brandenburgische Adel hatte dem neuen Herrn aus Franken gehuldigt und suchte eifrig dessen rollendes »r« zu imitieren.

Dietrich von Quitzow kotzte das an. Er saß mit Agnes zusammen, der Frau seines gefangenen einäugigen Bruders. »Noch einmal so richtig zündeln«, seufzte er.

»Warum nit?«, antwortete Agnes, die, eine echte von Bredow, stets lebhaften Anteil an den Gewalttaten ihres Mannes und seiner Brüder genommen hatte. Auf ihren Einfallsreichtum ging die bei Kaufleuten und reichen Bauern gefürchtete »Lachschaukel« zurück. Das Gerät holte selbst aus dem verstocktesten Gefangenen unter erbärmlichen Schmerzen auch das letzte Quentchen Lachen heraus. Bis die gewünschte Lösegeldsumme versprochen war.

Fremde, die in den Jahren 1400 bis 1415 durch die Mark reisten, wunderten sich oft über romantische Burgen im Sonnenglast, aus denen heraus der Sommerwind vielfaches Lachen über die Ebenen verteilte. Stundenlang. Nur die schreckgeweiteten Augen der am Wegesrand arbeitenden Bauern mochten nicht dazu passen. Fragte der Fremde: »Gutter paursman, ist's ein fest dort drübben im Quitzowsloss?«, schüttelte man entsetzt den Kopf, bekreuzigte sich und flüsterte: »Nit, nit, 's ist Agnes' Lachfolter. Reuttet schnell zu, sonst setzt sie Euch auch druff!«

Ein handfestes Frauenzimmer eben, in den Künsten der Raubritterei bewandert. »Lass uns Nauen versauen!«, brach es aus ihr heraus. Verlegen errötete sie. Wie Flucht dem Adel die Sprache erniedrigt, dachte sie.

»Schweher Diterich, Nauen ist ein klein reich städtlein, hat gut schober mit viell drin.«

»Was gut prennt?«, fragte Dietrich lüstern.

»Was kannzt du nit zum prennen pringen, schweherhertz?« Sie lachten beide. Ohne Folter.

Der blaue Dunst von Nauen

Es sollte die letzte große Unternehmung der Quitzows werden. Agnes hatte sich ausbedungen, mitzureiten und zu zersäbeln, was sich ihr entgegenstemmte.

Geschickt wartete Dietrich auf die Abreise des verhassten neuen Herrn der Mark zum Konzil nach Konstanz.

Nur einen nüchternen Satz opfert Wusterwitz für die einzige Raubritterin: »Als aber der burggraffe kaum den rücken gewandt, hat Diterich von Quitzow dinstags nach assumptionis Mariae in continenti das stedtlein Nauen außgebrandt, do sie das korn eingesamlet und in die scheunen gebracht hatten, und wie das geschrey gangen, hat er mit seines brudern hausfraue vielen buben gelt gegeben, das sie in abwesen des herrn burggraffen die Marcke hin und her anzünden.«

Agnes soll mit einem Riesensatz ihres Pferds über die kümmerliche Stadtmauer von Nauen hinweggesetzt haben, mitten hinein ins geschäftige Treiben der Bürger.

Dietrich lachte laut los, als er seine kühne Schwägerin dahinfliegen sah, hieb und stach sich seinen Weg durch die wenig mannhaften Einwohner von Nauen, bis er mit seligen Augen die vollen Scheuern erblickte. Er holte sein Schnellfeuerzeug heraus, die Erfindung seines Büchsenmeisters Jupp von Moltke: Er musste nur ein Eisenrad an einem Feuerstein reiben und nah an eine Lunte halten, schon brannte sie.

Seine Knappen und Knechte trieben die verschreckten Nauener Bürger vor ihre prall mit Getreide, Heu, Trockenfrüchten gefüllten städtischen Hauptspeicher.

Feierlich saß Dietrich auf seinem schwarzen Ross. Die Lunte brannte in seiner gestreckten rechten Hand. In der linken hielt er ein Stück Pergament. Er räusperte sich und begann den jammernden Bürgern sein »Kleynes Poem anleßlich meines Niderprennens des Stedtchen Nauen am 21. August 1414, gereymt und angezundet von Junker Diterich von Quitzow« (heute Preußische (!) Stadtbibliothek, unter Verschluss) vorzulesen:

»Seht ihr das Flämmchen hier in meiner Hand?
Passt auf, bald wird daraus ein großer Brand.
Ich hoff, er wird euch wohl ergötzen
Und euch belehren, dass die Kunst,
Zu legen eine Feuersbrunst,
Nicht jedem Trottel ist gegeben.
Dazu braucht es ein Ritterleben!
Nur dann erkennt er, was die Welt
Im Innersten zusammenhält,
Wenn sie verbrennt im Dunst, im blauen,
Wie jetzt das liebe Städtchen Nauen.«

Der Dichter reckte sich im Sattel hoch auf, rief: »Ich übergebe dem Feuer die Werke der Bürger von Nauen!« Und schleuderte die brennende Lunte in den städtischen Hauptspeicher.

Ein Schrei des Unglücks, der Verzweiflung hallte durch die Gassen des Städtchens. Kaum einer machte sich Gedanken, dass zwischen dem Anspruch hoher Pyromanenkunst und dem lächerlichen Wurf in einen trockenen Heuhaufen eine erhebliche Diskrepanz bestand.

In das Jammern hinein donnerte Dietrich von Quitzow: »Ich verfluche eure neuen Herren! Ich verfluche die Hohenzollern! Sie sollen wachsen und sich mehren, bis sie in einem unendlich viel größeren Feuersturm untergehen. Und euch alle mit sich reißen! Und wer wird diesen Feuersturm entfachen: ich, der letzte freie Quitzow!«

Er ritt zwischen den schreienden, nach Wassereimern grapschenden Städtern hindurch, schon sprangen die Feuer auf die zunächst stehenden Häuser über.

Später beäugte Dietrich von einer Anhöhe außerhalb Nauens die um sich greifende Feuersbrunst mit Wohlgefallen.

Zuletzt tauchte aus dem Inferno, tief über ihr verschreckt dahinjagendes Ross gebeugt, Agnes von Bredow auf, fuchtelte mit ihrem Schwert in der Luft herum und schrie: »Hoch lebe unser Untergang!«

Sie hatte nur teilweise Recht. Zwar war die Macht der Quitzows gebrochen, doch existierten sie Jahrhunderte als reiche Grundherren weiter fort, manchmal sogar geachtet. Manchmal fielen sie in alte Gewohnheiten zurück. Noch heute ist auf der Quitzowischen Eldenburg die so genannte Judenklemme zu besichtigen, in die ein Quitzow um 1510 die wegen eines Pogroms aus dem Osten der Mark fliehenden Juden kettete, bis sie das Lösegeld bezahlt hatten. Aber das war raubritterlicher Kleinkram.

Dietrich macht ein Riesenfass auf

Dietrich selbst flüchtete aus der Mark, fiel hie und dort hin und wieder mal ein, aber der große Schwung war dahin. Zuletzt lebte er bei seiner Schwester Mathilde, die Heinrich von Veltheim geheiratet hatte. Nicht auf Harbke (früher Herbeke) selbst, sondern in einer Jagdhütte unterhalb des Schlosses, das von einem großen Wassergraben gesichert war. Heute besichtigt dort der Unerschrockene eine unheimliche Ruine.

Einmal in der Woche, wie ein altes Kirchenbuch vermeldet, brachten die Diener Lebensmittel zu dem einst mächtigsten Mann der Mark Brandenburg.

In den nächsten drei Jahren alterte Dietrich von Quitzow sichtlich. Er fing an, sich seltsam zu benehmen. Tagelang verschwand er in den riesigen Wäldern und kam mit den seltsamsten Pflanzen und Kräutern zurück, die er alle in seiner Jagdhütte kochte, walkte, trocknete, zerkleinerte, je nach Kraut.

Keiner von den Veltheims achtete darauf, was ihr Gast so trieb. Hätten sie tun sollen. Wären nicht ausgestorben.

Eines Tages, es war 1417, erbat sich der mit 46 schon arg zusammengefaltete, kahlschädlige, nach unzeitiger Leiche duftende Dietrich von den Dienern seines Gastgebers ein großes hölzernes Fass, »das mindestens meine Maße hat«.

Aha, dachten die Veltheims, der Alte will reinlich werden und sich endlich baden. Die Diener rollten aus dem Schlosskeller ein Fass den Berg hinunter in die Jagdhütte. Das heißt, nur bis zur Tür. Hinein ließ sie der alte Glatzkopf nicht.

Wieder verschwand er für Wochen im Wald, kam dieses Mal mit einzelnen Tierteilen wieder, hier ein Rehbockfuß, dort ein Eulenohr, dann wieder ein Wolfsschwanz, ein Kreuzotternkopf, die Gedärme eines Auerochsen, die Augen einer Krähe, den Pürzel einer Waldspitzmaus. Eigentlich war für normal Sterbliche nicht zum Aushalten, was der früher berüchtigste Raubritter an Fauna und Flora zusammenraubte.

Das Walken, Kochen, Zerkleinern, Trocknen, Bruzzeln des tierischen Verhaus brachte viel ekligere Gestänke hervor als zuvor der pflanzliche.

Der Küchenchef meldete den Herrschaften, dass er dem Quitzow jede Menge ausgelöstes Rückenmark von Schwein und Rind abliefern musste, dazu Hirn von Hasen, Fasan, Huhn und einer Katze, die ihm Quitzow tot in die Küche gebracht hatte.

»Dazu Hoden, Hoden, nichts als Hoden, mein Herr, wo immer ich sie herkriegen konnte!«, klagte der Koch den Veltheims.

Die nächsten Tage stiegen blaugrüne Wolken aus dem Kamin der Jagdhütte. Es wehte ein höllischer Gestank durch Schloss und Dorf, dazu drangen die seltsamsten Sätze aus der Hütte wie: »Pfurze, pfurze, pfurze, bring die ew'ge Wurze ...«

Oder: »Hirnlein fein, Hirnlein mein, sollst auf ewig Blüte sein ...«

Der Gestank ebbte ab. Die grässlichen Lieder verstummten. Dietrich schritt am Sonntag darauf zur Burg hoch und bestellte einen Steinmetz. Der alte Veltheim schickte zu jenem, dessen Betrieb schon seit Urzeiten die Grabmale seines Geschlechts aus dem Stein haute.

Der Steinmetz kam, betrat die Jagdhütte, verließ sie nach einiger Zeit ausgesprochen zufrieden mit einem Beutel Gold und verweigerte jede Auskunft.

Am 12. Februar 1417 pfiff Dietrich, vor seiner Hütte stehend, so lange und grell auf seinen Fingern, bis der genervte alte Veltheim einen Diener mit der Frage runterschickte, was er wolle.

»Den alten Veltheim!«, forderte Dietrich.

Er kam.

Dietrich von Quitzow steht im Rahmen der niedrigen Holztür seiner Hütte. Bleich der Schädel, kohlpechrabenschwarz der Bart, die noch schwärzeren Augen funkeln, um ihn herum wabert eine letzte blaugrüne Wolke durch die Tür.

»Du lieber Veltheim«, ruft er dem Gastgeber zu. »Hab Dank für alles. Ich will dir nicht länger zur Last fallen. Kannst bald eine Leich feiern!« Er umarmt den verdutzten Besucher und verschwindet lachend in der Hütte.

In der Nacht zum 14. Februar 1417, eiskalt und schwarz war sie, windstill, die märkischen Wölfe heulten hungrig, die Kaminfeuer knisterten, als zu den Schlossbewohnern ein nachgerade übermütiges Plantschen aus Richtung Jagdhütte drang, dazu erklang ein Lied, von dem sich der alte Veltheim die Anfangszeilen aufschrieb, die der verrückte Quitzow sang:

»Über allen Wipfeln ist Ruh.
Nur in meinem Fasse zipfelst du
Zum ewigen Leben,
Eben!«

Lustiges Gurgeln folgt. Danach ein zerrendes Geräusch, als ob jemand enge Strümpfe auszieht, zuletzt jugendliche Sprünge den Schlossweg herauf, zum Stall, ein Pferd galoppiert den Schlossweg hinunter, ein unendlich jungfrischer Juchzer. Stille.

Einmal Raubritter gerollt

Am Morgen entdeckte der Schlosskutscher, dass die Türe der Jagdhütte offen stand. Er wagte einen kurzen Blick, sah das riesige Fass umgestürzt, eine Lake grässlicher Flüssigkeit davor. Er alarmierte seine Herrschaften. Familie Veltheim ging mitsamt Dienerschaft zur Jagdhütte.

Der alte Veltheim zwängte sich am Fass vorbei in die Hütte.

Drinnen rief er: »Junker Diterich! Diterich et cetera!«

Er heulte auf, wiederholte weinerlich »Oh, Junker Diterich!« Die übrigen Veltheims drängten nach. Heulten kurz darauf gleichfalls auf. Bleich kam der alte Veltheim wieder nach draußen zu den verschreckt wartenden Dienern.

»Verständigt das Kloster!«, rief er, »meldet, Diterich von Quitzow sei tot. Beerdigung am kommenden Eritag.« So nannte man damals im Frieden den Dienstag. Er wandte sich seinem Leibdiener zu: »Und du holst vom Schloss einen kleinen Sack.«

Der alte Veltheim machte die Tür zu und gesellte sich wieder zur Familie. Auf dem Bett lag Dietrich von Quitzow. Genauer: nur seine Haut. Nackt, runzlig, platt, ohne jeden Knochen oder gar den Schädel, und dennoch vollendet bis in die kleinsten, vom vielen Raubbrennen verkokelten Fingerspitzen.

Die Veltheims haben sich vom Schock dieser Entdeckung jahrhundertelang nicht erholt, galten bis zu ihrem glücklichen Aussterben als stark neben der Realität lebend.

Der Leibdiener durfte mit dem Sack herein. Gemeinsam rollten sie Dietrich von Quitzow von unten nach oben ein, und der Leibdiener brachte die Hülle zu den Ursulinen ins Kloster Marienborn. Von einer geschickten Nonne wurde er dort abgedichtet und mit dem Blasebalg der Orgel aufgepumpt. So konnte er mit der nötigen Öffentlichkeit würdig beerdigt werden.

Zur Überraschung aller brachte am gleichen Eritag der

Steinmetz eine ausdrucksvoll gestaltete steinerne Grabplatte, die noch heute in den Ruinen des Klosters zu bestaunen ist.

Gramgebeugt kam Witwe Elisabeth angereist.

Als sie sich nach der Totenmesse über die aufgebahrte Leiche ihres Gatten beugte und ihn auf die Stirn küsste, zuckte sie auf, die Stirn des Toten hatte federnd zurückgeküsst.

Als auch noch ein leichter Pfeifton wie von entweichender Luft aus einer undichten Stelle Dietrichs die Trauergemeinde zu verblüffen begann, ließ der Pfarrer den Sarg hastig schließen und die Ursulinen das noch heute in geschlossenen Adelszirkeln zu hörende Quitzowische Requiem mit dem funkelnden ersten Satz »Per aspera ad ignem« («Durchs Raue zum Feuer«) anstimmen. Hastig versenkte man die leise zischende Hülle Dietrich von Quitzows in der Gruft direkt vor dem Kreuzgang, wo sich heute, hoch lebe die Ehrfurcht vor deutscher Geschichte, der riesige Deckel einer Klärgrube befindet.

Von ferne sah an diesem 14. Februar 1417 ein lebfrischer, schwarz gelockter Bursch der pompösen Beerdigung zu, lachte sich eins und ritt davon: Dietrich von Quitzow war es gelungen, den Jungbrunnen zu entdecken.

Rauben und Brennen lässt er auch in seinem neuen ewigen Leben nicht. Die meisten ungeklärten Überfälle, Feuersbrünste und Diebstähle hier zu Lande gehen auf sein Konto.

Das alles konnte Engelbert Wusterwitz nicht wissen, als er mit einer gewissen sympathischen Trauer niederschrieb: »Anno Christi 1417 ist Diterich von Quitzow, so der Marcke Brandenburg mancherley schaden zugefügt und dieselbe hefftig beleidigt gestorben im Schlosse Herbecke, denen von Feltheim gehörende, und begraben im jungfrauenkloster Marienborn. Hier endet sich gutes und böses mit den Quitzowen.«

4
Götz von Berlichingen, Deutschlands geheime Nationalhymne

Ein gentechnischer Fehler

Götz von Berlichingen, anheimelnder Urtyp von einem Wegelagerer, Heckenreiter, Strauchdieb, Raufbold! Wie ist er den Deutschen in ihren schlimmen Zeiten, autoritären oder faschistischen, ins Herz gewachsen. Oder eingepflanzt worden.

Und nur, weil unser aller Johann Wolfgang von Goethe ein Sturm-und-Drang-Revoluzzerstück um ihn herum geschrieben hatte; was er nur konnte, weil unser aller Götz seine eigene Lebensbeschreibung hinterlassen hatte; obendrein zeichnete ihn ein Handikap aus, das jeden für ihn einnahm: die eiserne Hand!

Von Kindheit und Jugend ist wenig überliefert. Als beinahe 80-jähriger quicklebendiger Greis hat er auf seiner Hornburg über dem Neckar einem Geistlichen vor allem Abenteuer aus seinem späteren Raubritterleben in den Gänsekiel diktiert.[3]

Die seit Jahrhunderten kreuzbraven, ökonomisch wirtschaftenden, zehn und mehr Gebote achtenden Berlichingen hatten in der zweiten Hälfte des 15. Jahrhunderts einen gentechnisch wunderbaren Fehler begangen, indem Götzens Vater zwecks Zeugung desselben und seiner acht Geschwister ein Mädchen aus der zwar reichen, aber übel beleumdeten Raubrittersippe derer von Thüngen heiratete. Die Beimengung dieses unruhigen

[3] Hier zitiert nach Helgard Ulmschneider: »Götz von Berlichingen: Mein Fehd und Handlungen« (Sigmaringen 1981) sowie »Lebensbeschreibung des Ritters Götz von Berlichingen. Ins Neuhochdeutsche übertragen von Karl Müller« (RUB 1556).

Schlitzohrblutes führte 1480 oder 1481 zu jener außerordentlichen Verwerfung namens Götz von Berlichingen.

Es ist nur zu vermuten, wie neugierig der kleine Götz an den Lippen seiner bösen Onkels hing, wenn die von Wegelagereien berichteten. Besonders stolz waren sie auf ihre lange Tradition als Raubritter, mit einer stolzen Zahl Geköpfter, die zuvor manch städtischen Pfeffersack das Fürchten gelehrt hatten.

So ein Raubritter wollte Götz auch werden.

Nach der Erziehung an fremden Höfen lernte er zwei geheimnisvolle Jahre lang das adlige Handwerk der Raubritterei von einem ihrer gefürchtetsten Meister: Hans von Massenbach, genannt Thalacker. Es gibt so gut wie nichts über ihn, und Götz hütet sich, ausführlich über gemeinsame Raubrittereien zu schreiben. Sie müssen so wenig ergötzlich gewesen sein, dass ihn zuletzt sein Onkel von Thüngen zurückbeorderte und ihn – vorübergehend – ehrbar machte.

Es begab sich nämlich zu jener Zeit, dass der Markgraf von Ansbach, in dessen Dienste der junge, nunmehr erfahrene Reitersmann Götz getreten war, einen Krieg gegen die Reichsstadt Nürnberg anzettelte. Die Gründe sind historiographisch sicher vielschichtig und verworren, letztlich läuft es darauf hinaus: Kasimir brauchte Geld, die Nürnberger hatten Tonnen davon. Er näherte sich heimlich mit seinen Truppen der Reichsstadt und legte einen Hinterhalt: Ein kleiner Trupp sollte die Nürnberger Krieger reizen und aus der Stadt locken.

Beim Trupp anwesend: Götz. Die Franken fielen auf die List herein und versuchten, die durch den Siechgraben anreitenden Feinde zu stellen.

Sie setzten dazu ihre hervorragend bezahlten und somit ebenso kämpfenden Söldner mit Geschützen und Pferdewagen voll Munition und sonstigem Nachschub an jedem nur denkbaren Tod bringenden Stech- und Hiebeisen in Marsch, jagten hinter Götz und den anderen her.

Auf dem ersten Wagen der Nürnberger saß ein kampferprobter Kutscher, der genau wusste, wie er die Peitsche einzusetzen habe, um seinen wendigen Kriegswagen durch die engen Landwege rings um Nürnberg zu steuern.

Der Hauptmann wandte sich scheinbar zur Flucht, die Nürnberger hinterher. Es begann ein Schießen und Schreien, ein Scharmützeln, das noch dem greisen Götz in den Ohren klang, als er diktierte: »Die Nürnberger saßen uns auf den Fersen mit dem Geschütz und der Wagenburg und ließen es dermaßen hergehen, dass unseres Bleibens hier nicht lange war, denn ein jeder kann das Gepoltere nicht leiden.«

So lockten sie im Höllenlärm Nürnbergs erfahrene Truppe in den vom Markgraf gebauten Hinterhalt. Kaum erkannten das die Nürnberger, reagierten sie professionell, weil sie noch nicht von München unterjocht waren. Die Reiter, Hellebardenträger und Schützen stoppten, verteilten sich und gaben Deckung für ein kühnes Manöver: Die Nürnberger Fuhrleute drehten vor dem breit aufgefächerten Feind und schlossen sich zu einer Wagenburg, aus der heraus sie trefflich verschanzt dem Markgraf die lange Nase zeigen konnten.

So zumindest war es gedacht. Denn es gab den jungen Götz von Berlichingen. Er ritt, wie seinerzeit der junge Nelson segelte, ohne Befehl los, durch die Nürnberger durch, hin zum ersten Wagen, auf dessen Führungspferd der wendige Fuhrmann saß.

Götz schreibt mit jung machender Altersfreude: »Als wir zu ihrer Wagenburg kamen, wollten sie dieselbe schließen. Es hätte auch nicht viel gefehlt, denn die Fuhrleute waren geschickt und flink. Da deuchte mir, es sagte mir das Herz im Leibe, oder Gott gab es mir in den Sinn, auch mein Verstand forderte es notwendigerweise, dass ich den vordersten Fuhrmann vom Pferd stach. Das tat ich deshalb, damit sein Wagen nicht weiterkommen konnte und die andern auch stillhalten mussten. Die entstandene Lücke hielt ich nun ohne Befehl und Geheiß meines Hauptmanns inne, sodass sie die Wagenburg nicht schließen konnten.«

Abgesehen davon, dass alle Leser Pazifisten sind und jede Art organisierter wie unorganisierter Gewalt zutiefst verabscheuen, werden sie Götzens couragierten Angriff ohne Zweifel als kämpferische Spitzenleistung im Leben dieses adligen Kriegers und Raubritters anerkennen.

Götz schiebt ein wohl verdientes Eigenlob nach: »Diese Verhinderung, welche ich verursacht hatte, war unser größter Vorteil und trug ohne allen Zweifel nicht wenig zu unserem Sieg und Glück bei. Denn ich wüsste nicht, wie es sonst gekommen wäre, sie waren uns zu stark und hatten das Geschütz und die Wagenburg voraus, sie hatten geruht, wir waren müde, und außerdem zog ein starker Haufen ihnen nach und war uns schon ganz nahe, sodass wir mit ihnen scharmützelten.«

Der letzte Neandertaler

Wagenburg und Geschütze wurden Götzens Beute, respektive die des Markgrafen. Viel wichtiger jedoch: Götz von Berlichingen hatte sich als unerschrockener, wagemutiger Draufgänger etabliert.

Mit stolzgeschwellter Brust zieht er sofort in die nächste Raufiade, bei der es sich um ein weltgeschichtlich einmaliges Ereignis handelte. Unterwegs mit seinem Onkel Neidhard von Thüngen, schreibt Götz, »gewahrten wir zwei Reiter bei einem Gehölz, nahe dem Dorfe Obereschenbach. Es waren Endriß von Gemünd, Amtmann zu Saaleck, mit seinem Knecht, genannt der Affe.«

Der arme Kerl wurde zum Affen, weil er vielleicht Ähnlichkeiten im Aussehen aufwies: niedrige Stirn, wulstige Lippen, starke Behaarung. Erste Forschungen deuten darauf hin, dass »der Affe« letzter Vertreter jener vom Homo sapiens verdrängten Hominidenart der Neandertaler war!

Götz war scharf auf den »Affen«, weil ihn der betrunken – er soff, verständlich als letzter Vertreter seiner Rasse, unmäßig – in einem Wirtshaus höhnisch beleidigt hatte. »Was will der

Junker hier?«, soll er gesagt haben und: »Was will der denn bei uns?«

Darauf warnte ihn Götz, dass er ihm, sollte er ihn mal auf offenem Feld treffen, schon zeigen werde, wer Junker und wer Knecht sei.

Diese Szene gilt es sich vorzustellen. Vier Leute reiten aufeinander zu, der Sommertag ist warm, der letzte Neandertaler wiegt sich im Sattel, sein Herr döst in dem seinen, der Thüngener denkt sich einen neuen Überfall aus, da dreht Götz durch: »Ich dachte, das ist der Affe mit seinem Junker. Ich sprengte sofort einen hohen Berg, spannte die Armbrust im Reiten und setzte zu ihm hinüber eine weite Strecke Weges.«

Aus dem friedlichen Nichts heraus einfach ein Angriff. Zu beachten die ritterliche Kunst, im Galopp eine Armbrust zu spannen und den Bolzen einzulegen.

Für so viel Feinheit hatte Endriß, des letzten Neandertalers Herr, kein Auge. Er flog mit seinem Pferd in Richtung nahes Dorf, um, wie Götz vermutete, die Bauern, seiner Herrschaft untertan, zu mobilisieren.

Onkel Neidhard beobachtete baff auf seinem Ross, was Götz sechzig Jahre später so beschrieb: »Der Affe hatte auch eine Armbrust, floh aber gleichfalls wie sein Junker.« Eine richtige Entscheidung angesichts seiner letzten Einmaligkeit.

»Als ich nun an ihm war, musste er durch einen tiefen Hohlweg nach dem Dorfe zu. Ich hatte noch weit bis zur Ecke, an welcher der Weg hineinführte. Da ließ ich ihn in den Hohlweg hineinreiten und schoss ihn den Rücken entlang.«

Ein feiger Schuss im Sinne ritterlicher Etikette. Zumal ihn der letzte Hominide nur betrunken angemacht hatte. Andererseits ehrt es Götz, dass er den heimtückischen Schuss zugab.

Hätten die Neandertaler mehr mutige Vertreter wie ihren letzten gehabt, wären sie sicher nicht von den Homines sapientes verdrängt worden: Der »Affe« konnte genauso gut reiten wie Götz. »Ich wollte nun gleich wieder die Armbrust spannen, weil er auch einen Pfeil auf der Armbrust hatte, ich dachte aber, er würde nicht auf mich warten, ließ das Spannen und setzte ihm durch den Hohlweg nach. Als er aber merkte, dass ich nicht gespannt hatte, wartete er am Tor [zum befestigten Dorf], bis ich dicht heran war, schoss und traf mich vorn auf den Krebs, dass der Pfeil zersplitterte und mir über den Kopf sprang.«

Der Krebs ist bei der Ritterrüstung der Brustpanzer, nach vorne zugespitzt, damit Schläge oder Pfeile abgeleitet werden, was dem Pfeil des letzten Neandertalers passierte. Glück für die deutsche Literatur und Goethe, Pech für seine Rasse.

Götz war wütend: »Gleich warf ich ihm meine Armbrust an den Hals, riss das Schwert heraus und rannte ihn zu Boden, sodass sein Gaul mit der Nase auf der Erde lag.«

Will heißen, dass Götz mit seinen mächtigen Schenkeln sein Pferd dazu zwang, das Pferd des Neandertalers anzurennen, gleichzeitig versuchte er, den drauf wackelnden Reitersmann mit seinem Schwert abzustechen.

Der letzte Neandertaler schrie nach Hilfe, rannte ins Dorf hinein, Götz hinter ihm her.

Allein. Einfach so. Mitten hinein in ein alarmiertes feindliches Dorf. Götz war wieder in seinen verrückten Momenten gefangen.

Der »Affe« ist verschwunden, stattdessen steht ein Bauer mit angelegter Armbrust mitten im Weg. Es muss einer dieser gemächlich denkenden Bauern gewesen sein, wie sie heute zu Hunderttausenden hoch subventioniert deutsche Lande mit Gülle tränken – sie nennen's Pflege –, jedenfalls zielte er so lange auf den schwitzenden, dampfenden jungen Rittersmann auf seinem dampfenden, schwitzenden Ross, bis der ihm geschickt mit seinem Schwert den Pfeil von der Armbrust hieb.

»Indem kommt ein ganzer Haufen Bauern mit Sauspießen, mit Hand-, Wurf-, Holzbeilen und Steinen und umringen mich. ›Wirfst du nicht, so hast du nicht, schlägst du nicht, so gilt es nicht‹, und die Beile und Steine summten mir um den Kopf herum, dass mir deuchte, es dröhnte die Pickelhaube.«

Obereschenbach hieß das Dorf bei Hammelburg, in dem

Götz allein gegen alle focht, wobei er es war, der den Kampf aus verletztem Stolz angezettelt hatte. Der ihn verletzt hatte, der weltweit letzte Neandertaler, wartete vor dem Tor mit vier Bauern auf Götz.

»Wie ich ein wenig vor das Tor hinausgeritten war, war der Aff schon wieder da, hatte einen Pfeil auf seiner Armbrust und vier Bauern bei sich und schrie: ›Her, her, her!‹ und schießt auf mich, dass ich den Pfeil auf der Erde grellen sehe, und ich sofort wieder an ihn ran, und raus mit dem Schwert und jag sie alle fünf ins Dorf hinein.«

Das also war das letzte Gefecht des letzten Neandertalers gegen den Homo sapiens. Eine erschütternde Geschichte, die deutlich zeigt, dass der »Aff« auch sprachlich am Ende war. Wer nur kraftlos undifferenzierte Hohnworte wie »her, her!« zu rufen vermag und diesem Gewöpsel obendrein kampftechnische Ziellosigkeit folgen lässt – den Pfeil schoss er in die Erde! –, hat den Anspruch auf Artenschutz verwirkt.

Oder war es eine weise Tat des »Affen«? Er selbst welk, genomisch ausgeleiert, sieht diesen strammen rotblonden Recken auf sich zureiten, sieht darin pralle Lebenslust auf Zukunft – und zielt mit seiner Armbrust bewusst auf die Erde. Wenig später soll er sich hinter der Mauer von Obereschenbach zum Sterben niedergelegt haben.

Und die Obereschenbacher? Haben sie dem letzten Neandertaler ein Denkmal gesetzt? Nein! Nicht umsonst hält sich der Volksreim:

»In Obereschenbach
Liegt jeder Bauer brach.«

Gott sei Dank ärgert das die Obereschenbacher noch immer weidlich.

Götz im Friendly Fire

Trotz allen Ungemachs für die Dörfler: Sie sahen einen der letzten Kämpfe, die Götz von Berlichingen mit zwei gesunden Händen ausführen konnte.

Schon zwei Jahre später hatte er eine weniger. Natürlich waren die Nürnberger dafür verantwortlich. Heutzutage heißt so etwas »friendly fire«, in das Götz während des bayerischen Krieges geraten war. Das war der Lohn, dass er ein einziges Mal in seinem Leben auf der Seite der Nürnberger focht. Er hatte es seinem Dienstherrn zu verdanken, der irgendwelche bayerischen Lande trotz eines gegenläufigen Testaments des Erblassers einsacken wollte.

Götz fand Gefallen an den Scharmützeln. Seine Schilderung des Handverlustes fängt er mit dem leichthinnigen Satz an: »Ich benahm mich wie ein junger Gesell, der gern und fröhlich lebt, und ich war der Meinung, als ich jung war, man müsse mich auch einen guten und braven Kerl sein lassen.«

Es war am Sonntag, dem 27. April 1504, Götz war 23 oder 24 Jahre alt, als er – von wegen Gottesdienst oder Feiertagsruhe und Totschlagspause! – sich auf sein Pferd schwang und die Front vor Landshut entlangritt.

»Die Feinde hatten eine vorteilhafte Stellung an einem Graben eingenommen, und ich hätte gern einen Speer mit ihrer einem gebrochen.« Götz hatte gut gefrühstückt, und wie sich unsereins zum Fußballplatz begibt, suchte er als Ablenkung ein kleines Kämpfchen, den eigenen Tod oder schwerste Verwundung einkalkulierend. Beneidenswert erfüllt vom Glauben ans Leben, ans Überleben!

Götz versuchte, bräsig auf seinem Pferd sitzend, immer näher an den feindlichen Graben heranzukommen, um irgendjemanden herauszulocken. Dass er deshalb die Landshuter mit garstigen Schmähreden aufzustacheln trachtete, verschwieg er. So soll er die Kleinstädter als »Stinkkübel« und »Ketzerteufel«

verunglimpft haben, einzelne sich bisher nicht an die Öffentlichkeit wagenden Forscher meinen, deutliche Anzeichen dafür zu haben, dass es Götz war, der erstmals vor Landshut den mittleren Finger seiner rechten Faust hoch in die Luft streckte.

Es war dies die letzte wundervolle Geste seiner rechten Hand, die Götz selbst sehen konnte. Vielleicht ahnte er, dass ihm soeben die Erfindung einer der traditionsreichsten Handbewegungen zwischen verbockten Verkehrsteilnehmern oder zerstrittenen Liebespartnern in aller Welt gelungen war, als ihn das Dröhnen und Pfeifen eines gewaltigen Kanonenschusses im Sattel nach vorne schleuderte.

Kein Berlichingen stürzt so leicht vom Pferd, er rappelt sich wieder zusammen, will die Zügel mit der Rechten scharf angreifen und merkt, das geht nicht, schaut runter, und sieht seine geschlossene Faust, den Mittelfinger noch ausgestreckt, nur an ein paar Hautfetzen neben dem Sattel hängen. Irgendwie machte die Hand auf seinen ehemaligen Träger den Eindruck, als würde sie ihn und nicht mehr die Landshuter verhöhnen.

Aus Gründen des Anstandes konnte Götz von Berlichingen diese Szene seinem Schreiber, immerhin einem Geistlichen, nicht ganz authentisch schildern, sodass sich die entschärfte Version in seinen eigenen Lebenserinnerungen so liest: »Wie ich nun so still halte und nach einer Gelegenheit ausschaue, da richten die Nürnberger das Geschütz gegen uns, und einer schießt mir mit einer Feldschlange den Schwertknopf entzwei, dass mir die Hälfte davon in den Arm ging und drei Armschienen dazu; der Schwertknauf lag in den Armschienen, dass man ihn nicht sehen konnte; es wundert mich jetzt noch, dass ich nicht vom Pferde gestürzt bin.

Die Armschienen blieben unbeschädigt, nur die Ecken, welche sich verbogen hatten, standen ein wenig hervor. Der andere Teil des Schwertknopfes und die Stange hatten sich verbogen, waren aber nicht entzwei, und ich glaube, diese haben mir zwischen dem Handschuh und dem Armrüstzeug die Hand abgerissen.

Der Arm war hinten und vorn zerschmettert. Als ich bemerkte, dass die Hand nur noch lose an der Haut hing und mein Spieß unter meines Pferdes Füßen lag, tat ich, als wäre mir nichts geschehen, wandte das Pferd gemach um und kam unbehelligt von den Feinden zu meinen Leuten.«

Imponierend, was Götz in kaltem Blute, das ihm heiß aus dem Armstumpf tropft, vollbrachte.

Der Feind pflegt Götz gesund

Es zahlte sich aus, dass Götz mehr Freunde als Feinde unter den Feinden hatte. Die Kampfhandlungen wurden eingestellt, wegen der besseren medizinischen Betreuung wurde er nach Landshut gebracht, wo man ihn im Haus seines Kumpanen Christoph von Giech aufs Fürstlichste versorgte. Er blieb dort über ein halbes Jahr. Kein Mensch rechnete mit seinem Überleben.

»Welche Schmerzen ich in der Zeit erlitten habe, kann sich ein jeder denken. Es war meine Bitte zu Gott, wenn ich seiner Gnade teilhaftig wäre, möchte er in seinem Namen mit mir hinfahren, ich wäre doch zu einem Kriegsmann verdorben.«

Recht hatte er, selbst Krüppel von Adel siechten meist nur als unnütze Fretter dahin. Auf Grund ihrer Behinderung neigten sie zu Bosheit und Verleumdungssucht. Haustyrannen, die auf ihren heimatlichen Burgen von früh bis spät über Kälte und Zugluft lamentierten, ihre Knechte vermehrt schlugen und sich, was in Adelsarchiven heute fortzensiert wird, vielfach an Haustieren bis hinab zum gemeinen, wenig an Sodomie interessierten Haushuhn vergingen.

Bei Götz von Berlichingen setzte sich Überlebenslust durch: »Mir fiel ein Knecht ein, von dem ich durch meinen Vater und alte pfalzgräfliche und hohenlohische Knechte gehört hatte, Köchli genannt, welcher auch nur eine Hand gehabt hat und im Felde dem Feinde gegenüber alle Dinge ebenso gut hat verrichten können wie jeder andere.

Ich betete zu Gott und dachte bei mir, auch wenn ich zwölf Hände hätte, und seine Gnade und Hilfe stände mir nicht bei, so wäre alles umsonst. Deshalb vermeinte ich, hätte ich auch nur wenig Ersatz durch eine eiserne Hand, ich wollte im Felde so tüchtig sein, wie irgendein anderer gebrechlicher Mensch.

Nachdem ich fast sechzig Jahre mit einer Faust Kriege, Fehden und Händel geführt habe, kann ich nicht anders finden noch sagen, als dass der allmächtige, ewige und barmherzige Gott wunderbarlich mit großer Gnade bei und mit mir in allen meinen Kriegen, Fehden und Gefahren gewesen.«

Götz reitet wieder auf Raub aus

Es begannen für ihn gute zehn Jahre, in denen er unter fadenscheinigen Begründungen Fehden mit Städten wie Köln oder Nürnberg vom Zaun brach, die Kaufleute dieser Städte zu Geiseln nahm und mehrfach nahe daran war, in die Reichsacht zu fallen und damit vogelfrei für jedermann zu sein.

Das hätten zu gerne die Kölner erreicht, denn Götz wurde ihr Feind. Er hatte sich der Sache Sindelfinger angenommen. Hans Sindelfinger war ein Schneider, dessen Hosen zwar immer wieder von den Kunden bemängelt wurden, der aber ein anderes Talent besaß: Er war ein glänzender Schütze, der drei Jahre zuvor in Köln ein Preisschießen gewonnen hatte.

Typisch für Köln (schon damals herrschte dort der Klüngel): Er wurde um das Preisgeld betrogen.

Kein besserer Schuldeneintreiber als Götz von Berlichingen. Er hatte einen ehrenhaften Grund, jeden Kölner abzugreifen.

Nichts ahnend ritten mitsamt Pferdewagen und Knechten zwei Kölner Kaufleute, Contz Heymen sen. und Contz Heymen jun., Vater und Sohn, auf Steinau zu. Sie wussten nicht, dass sie schon Minuten später völlig überraschend ihren Platz in der deutschen Geschichte erringen würden. Dort hinten, wo der stämmige Laubwald bis an die Straße ranreichte, blitzte es dort nicht?

War es nicht Stahl, nicht Rüstung? Wieherte nicht kurz ein Pferd? Raschelte es nicht so, je näher der trödelnde Zug kam?

Vater Contz Heymen kniff die Augen zusammen, brachte sein Pferd mit einem »Brr!« zum Halten. Aus dem Wald brachen wilde Kerle hervor, vorneweg ein rotblonder Schurke in glänzendem Visier, das er hochgeklappt hatte, mit der Linken die Zügel haltend, leicht im Galopp nach vorne gebeugt, mit der rechten Hand wie im Schraubstock eine Armbrust, die er so ruhig in einer anscheinend mit Eisenhandschuh bewehrten Faust trug, als würde er im Lehnstuhl sitzen.

Der alte Contz hatte was übrig für gute Reiter. Schon war der Kerl heran, und schon sah Contz Sterne.

Nach zünftiger Raubritterregel galt es, mit einem schnellen Hieb dem Angegriffenen den Schneid auf Gegenwehr abzukaufen. Götzens Spezialität war es, mit der Armbrust zu ohrfeigen.

Der Getroffene konnte sich nur schwer im Sattel halten, Blut floss ihm an der aufgerissenen Wange herunter. Dicht vor ihm tauchte zwischen sterbenden Sternen das an sich sympathische runde Gesicht eines kaum 30-jährigen Kerls auf, kaum älter als sein Sohn, der inzwischen von drei anderen Reitern umringt war.

Kutscher und Knechte saßen und standen stockstill vor Angst. Bei dem mageren Lohn lohnte es nicht, das Leben für die Herrschaft zu wagen. Götz schrie in des alten Contz' Gesicht: »Ergib dich, und du bist mein!«

Dann, als ob er den Grund seines Überfalls vergessen hätte, fügte er hinzu: »Äh, weil du kölnisch bist!«

Contz nickte, hob die Hände, um zu zeigen, dass er sich in sein Schicksal ergebe. Sechs Reiter waren es, die ihren kleinen Zug überfallen hatten.

»Ich bin Götz von Berlichingen«, schrie dieser, während er den Wagen entlangritt und mit einem Schweinsspieß, den er jetzt statt der Armbrust in der Hand hielt, die Plane vom Wagen hob.

»Ihr seid meine Gefangenen. Wer sich widersetzt, den töte ich, weil ihr kölnisch seid!«

Dem jungen Heymen war das Geschrei zu laut. Angst hatte er nicht, zu viele Geschichten von Raubritterüberfällen hatte er in seiner Jugend gehört. Damit wuchs ein Kaufmann auf, meistens gingen die Geiselnahmen friedlich aus, man zahlte eben sein Lösegeld, lernte interessante Menschen aus adligen Kreisen kennen, konnte sogar günstige Geschäftsverbindungen anbahnen, wie er von manch reichem Kölner Kaufmann gehört hatte. Also gab man sich darein.

»Verzwunzen! Verzwunzen!«

Götz gab seinen Kumpanen ein paar Befehle, die stießen die Knechte und Fuhrleute von den Wagen weg, banden ihre eigenen Pferde dran, setzten sich selbst auf den Kutschbock und lenkten mit Geschrei und geklauten Peitschen die Wagen übers Feld in den Wald.

Götz befahl dem Knappen, der nicht mit den Karren im Wald verschwunden war, die beiden Heymens auf ihren Pferden zu fesseln, die Hände an den Sattelknauf, die Zügel an den Schweif des Vorderpferdes.

»Nein, tu's nicht«, schrie er, »ich will scharf durchreiten!«

Er nahm selbst die Zügel des Pferdes von Contz senior, sein Kumpan die vom Junior, und sofort galoppierten sie auf den Wald zu.

Plötzlich, die Straße kann es noch heute erzählen, machte Götz von Berlichingen kehrt, ritt bis zur Straßenmitte zurück, hob sich im Sattel, drehte das Pferd in einer Pirouette, spitzte auf nachgerade komische Weise seine Lippen und flötete heiter mit überschnappender Stimme in alle vier Himmelsrichtungen das Wort »Verzwunzen! Verzwunzen!«

Und schon flog er auf seinem Fuchs dem Waldsaum zu. Von ferne hören die aufgeregt schnatternd davontrampelnden Fuhrleute ein schnappendes Geräusch und sehen im Blitzen der Sonne, wie Götz von Berlichingen den Mittelfinger seiner eisernen Faust nach oben ins Himmelsblau schnellen lässt.

Intensiver Forschertätigkeit hat es bedurft, Götzens verbalen Ausritt vor Steinau einzuordnen. Sicher handelte es sich hierbei um einen so genannten »Ahnungsvorstau«, der immer wieder in der Geschichte Deutschlands bei Einzelpersonen auftaucht. »VERZWUNZEN«, schreiben die Gebrüder Jacob und Wilhelm Grimm in ihrem Deutschen Wörterbuch, »adj., unregelmäßige partizipialbildung starker flexion zu nur vereinzelt belegtem schwachen vb. verzwinzen … ausgangspunkt der bedeutung ist die vorstellung des zierlich bzw. geziert oder schelmisch verzogenen mundes, die dann auf die entsprechende innere und äußere Haltung übertragen wurde.«

Wie das? Götz und Grimms?

Der Ahnungsvorstau ist im Nachhinein leicht zu erklären. Die Gebrüder Grimm verbrachten als Kinder ihre glücklichsten Jahre (noch nicht besessen von Wort- und Märchensammelwut) genau an jenem Ort, an dem über 200 Jahre zuvor Götz die Heymens überfallen hatte.

Es war das Amtshaus am Mühlberg, das weit nach Götz dort gebaut wurde. Später haben die Brüder öffentlich nie ein Wort darüber verloren, dass sie eines seligen Kindertages unter dem schwingenden Schatten einer sonnenbestrahlten Eiche die geflöteten Worte »VERZWUNZEN« hörten. Geheimnisvoll. Sich wiederholend im Rauschen des lichtgrünen Laubs.

Die beiden dicken Grimm-Kinder mit ihren überdimensionierten Köpfen und den wulstigen, zum Ärger ihrer Mutter immer schmatzenden Lippen saßen stumm im Moos, bevor sie, kaum war die geheimnisvolle Stimme verstummt, einen lebenslang erbittert im Geheimen geführten Kleinkrieg gegeneinander begannen, ob die Stimme »Verzwunzen« gesagt habe, wie Jacob behauptete, oder »Rapunzel«, wie Wilhelm meinte.

Sie bewarfen einander mit rausgerissenem Moos, versuchten sich gegenseitig in der Kinzig zu ertränken, verdroschen sich mit zwei morschen Hölzern, die sie aus dem Waldboden gerissen hatten, nicht ahnend, dass sie vom Heymenschen Kaufmannswagen stammten, der von den Gefährten des Raubritters Götz von Berlichingen ausgeraubt und zerschlagen worden war.

Götzens Ahnungsvorstau und dem daraus resultierenden gegenseitigen Hass der Gebrüder Grimm haben wir ihre stupenden kreativen Leistungen wie die Märchensammlung oder das Wörterbuch zu verdanken.

Die Erfindung des Puzzles

Das alles ahnten die beiden Heymens nicht, die in einem verwegenen und rücksichtslosen Galopp, ohne zu essen oder zu trinken, so wie es Götz von Berlichingen liebte, bis nach Burg Jagsthausen, seiner Heimstätte, getrieben wurden.

Dort riss man sie vom Pferd und kettete sie beide im Pferdestall an. Das hatte den Vorteil, dass es warm war, man auf Stroh liegen konnte, auch wenn Fliegen und anderes Getier eine schauderhafte Plage darstellte, die man mit gefesselten Händen nur schlecht bekämpfen konnte.

Es folgten Tage und Nächte, in denen sich Vater und Sohn wirklich kennen lernten, wie überhaupt zu vermerken ist, dass wochen- oder monatelange Gefangenschaft oftmals zur Besinnlichkeit bei den sonst nur raffgierigen Kaufleuten alias Pfeffersäcken führte. Es besteht die Vermutung, dass sie es waren, die in der Gefangenschaft von Raubrittern den Sinnspruch »Selten ein Schaden, ein Nutzen dabei« aus ihrer Seele schöpften.

Götz von Berlichingen wollte die beiden Kölner gegen ein ungehöriges Entgelt losschlagen. Es müssen wunderliche Gespräche gewesen sein, wenn Götz in den Stall ging, jedem der beiden gefesselt auf Stroh hockenden Geiseln einen Apfel mitbrachte, fragte, ob es ihnen auch an nichts fehle und stracks das Gespräch auf die 1300 Gulden Lösegeld brachte, vielleicht auch ein bisschen jammerte, dass ihn ihre Unterbringung recht teuer käme, alles in allem eine unfeine Verspottung der Heymens, die ihn wiederum davon unterrichteten, dass sie ihre großen Kaufmannswagen in Leipzig hätten, daraus könnten sie das Lösegeld schöpfen.

Was blieb Götz anderes übrig als einzuwilligen?

»Ich behielt den Sohn zurück, weil der Vater alt war und ich der Meinung war, dass der Sohn eher die Gefangenschaft ertragen könnte.«

Götz verpflichtete Vater Contz, sich sogleich nach Leipzig zu begeben, mahnte ihn auch, vorsichtig zu sein. Vermutlich – oh, wie ironisch konnte er sein! – hat er den alten Heymen auf die Gefahr von Raubritterüberfällen hingewiesen, jedenfalls klingt es so, wenn man seinen Worten folgt: »Ich hatte ihm den Rat gegeben, er möchte mit Kaufleuten von Nürnberg oder sonstwoher aus Leipzig wieder herausziehen auf Coburg oder Bamberg zu, das wäre der sicherste Weg. Ich gab ihm auch ein Handschreiben und meinen Buben mit und band ihm in sein Gelübde und Versprechen mit ein, dass er in einer von mir bezeichneten Herberge wohnen sollte.«

Wie hat er das Gelübde abgenommen? Musste sich der alte Contz, der auf dem Stroh hockte, hinknien, die gefesselten Hände zum Schwur heben?

Wahrscheinlicher ist, dass ihm die rechte Hand gelöst wurde, damit er sie germanischem Brauch zuliebe hochheben konnte. Götz nuschelte die Eidesformel im Eiltempo her – er hatte die Formel schon zu oft gesagt –, dass sich nämlich Contz Heymen jederzeit getreulich zu verhalten, das Lösegeld auf schnellstem Wege herzubringen, sich auf der Reise keinen Ausschweifungen hinzugeben habe. Und wenn ihm sein Bube mit Namen Thoma Kretzer in der Limburger Herberge einen Zettel zeige, der eine Ergänzung des ihm hiermit Mitgegebenen sei, solle er ihm, hoffentlich schwer beladen mit Talern, folgen. Alsbald würde er frei und mit seinem Sohn vereint sein, so wahr ihm Gott helfe.

»So wahr mir Gott helfe«, wiederholte der alte Contz, wobei

ihm eine sensationelle Idee kam, als er beobachtete, wie Götz vor ihm ein Stück Pergament, das er in seiner eisernen rechten Kralle hielt, mit der linken Hand in vier unterschiedlich große Fetzen riss, sie wieder zusammensetzte, zufrieden nickte und sie verteilte.

Erst gab er dem alten Contz ein Stückchen, dann Thoma Kretzer, der ihn begleiten sollte. Zuletzt und »zur Sicherheit«, wie er hinzufügte, steckte er auch dem gefesselten jungen Contz einen Fetzen hinter das linke Ohr. Götz selbst nahm sich das letzte Fitzelchen.

Dem alten Contz ratterte das Hirn wie selten zuvor. Daraus kann ich ein Spiel machen! Das ist kinderleicht...halt, das ist für Kinder ein Spiel, man braucht nur eine Zeichnung in viele Fetzen zerteilen und es die Kleinen wieder zusammensetzen lassen. Götz ahnte nicht, dass ihm Contz sen. soeben eine umwerfende Idee geklaut hatte.

Der Alte umarmte seinen muffig riechenden Sohn im feuchten Stroh und schwor ihm: »Ich werde wiederkommen, und wenn es mich den letzten Taler kostet!«

Der junge Contz sank voller Hoffnung ins Stroh zurück.

Vater Contz und Götzens Bube, ein freches, gewitztes Kerlchen, machten sich in Richtung Leipzig davon. Man hätte ihre Spur leicht verfolgen können, wie von Sinnen zerriss Vater Contz Heymen, auf dem Pferde umherschwankend, einen teuren Papierbogen nach dem anderen in die wunderlichsten Fetzen, versuchte sie wieder zusammenzusetzen, verlor jede Menge Schnitzel, lachte zwischendurch begeistert auf, während ihn Wolken von Fliegen umsummten, was Götzens Buben zu der Überlegung brachte, man sollte Geiseln hin und wieder in den Burgbrunnen tauchen, der Gestank sei zu gemein, wenn sie einige Wochen im Stall oder im Verlies herumgelegen waren.

Ein treuloser Geiselvater

Contz Heymen hatte durch Götz von Berlichingen das Puzzle erfunden. Er nannte es »götzeln«, dachte nur daran.

Götz über den alten Contz: »Er wurde treulos und meineidig an mir und seinem Sohne und verriet meinen Buben, sodass ihn der Bischof von Bamberg, Georg von Limburg, einsteckte.«

Es war für einen ordentlich seinem Wegelagererhandwerk nachgehenden Raubritter immer eine Katastrophe, wenn sich die andere Seite nicht an den Codex hielt. Diese leidvolle Erfahrung machte Götz zum ersten Mal. Vater weg, Bube weg, Lösegeld weg, nutzlose Geisel im Stall. Götz setzte sich hin und »schrieb sofort an den Bischof, er sollte mir den Buben ohne Lösegeld losgeben, denn ich hätte keine Untreue gegen ihn begangen. Wenn er sich weigerte, so müsste er es meinem Nachdenken überlassen, wie ich den Buben losmachte.«

Das beeindruckte den Bischof nicht. Und drohen ließ er sich schon gar nicht. So sind sie, die hohen Herren, unterschätzten immer wieder diesen komischen Kerl mit der eisernen Hand.

»Ich warf dem Bischof in acht bis zehn Tagen einen Bundesrat und einen einspännigen Knecht nieder und machte dadurch meinen Buben wieder frei.« Das war Götzens energische Reaktion: Er legte sich auf die Lauer an irgendeiner Straße, die ins bambergische Gebiet führte, und ritt jeden mit Geschrei und erhobener Lanze oder schussbereiter Armbrust an, der des Weges kam. Die meisten hatten schier einen Herzanfall, wenn sie ihn mit zwei oder drei Knechten hinter irgendeinem Busch oder aus dem nahen Wald hervorbrechen sahen.

Im aufstiebenden Staub brachte Götz dicht am Unschuldigen sein Ross zum Stehen und schrie ihn an: »Bist du bambergisch?«

»Nein«, schrie der arme Kerl auf seinem kleinen Pferd zurück, er hatte Kessel am Sattel hängen, war ein armer Gesell, ein Kesselflicker.

Götz atmete tief durch, lachte auf, tippte den Kesselflicker mit seinem Schweinsspieß an die Schulter und sagte: »Nichts für ungut, ich brauch einen Bambergischen.« Und ritt wieder in Lauerstellung.

Götzens drei Knechte fanden das alles nicht lustig. Siebzehn Mal hatten sie an diesem Tag schon mit großem Geschrei irgendwelche Passanten angeritten, um sie zu überfallen, aber keiner erklärte sich als bambergisch, obwohl »manch dralle Wachtel«, wie sie reiche Reisende auch nannten, vorbeizog.

Die Knechte waren schon außer Atem, was ein danach vorbeiziehender wohl beleibter Bundesrat – endlich einer im Dienste des Bischofs – handfest zu spüren bekam. Die Hinterhältler ritten ihn über den Haufen, sodass er unter seinem Pferd zu liegen kam, aber unverletzt wieder aufstand.

»Wusst ich's, Dickschwarte« schrie Götz, »nicht mal ein Pferd drückt dich platt!«

Er zog ihn bis auf die Haut aus, weil er wusste, dass diese fetten Bundesräte wie der gemeine Kaufmann ihre Kleinodien immer dicht am Leib transportierten, was auch hier der Fall war.

»Kommst mir nit nach Haus mit dem Juwel!«, lachte Götz und riss ihm das Geschmeide vom nackten Bauch.

Er zwang ihn, einen Brief an seinen Herrn zu schreiben, damit der Bamberger Bischof wisse, dass es nunmehr ans Eingemachte ginge, wenn man nicht Götzens Bube Thoma Kretzer freigebe. Und rums, nach drei scharfen Nachtritten, die dem fetten Bundesrat, er wollte es sich kaum eingestehen, eigentlich ungeheuer Spaß brachten und ihn an seine wilde, sorglose Jugend erinnerten, lag er, pardauz, auf Jagsthausen gefesselt im Stroh, neben dem inzwischen flacher atmenden jungen Contz. Und schrieb entsetzt sofort den zweiten Jammerbrief.

Der Bamberger Bischof soll nach Erhalt der beiden Schreiben einen bisher in der deutschen Sprache nicht geläufigen Fluch ins Palais geschrien haben, bevor er Befehl gab, Götzens Buben sofort freizulassen und heimzuschicken.

Der arme junge Contz lag beinahe ein Jahr auf Jagsthausen.

Götz drohte der Stadt Köln, mehr Kaufleute niederzuwerfen und sie lieber gleich zu töten als sich so ein langes Beschwernis wie mit dem jungen Heymen anzutun, über den er anfügte, »ob er solcher gefenkniß verdurb oder sturb«.

Götz ergaunert ein Vermögen

Der junge Heymen dämmerte wirklich dem Heimgang in die Ewigkeit entgegen. Vielleicht hätte er seinem Vater sogar verziehen, wenn er gewusst hätte, dass der in Köln unablässig an seinem Puzzle arbeitete, um es irgendwie widerstandsfähiger zu machen. Schon hatte er alle Buchrücken zerschnitten, nur unwillig beantwortete er Anfragen des Kölner Stadtrats, wie man bezüglich seines Sohnes verfahren solle.

Nein, auf Contz sen. lag kein Segen. Nachbarn, Freunde und Geschäftspartner begannen, ihn zu verachten, und eines Tages fegte seine Frau das Schnitzelwerk, »dieses grässliche Gegötzel«, in den Ofen, wovon er sich nie wieder erholte. Zu wissen, eine Weltidee gehabt zu haben und sie an der Ignoranz familiärer Umwelt scheitern zu sehen, nahm ihm den Verstand.

Im Herbst gab Köln dem Druck seiner besorgten Kaufleute nach, einigte sich mit Götz. Der ergatterte ein Vermögen. 1000 Rheinische Goldgulden wurden ihm für den treffsicheren Sindelfinger und zwecks Erstattung seiner Fehdeunkosten übergeben. Wie viel er dem Schneider davon abgab, verschweigt er.

Die ursprüngliche Summe, die Sindelfinger von Köln verlangt hatte, belief sich auf 105 Gulden, was zeigt, dass der Stadtrat das Geld der Bürger zum Fenster hinauswarf, eine Eigenart, die er bis heute beibehielt und durch einen einmal im Jahr stattfindenden Karnevalsumzug zu verdecken sucht.

Am 28. November 1510 war alles wieder Friede, Freude, Eierschmalz. Und Götz ein wohlhabender Mann. Ihm reichte das nicht, obwohl, mit 30 Jahren und einer wie angewachsen sitzenden eisernen Hand, geliebt und verehrt von seiner Adelsschicht, gefürchtet vom Volk, populär wegen seiner lebhaften, lustigen Art, sofern er einen nicht gerade niederstach oder einem seine Armbrust an den Hals warf, ein echtes Raufkind seiner Zeit.

»Da ist gut schnappen«

Nichts weiß der Historiker über das Weiterleben des insgesamt über zwei Jahre im Pferdestall festgebundenen Sohns. Das Gerücht, er wollte nach der Erlösung zu Hause nur im Stall schlafen, lässt sich nicht verifizieren. Möglich scheint es. Auffällig soll gewesen sein, dass seine Sprache, wenn er überhaupt sprach, dem Gewieher von Pferden ähnlich klang und somit die Mitbewohner des Heymenschen Hauses nervös machte.

Das einzig Erfreuliche: Frau Heymen nahm sich einen Geliebten, der später am Kölner Dom von einer abbrechenden gotischen Spitze durchbohrt wurde. Tot.

Umso lebendiger und einhändig kerngesund Götz von Berlichingen, der in seinen Lebenserinnerungen unverblümt ehrlich den Satz schrieb: »Nun will ich niemand bergen, ich hätte willen, auch deren von Nürnberg feind zu werden und gieng schon mit der sachen umb.«

Was er brauchte, war ein halbwegs tauglicher Fehdegrund. Den kratzte Götz daher, einmal mit dem von einem Nürnberger Reiter ermordeten Georg von Geislingen, obwohl die Sache schon längst friedlich beigelegt war. Das kümmerte Götz nicht.

Der zweite Grund ist noch wunderlicher. Man stelle sich vor, als Fritz von Lidwach friedlich zu Hause zu sitzen, keinerlei Streit mit irgendwem zu haben. Überraschend erfährt man, dass ein gewisser Götz von Berlichingen die mächtige Stadt Nürnberg angreife, um Fritzens Ehre wieder herzustellen.

Es bleibt nur übrig, sich gegen den Missbrauch zu verwahren, was Lidwach in einem geharnischten Brief an Götz tut. Ohne Erfolg. Götz beginnt seine berühmteste Fehde, sprich Überfall im Namen Lidwachs. Ein gediegenes Stück Raubritterei. Eine Perle unter den Überfällen der Heckenreiter. Eine ausgeklügelte taktische Leistung – nur für Kampflüsterne, versteht sich. Den Opfern erschien es als ein besonders grausames, tückisches Unternehmen.

Pfingsten 1512 versammelte Götz dazu den Großteil seiner Verwandten, seine Brüder, Vettern und bösen Onkels der mütterlichen Seite: die Thüngens.

Götz wusste, dass ein reich bestückter Kaufmannszug, der von der Leipziger Ostermesse kam und in Bamberg den heiligen Pfingsttag feierte, am Pfingstmontag weiter nach Nürnberg ziehen würde.

Neben Götz war Hans von Selbitz Anführer, gleichfalls ein begnadeter adliger Wegelagerer. Der Einbeinige ritt verwegen wie ein Junger. Seine Spezialität war dank des Beinstumpfes die blitzschnelle Drehung im Sattel nach hinten, sodass er die Häscher zielgenau beschießen konnte.

Ein lieber Kerl unter Freunden, ein mörderischer für seine Opfer, Gnade war ihm ein Hasswort. Sicher war er psychisch krank. Das wurde als gesund empfunden.

Morgens gegen vier Uhr ritten sie leise los, zwischen ihnen ebenso leise ihre Knechte. Die Hufe der Pferde hatten sie umwickelt, die Nüstern verhängt, um das Schnauben zu dämpfen. Der Waldboden säuselte weich an diesem 18. Mai. Es war kühl, die Aussicht auf Beute hielt sie warm. Sie ritten kurz jenseits des Waldsaums zwischen Neuses und Forchheim auf die so genannten Weichselgärten zu, einer hinter dem anderen.

Als Führer diente ein gewisser Lienhard Pirckheimer oder Birkner, der, Götz machte einen Witz darüber, seinen Kopf eng zwischen seine Schultern einzog, so als ob er den Hals schützen wolle.

Wieder ein Ahnungsvorstau! Pirkheimer wurde zwei Jahre später in Nürnberg geköpft.

Er führte die 130 Mann zu einer Furt in der Regnitz, die von den Kaufleuten auf ihrem Weg in die Heimat durchquert werden musste. Die Furt ist in den von Götz hinterlassenen Aufzeichnungen benannt. Irgendwann muss er sie mal einem Nürnberger Streifenführer geklaut haben, dieses »Register der hellt und furt umb Bambergk und Nürnberg«.

Für jeden Wegelagerer ein unschätzbares Handbuch. Von den Nürnbergern angefertigt, um gerade dort bei größeren Zügen wachsam zu sein. Jedenfalls ist an einer Stelle der Regnitz bei Peutzfeld zwischen Neuses und Forchheim der Eintrag zu lesen: »do ist schnapen gut.«

Jedenfalls für die »Schnapphähne«, wie die Raubritter auch genannt wurden. Beschrieben wird »ein Furt daselbst auf Pautzfeld zu und zu Pautzfeld ein guter Halt, Hegnau genannt«.

Die 55 Kaufleute, die nach bestem Frühstück gemächlich und sehr früh Bamberg verlassen hatten, werden diesen Ort nie mehr vergessen haben, diese Furt an diesem hundsgemeinen Tag.

Die vermummt lauernden Reiter und Knechte sahen die schwer beladenen Ochsen- und Pferdekarren entlangrumpeln, dazwischen auf Pferden die selbstbewussten Kaufleute. Ihr Lachen und einzelne Gesprächsfetzen dringen bis zu den Raubrittern herüber.

Götz konzentriert sich auf die militärische Begleitung. Bamberger Reiter, ein schwaches Häuflein. So wie die im Sattel hängen, haben sie am Abend zuvor die Erscheinung des Heiligen Geistes mit geistigen Getränken zu arg gefeiert. Die Bamberger waren schon immer dem Trunke zugetan, das hat sich bis heute nicht geändert.

Der lange Zug nähert sich der Furt. Der erste Wagen, hoch aufgeladen, zieht in die träge fließende Regnitz hinein. Die anderen Wagen folgen. Langsam bewegt sich der Zug, die Nachfolgenden warten ruhig und ratschend am Ufer, als Götz das Signal gibt.

»Los!«, zischt er und gibt seinem Pferd die Sporen. Er bricht durch das Unterholz, stimmt sein etwas fisteliges Geschrei an, bei dem ein Kaufmann mit Namen Hermann Krafft erschrocken ausruft: »Mein Gott, nicht schon wieder! Diese Fistelstimme kenne ich! Das ist der Götz, der hat mich schon zweimal gefangen!«

Er sieht, wie neben Götz von Berlichingen auf breiter Front vermummte Reiter und ihre stark bewaffneten Knechte hervorstürmen. Großes Geschrei, das die Raubritter gemäß ihrer Erfahrung durchhalten, bis sie an den versteinerten, weich gekleideten Kaufleuten dran sind und auf sie einschlagen und einstechen. Blut fließt, was die trunkenen Bamberger Reiter so verschreckt, dass sie Reißaus nehmen.

Die Kaufleute sind den Vermummten hilflos ausgeliefert.

Es war der prächtigste Familien- und Sippentag, den die Berlichingen und Thüngen miteinander in und an der Regnitzer Furt feierten: Götzens Onkel Neidhard von Thüngen drehte einem kleinwüchsigen Kaufmann den Goldring vom Finger. Die zwei anderen Thüngen-Onkel rissen einem Nürnberger die Hosen runter, watschten sein Gesäß kreuzweise mit den flachen Seiten ihrer Lanzen, bis der die goldenen Gulden rausschiss, die jubelnd begrüßt wurden. Götzens Bruder Philipp kniete auf einem Kaufmann, der kitzlig war und mit schreckaufgerissenen Augen lachte, als er ihn abtastete, bis er die um den Bauch gebundene Geldkatze gefunden hatte.

Götzens anderer Bruder Wolf, der sportlichste Berlichingen, stach einem Fuhrknecht durch den Bauch, sodass der blutbesudelte Kutschbock eines Kaufmannswagen für ihn frei wurde. Er wirft dem Knecht die Zügel seines Pferdes zu und springt direkt vom Sattel hinüber auf den Bock, treibt die Pferde mit aufreizendem »Hü« in die Furt.

Besonders aggressiv verteilt Götzens Vetter Bernhardt von Thüngen Kinnhaken mit dem Knauf seines Schwertes, das Geschrei der Angreifer wird mehr und mehr vom Geschrei des Schmerzes übertönt, Götz fistelt über allen Lärm hinweg: »Ihr seid alle unsere Gefangenen! Wer sich wehrt, wird niedergestochen. Und zwar so!« Er sticht einen Kaufmann ins Schulterblatt. Der schreit und fällt.

»Stell dich nicht so an!«, zischt ihm Götz zu.

Alles klappt wie vorbereitet. Schon sitzen die eigenen Knechte auf den Wagen, schon sind die Kaufleute auf ihre Pferde gefesselt, schon stieben die Reiter rings um den Kaufmannszug ins flache Wasser der Regnitz, das aufsprüht in der Morgensonne. Pferde wiehern, der Blutgeruch lässt Fliegen auf die von Angst, Schrammen und Messerstichen gezeichneten Gesichter und Leiber der Überfallenen niederstürzen. Schon verschwindet der Zug in den Wäldern.

Hühner und keinen Korb

Vor Lebenslust pochte selbst die rechte Hand, die er schon acht Jahre zuvor verloren hatte. 55 Kaufleute in seiner Gewalt. Götz genoss es, genießt es in der Rückschau im hohen Alter. Sei es ihm gegönnt. Alle 55 Kaufleute kamen frei, zunächst in einzelnen Gruppen all jene, die nicht nürnbergisch waren. Das waren 25. Kleiner Nachteil für sie: Ihre Waren und Preziosen, ihre Leipziger Geldgewinne bekamen sie nicht zurück.

Mit den 30 verbliebenen Kaufleuten ritt er wie der Teufel, stoppte zwischendurch stundenlang, weil es ihm nicht gelang, seine adligen Freunde zu bewegen, ihre Burgen und Kerker für so viele Geiseln zu öffnen. Geld ja, Menschen nein.

Der Grund war klar: Das Heilige Römische Reich Deutscher Nation stand Kopf. Dieser Überfall sprengte das normale Maß an Gewalt auf den Straßen. Wer unter den Kaufleuten nicht sicher im Reiten war, der lernte es jetzt. Bis zu vierzig Stunden saßen sie ohne Essen und Trinken im Sattel, manchmal mit verbundenen Augen und manchmal, wenn wieder eine Burg die Aufnahme verweigerte, hörten sie Götz fluchen: »Da hab ich Hühner und kann keinen Korb dafür bekommen!«

Endlich konnte er in drei verschiedenen Schlössern seine lebende Beute anketten. Die Gefangenen waren nervlich und körperlich am Ende.

Viele haben seelische Schäden fürs Leben davongetragen.

Götz lebte seine niederen Instinkte aus. Er ließ, weil er den Nürnberger Goldschmied Derer einfach nicht leiden konnte, selbigen einen Tag lang mitten im Wald an eine knorrige Eiche binden. Das wäre noch gegangen, auch dass er nichts zu trinken und zu essen bekam. Schlimm war jedoch, dass mit ihm auf kunstvoll-grausame Weise drei weitere Kaufleute an den Baum gebunden wurden, »kreuzweise«, wie Derer es in seiner späteren Zeugenaussage in Nürnberg beschrieb.

Es wird sich um die horrible, nie bewiesene »Schwäbische Katze« gehandelt haben, ein enorm schmerzhaftes Fesselverfahren, bei dem mehrere Menschen abwechselnd kopfoben und kopfunten bauchweise übereinander so stramm und sich zum Nächsten seitwärts überlagernd aneinander gefesselt werden, dass sie kaum atmen können. Atmet der eine ein, presst er dem anderen den Atem ab, und umgekehrt. Überleben kann die Schwäbische Katze nur, wer sich mit den anderen im Dreivierteltakt atmend abwechselt. Was eventuell vorbeikommende Spaziergänger unfreiwillig beschwingt.

Götz muss in diesen Tagen und Nächten durch die Absagen seiner adeligen Kumpane nahezu um den Verstand gebracht worden sein. Er hat an der gleichen Eiche, an der sich der arme Derer und seine drei Leidensgenossen ihr Leiden aus dem Leib atmeten, über einen starken Seitenast, heute dort zu sehen, ein Seil geworfen.

Er band dem armen Hermann Krafft, obwohl er ihn schon zweimal gefangen genommen und Lösegeld erpresst hatte, die beiden Arme auf den Rücken, befestigte das Seil an den härenen Handfesseln und zog eigenhändig, als sei er Folterknecht in einem ordentlich geführten Folterkeller der damaligen Justiz, den Hermann Krafft an den nach hinten gebogenen Armen die Eiche empor.

Was sollte Herr Krafft aussagen? Während er an der Eiche hing, an den nach hinten gedrehten Händen, die Schmerzen seines Lebens verspürend, nahm sich der Berlichinger Kraffts drei Knechte vor, verhielt sich ihnen gegenüber so unmenschlich wie später Thomas von Absberg, der Handabhacker: Er zwang sie, ihre rechte Hand auf den neben der Eiche liegenden umgestürzten Buchenstumpf zu legen, um sie mit seinem Schwert abzuschlagen.

Wollte sich Götz an Unschuldigen rächen? Wollte er ihnen antun, was ihm selbst passiert war: die rechte Hand zu verlieren?

Die drei Knechte schrien, jammerten, bettelten, Götz stand mit dem Schwert vor ihnen, er schwitzte, sein rundes Gesicht sah gar nicht mehr sympathisch aus.

Es mag Hans von Selbitz gewesen sein, der Einbeinige, der in seiner ruhigen Art sagte: »Götz, lass gut sein, Geld ist mehr wert als Menschenfleisch, lass den Krafft für seine Knechte auf 500 goldene Gulden bürgen!«

Götz brach ab, als sei er erwacht, steckte das Schwert in die Scheide, knüpfte das Seil los, an dem Krafft hing. Bevor er ihn auf die Erde ließ, schrie er ihn an: »Bürgst du für die drei?« Und riss am Seil.

Krafft stöhnte auf, kann nur ein »'s gilt!« flüstern, Götz lässt das Seil los, Krafft fällt auf den Waldboden, seine Knechte lösen den Ohnmächtigen von den Fesseln. Götz war sauer, ließ von der grausamen Linie nicht mehr ab, ließ Krafft später auf Burg Zeitlofs für achteinhalb Wochen mit Händen und Füßen im Pferdestall in einen Stock schließen.

Noch einmal wurde Götz von seiner Handobsession heimgesucht, als ihm die gepflegten Hände des einspännigen Knechts Klaus Grosch auffielen, der keinen Bürgen für Lösegeld fand, noch selbst eines aufzubringen wusste.

Götz zwang dessen Hände in ein Rundeisen mit nach innen gerichteten spitzen Nägeln, dass Grosch »schier unsynnig wäre worden«. Wer so ein grausliges Gerät bei der eisernen Hand hat, wie dieses wahrscheinlich vom selben Kunstschmied gefertigte, muss sich in alle Ewigkeit hinein die Frage gefallen lassen, wie oft er das Marterinstrument bei wie vielen anderen Gefangenen eingesetzt hat.

Sicher gab es neben dröhnendem Humor, Schreibtalent,

wildem Kampfesmut, Zivilcourage den schwarzen Teil seines Charakters, den er dem geistlichen Aufschreiber tunlichst verschwieg.

Der Aufruhr im Reich hielt an. Nach ihrer Lösegeldzahlung empfindlich ärmer gewordene Kaufleute fielen vor dem damaligen Kaiser Maximilian in Augsburg auf die Knie, zeigten ihre vernarbten Hände, Gesichter und Hälse und flehten Seine Majestät an, mit der ganzen Gewalt des Reiches über die Heckenreiter herzuziehen, vor allem über Götz von Berlichingen und Hans von Selbitz. Der Kaiser lachte und gab ironisch zurück: »Heiliger Gott! Heiliger Gott, was soll das werden? Der eine hat nur eine Hand, der andere nur ein Bein – wenn sie erst zwei Hände und zwei Beine hätten, was würdet ihr dann tun!«

Stolz zitiert Götz die lobende Sentenz in seinen Erinnerungen.

»Er möchte mich hinten lecken!«

Götz, Anlass zur Puzzle-Erfindung, Götz, Meister des Ahnungsvorstaus und dadurch Energieturbo für die aus lebenslangem Hass aufeinander gemeinsam geleisteten großen Werke der fettäugigen Gebrüder Grimm, dieser Götz war auch Künder einer analorientierten Aufforderung, die ihn durch Johann Wolfgang von Goethe unsterblich machte.

Sein berühmter Satz fiel während einer seiner wirrsten Fehden, der gegen den Bischof von Mainz. Die zog sich hin, sodass Götz herumritt und anscheinend nicht so recht wusste, was er als Nächstes unternehmen sollte. Anders kann man die Sätze aus seinen Memoiren kaum verstehen: »Nun war ich des Sinnes, die Landesgegend ein Weilchen unsicher zu machen und mein Heil weiter zu versuchen, um mich ein wenig zu rächen, brannte demnach in Begleitung von nicht mehr als sieben Mann drei Orte nieder, Ballenberg, Oberndorf und das Schafhaus zu Krautheim unter dem Schlossberg.«

Einfach so. Zwei biedere Dörfer und eine Tierherde in einem großen Gemeinschaftsstall.

An dieser Stelle hat ihn der Pfarrer, dem der alte Götz seine Memoiren diktierte, zu nachfolgendem Satz gedrängt: »Gern hab ich nicht gesengt und gebrannt. Diesmal aber geschah es, weil ich wollte, dass der Amtmann herausrücken sollte, und hielt deshalb wohl ein bis zwei Stunden zwischen Krautheim und Neuenstadt in einer schneehellen Nacht.«

Der Amtmann hieß Marx Stumpf von Schweinsberg und soll, obwohl adelig, ein besonnener Kopf gewesen sein.

Götz reitet auf und ab, oben das Schloss, unten die brennenden Fackeln. Die nächste Bauernkate geht in Flammen auf, immer näher wagt sich Götz mit seiner kleinen Schar ans Schloss heran, legt Feuer an die ersten Vorwerke der Schlossanlage.

Die Wachen auf den Schlossmauern schauen dem Treiben zu. Dazwischen, vom gewaltigen Bauch her deutlich im hellen Mondlicht auszumachen, der Amtmann.

Götz schreit hinauf: »Komm, Schweinsberg, du Schweinskopf, komm heraus! Der Teufel wartet dein, der Götz mit der eisernen Hand!«

Der Amtmann schreit zurück: »Brenn nur weiter, du Galgenstrick! Du Strauchdieb, Heckenreiter, Schnappsack, du feiger adeliger Lump, deine Zeit ist bald um, baumeln wirst du am Strick, hörst du, am Strick! Schwenk nur die Fackel, seng nur das bischöfliche Land, wir kommen über dich, hörst du, wir kommen! Räuchern werden wir dich!«

Laut hallt Schweinsbergs Stimme durch die Winternacht. Götz hört zu, still in seinem Sattel sitzend, die Fackel in der eisernen Rechten, dampfend sein Atem, der Fackelschein zaubert tausend blitzende Kristalle im mondbeschienenen Schnee.

Götz wendet langsam das Pferd, richtet sich in den Steigbügeln auf, lässt hinten einen gewaltigen Berlichinger rausfahren und schreit mit fistelhoher Stimme in Richtung Amtmann: »Leck mich am Arsch!«

Der krasse Vierwörter hallt schwingend den Berg hinauf,

bricht sich an den Schlossmauern, echot über die Wälder in die schwach brennenden Dörfer, schlägt sich die Jagst entlang, trifft auf Götzens Heimatburg Jagsthausen und nimmt von dort, simples perpetuum mobile des ani humani, seinen ewigen Weg durch die zivilisierte Welt.

Götz hat es geschafft. Götz ist unsterblich.

In seinen Lebenserinnerungen schildert er die entscheidende Situation: »Aber der Amtmann schrie, während ich unten brannte, nur von der Mauer herab, und ich rief zurück, er möchte mich hinten lecken.«

Die Fehde gegen den Bischof von Mainz war auch mit der Götzschen Aufforderung nicht zu seinen Gunsten beendet. Weit musste er reiten, manch Anschlag geht ihm durch Verrat daneben, die meisten gelingen. Zuletzt hatte er den Bogen überspannt. Man fing ihn, setzte ihn in Haft, die fünfeinhalb Jahre dauerte. Wie immer hatte er unter seinen Feinden mächtige Freunde, die dafür sorgten, dass die Gefangenschaft in Reutlingen gemütlich verlief, mit Gottesdienstbesuch und Verköstigung im Wirtshaus.

Ärger bekam er auch, weil er während des Bauernkriegs – freiwillig oder gezwungen ist bis heute umstritten – ein paar Monate als Hauptmann auf Seiten der Aufständischen kämpfte. Deswegen verbannte man ihn für sechzehn Jahre auf seine Burg Hornberg, die er inzwischen von seinem beachtlichen Vermögen gekauft hatte.

Er hielt sein (Raub-)Ritterehrenwort, blieb innerhalb der Bannmeile rund um seine Burg. Einmal erschrak er, weil er glaubte, sie bei einem Jausenausflug auf eine weiter entfernte Wiese verletzt zu haben. Er beruhigte sich erst, als er herausgefunden hatte, dass ihm diese Wiese tributpflichtig sei: Pro Jahr musste ihm der Bauer dafür ein fettes Sommerhuhn bringen.

Götzens Bettwunder

Auch wenn er von den 80 Jahren seines Lebens nur knapp zwanzig für die Raubritterei abgezweigt hatte, es waren, wie man Zeile um Zeile seiner Lebensbeschreibung nachempfinden kann, seine schönsten.

Er weiß auch, dass er sie diesem alten Schwerenöter dort oben im Himmel zu verdanken hat, der die Schneidigen und Verwegenen, die nach Taten Durstigen, in sein ewig großes Herz geschlossen hat.

»Gottlob«, diktierte er, »ich weiß keine Fehde, welche über zwei Jahre gedauert hat, ohne dass sie zu einem friedlichen Ausgang gelangte. Gott dem Allmächtigen sei Lob und Dank dafür gesagt. Ich wundere mich selbst darüber, dass ich allerwegen die Sache glücklich und in so kurzer Zeit zu Ende gebracht habe.«

Der berühmte Raubritter lebte zufrieden über dem Neckar. Kinder zeugen war an Stelle seiner räuberischen Ritte getreten. Nicht nur hat er neun in glücklicher Ehe mit seiner unglaublich mutigen und starken Frau gezeugt, sondern nach deren Tod vier weitere in hoffentlich ebenso glücklichen Beziehungen mit zwei Mägden, deren eine er kurz vor seinem Tode gar geheiratet haben soll.

Wer rund um Götzens Burg Hornberg übernachtet, gerät in einen seltsamen erotischen Rausch, es schwebt der alte Götz als köstlich geiler Voyeur durch Zimmer und Betten, streichelt zart mit der eisernen Hand, zupft hier und weckt dort, was zwei Menschen innig ineinander sinken lässt. Auch seine Stimme können sie hören, wenn sie verzwunzig und voll Staunen anerkennend flüstert: »Leck mich am Arsch!«

5
Mangold von Eberstein auf Brandenstein, der grösste Geiselschinder

Die Schlacht von Farrenbach

»Mutter und Tochter, ihr Schlangengezücht, euer Name ist Agathe und Helene!«, muss einer ausgerufen haben, der des Pathos mächtig war, und: »Odheimerin, der Gottseibeiuns soll dich holen!« hinzugesetzt haben.

Denn mit Mutter Agathe Odheimer und Helena, ihrer »schönen und geraden Tochter«, wie eine Geisel später zu Protokoll geben wird, ist eine schmerzhafte Fehde verbunden, die das Bild vom üblen Raubritter in deutschen Landen um 1520 verfestigte.

Agathe, beinharte Witwe ihres, wie er hoffentlich selbst erkannte, früh genug ins Grab abgestiegenen Ehemanns Leonhard, saß alle Tage unwirsch im Dörfchen Farrenbach bei Nürnberg. Von dort aus verlieh sie an Bürger der Reichsstadt Gelder gegen ungehörigen Zins.

Nebenbei erzog sie ihre Tochter falsch, sodass Helena später auf Jörg Dietz hereinfiel, einen Mann, der allein an ihrem Geld, nicht aber an ihren erhebenden Brüsten, ihren rassig geschnittenen Hüften, ihrem wippenden Gang interessiert war.

Vom Geiste her war Helena dank ihrer mütterlichen Unterdrückung eh nicht auf die Welt vorbereitet. Zumal sie selbige in ihrer unerquicklichen Ausformung, nämlich der fränkischen, erleben musste.

Die raffgierige Unleidlichkeit der Mutter trieb ihre Nürnberger Schuldner zu grässlicher Tat, die sie entweder selbst durchführten oder durch gedungene Schlagetots durchführen ließen: Eines Nachts brachen männliche Gewalttäter in das Anwesen der Odheimerin zu Farrenbach, watschten die gar nicht erschrockene Witwe durch alle Räume, sodass ihr Gesicht, wie unbekannte Chroniken beschreiben, »die doppelte Rundung annahm«.

Die Witwe verteidigte sich mutig gegen die Übermacht mit grässlichstem Geschrei und allem, was ihr beim Rückwärtsgehen in die Hände fiel, Nachttöpfen, Schweinshaxen, Zinntellern, einem böhmischen Glas, einer ausgestopften Elster, nebst drei Eimern Bier. Trotz ihrer Tapferkeit verlor sie nicht nur Kisten und Kasten mit Vermögenswerten, auch Pferde und Vieh nebst Karren und Kutschen wurden weggebracht.

Absagebrief an Nürnberg

Wie war's vorzeiten doch bequem, als man sich in einer solchen Lage vertrauensvoll an einen Raubritter wenden konnte. Der versuchte, seinem Klienten zu Schadensersatz zu verhelfen und nebenbei das eigene Vermögen zu mehren.

So trullerte 1516 beim »erbarn«, heute: »ehrbaren«, Rat der Stadt Nürnberg folgender Brief ein: »Ich, Agathe und Helena Odheimerin thun Euch Bürgermeister und Rat und überhaupt der ganzen Stadt Nürnberg kundt und zu wissen, nachdem Ihr unser Hab und Gut wider Gott, Ehre und Recht genommen und seitdem inne habt, dass wir es bis zum heutigen Tag nicht erlangen konnten, dass wir als arme Wittwe und Waise Gott klagen und anrufen, und unser Gut, Freund und guter Gesellen zu verleihen, die uns darin helfen, unser Hab und Gut von Euch einzubringen, sodass wir hier frei und offen gestehen, dass wir gegen Euch, Eure Verwandten und deren Hab und Gut so lange vorgehen, bis unsere Forderung an Euch befriedigt sein wird.«

Diese triumphierende Kriegserklärung an die reichste Stadt Deutschlands durch Deutschlands härteste Witwe war dem hoch angesehenen, sprich: verhassten, Raubritter Mangold von Eberstein (1470–1523) zu verdanken. Der nahm sich der Odheimerin mit Freuden an, vielleicht auch auf Druck seiner Gattin Margarete, die, eine geborene von Rosenberg, aus der gleichnamigen uralten Raubritterfamilie stammte. Einem seiner Nachfahren, Louis Ferdinand Freiherr von Eberstein, verdanken wir wiederum die mit masochistischer Genauigkeit edierten Protokolle, Briefe, Verhöre, Zeugenaussagen, die diesem Kapitel zugrunde liegen.[4]

Es müssen sechs auftrumpfende Jahre gewesen sein, in denen die schartige Bürgerwitwe Agathe Odheimer und die das Bürgertum verachtende urstolze Adlige Margarete von Eberstein auf Schloss Brandenstein zusammenlebten. Ihre aufgezeichneten Gespräche nicht studieren zu können bedeutet eine der großen Verlustzuweisungen für die deutsche Frauenbewegung.

Nur zwei gewaltige Sätze sind von Margarete von Eberstein übermittelt, stolz, unerbittlich, rückwärts weisend, gesprochen bei Tisch zu den Rittern ihrer Tafelrunde und in Anwesenheit einer Geisel: »Wann euch ein Kaufmann nit halt, was er euch zusagt, so haut ihm Händ' und Füß' ab und lasst ihn liegen.« Mit diesen Worten knallte sie die Knödel mit Pfeffer auf die Teller.

Und der zweite großartige Ausspruch, ein wenig später nach dem unter dem Rubrum »Knödelsatz« historisch gesicherten getan, beinhaltet jenes Ideal des Adels, dem er auch heute verpflichtet ist. Frau von Eberstein spuckte ein Stück Knochen vom köstlichen Fasan in die zugehörige Schale, legte die linke Hand auf die rechte des neben ihr schmatzenden Gatten und Raubritters Mangold von Eberstein, ließ ein kleines Bäuerchen dem tiefen Schluck gepfefferten fränkischen Weißweins folgen, fußelte unter dem Tisch mit den seidigen Knöcheln der spitzbrüstigen Tochter der Odheimerin, an der sie ein irritierendes Gefallen gefunden hatte, und sagte: »Wir Edelleut' lassen einander nicht. Da richtet euch eben darnach, ihr müsst halten und tun, was wir wollen.«

[4] »Fehde Mangold von Ebersteins gegen die Reichsstadt Nürnberg 1516–1522«, Nordhausen 1868.

Bei dieser hartnäckigen Fehde zwischen dem Raubritter Mangold von Eberstein und der Stadt Nürnberg liest sich die Liste der Verbündeten wie der Gothaische Adelskalender, Ausgabe Süddeutschland. Von den Rosenbergs über die von der Thanns, von den Thüngen bis zu den Rüdigheims, von den Beheims bis zu den Schaumbergs, alles half, was Rang und bei den Bürgern schlechten Namen hatte.

Wer vom Adel nicht mitmachte, den ereilte gleich ein nahe liegendes Schicksal. Schrieb Mangolds Vetter Jorg von Eberstein zu Ginolfs an Mangolds Margarete: »Freundlich liebe Schwägerin, ich lass Euch wissen, dass ich einen Adligen überfallen habe, der soll ganz reich sein. Wenn sich mein Vetter Mangold für ihn interessiert und mich gerecht am Erlös beteiligt, bin ich gewillt, ihn ihm zu überstellen.«

Wer schreibt heute solche Briefe? Und wer wagt, der Post diese Adresse anzugeben: »Der ehrbaren und tugendhaften Frau Margarete von Eberstein, geborene von Rosenberg, mein freundliche, liebe Schwägerin, zu der gehört dieser Brief«?

Der Rillenschlifferfinder wird überfallen

Als Erstes traf es zwei angeblich arme Handwerksgesellen. Stephan und Sygmunt hatten es faustdick hinter den Ohren. Ihre Spezialität war ein besonderer Messerschliff, der in die Schneide Rillen ritzte. Stephan Geiger behauptete, diese Rillen würden das Messer länger scharf halten. Die Leute glaubten das.

Sygmunt Heckel war sein Verkäufer. Er hatte eine raffinierte Art, sich das Publikum geneigt zu machen, indem er auf Märkten und Messen vorführte, was man mit einem gerillten Messer alles machen kann.

»Ihr Weiber, wenn ihr eure Männer kastriert, bleiben wenigstens die Messer scharf!«, schrie er und warf die blutigen Hoden eines Stiers in die Menge. War das ein Gegröle. »Und wenn euch Männern die Eheweiber nicht mehr gefallen«, fuhr er schreiend fort, »schneidet ihnen die Ohren und die Nasenspitze ab, Halleluja.«

Er hielt zwei Schweinsohren und einen Schweinerüssel hoch über den Kopf empor, schlenkerte mit ihnen und warf sie hinunter ins Publikum. »Wer ein Messer bei Meister Stephan Geiger kauft, kriegt einen Ablass von 200 Jahren im Fegefeuer«, rief er den Wurfgeschossen hinterher. Die Leute lachten, sprangen zur Seite, wollten nicht getroffen werden. Das Geschäft blühte.

Auf dem Markt in Neunburg sollte es noch geldiger werden. Und so starteten die verschlagenen zwei am 25. Juni nach einem guten Frühstück, Eier und Speck, dazu ein Krug Milch, Sygmunt nahm vier Löffel Dickmilch hinterher.

»Das schmiert die Stimme und lässt meine Lügen über deine Messer besser flutschen«, lachte er. Bis zum Main zogen sie mit anderen Kaufleuten im Geleit. Nach der Durchquerung ritten sie allein den trockenen Wiesenweg auf Neunburg zu. Gegen 12 Uhr tauchten vier Reiter auf, trabten vom Waldsaum herab.

»Die Gnade Gottes sei mit uns«, sagte Stephan Geiger halblaut und schob in einer unauffälligen Handbewegung seine Geldkatze unter sein Wams, nah zum Bauch hin, direkt auf die Haut, die zu schwitzen begann.

»Zieh bloß nicht deine blöden Rillenmesser!«, ermahnte Sygmunt seinen Freund. Die gefährlichen vier kamen näher. Sie trugen schwarze Kittel, dazu rote Kappen. Ihre Armbrüste steckten in Halftern. Drei hatten hinter sich auf die Sättel ihren Harnisch gebunden. Was komisch aussah.

Zwei apfelgelbe Schimmel, gemutzt, ein weißer Schimmel und, Sygmunt hatte das nie zuvor gesehen: Der große braune Hengst mit dem langen Schwanz trug einen Maulkorb!

Einer der vier holte seinen Bratspieß hervor, dieses handliche Zwischending zwischen Schwert und Lanze mit breiter Scheide, ein krasses Gestähl zum Schneiden und Stechen. »Aber ohne Rillen«, murmelte angstschlotternd Stephan Geiger, der wusste, dass an ihm Wirklichkeit werden sollte, was in trauten Stuben des Abends andere erzählten, die schon einmal in die Hände von Raubrittern gefallen waren.

Die vier Reiter versperrten ihnen den Weg, der Bratspießträger ließ seinen Bratspieß in der Rechten locker und drohend auf und abfedern.

»Gott zum Gruße«, versuchte es Stephan Geiger, aber das kam so erbärmlich aus seinem zitternden Mund, dass die vier nur lachten. Einer war ein »pub«, wie in den Zeugenaussagen steht, ein junger Adliger, der noch keine Rüstung trug.

»Den Teufel zum Gruße!«, gab ihm einer zurück, »woher seid ihr?« So einfach die Frage war, so entscheidend war die Antwort: Die falsche Stadt gesagt, und der Messerschmied war dran. Oh je, mit wem lag seine Heimatstadt Nürnberg gerade nicht in Verdruss? Augsburg? Andererseits würden die vier schon genau wissen wollen, was er in Augsburg macht und wo er wohnt, wenn er die Schwabenmetropole als seinen Lebensmittelpunkt ausgab.

Sygmunt wollte es probieren und auf sein geschicktes Maul vertrauen, da platzte sein angststiebender Chef Stephan schon heraus: »Aus Nürnberg.«

Die vier Reiter sahen einander an und nickten einander zu.

»Bingo«, sagte der »pub«, fing sich einen strafenden Blick des Anführers ein und murmelte entschuldigend: »Herr, ich weiß auch nit, was mich so itzt ankam. Ich kenn nit das Wort.« Und es verschwand auf Jahrhunderte im wabernden Zwischensein, das alle Menschen umgibt.

Der Anführer herrschte die zwei an: »Wie heißt ihr?« Sygmunt Heckel dachte sich schnell einen Namen aus, Cyrus Mecksel wollte er sich nennen, das klang fremd, tückisch und feig. Er kannte einen, der so hieß, dem wollte er eins auswischen, sollte er nämlich schwören müssen, sich einzufinden zwecks Lösegeldzahlung, würde sich Cyrus Mecksel eines Tages verflixt wundern, wenn ihn nachts schwarz maskierte Knechte überfielen und ihn zwischen heftigen Schlägen befragten, wo er mit dem Lösegeld bliebe.

Vergebens Sygmunts stille Vorfreude, trotz heftigen Angstsausens in der Brust. Schon plapperte Stephan Geiger los: »Ich heiße Stephan Geiger, bin Messerer, und das dort ist Sygmunt Heckel, der ist mein Gehülfe.«

Der Anführer rückte seine rote Kappe zurecht, nickte und befahl: »Ihr müsst mit uns zu unserem Hauptmann reiten!«

Hier folgt im Protokoll Unverständliches: »Und von Stund an mit dem Bratspieß den Geiger sehr geschlagen, anzureiten.«

Langwieriges Quellenstudium und Queranimationen fanden die Erklärung: Der Bratspießträger hatte zwei Jahre zuvor bei Stephan Geiger einen Satz gerillter Messer gekauft. Seitdem musste er sich von seiner Frau die höhnischsten Vorwürfe machen lassen, dass, wenn sein Bratspieß ebenso stumpf sei, sie nie ihren Anteil an Lösegeldern bekommen würden, und überhaupt sei sie schon seit drei Monaten nicht schwanger, und vielleicht sollte sie mit den stumpfen Rillenmessern etwas ganz anderes machen.

Das alles ging dem Bratspießträger durch den Kopf, als er hörte, was Stephan Geiger wirklich gesagt hatte und später dem Rat von Nürnberg gegenüber selbstredend verschwieg:

»Ich heiße Stephan Geiger, bin Messerer, besonders gefragt sind meine so genannten Rillenfuchteln, einschneidige Messer, deren Spezialität eingeschmiedete Rillen sind, die das Messer zum Braten, Schneiden, Töten besonders geeignet machen ...«

Die drei Pünktchen stehen für den Zwangsstopp, den Stephan Geiger einlegen musste, denn der Bratspieß zischte auf ihn herab, hageldicht fielen die Schläge, er wand sich auf seinem Gaul, das Blut drang aus einzelnen Schnitten, der Geiger schrie: »Hört auf, ich bitt Euch, habt Erbarmen!«

Weiter drosch der Bratspießträger seinen Bratspieß auf den Gepeinigten und rief dazu skandierend: »Und--was--machen--Rillen--im--Messer? Stumpf--oder--scharf?« Nicht mal dann hörte er auf, als Stephan Geiger heulend wiederholte: »Stumpf, oh Herr, stumpf!«

Staunend folgte Sygmunt den schlagenden Argumenten unzufriedener Kundschaft. Er vermutete gleich richtig, dass es sich um einen enttäuschten Käufer handelte. Mutig trieb er sein Pferd zwischen Schläger und Opfer und schrie, so der Originalton in den Akten: »Lieber, fahr schon, schlag In nit so hartt, wollen wir doch gerne mit Euch reitten, wohin Ir wollt!«

»Du musst Blut schlecken können«

Auch der Pub hatte mit großen Augen zugesehen. Nicht dass ihm Mitleid die Pupillen vergrößert hätte, nein, dafür hatte er schon zu viele treffliche Sentenzen von Tante Margarete von Eberstein gehört. Dieses Handwerkergemensche muss immer geprügelt werden. Er saugte nur die Erfahrung auf, wie man durch Gewalt die Menschen so frappierend gefüge machen kann. »Das kann man nicht in seinen vier feuchten Burgwänden studieren«, hat ihm Onkel Mangold von Eberstein mehrfach eingebläut, »das musst du sehen, das muss in dich einbrennen, du musst es lieben, den Hieb in menschliches Fleisch, das Geschrei des Pfeffersacks, sein Winseln, du musst Blut schlecken können, wenn du Durst hast, falls du in Not bist, mein Pub.«

Die vier nahmen ihre Armbrüste aus den Halftern, spannten sie, und der Anführer schrie »Los gahts!«

Sie trieben die zwei vor sich her die Straße entlang, bis sie zum Fluss Ytsch kamen, der vor Coburg fließt. Dort setzte sich einer an die Spitze, die drei anderen blieben hinter Geiger und Heckel. Sie zogen durch den Fluss, triefend bis zum Sattelrand, weiter in Richtung Paunau. Als sie »bis auf einen Büchsenschuss« an Paunau herangekommen waren, mussten sie absteigen und in einen großen Wald eindringen. Drinnen ritten sie ungefähr vier Stunden lang umher, scheinbar ohne Ziel.

Anschließend haben sie drei Stunden lang Pause gemacht. Aus den Feinden wurden Reisegefährten: Die Räuber teilten sogar Brot mit ihren Geiseln. Zu trinken hatten sie selber nichts. Satt geworden, durstig, stellten sich die vier vor den Messerschmieden auf. »So, jetzt wird geschworen!«

Auch diese Prozedur kannten Geiger und Heckel vom Hörensagen, sie wurde immer wieder erzählt. Was diese Landadligen an diesem blöden Eid fanden, dachte sich Heckel, den brech ich mit links, sollte ich hier je heil rauskommen.

Brav und falsch kniete er auf dem Waldboden, leider genau in einer wichtigen Verkehrsstraße der ansässigen Waldameisen. Neben ihm Stephan Geiger, der Rillenmesserschmied mit der wutigen Kundschaft, und sprach mit ihm zusammen nach, was ihnen der Anführer der vier vorschnarrte: »Hiermit schwöre ich, dass ich nicht fliehen will, mich getreu den Befehlen bewegen und nichts Schlimmes im Schilde führen werde. Ich schwöre das auf meine Ehre und auf Gott, und möge ich für tausend Jahre in der Hölle brennen, sollte ich diesen Schwur brechen.«

Die beiden Gefangenen hoben die rechte Hand, Sygmunt Heckel gelang es gemäß einer uralten bajuwarischen Devise, von der er mal gehört hatte, den Eid »kalt abzuleiten«, indem er nämlich mit der linken Hand hinter seinem Rücken auf die Erde zeigte, Zeige- und Mittelfinger wie ein kopfstehendes »V« gestreckt, die übrigen Finger gekrümmt.

Heckel hoffte, dass der Eid somit unbeschadet durch ihn hindurch in die Erde fahren werde, er dadurch nicht an ihn gebunden sei. Als er aufstand, sah er an der Stelle, wo seine Finger in die Erde gedeutet hatten, eine Menge verbrannter Ameisen liegen.

Da wusste er, dass die Bayern immer Recht haben.

Geiseln tanzen mitten in der Nacht

Die Todesangst hatte sich nach der geteilten Mahlzeit selbst bei Stephan Geiger gelegt. Es folgte, was bei Raubrittergeiseln immer wieder beobachtet werden konnte, eine überhand nehmende Neugier: Von welchem Raubritter sind wir eigentlich geraubt worden?

Bevor auch Geiger und Heckel in einen hitzköpfigen Disput

eintraten, zog Hector Pehaim, aus dem hitzköpfigen Raubrittergeschlecht der Pehaims, ein Verbündeter Mangold von Ebersteins, einen vielfach gefalteten Brief hervor, öffnete ihn, wurde kurz abgelenkt, als er die verbrannten Ameisen auf dem Waldboden entdeckte, dachte aber nicht weiter drüber nach, hielt das Papier hoch und sagte: »Das ist die Handschrift der Odheimerin.«

Was den beiden nichts sagte. Sie staunten, wie stark der Briefhalter schielte.

»Darum«, fuhr Pehaim fort, »will ich euch nicht scha-schatzen.«

Stottern tut er auch, dachte sich Heckel. Er fühlte, wie Geiger an seiner Seite hoffnungsfroh aufatmete, während er, selbst die Kunst der Rede beherrschend, wusste, dass die Pause nur ein dramaturgischer Trick war. Er sollte Recht behalten.

»Sondern was die Odheimerin mit euch vor-vorhat«, sprach Pehaim mit süffisantem Unterton weiter, »das will ich geschehen lassen.«

Grinsend faltete er den Brief wieder zusammen, steckte ihn in seine Brust, schwang sich auf sein Maulkorbpferd, der Bratspießträger hob kurz seinen Bratspieß, schon saßen Geiger und Heckel auf ihren Gäulen, und weiter ging der Ritt »durch holtzer und felder auch dorffer, die sy nit wissen zunennen.«

Bis zehn Uhr nachts. Das letzte Tageslicht an diesem 25. Juni 1519 hatte ihnen den Weg gewiesen zu einem »prochen perckschlos«. Zu einer halb verfallenen Burg hoch über der Saale, die teilweise bewohnt war. Der Trupp durfte zunächst nicht hinein. Erst nach langer Zeit gewährte ein Zeichen Zutritt.

Bevor sie in den Schlosshof einritten, geschah Überraschendes: Pehaim nahm den zwei Geiseln das Versprechen ab, sie alle oben im Bergschloss nur »Oheim« und »Vetter« zu nennen. Die Geiseln versprachen es in großer Verwunderung. Sie mussten selbst Adel spielen. Die Räuber durften nur unter der Bedingung in die Burg, dass sie keine Geiseln mit sich führten.

Sie trabten über die Hängebrücke in den Burghof, stiegen ab

und wurden in eine Stube geführt. Dort trafen sie »auf sechs oder acht junge Edelleute mit ihren Knechten«. Nicht nur das.

Es wurde einer der witzigsten Abende, die je zwischen Adligen und Bürgerlichen stattgefunden haben. Ein fleisch- und fischreiches Abendessen mit scharf gewürztem Wein und betäubenden Schnäpsen aus dem verschollenen »Saalebitterkraut« schufen aus den Burgsassen und ihren Gästen alsbald eine grölende Einheit. Sygmunt Heckel war in seinem Element. Er machte Nürnberger Kaufleute und ihr neureiches Gehabe nach. Anschließend lachten sich die Junker über seine Schilderung eines Messerschmieds tot, der ein neu erfundenes Rillenmesser verkaufen wollte, was Geiger sehr verbitterte, obwohl er selbst lauthals dazu lachen musste.

Rot vor Wut dagegen war der Bratspießträger. Er durfte ebenfalls nicht mit seiner Rillenmesser-Erfahrung rausrücken.

Als Heckel gar den Trottel von Assistenten des Messerers schilderte und vorspielte, wie der die Messer mit seinen Werbesprüchen zu verkaufen pflegte, röhrte das verfallene Bergschloss vor Gelächter.

So laut, dass im Dorf am Bergfuß die abergläubischen Bauern den Pfarrer aus dem Bett trommelten und ihn zwangen, in der Kirche einen Rosenkranz zu beten. Unten das Jammern nach Gott, oben das Feiern ohne Gott. Besonders erfreute sich dort Heckels spontane Erfindung der »Messerrillensarabande« wildester Nachahmung, weil die Tänzer versuchen mussten, Rillen zu tanzen und sich rillend aneinander zu schmiegen.

»Es war göttlich«, soll Heckel noch auf dem Sterbebett seinen zwölf Kindern zugeraunt haben. Wie trocken liest sich die heiße Nacht im Nürnberger Protokoll: »Wir wurden in die Stube geführt, in der schon die Adligen waren. Wir machten es uns bequem, aßen und tranken mit ihnen, dann mussten wir mit den Edelleuten sogar tanzen und konnten in vornehmsten Betten schlafen.«

Der einzige Nachteil: Die vier Entführer kamen mit in die Schlafkammer und legten sich zu ihnen ins Bett.

Ein kurzer Schlummer folgte. Schon vor Anbruch des Morgens verschwanden die vier mit ihren zwei Geiseln vom halb zerbrochenen Bergschloss. Auf neuen Pferden. Ungefrühstückt. Stundenlang ritten sie »scheu« Dörfer und Weiler entlang, immer im Schatten der Wälder, immer vorausspähend, ob ihnen nicht etwa Nürnberger oder Bamberger Söldner auf der Spur sind.

Beim letzten Tageslicht, endlich, Geiger meinte, er habe einen Hintern mit lauter messerscharf eingeritzten Rillen, waren sie am Ziel: Brandenstein, jenes Raubritternest auf einer vorspringenden Bergnase in der Nähe von Schlüchtern, gut dreißig Kilometer südwestlich von Fulda. Burgherr: Mangold von Eberstein. Wichtigster Gast: die »verwandte Untertanin« Agathe Odheimer.

Sie mag sich schon gefreut haben, als sie hörte, zwei Nürnberger seien gefangen und auf dem Weg zu ihr. Es war zu spät, um sie zu besichtigen. Die Geiseln durften in der Stube essen und gingen danach erschöpft zu Bett. Mit hinein krochen wieder ihre vier Entführer. Das Leben war eng.

»Verflucht«, schnaufte Pehaim, richtete sich vom Lager auf, »ihr müsst noch schwö-schwören!«

Er knuffte Heckel in die Seite, der kam knurrig hoch.

»Weck den Messerer!«, befahl ihm Pehaim, der war auch schon wie tot weggeschlafen. Heckel rüttelte an Geiger, der grunzte etwas von elendem Saustall, einem miserabligen, dass man ihn nicht schlafen lasse.

Die anderen drei Reiter richteten sich auch auf in der großen Bettstatt. Vier Entführer und zwei Geiseln schauten einander schlaftrunken an.

Pehaim schnauzte Geiger und Heckel an: »Auf-auf die Knie!«

»Wie?«, fragte Geiger täppisch, und schon hatte er eine grobe Maulschelle von Pehaim im Gesicht. Heckel, heller im Kopf, sprang vom Bett herab und kniete sich schleunigst davor hin. Geiger tat es ihm gleich, die rote Gesichtshälfte vom Schlag leuchtete ungesund im Licht des Kamins, der noch Glut hatte. Pehaim hielt eine Kerze hoch.

Vier Männer sitzen im Bett, die gemeinsame Decke verhüllt nur Beine und Schoß. Vor ihnen knien zwei ausgewachsene Hemdenmatze mit nackten Waden, barfuß. Sie sind bereit, das zu tun, was ausgefeilte Sitte war im Umgang zwischen Raubrittern und ihren Gefangenen: zu schwören.

Pehaim sprach wieder vor: »Ich schwere, dass-dass ich nit aus dem Schimmer«, er lispelte auch stark, Heckel schüttelte nur leicht den Kopf, der Mann gehört dringend logopädisch behandelt, oder er wird demnächst heilig gesprochen, bei so vielen Mängeln. »Ich schwere«, Pehaim ließ nicht locker, »dass ich nit aus dem Schimmer weiche, bis dass ich sunderen Be-Bescheid bekomme. Sagt-sagt nach!«

Worauf sich Geiger eine zweite Maulschelle einfing, weil er tatsächlich »Schimmer« sagte, was Pehaim als Veräppelung auffassen musste.

So hatte Geiger, der schon vom Bratspieß des Bratspießträgers malträtiert und vom endlos holperigen Reiten gezeichnet war, eine zweite feuerrote Wange. Glücklich bekam er den Schwur zu Ende, beide krochen wieder ins Bett, und die sechs Männer schnarchten bis zum Morgen durch.

Die schwarze Witwe erscheint

Heckel fühlte sich wie ein Sklave auf dem Markt, als er zusammen mit Geiger, der noch immer zwei brandrote Wangen hatte, in den großen Rittersaal auf Brandenstein geführt wurde. Neben ihnen ging als Bewacher der Pub.

Die Ebersteiner hatten Geld, das musste er ihnen lassen. Verflucht teure Teppiche hingen an den Wänden. Schwere Tische, Truhen und Stühle waren im riesigen Raum verteilt. Im Eck hingen Schwerter, Hellebarden, Armbrüste, zum sofortigen Gebrauch bestimmt.

Geiger zuckte zusammen, als er auch drei Bratspieße entdeckte. Pehaim hatte die beiden Geiseln hereingeführt, stellte sie in die Mitte des Saals.

Dieser 27. Juni war ein Sonnentag. Aus den ins dicke Mauerwerk eingeschnittenen Fenstern, deren Bleiverglasung offen stand, strömten Licht und Luft und himmlisch irdische Geräusche vom Hof her, Pferdewiehern, Schweinegrunzen, Hühnergackern, Gelächter der Mägde, Schimpfkanonaden der Knechte, und Heckel, der Helle, sagte spontan einen Satz, der hinfort Eingang fand in die Literatursprache Deutschlands: »Und irgendwo bellt ein Hund.«

»Was sagst du, Po-Poswicht?«, raunzte Pehaim.

Heckel lächelte, was er so charmant konnte, dass Pehaim schon besänftigt war, bevor er die Erklärung hörte.

»Öffne deine Sinne«, sagte Heckel lächelnd, »schmecke, rieche, fühle diesen wunderbaren Tag auf dieser wunderbaren Burg. Das hat was. Eine paradiesische Welt in diesem innigen Augenblick. Es fehlt nur noch, dass in der Ferne ein Hund bellt.«

In der Ferne bellte ein Hund. Pehaim wich erschrocken zwei Schritte zurück. Bevor er lispelnd irgendeine Verwünschung ausstoßen konnte, öffnete sich im Hintergrund eine schwere Eichenholztür, und herein rauscht Agathe Odheimer, langes schwarzes Gewand, hohe Haube, wie es Mode war, ein Raubvogelgesicht, lange, eigentlich sehr zarte Hände.

Geiger und Heckel fühlten sich nackt, als Agathe Odheimer langsam auf sie zuging. Von oben bis unten musterte sie die beiden mit großen, grauen Augen.

Langsam schritt sie um die beiden Gefangenen herum, blieb vor ihnen stehen. Pehaim trat zu ihr, deutete auf die zwei und fragte: »Frau, kennt Ihr die-die zween?«

Die Odheimerin verharrte stumm. »Sag deinen Na-Namen!«, befahl Pehaim Heckel, doch weil er auch schielte, fühlte sich Geiger angesehen und antwortete: »Stephan Geiger«.

»Dich hab ich ni-nicht gefragt!«, raunzte Pehaim. Weil er aber schielte, fühlte sich der Pub, der neben den beiden stand, angemotzt und sagte trotzig: »Ich hab gar nichts gesagt!«

Heckel, der helle Kopf, rettete die verfahrene Situation, nannte seinen Namen, den von Stephan Geiger, und gab an, dass sie beide arme Handwerksgesellen seien. Die Odheimerin schüttelte langsam den Haubenkopf: »Ich kenn sie nicht.«

Sie rauschte hinaus, nicht ohne einen langen, verlangenden Blick auf Heckel geworfen zu haben. Die erotische Spannung zerschlug Pehaim, trieb die zwei wieder in die Schlafkammer zurück. Geiger und Heckel waren glücklich. Sie wussten, sie würden freikommen. Das Ganze war natürlich ein Irrtum.

Am Nachmittag trieb sie der Pub wieder in den großen Saal.

Statt Freiheit Schatzung

Auftrat mit Gefolge Mangold von Eberstein, der Raubritter.

Einfach ein Blitzkerl. Trotz der – geheimem Hörensagen nach – in der Sippe der Ebersteins erblichen abstehenden Ohren. Er war um die 1,80 Meter groß, hatte die bunte welsche Kleidung an mit Pluderhosen und vielfarbigem Wams, an der Seite ein Schwert, das eigentlich, wie Heckel, der Helle, sich dachte, im Haus zu tragen überflüssig war, hohe Stirn, scharfe Nase, kräuselige Haare, die er vergeblich dazu nötigte, seine abstehenden Ohren zu bedecken.

Hinter ihm gingen der schielende Pehaim und ein »Junker Michel«, sicher ein Vorfahre jener Familie, die später durch ihr dröges Verhalten Vorbild für die im 19. Jahrhundert aufkommende Karikatur des »deutschen Michel« mit der Zipfelmütze wurde.

Mangold ging auf Geiger und Heckel zu, gab sich jenes huldvoll-generöse Aussehen, das die Ebersteins bis zum Untergang auszeichnete, und sagte: »Wir wollen keine Schatzung. Wir wollen nur, dass ihr dem Nürnberger Rat, euren Herren, schreibt und verlangt, dass die Odheimerin, mein freundlich Untertan, endlich einen Vertrag bekommt…«

Er beendet laut späterem Nürnberger Aussageprotokoll von Heckel und Geiger den Satz mit einem schwer zu interpretierendem: »…und ihr das Ihr folgen.« Der Sprachinterpret von heute mag es als »und der Odheimerin endlich das Ihrige gebt« entschlüsseln.

Die beiden Gefangenen verstanden anscheinend besser, was zwischen den abstehenden Ohren auf sie niedergesagt wurde, sie fingen sofort gewaltig an zu jammern, zumal da auch hinter Mangold von Eberstein Frau Odheimer den Saal betreten hatte. »Helfen Sie uns«, bettelte Geiger die hohe Frau an, »helfen Sie uns, dass wir hier vonstatten kommen!«

Mangold von Eberstein grinste, wandte sich nur kurz um, begrüßte durch ein Kopfnicken seine Odheimerin, die mit einiger Schärfe in der Stimme antwortete: »Das steht nicht in meiner Macht.«

Ein statuarisches Bekenntnis, dachte sich Heckel, der Helle, er musste daraus beim nächsten Jahrmarkt einen Witz machen.

Geiger wandte sich an Mangold von Eberstein. »Herr«, flehte er, »es steht nicht in unserer Macht, die Herren von Nürnberg zu einem Vertrag mit der Odheimerin zu bewegen.«

Der von Eberstein schaute Geiger lange an, zog sein Schwert mit der rechten Hand aus der Scheide, prüfte langsam mit dem Daumen der linken Hand die Schneide, Heckel beobachtete fasziniert, wie sich auch seine abstehenden Ohren, als seien es zwei neugierige eigenständige Wesen, zum Schwert hinabbeugten, und sagte: »Dann müsst ihr euch schatzen lassen!«

Er nahm sein Schwert, legte es an den Hals von Geiger und ließ es sanft an der Halsschlagader entlanggleiten.

Geiger stand entsetzensstarr stocksteif.

Heckel redete dazwischen. »Euer fürstlich Gnaden, wir sind wirklich arme Gesellen. Die Rillenmesser lassen sich nur schwer verkaufen. Wir haben kein Vermögen, kein Haus, wir sind nichts weiter als arme Bürger Nürnbergs.«

»Ts, ts«, machte Mangold von Eberstein und legte zur Abwechslung dem Heckel die Schwertschneide an den Hals. »Irgendwas hat jeder«, sagte er, und ein Schauer durchrieselte ihn. Er ahnte, dass er soeben den Satz seines Lebens formuliert hatte. Er hatte geahnt, dass er so gescheit ist wie sein Neffe Ulrich von Hutten, der Humanistenbengel von der Nachbarburg!

Er zog das Schwert zurück und klopfte sich mit der breiten Seite selbst auf die rechte Schulter, so, als ob er sich zum Ritter schlagen würde. »Ihr Lieben, so schatzt euch selbst. Was könnt ihr armen, armen Teufel mir bieten?«

Agathe Odheimer trat vor. »Herr«, fing sie an, schon hatte sie die Schwertspitze Mangold von Ebersteins an ihrer Kehle, die sehr ausgeprägt war.

»Ts, ts«, machte der von Eberstein dazu, »irgendwas hat jeder.«

Vorsichtig zog die Odheimerin ihren Hals aus der Todeszone und verließ gedemütigt den Saal.

»Was ist?«, wandte sich Eberstein wieder den beiden zu. »Hundert Gulden!« platzte Geiger heraus. »Hundert Gulden sind alles, was wir haben.«

Im Protokoll folgt in anheimelndem Deutsch die Reaktion: »Das hett den Reuttern hoch verschmacht und den selben tag ligen lassen.«

Verschmacht, ein leider ausgestorbenes Wort, lautmalerisch perfekt, man sieht und hört schier das verächtliche Schnauben von Mangolds Gefolge, ihr abfälliges Fluchen, Kopfschütteln, Auflachen, Grunzen, eben alle Ausdrucksmöglichkeiten, zu denen ein ritterlicher Mensch fähig war und ist, um seine Abscheu auszudrücken.

Einen Tag lang wurden Geiger und Heckel eingeschlossen, in ihrer Stube, mussten wieder zu sechst darin nächtigen, um am Morgen des nächsten Tages von Mangold im Vorbeigehen zu hören: »Je 1000 Gulden. Oder ich verfütter euch.«

Fein an dieser von den Protokollen unterdrückten Drohung ist, dass sich Mangold von Eberstein Platz lässt für eine Steigerung: An wen und in welcher Form verfüttern?

Ein treuer Heckel seines Herrn

Unverfroren ritt Mangold von Eberstein darauf nach Frankfurt zur Königswahl. Was kümmerte ihn der schon Ende des letzten Jahrhunderts beschlossene Ewige Landfrieden? Er hatte das Recht der Odheimerin in seine Hände genommen.

Es muss ihm gut gegangen sein in Frankfurt, sechs Tage später kam er zufrieden zurück nach Brandenstein, ließ sich entspannt aufs Handeln ein, fiel tatsächlich den charmanten Worten Heckels zum Opfer, wollte sich mit 550 Goldgulden für Stephan Geiger zufrieden geben, wurde stur und wollte von Heckel 600 haben. Schluss, aus, Ritterwort. »Oder ihr kommt in den Kerker. Gefesselt.«

Er gab ihnen eine Stunde Bedenkzeit. Auf dem Weg in die Kammer kamen die zwei an den Gemächern der Odheimerin vorbei, hörten sie hinter der Tür laut späterer Aussage schluchzen und in leicht giftigem Ton zu Tochter Helena wörtlich sagen: »Dass es Gott erbarm, dass die guten Leut so viel Geld geben müssen und mir noch dir keins davon wird!«

Als Heckel laut auflachte, verstummte die Odheimerin, als spüre sie wieder Mangolds Schwertspitze an ihrer Kehle.

Es müssen wirklich eher Freunde als Herr und Gehilfe gewesen sein, der Heckel und der Geiger. Sie erklärten am folgenden Tag ihrem Zwingherrn, die Summen zahlen zu wollen und dass Heckel den Weg nach Frankfurt nähme, um Geld aufzutreiben.

Sygmunt Heckel ritt los und schaffte es. Hoch zu loben sind die Juden in Frankfurt. Sie ließen sich auf das risikoreiche Darlehen ein und händigten Heckel, der geredet haben muss wie ein Armenier, 1000 Gulden, heutiger Wert hoffentlich 10 000 Euro, aus.

Heckel ritt getreulich zum vereinbarten Geldübergabeort in einem Wald bei Geilnhausen. Seine moralische Leistung ist beachtlich. Ein Vermögen am Busen und damit nicht in den Wirrnissen der Zeit unterzutauchen, das heißt was. Nicht hoch genug sind er und alle seine Nachkommen zu loben, sie tragen Ehre in der Brust, Treue, Standfestigkeit und Moral. Bitte umgehend zum Staatsdienst melden.

Bei Geilnhausen auf einer Lichtung im Heckelwald (warum heißt er nicht schon längst so?) traf Heckel am 3. August die Peiniger. Vier Pferde. Schwer bewaffnete Reiter. Die Armbrüste angelegt. Quer vor ihnen, wie Schaschlik auf eine lange Hellebarde gefesselt, auf der Erde liegend: der unglückliche Stephan Geiger. Er schnaufte schwer. Der schielende Hector Pehaim hatte einen Strick am Sattelknauf befestigt, der von dort über den Ast eines Baumes am Rande der Lichtung lief und sich wie eine Henkersschlinge um den Hals Geigers schlang.

Teuflisch gut, dachte Heckel. Er wusste, dass die vier mit einem Hinterhalt rechnen mussten. Bei ihrer Flucht wollten sie den Geiger noch schnell erdrosseln.

Nicht nur das. Pehaim, der Schweinskopf, hätte ihm, wenn Geiger oben am Ast angekommen wär, den Kopf abgerissen, sein Körper hätte sich in der Astgabel verklemmt. Nein, nein, dachte sich Heckel, zimperlich sind sie nicht, die Herren Räuber und ihre Knechte.

Er ritt langsam auf die Lichtung.

»Halt-halt!«, schrie Pehaim und legte mit der Armbrust auf ihn an. Wobei er allerdings auf den Baum links neben ihm, eine gewaltige Ulme, zielte.

Der Knecht des von Eberstein nahm mit einem leichten Kopfschütteln seine eigene Armbrust hoch und zielte auf Heckel.

»Bissst du allein?«, rief Pehaim dem Baum zu. Heckel antwortete ihm: »Schon, schon. Hab auch das Geld.«

»Juhu!«, schrie der Pub. Ihm war die Nervenanspannung anzumerken. Auf der Erde entspannte sich der arme Geiger.

»Zeig es!«, forderte Pehaim die Ulme auf. Heckel nestelte den schweren Sack von seiner Brust unter dem Wams hervor. »Schmeiß es rüber!«, schrie Pehaim.

Heckel ließ den Beutel klimpernder Goldstücke durch die Luft fliegen.

Der Beutel platzte dem armen Geiger an den Kopf, die Goldgulden rollten über sein schmerzverzerrtes Gesicht, über seinen eng gefesselten Körper.

Geiger stöhnte auf, Heckel war sein Fehlwurf peinlich. Mit Riesenlärm sprangen die Reiter von den Pferden und sammelten die 1150 Goldgulden ein, schubsten den armen Schaschlik-Geiger von einer Seite zur anderen, bis der Pub ein Einsehen hatte und ihn von seinen Fesseln löste.

Die guldene Flut war bald im Säckchen gebändigt, die vier Räuber stiegen wieder aufs Pferd. Der Pub holte das Pferd vom Geiger aus dem Wald, Geiger stieg ächzend in den Sattel.

Danach kam es zu einer, in den Verhörprotokollen der Nürnberger Kriegsstube verewigten, rührenden Szene. Die Männer, die mit ihren Gefangenen zusammen in einem Bett gelegen hatten, sie Adel spielen ließen und dadurch eine unvergessliche Ballnacht auf einer unbekannten Burg über der Saale erlebten, ließen so etwas wie Abschiedsschmerz, wie Verlegenheit, wie Schuldgefühl heraus.

Auf Pferden saßen sie sich im Heckelwald gegenüber. Die vier auf der einen Seite, Geiger und Heckel auf der anderen. Sie schwiegen, schauten sich an. Einer von ihnen sagte, die Protokolle verraten nicht, wer, geben wir dem sprach- und sehgeschädigten Hector Pehaim den bedenkenswerten Schlusssatz in den Mund, der da lautete: »Es ist euch allein umb gelt zuthun und uns ein Kappen voll Fleisch.«

Mit heutigen Worten: »Wisst ihr, für euch ist es nur Geld, für uns ist es die Sicherung unserer Existenz, wenigstens ein Kessel voll Fleisch bleibt uns.«

»Der hält gar die Nacht an«

Die Fehde ging weiter. Unter den vielen satten Fängen im Namen der Odheimerin waren wieder zwei Nürnberger Messerschmiede namens Hans Schwentendorf und Hans Richter, dazu Endres Koler, ein Ringmacher. Gemeinsam zogen sie von der Frankfurter Messe nach Nürnberg. Nach einem Tagesmarsch und erfrischender Übernachtung in Lengenfeld mieteten sie sich am nächsten Morgen in Remlingen einen Bauernwagen nebst Bauern, um das steilere Stück gen Würzburg gemütlicher zurücklegen zu können.

Es war der 21. September 1520, ein Freitag, so gegen neun Uhr. Die poetische Frühherbststimmung ist in der viel später aufgeschriebenen Aussage Endres Kolers zu spüren: »Und als wir auf dem Karren ungefähr eine halbe Meile hinter Remlingen über eine Wiese fuhren, neben einem im Wiesengrund fließenden Bach, auf einem kleinen Steiglein Richtung Würzburg hinauf, sagte, als wir beinahe am Ende des Steigleins angekommen waren, der Bauer, der uns führte: ›Es Reytten Reutter doher!‹«

Die drei Kaufleute saßen mit dem Rücken zum Bauern, Koler schildert weiter: »Also sahen wir uns um und sprachen zueinander: ›Wer mögen die sein?‹«

Schnell und schmerzhaft sollte ihnen harsche Antwort werden. Ohne Geleitschutz von der Frankfurter Messe in Richtung Nürnberg zu reisen, konnte auch nur Messerschmieden und Ringmachern einfallen. Auf sie zu ritt nämlich ein Mitglied der traditionsreichsten Raubritterfamilie, Joachim von Thüngen. Koler beschrieb den Edelmann sehr genau: »Hat ein schwarzbraun Pferd mit einem langen Schwanz, trägt einen kamelfarbenen [»kemlein«] Reiterrock bis über die Knie, sein Gesicht ist oberhalb der Nase mit einer Binde [»kappe«] bedeckt, darüber sitzt ein großer, zerschnittener Hut mit bunten Federn, über den Schultern trägt er eine Armbrust und die Winde zum Aufspannen, und an der Hüfte hängt ein doppelschneidiges Schwert.« Ein ziemlicher Unterschied zu: Er trug einen grauen Anzug mit Weste und eine weinrote Krawatte, in der Hand hielt er einen Aktenkoffer.

Auch die drei anderen Reiter beschreibt Koler genau, was sich im Original so liest: »Mer ain knecht mit ainem schwartzen mutzen praun farb und geklaidt wie der Edelmann, Auch Armbrost, winten, pfeyl und schwert, hett die kappen vor der nasen und ist eine Ranige person. Mer ain knecht mit aim liechten kemlein Reyt Rockh, het auch hut und kappen für die nasen, Winten, Armbrost und schwert und ain weys gemutzen schimel. Mer ain knab, ain starcker Junger, mit einem praun schwartzen klain pferd und geklaid wie der Edelman, der fürt am Sattel ain tusecken und die hülfftern von den Armbrosten.«

Der »tusecken« ist ein »Tüsecker«, ein kurzes, aus Böhmen stammendes Schwert. »Eine ranige Person« ist ein schlankes, beinahe knöchernes, groß gewachsenes Mannsbild.

Die drei Nürnberger Karrenhocker sehen mit jener Ruhe, in die sich oft der Schock einnistet, wie die vier Todesreiter ihre Armbrüste spannen und sie auf die Kaufleute richten.

Der Bauer, sein Name wird leider verschwiegen, reagiert gleichfalls so gelassen, dass man meinen könnte, es habe eine geheime Absprache zwischen ihm und den Reitern gegeben. Vielleicht hatte er sich den Kaufleuten am Morgen aufgedrängt mit seinem Taxiangebot?

Jedenfalls sagt er zunächst »Brr!«, hält damit das Pferd an, und fügt einen seltsamen Satz hinzu: »Wahrlich! Die Reiter haben die Nacht gehalten, steigt vom Karren herab!«

Das kann einerseits bedeuten, die Reiter müssen schon die letzte Nacht hier gewartet haben, oder es ist ein inzwischen verschollener Volksspruch über eine besonders gefährliche Mannsperson: »Der hält gar die Nacht an!« Was viel eindrucksvoller ist, sodass dieser Satz hiermit der deutschen Sprache zurückgegeben sei.

Die drei Kaufleute stiegen gehorsam vom Karren, stellten

sich in einer Reihe auf und blickten mit jenem untertänigen Dackelblick zur Macht auf, der Nürnberger Kaufleuten noch heute bei Bedarf aus den Augen weht. Diese Macht thronte vor ihnen auf den Pferden. Joachim von Thüngen, ohne Zweifel der Anführer, stellte mit freundlicher Stimme die Urfrage aller Raubritterüberfälle: »Wer seid ihr?«

Der nachfolgende Dialog, den Endres Koler mit seinem unter den anderen Ringmachern gefürchteten Gedächtnis wortgetreu wiedergeben konnte, ist in den Akten der Nürnberger Kriegsstube sorgfältig aufgezeichnet worden: »Sagten wir: ›Von Nürnberg und fahren von Frankfurt.‹ Sagt der Edelmann: ›Ihr seid die Rechten! Gebt euch gefangen!‹ Antworten wir ihm: ›Ach, lieber Junker, wessen wollt Ihr uns zeihen? Wir sind gute arme Handwerksleute.‹ Sagt der Edelmann: ›Kurzum – rührt an! Ihr müsst gefangen sein.‹ Also rührten wir ihn an und gaben uns gefangen.«

Eine eigenartige Zeremonie der Unterwerfung: Tritt ein wohl bestallter Nürnberger nach dem anderen an den Sattel des von Thüngen und rührt mit seiner Rechten dessen Oberschenkel an. Gleichzeitig senkt er den Kopf.

Der von Thüngen stemmte bei dieser Unterwerfungsgeste hochmütig den Arm in die Seite, als ob er einem Maler Modell säße. Sein Pferd ließ, unbeeindruckt vom Geschehen, einen duftenden Haufen fallen, sodass der von Thüngen ein herzhaftes »Pfui Teufel« ausstieß und seinem Pferd wütend die Armbrust an den Hinterschenkel schlug.

Die letzte Schupfeder stirbt

Das Pferd wieherte wütend zurück und stieg mit den Vorderhufen senkrecht empor. Von Thüngen, ein glänzender Reiter, was jeder erfolgreiche Raubritter sein musste, parierte mit eiserner Faust durch, wobei sich von seiner gespannten Armbrust der eingelegte Pfeil löste, mit einem unangenehmen Zischen an die fünfzig Meter flog und sich mit einem dumpfen »Plopp« im Blattgewirr einer riesigen Eiche einbohrte.

Der Pfeil schrie wimmernd auf und flötete sterbend.

Reiter und Handwerker erstarrten. Die ranige Person mit ihrer Kappen vor der Nase ritt auf die Eiche zu, rief: »Das war ein Meisterschuss, Herr! Habt eine Schupfeder erwischt. Das bringt uns Glück.«

Die Nürnberger stammelten ihrer Herkunft gemäß sofort untertänig: »Glänzend, oh Herr.«

»Hol mir den Bolzen zurück!«, schrie von Thüngen dem Ranigen zu, der sich derweil bemühte, vom Pferd aus den Bolzen aus dem Stamm zu ziehen. Das Blut der getöteten Schupfeder lief ihm über die Hand. Es brannte wie Hölle, Schupfedern haben – ach: hatten! – aggressives Blut, das auf trockener Haut zu schmerzhaften Aufwölbungen führte.

»Kann's nit!«, schrie der Ranige zurück, fluchte, dass es Gott erbarmte, sodass er ihn mit einem unsichtbaren Schubs vom Pferd stieß.

Thüngens Gesellen lachten schadenfroh, die Kaufleute stimmten ihrer Herkunft gemäß meckernd ein. Thüngen selbst machte die Situation wütend. »Was ist das für ein schweinsköpfiger Überfall!«, schrie er. Eine lachende Runde von Tätern und Opfern! Das rüttelte an seinem Renommee, zumal da er entdeckte, dass in gut dreihundert Metern Entfernung ein Bauer auf seine Sense gestützt dem Schauspiel ungerührt zusah.

Die Kleider hingen ihm als Fetzen vom Leib. Bei dem brachte nicht einmal mehr Prügeln oder Foltern was, gestand sich Thüngen ein. Ach, seufzte manch Adliger fünf Jahre später, »ach, hätte er ihn erschlagen!« Der verlumpte Bauer wurde – heute leider vergessen und von keiner Chronik am Leben gehalten – zu einem der entschiedensten Anführer des Bauernaufstandes, genannt der »Junkerstecher«.

Er raste während der Gefechte zwischen Bauern und Adligen mit wahnwitziger Gewandtheit zu den Unterdrückern ihres Standes, sprang von hinten auf ihre Pferde, riss mit der Rechten den adligen Kopf zurück, sodass zwischen Brustpanzer, Helm und Halsschutz ein knapper Zentimeter weiße Haut sichtbar wurde, darunter die Halsschlagader, in die hinein der Junkerstecher sein Messer trieb.

Dazu zischte er ihm »Das ist vom Bauernstand!« ins Ohr. Schon war er wieder abgesprungen, während der im Rhythmus seines Herzschlags stoßweise blutrot sprudelnde Edelmann unter Hinterlassung einer ziemlichen Sauerei langsam vom Pferde sank.

Gut wäre es, den wirklichen Namen des Junkerstechers zu wissen, ob er Kinder hinterließ, die Jahrhunderte später in Deutschland zu höchsten Ehren aufstiegen, etc. Noch wird geforscht. Kein bürgerlicher Leser oder gar einer aus dem Bauernstand sollte sich allzu sicher fühlen, nicht eines Abends eine Historikerkommission vor seiner Haustüre stehen zu haben, die ihn mit dem Junkerstecher als leibhaftigem Ahnen konfrontiert.

»Geht das jetzt hier weiter, oder was?«, schrie der jüngste der Raubritter, ein, wie Koler ihn schildert, »starcker Knab, mit einem braunschwarzen kleinen Pferd und gekleidet wie der Edelmann«, ein dicker, voll gefressener junger Adliger.

Von Thüngen strafte ihn mit einem ätzenden Blick, räusperte sich und schrie die Nürnberger an: »Stellt euch zwischen unsere Pferde! Wer flieht, den erschieß ich wie die Schupfeder.«

Nie wieder Zauber in Deutschland

Die Drohung blähte den Nürnbergern sofort wieder ihren Dackelblick aus den Augen. Brav stellten sie sich zwischen die Reiter, und los gings. Ob die Pferde trabten, einmal gar galoppierten, immer dazwischen, zu Fuß dem vorgelegten Tempo folgend: die drei Kaufleute.

Ein Gesundheitstraining, das sie nicht zu genießen wussten. Sportliches war ihnen fremd. Dergleichen war Adligenspaß. Jedenfalls wurden sie über zwei Hügel und durch zwei Täler bis zu einer kleinen Waldinsel inmitten eines Ackers gejagt.

Unterwegs bewegte die ranige Person das Bild der vom Armbrustbolzen durchbohrten Schupfeder. Wenn er gewusst hätte, dass Joachim von Thüngen die letzte ihrer Art ausgerottet hatte, hätte er sicher eine tiefe Trauer empfunden. Ranige Personen sind sensibel.

Die Schupfeder mit ihren zwei blaugrünen Schwänzen und ihren siebenkralligen Zehen war unersetzbare Zugabe jedweden Zaubertranks. Er entfaltete seine volle Kraft erst, wenn von der Schupfeder eine Träne hineingefallen war. Weil sie nach jedem Trällern aus Erschütterung über ihren göttlichen Gesang zu weinen pflegte, war die Chance nicht gering, einen Tropfen in den Zauberbecher abzubekommen.

Überall in den Wäldern des Deutschen Reiches, von ihrem Anbeginn bis ins 16. Jahrhundert hinein, standen unter den Eichen die Becher mit speziellen Tränklein. Solche, die neue Liebesglut anfachen oder den Hass, die Kinderlosigkeit beseitigen oder Trauer auflösen, die dem Nachbarn eklen Tod bringen oder dem Ortspfarrer ein weiteres uneheliches Kind: Nur die Schupfedertrÿne aktivierte den Zauber.

Unklar bleibt, warum der geheimnisvolle Vogel Anfang des 16. Jahrhunderts seine Fortpflanzung einstellte. Jesuiten machen die geistige Unruhe der Reformation dafür verantwortlich. Ornithologen widersprechen.

Seit Joachim von Thüngens Zufallstreffer am Freitag, dem 21. September 1520, eine halbe Meile außerhalb von Remlingen in Richtung Würzburg, so gegen elf Uhr vormittags, gibt es keine Schupfedern und damit keinen Zauber in Deutschland mehr, diesem seitdem der Wunder baren Land. Jahrzehntelang hing am rostigen Bolzen aus der Thüngenschen Armbrust das Gerippe der letzten Schupfeder.

Oft stand der alt gewordene Junkerstecher davor, verlor sich in trauriger Erinnerung an den vergeblichen Aufstand der Bauern, ihre Niederlage, die drakonische Bestrafung, die seine Mitbauern traf, nur ihn konnten die siegreichen Adligen nie erwischen. Eine Träne rann dem Junkerstecher über die unrasierte Wange. »Ach, Schupfeder«, seufzte er leise, »wie bescheißt uns Bauern das Leben, seit du für uns nicht mehr trällerst!«

Wo die Zähre den Waldboden berührte, blühte mit einem Male das Moos. Der Junkerstecher bemerkte es nicht. Sonst hätte er erkannt, dass er auserwählt war, den Zauber der Schupfeder weiterzutragen. Durch falsche Sichtweise verlor er alles.

Erst ausrauben, dann füttern

Im kleinen Wäldchen ging es – letzte Schupfeder hin oder her – zur Sache. »Nun schanzt auf, was ein jeder hat!«, forderte Joachim von Thüngen die drei Gefangenen auf, gar nicht mehr adlig, nur kleinbürgerlich gierig.

Ein gemeiner Vorwurf. Dieser allgemeine Raubritterbrauch fußte auf uraltem Fehderecht: Die so genannte »name« (Wegnahme) unmittelbar nach Überwindung des Gegners oder nach Eroberung einer Burg oder Stadt bewirkte rechtmäßig erworbenes Gut, das bei späteren »Einungen«, Friedensschlüssen, nicht wieder zurückgegeben werden musste.

Diese »name« wurde zwischen Raubrittern, Knappen, Buben, Knechten je nach Wichtigkeit gerecht geteilt, das spätere Lösegeld stand meist nur dem Fehde führenden Raubritter zu.

Zuerst griffen sie dem Schwentendorf seinen Wetschka ab, ein Wort, das unbedingt wieder benutzt werden sollte, sozusagen – wegen der fehlenden Kreditkarten – die etwas voluminösere Brieftasche früherer Jahrhunderte. Anschließend nahmen sie dem Richter, was der freiwillig hergab. Zuletzt wandten sie sich Endres Koler zu: »Gib her, was du hast!«

Mag sein, dass Koler von weitem den aufrührerischen Glanz in den Augen des Junkerstechers gesehen hatte. Plötzlich sprach aus ihm eine gewisse störrische Hartnäckigkeit, die ihn selbst ängstigte. »Liebe Herren«, sagte er laut eigener späterer Aussage, »ich hab kein Geld, ich bin ein armer Weller und komme von unserer Lieben Frau zu Ach und bin erst zu Frankfurt zu meinen Gesellen gekommen und habe mein Geld alles verzehrt und hab Euch nichts zu geben.«

Thüngen gab sich vorerst damit zufrieden. Ein Knecht band die drei jeweils mit einer Hand an ein Halfter. So mussten sie weitere anderthalb Meilen zwischen den Pferden des Raubritters und seiner Knechte laufen. Beim nächsten Halt stieg Thüngen vom Pferd und legte seine Armbrust in eine Astgabel. Aufstörend, was Koler alles für berichtenswert hielt, vielleicht wollte er der Nachwelt ein Zeichen geben, dass es das Geschlecht derer von Thüngen war, das die Schupfeder ausrottete, sich selbst aber unbestraft fortpflanzen durfte.

Im Wäldchen jedenfalls, und damit zurück in die Vergangenheit, die niemals endet, erbrach Joachim von Thüngen die Siegel der mitgeführten Post seiner Gefangenen, las neugierig das Schreiben an einen Apotheker in Nürnberg, ahnte, dass der ein günstiges Opfer abgäbe. »Wo ist der appotecker?«, fragte er, »kumpt er nit pald hernach, und seind der kauffleut noch vyl danyden oder hintten hernach?«

Die drei wussten das nicht. Koler ärgerte sich im Stillen, dass das Postgeheimnis wenig taugt, wenn es nicht einmal die angeblich gut erzogenen Adligen wahrten, was wiederum irgendwie sein Widerstandsgefühl weiter stärkte.

Wieder mussten die drei Gefesselten weiterlaufen. Von Wald zu Wald ging das. Endlich schickte Thüngen den Buben zum Essenholen. Die drei saßen gefesselt an einem Eichenstamm. Wieder wurden sie gefilzt. Diesmal musste auch Endres Koler seinen Wetschka rausrücken, mit den eineinhalb Gulden in Münzen, die darinnen waren.

Alles Geld, auch das der anderen Beraubten, nach Kolers Angaben 12 fl. Gulden, schütteten die Räuber auf den Mantel von Hans Richter und teilten es in fünf Teile, gaben auch dem rausgefressenen Knaben ein paar Pfennige, als der zurückkam und ankündigte, Atzung würde alsbald gebracht.

Kurz darauf treten zwei Menschen auf, die man im frühen 16. Jahrhundert jederzeit auf den Straßen treffen konnte, die uns Heutigen bei einem Aufeinandertreffen aber gehörigen Schrecken einflößen würden.

Kolers liebevoll genaue Schilderung lässt sie auf ewig farbig weiterleben: »Also pald nach dem puben kamen zwen zu fusz, hett Ir yeder ein geschwertzten kittel an, der ain groe kemlein kappen und groe zuschnitten hut auf. Es hat auch ain yeder leyen hosen und nyder schuch an gehabt und haben ain schweinspies und ain lang messer gehabt. Der ain war ein schwartz, kurtz knecht und het kain lanngen part; der ander was ein Junger weysser gesell. Und dieselben zwen brachten mit Inen ain zyne flaschen mit wein bey dreyen maszen und ain klain plechen fleschlein mit wein bey 2 drittail, ain protfisch In aim tüchlein und ain layb prots und gaben das den Reuttern.«

Diese zwei Boten waren kleine Mitwisser und Mittäter in dieser aus Raubrittern, Wirten, Pfarrern und ihren Knechten bestehenden mächtigen Mafia, die ihre Netze über Mitteleuropa ausgebreitet hatte, um per Schröpfung Reichtum zu schöpfen. Dass es zwei Boten sozusagen aus der Zukunft waren, wurde Koler erst später klar.

Schmatzende Ruhe im Wäldchen. Sonnige Herbstluft. Spinnweben im Gegenlicht zwischen den Bäumen. Allerdings: Kein grulliges Jodeln mehr der Schupfeder, dieses markante Trolken zwischen Melodie und Rhythmus, von den Schmausenden, die einander die Flasche reichen, rülpsen, den Mund wischen, erst ahnend vermisst.

Ergurgelt durch ein Ruderboot

In Koler wuchs der Ärger. Na warte, dachte er sich, du schatzt mich nicht. Wieder erschrak er über sich selbst. So kannte er sich gar nicht. Immer war er ein Schwächling gewesen. Auf einmal fühlte er sich bärenstark. In dieser Sekunde fiel ihm zum ersten Mal auf, dass er das gerade im Herbst stark anschwellende Brunftjodeln der Schropfeder nicht hörte, schon seit Stunden nicht gehört hatte.

Was soll nur aus Deutschland werden, zuckte es ihm durch den Kopf, wenn es keine Schlapseder mehr gibt. Hieß sie so? Was war los mit ihm? Hieß die nicht Schnapsluder? Vergaß er schon den Namen des Zaubervogels, kaum, dass er ihn ein paar Stunden nicht mehr gehört hatte? Wieder erschrak Koler, dann traf ihn der Gedanke: Ich muss mich auf mich selbst verlassen. Der Zauber bin ich. Und nickte störrisch.

Sie saßen gefesselt an der Eiche, die drei Nürnberger Bürger. War dies das brüllende Leben, das sie als ordentliche Angehörige ihrer Zünfte zu vermeiden suchten – und sehnlichst herbeiwünschten?

Thüngen und seine Spießgesellen ritten davon. Nur die zwei Fußknechte, die das Essen gebracht hatten, waren zur Bewachung der Beute zurückgeblieben. Zwei Fußknechte, die bedenkenswerte Sätze von sich gaben. Wie muss der dienernde Schreiber in der Nürnberger Kriegsstuben rumgedruckst haben, bevor er sie auf Druck Kolers hinschrieb. Immerhin gelang es dem Schreiberling, den Begriff »unnütze Reden« hinzuzufügen, sodass es sich in den Akten so liest: »Die zwei Fußknechte blieben bei ihnen im Wald, bis die Nacht kam, und trieben viel unnütze Reden mit ihnen: Was seid ihr Handwerker für törichte Leute! Dass ihr in der Gemeinde nicht zusammenhaltet und die Herren im Rat totschlagt! Denn ihr seid mehr als die und fangt endlich ein anderes Regieren an! Es kann sich niemand vor ihrer großen Gewalt retten und sich regen, solange sie alle Menschen unterdrücken.«

Wer waren diese zwei Fußknechte? Der eine schwarze, kurze ohne langen Bart? Der andere junge weiße Gesell? Kämpften sie im Bauernkrieg an der Seite des Junkerstechers? Wer unterdrückte ihre Namen? Warum hängt keine Bronzetafel an ihrem Geburtshaus, auf der steht: »Hier schrieben Otto Schwarz und Walter Weis ihre ›Fynfzehn Tesenn zu eynem kerechten Gemeynwesen‹ und wurden deshalb durch Joachim von Thüngen in der Nacht zum 26. Juli 1521 am Halse aufgehängt und so lange hinter seinem Ruderboot durch den Wassergraben gezogen, bis sie ergurgelt waren.«?

Jedenfalls haben sich die Thüngens niemals bemüht, für die Nacht vom 26. auf den 27. Juli 1521 ein Alibi vorzulegen. War es ein Thüngen, der die Durchsetzung der Demokratie in Deutschland um Jahrhunderte zurückwarf?

Kolers verwegene Flucht

Endres Koler berichtet, dass die drei Gefangenen von den beiden Fußknechten nach deren Brandreden bis in die Nacht hinein weitergetrieben wurden.

Gegen 22 Uhr tauchten der Raubritter und seine Rotte wieder auf. Joachim von Thüngen befahl, die Kaufleute jeweils auf ein Pferd hinter den Reiter zu binden, nur nicht auf seines.

Die beiden Fußknechte, enttäuscht ob der mangelnden Reaktion auf ihre aufrührerischen Reden, führten den Befehl zur Fesselung der Gefangenen mit jener ungewöhnlichen Härte durch, die verbitterten Ideologen eigen ist: An Pferdehalftern banden sie zunächst bis zum drohenden Ende der Blutzirkulation die Handgelenke Kolers zusammen, setzten ihn hinter einen Knecht aufs Pferd und gaben das lange Ende dem Reiter in die Hand, sodass der das Halfter zusammen mit den Zügeln halten konnte. Den beiden anderen geschah ähnlich Rücksichtsloses.

Die kleine Gruppe ritt los, gelangte endlich zu Thüngens väterlichem Schloss Zeitloffs, einem Wasserschloss.

Joachim von Thüngen wird kurz zu Hause Gute Nacht gesagt und den Eltern und Geschwistern erzählt haben, dass draußen ein paar reiche Nürnberger Kaufleute warten, die müsse er nach Brandenstein zu Vetter Mangold bringen.

»Mutter, gib mir nur schnell ein Stück von deinem Rosinenkuchen, nein, Papa, wir können die drei nicht selbst schatzen, die muss ich schon dem Mangold liefern, nein, nein, Mutter, ich verkühle mich schon nicht, nein, Papa, ich habe heute keinen abgestochen, es hat sich einfach nicht ergeben, sind tumbe Nürnberger Kaufleut, lügen wie die Eier, ach, wie freu ich mich aufs Wochenende, diese zermürbende Reiterei, dass der Mangold mit seiner Odheimerin nicht vorankommt, verstehe ich nicht, aber diese Ebersteins mit ihren beweglichen Eselsohren waren schon immer kompliziert, nein, Mutter, jetzt wo du mich fragst, nein, ich hab heute auch noch keine Schlapfleder jodeln hören, richtig, Papa: Schupfeder. Komisch eigentlich. Ich muss weiterreiten. Habt ihr noch irgendeine Nachricht für Vetter Mangold? Nein, Papa, ich werde ihm nicht vorschlagen zu versuchen, ob seine Ohren auch eine Brotscheibe vom Tisch aufheben können. Tschüs, ihr Lieben!«

Und reitet davon. Hinaus in die dunkle, regnerische Nacht. Das Wetter ist umgeschlagen. Ein herbstlicher Wind hat mit scharfen Böen aus schwarzen Wolken heraus die grauslige Finsternis in die Wälder rings um Zeitloffs getrieben.

Im hügeligen Landstrich, heute zum unglücklichen Hessen gehörig, duckt sich Joachim von Thüngen über den Hals seines Rosses. Er reitet an der Spitze seines kleinen Räubertrupps. Die drei Gefangenen bleiben weiterhin hinter seinen Knechten auf die Pferde gebunden. Mühselig halten sie sich, krallen sich mit gefesselten Händen in die Ränder der Sättel oder lehnen sich in erzwungener Vertrautheit an die Rücken ihrer Peiniger.

Hin und wieder reißen die an den Halfterenden, vergewissern sich, dass die teure Fracht hinten drauf sitzt.

Die Dunkelheit, die Nässe des wild entgegenschlagenden Regens verlangsamen die Pferde. Stockdunkel ist es. Nur hin und wieder gelingt es dem Mond, zwischen jagenden Wolken hindurch sein Licht auf den Reitertrupp zu werfen. Sie reiten in einen tiefen Hohlweg hinein. Rechts und links türmt sich das Gestrüpp.

Endres Koler ist tropfnass. Er ist so nass, dass sich die Regentropfen mit seinen Tränen mischen. Er ist wütend, doch hinten in seinem Hirn brennt dieses neue Licht, diese Trotzfunzel, dieses heiß machende Flämmchen, das ihn irgendwie Tränen und Nässe und Wut und Verzweiflung und Angst zur verwegenen Tat bündeln lässt.

Er versucht im übel schaukelnden Schritt des Pferdes die gefesselten Hände an den Mund zu bringen, immer darauf achtend, das Halfter zum Reiter vor ihm straff zu halten.

Gott sei Dank hat er diese beiden vorstehenden Zähne, den »Eber« nennen ihn darum liebevoll seine Freunde. Er schlägt sie in das nasse, festgezurrte Leder rings um seine Handgelenke, der Reiter vor ihm flucht, treibt das Pferd an, reißt am Halfter, Koler stöhnt auf, als ihm das Leder aus dem Mund gerissen wird, packt es wieder mit den Zähnen, sucht den Knoten mit einem seiner spitzen Hauerchen aufzulösen, beißt und zieht, der Kiefer schmerzt, der Regen klatscht ihm ins Gesicht, die Pferde schnauben, kurz blitzt Mondlicht herab, Koler sieht, dass er die Zähne an der richtigen Stelle angesetzt hat, verbeißt sich richtig im Knoten, bis er spürt, dass der sich langsam lockert, endlich kann Koler ein Striemenende voll mit den Zähnen fassen, zieht langsam daran, achtet weiterhin darauf, dass das Halfter nach vorne stramm bleibt, zieht weiter, der Knoten löst sich, das Blut strömt wieder in die befreiten Hände, der Schmerz lässt ihn tief aufstöhnen.

Er nimmt das lose Ende des Halfters, es weiter stramm haltend, aus dem Mund und führt es trotz des Pferdegewackels langsam nach unten, sucht mit den Fingern den Sattelrand ab, bis er ein Loch findet, führt langsam den Strick durch und verknotet das Ende seiner Fesselung so daran, dass sie weiterhin stramm nach vorne zieht.

Der Reiter merkt nichts. Koler hat die Hände frei, hält sich am Sattelrand fest, schaut durch die Finsternis. Sie verlassen langsam den Hohlweg, kommen auf einen Hügel, rechts und links noch immer verfilztes Gestrüpp und Unterholz, dahinter erst beginnt schwarz der Wald. Im kurzen Mondlicht blitzt zwischen den Stämmen weit unten sekundenlang ein Fluss auf.

Kolers mutigste Stunde ist da. Ein einfacher Handwerker, ein Bürger Nürnbergs, ein in der damaligen städtischen Zivilisation gemütlich verankerter Mann mittleren Alters, so um die vierzig mag er gewesen sein, wagt wie der kühnste Abenteurer aus einem Märchen sein Leben. Im Vorbeireiten erspäht er eine Lücke im Gestrüpp und lässt sich blitzschnell vom Pferd fallen, klatscht in die weichen, dornigen Zweige eines Brombeerstrauches, wälzt sich weiter hinein, die Hände bluten, die Beine reißt es auf, die Arme, es brennt sein Gesicht, er schmeckt Blut, aber er wälzt sich weiter, zerreißt die Kleider, bis er aus dem Brombeerbusch heraus auf nasses, totes Unterholz fällt. Er rappelt sich hoch, stürzt den Abhang hinab in den dichteren Wald.

Er lauscht.

Er hört nur das Rauschen in den Bäumen. Er lehnt sich erschöpft an einen nassen Baumstamm, atmet durch, wischt sich mit den Händen das nasse Gesicht ab und empfindet ein Glücksgefühl, wie er es nie zuvor empfunden hatte. Er hat es geschafft. Er ist frei.

Der Nürnberger Kriegsstubenschreiber hat all das zu diesen Sätzen gerinnen lassen: »Im selben tieffen weg und bey der nacht loset sich Koler auf mit den zenen und hennden und fiel Im holtz vber ein Ranngen gegen dem Mayn In die stauden, und ward der Reuter sein nit gewar, ursach, das er den strick, daran er gepunden was und den der Reuter in hennden hett, bandt er durch das gerayd auf dem pferd an, das er nit lotter sunder gestracks was. Und als sie, die Reutter, des gewar wurden, das sy In verlorn hetten, fienngen sie an zuschreyen: ›Hoscha! hoscha! etc.‹ Aber er ducket sich in dem holtz, es Regnet und was wintig, und setzet sich in ain aichen stauden bis es tag ward.«

Verschwiegen hat der Archivar den gewaltigen Juchzer der Erleichterung, der Kolers Lungen am Morgen entstieg. Er klang so strahlend wie der Jodler der Schupfeder.

Weit über Berg und Tal flutete die Melodie bis in die Ohren

des verdrossen und übermüdet dahinreitenden Joachim von Thüngen.

Thüngen schrak auf – und wusste, dass er die letzte Schupfeder Deutschlands ausgerottet hatte. Seit diesem Tag verfolgte er nur ein Ziel: ihren Namen aus dem Gedächtnis tilgen. Es gelang ihm und seinen Nachfahren leider total. Kein Mensch kennt mehr die Schupfeder, diesen Zauberer in den Zweigen, kein Vogelhandbuch nennt ihn mehr, es ist, als hätte es die Schupfeder nie gegeben.

Verführung durch die schöne Helena

Hans Schwentendorf und Hans Richter ist es zunächst gar nicht gut gegangen.

»Reiten, reiten, reiten, durch den Tag, durch die Nacht, durch den Tag« – soll Schwentendorf später diesen Teil seiner Entführung gegenüber der Familie zusammengefasst haben –, bis der verwilderte, verschmutzte Trupp endlich Burg Brandenstein vor sich liegen sah: Auf einem kahlen Bergkeil, der von drei Seiten her unangreifbar schien, lag Deutschlands schlimmstes Raubritternest und Geiselzwinge.

Brandenstein war Herrensitz derer von Eberstein, die mit den Tandaradei-Ohren, tatsächlich aber in der Gewalt von Frau von Eberstein und ihrer neuen Freundin, der Odheimerin.

Eine eher undurchsichtige Rolle, vor allem auf sinnlichem Gebiet, spielte die »schöne Helena«, Tochter der Odheimerin. Studiert man die teilweise nicht vorhandenen Quellen genau (und wer täte das nicht, wenn es um erotische Spuren der Vergangenheit geht?), so sind versteckte Widersprüche und Auslassungen zu entdecken, die immer stärker eine erschreckende Vermutung zur Sicherheit werden lassen: Dieses Raubritternest war auch ein Lustschloss.

Vielleicht ahnte das schon Hans Schwentendorf, als er über die Schulter seines Reiters vor ihm auf dem Pferd die flirrende

Wolke sah, die Burg Brandenstein umwaberte. Es sah aus, als habe die Hitze aneinander reibender Adelskörper die Luft aufgeheizt, sodass sie wie eine Fata Morgana in der Wüste über dem Brandenstein waberte.

Zwischendurch hatte sie sich auch über das nahebei gelegene Städtchen Schlüchtern gelegt, sodass dort unter der zirrenden Wolke in einem wahrlich exorbitanten Bacchanal sexueller Verirrungen und Ausschweifungen alle Schlüchterner Einwohner in Mit-Leidenschaft gezogen wurden. Nie wieder war die Geburtenrate so hoch wie rund neun Monate nach diesem letzten Geschenk der sinnenfrohen Ebersteiner und der schönen Helena.

Wer heute Schlüchtern besucht, ist über die Ähnlichkeit der Bewohner untereinander bass erstaunt, sagt aber nichts, weil aus ihren Augen noch immer eine bedrohliche Lustbereitschaft funkelt, die anscheinend nur auf das richtige Zauberwort wartet, um wieder zu explodieren.

Jedenfalls spürten Schwentendorf und Richter, die beiden Hanse, dass ihre eigenen Hanse anschwollen, je näher sie der Burg kamen. Beide waren darob verlegen und versuchten, ihr Gemächte zu verstecken, als sie endlich im Hof vom Pferd gehoben wurden.

Am Halfter, das noch immer um ihre Hände gebunden war, zogen zwei Knechte des von Eberstein sie in ein Verlies. Dort wurde Richter ein Hundehalsband so eng um den Hals gezurrt, dass er sich jeden sinnlichen Gedanken ernsthaft verbieten musste, weil ihn sonst die Schwellung des Halses dem Ersticktungstod überantwortet hätte.

Das Halsband wurde mit einem Eisenring hoch oben an der Wand verknotet, sodass Richter ohne Leiter nie hinaufkommen würde, um die Knoten zu lösen.

Den armen Schwentendorf hat man indes, wie es in den Nürnberger Akten heißt, »henndt und fusz in ain eysen gefenngknus zusammen geschlossen, dass er krupfft [gebeugt] hat müssen sitzen«.

In jedem Fall war es ein gar köstlich Bild für den Teufel, das die zwei armen Nürnberger abgaben: In einem kalten Keller hockt der eine mit immer länger werdendem Hals an der Wand, der andere neben ihm glotzt zusammengekauert in einem raffinierten Eisengeschirr zwischen seinen Knien hindurch auf das Stroh. Er kann den Kopf nicht heben, kann nur genau die Flöhe, Läuse und Wanzen sehen, wie sie einander Platz machen, es ist genug Blut in pulsierender Nähe, da kann man schon höflich sein zur verwandten Art.

Assoziativ ist aus Chroniken zu erschließen, dass es die schöne Helena war, die sich in der folgenden Nacht heimlich ins Verlies begab und sich schamlos an beiden gefesselten Männern verging. Und dass sie es war, die als erste Europäerin im Brandensteiner Verlies einen Striptease bis zur gänzlichen Nacktheit tanzte, wobei es die Kraft ihrer Ausstrahlung war, die es dem Schwentendorf ermöglichte, den Kopf im Eisengeschirr mit animalischer Kraft so hochzuheben, dass er statt Flöhe und Wanzen den seidig sich wiegenden Körper der schönen Helena im Licht der Wandfackel beobachten konnte.

Die über Brandenstein wabernde Wolke nahm in jener Nacht eine so satte rötliche Strahlung an, dass es der Burgprediger vorzog, Brandenstein fluchtartig zu verlassen. Er war ein wirklich frommer Mann, der im Kampf seiner Keuschheit gegen seine Unkeuschheit die Oberhand gewonnen hatte, obwohl er von Mangold wiederholt mit dem Spruch gehänselt worden war: »Nur in der Zucht liegt Unzucht.«

Mangolds Bestrebungen, diesen Satz zum neuen Wappenspruch zu machen, vereitelte sein Heldentod an der Seite des Oberraubritters Franz von Sickingen (siehe diesen nicht, er hätte den Umfang dieses Buchs gesprengt).

Zurück zur schlimmen Helena. Sie bewog mit Leichtigkeit, den in gefesselter Sinnenlust erschlafften Schwentendorf, wenigstens 250 fl. Gulden als Lösegeld zusammenzukratzen.

Als Richter und Schwentendorf, wieder zu Hause in Nürnberg, Endres Koler ihre Liebesabenteuer erzählten, fragte der mit lüsternen Augen: »Wie wär's, wenn wir drei noch mal in Richtung Brandenstein reiten und die Raubritter so reizen, dass sie uns wieder fangen?«

Ewiges Schweizer Lamentieren

Den Schweizern ist es nach eigenem Bekunden nie gut gegangen. Ihr stetes Lamentieren nervt die Welt seit Jahrhunderten. Zumal sie neben dem Alphorn zur kulturellen Entwicklung des Homo sapiens nichts beigetragen haben. Jakob Grübel aus St. Gallen war aus anderem Holz.

Ihn hatte Philipp Truchseß von Usleben, auch ein edler Name in Raubritterkreisen, bei Tann gefangen genommen. Es half kein Grübelsches Geschrei, dass er Schweizer sei, das könne man an seinen Rachenlauten hören, und er habe mit den Nürnbergern nichts zu schaffen.

Freilich, sagte der von Usleben, du handelst mit ihnen!

Die Rachenlaute des Schweizers verstummten prompt.

Usleben und sein Knecht Marsilius Voit, heute Vogt, führten den empört vor sich hin schnaufenden Schweizer zusammen mit ihren zwei anderen Helfern bis eine viertel Meile vor Brandenstein.

Dort geschah auch dem St. Gallener, was in Fehden als »gerecht« galt: Zwar half man dem Hauptfehdeführer, in diesem Fall Mangold von Eberstein, dem auch die Schatzung zustand, doch was man bei einem Kaufmann fand, nachdem man ihn sich geschnappt hatte, wurde redlich unter den Fängern geteilt.

Die Tausende, die beim Lesen dieses Kapitels gerade auf Burg Brandenstein stehen und gen Süden hinabschauen, können es sich deutlich vorstellen, wie Philipp Truchseß von Usleben auf dem Rübenacker vom Pferd aus mit gespannter Armbrust die Brust des armen Grübel anpeilte und leise zischend fordert: »Zeyg, was tu haszt! Und kein Schweizer Rachengedösel fürderhin! Sunnst krachchchts!« Wobei er mit dem letzten Wort des Schweizers Rachenlaute nachäffte.

Grübel, von Schweizer Erziehung her geizig wie das Matterhorn, seufzte tief auf und entleerte sich seiner irdischen Güter: 16 fl. Gulden an Gold und in Münzen, eine Krone, drei Vaterunser im Wert von 12 fl. Gulden, 11 Ellen Damaststoff, dazu sein Pferd im Wert von 24 fl. Gulden.

Er musste seinen Reitrock ausziehen, der wurde auf dem nassen Rübenacker ausgebreitet, und darauf seine Besitztümer gelegt. Gerecht, das musste selbst der Schweizer innerlich zugeben, wurde zwischen Herr und Knechten geteilt. Das Herz blutete ihm, als man den glitzernden Damaststoff mit dem arabischen Blumenmuster vierteilte, wobei zwei Knechte das Tuch jeweils stramm hielten und der von Usleben mit einem Mordsstreich seines haarfein geschliffenen Schwertes das Tuch durchhieb.

Dazu schrien die Knechte jeweils ein begeistertes »Hossa!«.

Ein Humanist schaut giftig zu

Der Schall drang in die glühenden Ohren des Ulrich von Hutten, dessen Burg Steckelberg in Sichtweite von Brandenstein lag.

Der große Humanist und Lutherfreund erstarrte.

Oh, diese Gemeinheit. Oh, diese Unmenschlichkeit. Es musste Wege geben, um diesem Unwesen ein Ende zu setzen. Denn das war keine gerechte Fehde.

Sein Vater war ein herzhafter Raubritter mit vielen raffinierten Überfällen gewesen. Er verachtete seinen im Abstrakten rumschnüffelnden Sohnemann, der lieber eine Schreibfeder drückte als zum Beispiel den Busen einer Magd, die zusammen mit einem Kaufmann zu seiner Beute geworden war.

Vater von Hutten, das wird gerne verschwiegen, »schwächte Jungfern«, wie in der Chronik zu stehen pflegt, gern und gut, wobei letzteres Lob nicht von seinen Opfern kam, sondern von seinen Kumpanen und von der adligen Stammesorganisation, die es ihm gleichtun wollte und damit für das schnelle Ausbreiten einer Seuche sorgte, die den Adel in jener Zeit zu zwei Dritteln im Griff hielt: der Syphilis, der Lustseuche.

War ein Adliger erst einmal infiziert, trat die Krankheit in immer schnelleren Schüben auf. Dagegen gab es allenfalls viehische Schwefelkuren, die nur vorübergehend halfen. Die Haut brach in zahllosen Eitertöpfen auf, sodass der Gestank auf den Burgen oft unerträglich war.

»Der Adel stinkt«, war darum beim Volk ein geflügeltes Wort. Der Adel selbst meinte, Syphilis gehöre zu ihm wie das Hauswappen zur Burg.

So stand eine der Leuchten des deutschen Humanismus auf der Burg seines Vaters, stank leicht vor sich hin, auch er war schon von der Lustseuche erwischt worden. Vier Jahre später, 1523, starb er mit 35 Jahren viel zu jung daran.

Jetzt aber beobachtete er das kantige Treiben seiner rohen Standesgenossen mit einem Kaufmann.

Als alles geteilt und auf die Pferde verstaut war, verbanden sie dem armen St. Gallener mit einem – der von Usleben hatte Witz – Stück Damasttuch die Augen, zogen ihm eine Kappe tief in die Stirn, fesselten ihn wieder aufs Pferd und führten ihn den langen Weg hoch auf Burg Brandenstein.

Brandenstein war mit Geiseln überfüllt. Sagt Grübel in der Nürnberger Kriegsstuben aus: »Und als sie In gein Prandenstein pracht, hetten sie In In ein padstuben gefürt; denn sie hetten sunst kein lere gefennknus gehabt.«

Nach der ersten Nacht auf der Geiselhochburg wurde er auf 1500 fl. Gulden geschatzt. Aber was ein Schweizer ist, handelt, selbst wenn er an Händen und Füßen gefesselt ist. Bis auf 200 Gulden konnte er Mangolds Knappen in seiner Stube, in die man ihn inzwischen gelegt hatte, runtercharmieren.

Rachenlaute auf der Flucht

Jakob Grübel lag vom 25. September bis 15. November zu Brandenstein in Banden.

Mit einer beachtlichen Unterbrechung.

Grübel ließ getreu seinem Namen nicht locker, grübelte und grübelte und fand das schwache Glied in der Kette der Mangoldschen Bediensteten. Kilian hat er geheißen, ein Knecht, dessen Dienst in den nächsten Wochen zu Ende gehen sollte.

Grübel versprach ihm einen Sonntagsanzug und zehn Gulden in Gold, wenn er ihm zur Flucht verhelfe. Am Tag, als sein Dienst endete, brachte Kilian ein Fischerseil, heimlich, um den eigenen Leib gebunden, verdeckt mit einem Bund Stroh, das er vor sich hertrug, um es in der Stube unter den Grübel zu streuen. Danach verließ er eiligst die Burg.

Ach, könnte Jakob Grübel selbst zeigen, wie er sich in dunkler Herbstnacht aus der Stube schlich, »als die wechter und yederman hett geessen«, als eine Reihe von zufriedenen Rülpsern in den Himmel über Brandenstein aufstieg und die schöne Helena sich gerade überlegte, ob sie heute Nacht zum trocknen Schweizer schleicht.

Grübel kroch im Schatten, adlerhaft scharfen Auges spähte er auf jede Bewegung im Fackellicht, bis ihm der Zeitpunkt günstig schien. Blitzschnell hetzte er über den Hof. Keiner sah ihn. Er war an der Brüstung angelangt. Mein Gott, ging das tief auf der anderen Seite hinab. Grübel verknotete das eine Ende des Seils an den Resten einer kleinen Maschine, die flüssiges Pech schleudern konnte, warf das andere Seilende über die Mauer, es klatschte gegen den Stein. Grübel duckte sich erschrocken.

Niemand hatte das Geräusch wahrgenommen.

Grübel holte tief Atem, flüsterte ein inniges »Hilf mir Gott« und sprang auf die Brüstung zu, duckte sich dahinter wie ein Frosch zusammen, spähte in die schwarze hessische Nacht, die bis heute währt, was Grübel nicht wusste, griff das Seil, riss daran, das Ende hielt, so alt war die Pechwurfmaschine auch wieder nicht, Gott sei Dank.

Er nahm das Seil in beide Hände, schlang es sich um die Hüfte und machte einen Knoten. Er ließ sich langsam über die Brüstung ins Dunkle hinab, stemmte sich mit den Beinen gegen die Mauer, bis er am Fuß des Brandensteins angekommen war.

Er lief den kahlen Hang hinab, auf ein Wäldchen zu, rechts vom Rübenacker, auf dem man ihn so rücksichtslos unter den Augen eines Humanisten gefilzt hatte. Schon entdeckte Helena, die Mannstolle, die leere Stube ihrer Versuchung. Schon lärmte oben das Schloss, Fackeln wanderten, Fackeln ritten, »Hossa etc.« wurde geschrien, wie die Nürnberger Gerichtsakten im Fall von Endres Koler aufzeichneten, wobei es bis heute nicht klar ist, warum sie immer »Et cetera! Et cetera!« riefen, sei's drum, Fackeln galoppierten den Burgweg herab, Jakob Grübel raste auf den Wald zu, erreichte ihn mit Müh und Not, schnaufte wie Heidis Öpi Jahrhunderte später auf der Suche nach Heidi, tunkte sich tief ins Unterholz und fühlte sich im Modergeruch endlich wieder frei.

Der Arme.

Das ist eben das Traurige an den Schweizern: Oft fangen sie glänzend an, dann verhunzen sie ihr Vorhaben.

Grübel denkt nicht daran, dass so ein geübter Geiselnehmer wie der Raubritter Mangold von Eberstein seine leibeigenen Bauern verpflichtet hat, entflohene Gefangene gegen ein kleines Extrabrot zu fangen.

Der kühne St. Gallener trottet am anderen Morgen quer übers Feld – nur gut drei Meilen von Brandenstein entfernt – auf vier Bauern aus Bellings zu, die sich ein Feuer gegen die Morgenkälte gemacht hatten.

Er bittet sie um Hilfe. Seine Rachenlaute verraten ihn.

»Was immer du schwätzt, wir liefern dich ab!«, höhnt einer.

Sie fesseln ihn und liefern retour frei Burg.

Dass die Bellingser Bauern diesen Verrat im Lauf der Geschichte durch zahllose Missgeschicke büßen mussten, ist bekannt und wird bis heute von niemandem bedauert. Näheres wird auf Anfrage beim Bürgermeister verschwiegen.

»Geschlagen in das Angesicht«

Angesichts der Heimkehr des Geflüchteten offenbart Mangold von Eberstein die schwarze Seite seines Charakters: »Do were er gleich auffgestanden gewesen unnd geschrien, sie solten Im, dem poszwicht, hinauf fürn, und Er, Mangold von Eberstein, hab gelauffen unter die thür und Ine wider die erde zewerfen und geschlagen in das angesicht und sunst ubel.«

So ist es, wenn ein Raubritter ausflippt. Ekelhaft bürgerlich: In jähzorniger Wut verprügelt er, vor dem Gesinde, vor der Familie, einen Menschen.

Lassen wir den Schweizer, der ein solches Schicksal trotz seiner Herkunft nicht verdient hatte, weiter berichten: »Dann haben sie mich in einen Rossstall geführt. Dort haben sechs Bauern einen großen Stock aufgestellt und mich mit Händen und Füßen in die engsten Löcher eingeschlossen. Da saß ich den ganzen Tag über, ohne etwas zu essen oder zu trinken zu bekommen. Ständig wurde ich bedroht, man würde mir noch heute die Hände abschlagen.«

Die mittelalterliche Erfindung des Stocks ist eine viehische. Der Delinquent saß unbequem, die Beine waren vor ihm ausgestreckt, die Füße in enge Löcher gesperrt, sodass kaum Blut durchkam. Drüber geschah es mit den Handgelenken in der gleichen Manier, sodass der arme Mensch mit zwangsweise krumm gespanntem Rücken saß, was nach ein oder zwei Stunden spätestens zu immer stärker werdenden Schmerzen im Rücken führte.

Der Körper beginnt sich zu verspannen, Atemnot setzt ein, Zittern befällt den Gepeinigten, Füße und Hände schwellen an, sterben langsam ab. Die Beine werden von wilden Krämpfen gepeinigt, mit einem Wort: Jakob Grübel musste all das abbüßen, was seine stolzen Landsleute gut zwanzig Jahre zuvor den Ritterheeren des Deutschen Reiches in ihrem Kampf um die Unabhängigkeit angetan hatten.

Der Schweizer wurde ohnmächtig.

Harte Stöße weckten ihn. Vor ihm standen Knecht Marsilius und Mangold von Eberstein. Letzterer hatte sich wieder beruhigt, hielt lächelnd das Fluchtseil Grübels in der Hand, schwenkte es leicht hin und her und schlug leicht die Hände Grübels. Der spürte keinen Schmerz mehr.

»Wir werden schon rauskriegen, wer dir geholfen hat!«, meinte Mangold von Eberstein gut gelaunt, und seine Ohren zeigten aufgeregt flatternd auf die Leiter, die Marsilius brachte. Es war die Folterleiter zum Aufziehen.

Marsilius löste den Riegel am Stock, ließ drei Knechte den schweren Oberstamm heben, Grübel fiel halb tot nach hinten. Wie bei Endres Koler schoss auch ihm peinvoll das Blut in die abgestorbenen Hände.

Zum ersten Mal wimmerte Grübel.

Marsilius riss ihn hoch, wobei die Füße weiterhin im unteren Teil des Stocks fest eingeschlossen waren, band seine Hände auf den Rücken und befestigte das Zugseil daran.

»Und were Mangold von Eberstain ye hinzu ganngen und einen zug an dem sayl und laittern thun, das Ime die achsel fornen am hertzen gestannden.«

Dass Mangold von Eberstein selbst am Seil zog, war unüblich. Unüblich auch, dass Grübels Füße beim Aufziehen weiter im Stock verblieben. Es müssen ekelhafte Schmerzen gewesen sein, die er erduldete.

Der Schweizer blieb standhaft: Er verriet Kilian nicht.

Grübel wäre zu Tode gefoltert worden, hätten sich nicht die Damen eingefunden. Die schöne Helena mit einem beleidigten Lächeln auf den Lippen. Sie war überzeugt, dass Grübel irgendwie herausgefunden habe, dass sie ihn in seiner Fluchtnacht besuchen wollte. Sie fühlte sich erstmals von einer Geisel verschmäht.

Die Odheimerin im strengen Schwarz mit strengem Gesicht. Sie hatte diese wenig erfindungsreichen, ewig gleichen Foltereien satt. »Ist Köstliches nit in«, flüsterte sie ihrer Tochter zu.

Zuletzt Margarete von Eberstein, Mangolds Ehefrau, die sich beim Betreten des Rossstalls erinnerte, wie sie bei Tisch das Händ- und Füß-Abschlagen bei Kaufleuten propagiert hatte.

»Gatte Mangold«, wird sie schneidend losgelegt haben, »lass die Finger von der Folter! Entweder du stichst ihn ab, oder du wirfst ihn über die Mauer runter, liegen eh schon einige unten, oder du lässt ihn in Ruhe. Dieses ewige Gestöhne und Gejaule unter Schmerzen verbitte ich mir für meine edlen Ohren.«

Der Hinweis auf ihre netten kleinen Ohren war gegen die folterlüsternen großen ihres Mangold gerichtet: Aufgeregt flatterten sie wie blutdurstige Fledermäuse an des Raubritters mächtigem Schädel. Gegen die Liebe zwischen den beiden waren sie machtlos. Mangold ließ einsichtig das Seil los, schwer stürzte Grübel auf den Stallboden.

Der Ebersteiner lachte, hakte seine Frau unter und verließ die Folterstätte. Die Odheimers folgten.

Grübel schilderte die Szene später nobler: »Wenn die frauen Im Schlos nit erbeten, so hetten sie Ine mermals aufgezogen. Also sey er zwen tag und ein nacht also im stock gesessen. Nachfolgennd durch die Odheimerin, irer tochter und ander Edeln frauen sey er widerumb In die ersten gefenngknus in das ober stüblein gefürt worden und Ine in ein eysen an den füssen gespannt, das er nit hab geen mügen.«

Höllenzwirbel und Füßelspreizer

Grübel, der arme Tropf, wurde genötigt, reiche Kaufleute zu benennen, die nach Leipzig zur Messe reiten wollten, und wann und wo, und wie viele Geleitreiter sie hätten. Der St. Gallener hat – nach eigener Aussage – die Namen von Kaufleuten erfunden und seinen Befragern die wirrsten Reiserouten und Gütertransporte aufgetischt. So glaubhaft, dass sie ihn nicht weiter gefoltert haben.

Das Fußeisen musste er weitere acht Tage tragen, konnte in der Zeit nicht gehen, sondern nur im Stüblein rutschen.

Am 8. Dezember kam Mangold von Eberstein zu ihm und nahm eigenhändig die Fußeisen ab.

»Danke, Junker«, stöhnte Grübel und verstummte. Ungerührt legte ihm der Raubritter die Eisen stattdessen um die Handgelenke.

»Sag poswicht mit dem zauber rachen, nenn mir sofurt noch mere kauffleit!«

Grübel, schon geübt, erfand Knut Pörksen, der von Jütland mit drei Tonnen Bernstein kommen würde, für den Dogen von Venedig. Er habe Zimmer vorbestellt beim »Glockenwirt« in Hanau für übernächste Woche.

Lange schaute ihn Mangold von Eberstein an. Er hatte etwas Trauriges in seinen Augen. Seine Ohren lugten jedoch feindlich auf den Sitzenden herab.

Mangold erhob sich. »Schwytzerlein, Schwytzerlein, will dich schon packen!«, sagte er und ging hinaus.

Er war nicht der einzige Besuch. In diesen acht Tagen kamen mehrmals auch Mutter und Tochter Odheimer. Weshalb die flirrige Wolke über Brandenstein wieder eine intensivere Färbung annahm.

Am 15. November kamen endlich die 200 fl. Gulden für Jakob Grübel auf Brandenstein an. Der St. Gallener verabschiedete sich humpelnd, zitternd, mit ausgeleierten Daumen, einer um drei Nummern erweiterten Schuhgröße und erotisch völlig durcheinander von Mangold von Eberstein, verbeugte sich trotz schwerer Rückenschmerzen vor den beiden verführerischen Damen Agathe und Helena, die ihm mit einem wissenden Lächeln Lebewohl zwinkerten, worauf er heimwärts ritt, in sein langweiliges Heimatland, in dem, wer durchfährt, nachts manchmal zwischen den Bergen den sehnsüchtigen Schrei nach Leidenschaft aufsteigen hört, ausgestoßen von vertrockneten Schweizern, die sich nach einem drallen Schicksal wie dem ihres Vorfahren Jakob Grübel sehnen.

Vom Schicksal wurde übel geschüttelt eine andere Geisel namens Jorg Ayd. Kaum war der Schweizer davongeritten, schloss man ihn »mit Händ' und Füß'« in den Stock.

Zweimal befragte ihn Mangold von Eberstein selbst, ob er bereit sei zu zahlen.

Zweimal verneinte Jorg Ayd. »Gut«, sagte Mangold von Eberstein und rief zwei Knechte herbei, »gebt ihm die Ebersteinsche Hausfolter!«

Die Knechte grinsten und kamen kurz darauf mit Folterwerkzeugen wieder, die Jorg Ayd unbekannt waren.

»Gell, da staunst?«, strahlte ihn ein Knecht an, während Mangold von Eberstein mit dem Satz »Lasst ihn aber am Leben!« aus der Stube ging. Er drehte sich in der Tür noch einmal um und fragte Ayd: »Kannst schreiben?«

Ayd antwortete: »Kann, mag aber nit.«

Der von Eberstein nickte und sagte zu den Knechten: »Martert ihn so, dass er mit der rechten Hand schreiben kann – oder bist Linkshänder?«, wandte er sich wieder an Ayd.

»Rechts«, antwortete der und spürte den schnelleren Herzschlag. Die Stubentür schloss sich hinter Mangold. Die zwei Knechte und der gefesselte Ayd blieben zurück.

»Das ist unsere Höllenzwirbel«, sagte der eine Knecht und zeigte Ayd eine Art kreisrunde Schere mit Zacken nach innen. »Und das sind unsere Füßelspreizer. Hat unser Herr selbst erfunden! Macht dir aus zehn Zehen mühelos zwanzig. Und treibt dir die Fersen so aus, dass du beim Reiten keine Sporen mehr brauchst.«

Die Existenz der berüchtigten Ebersteinschen »Füßelspreizer« wurden von Mangolds Nachkommen lebhaft geleugnet: »Wir rauben vielleicht unser Recht, aber wir spleißen keine Füße!« Die letzte Zwirbel soll nach dem Ersten Weltkrieg einem Freiherrn P. von E., der ein persönlicher Freund des Schriftstellers Sacher-Masoch gewesen sein will, auf dessen ausdrücklichen Wunsch hin mit ins Grab gegeben worden sein, Delikates unterhalb des Leichentuchs einhakend.

Die nächste Stunde wurde für Jorg Ayd die unerhörteste seines Lebens. Er schrie. Er flehte zu Gott, zu den Knechten, zuletzt zum Teufel. Er drehte sich in glühenden Schmerzen. Er wurde ohnmächtig, Krämpfe der Pein schüttelten seinen gemarterten Körper so sehr, dass sich sogar das schwere eicherne Holz des Stockes bewegte, was den beiden Knechten ein anerkennendes Pfeifen entlockte.

Sie beendeten ihre Lehrstunde in Sachen Menschenbehandlung auf Brandenstein.

»Kommen wieder mit ›Mangolds Achselpumpen‹«, sagten sie mit einem teuflischen Lachen, als sie das Blut von ihren Folterinstrumenten an Ayds Rock abgewischt hatten und sich aus der Stube fortmachten.

Blutend hing Ayd im Stock. Er, stolzer Nürnberger Bürger, angesehen, gefürchtet in Familie und Verwandtschaft. Den Kopf lehnte er gegen die kalte Wand. Er weinte vor Wut.

Ein Nürnberger Spießer wird gebrochen

Die Stubentür öffnete sich, herein kam eine groß gewachsene Frau in Schwarz, strenges Adlergesicht, weiße Haube wie die einer Witwe auf dem Kopf. Ihr fehlte das Unterwürfige, das er von seinen Frauen gewohnt war, es stets gefordert hatte.

»Ich bin die Agathe Odheimerin«, sagte sie, »du bist mein Gefangener.«

»Hab nichts mit dir zu schaffen. Kenn dich nit«, antwortete trotzig mit schwacher Stimme Jorg Ayd. Er verkrampfte die blutbesudelten Finger, die aus dem Stock ragten.

»Willst mich würgen?«, fragte höhnisch die Odheimerin und deutete auf Jorg Ayds Finger.

Der erschrak, genau das hatte er sich gewünscht. Nach der Folter die Erniedrigung zu erleben, vor einer Frau im Stock zu sitzen, war kaum zu ertragen, vertrieb sogar den Folterschmerz.

Die Odheimerin kam näher, kniete sich nieder und streichelte mit ihrer rechten Hand Jorg Ayds Wange. »Da müssen wir wohl den kleinen Nürnberger von seinen bösen Händen befreien, damit er die arme gute Odheimerin nicht erwürgen kann.«

Der Hohn tropfte durch ihre Stimme in die Seele des Gefangenen. »Hab dir nichts getan«, versuchte es Ayd und wunderte sich, wie seine Stimme einen schmeichelnden Ton annahm. Er hatte Angst.

»Würdst aber, wannst könntst«, sagte die Odheimerin, erhob sich wieder und fuhr in scharfem Ton fort: »Ich schlag dir die Händ' ab, wenn du nicht um die Schatzung schreibst. Kannst schreiben?«

»Kann ich«, Ayd gab auf, wurde wieder unterwürfiger Nürnberger. Die Odheimerin verließ die Stube, kam mit dem Knecht zurück, der den Füßelspreizer so begabt anzuwenden wusste. Er schloss den oberen Teil des Stocks auf, sodass Ayd seine Hände rausnehmen konnte.

Die hohe schwarze Frau legte ihm Papier, Tintenfass und Gänsekiel hin und sagte: »Schreib um dein Leben! Sonst hack ich deine Händ' ab.«

Jorg Ayd, der nie eine gute Meinung vom anderen Geschlecht hatte, war nun vollends für jeden Gedanken an Gleichberechtigung verloren. Als die Odheimerin nach draußen rief »Marsilius, bring's Beil« und der das Beil brachte und es der Odheimerin in die Hand drückte, begann Jorg Ayd in fliegender Hast zu schreiben. Sein Brief zeigt beispielhaft deutlich, in welcher Not sich Gefangene eines Raubritters tatsächlich befanden und welche seelezerfetzenden Ängste sie auszustehen hatten.

Beste Prosa aus Verzweiflung

Die Füße im Stock, die Hände geschwollen und blutverkrustet, kritzelt der arme Jorg Ayd am 1. April 1521: »Meinen freundlichen Gruß und alles Gute, herzliebe Hausfrau und herzlieber Sohn und herzliebe Tochter und herzliebe Schwäger alle. Ich tu euch kund, dass ich von Helena und Agathe Odheimer gefangen und nach Brandenstein gebracht worden bin, dort in die Eisen gelegt und so gemartert wurde, dass mir das Blut zu Händen und Füßen ausgelaufen ist. Darumb musste ich mich aus großer Marter um 150 Gulden schatzen lassen.

Das Geld soll zu einem Wirtshaus gebracht werden. So bitte ich euch von Herzen, liebe Hausfrau und liebe Schwäger alle und liebe Schwester, ihr wollt allen Fleiß haben, dass ihr das Geld leiht, und du, herzliebe Hausfrau, sollst dein Gut auch einsetzen und sonst noch Geld leihen, wofür deine Schwäger bürgen, dass wir das Geld innerhalb eines Jahres zurückzahlen werden.

Und bittet alle, dass sie mir um Gottes Willen helfen, ich muss sonst sterben. Und schickt das Geld innerhalb von acht Tagen nach Elm ins dortige Wirtshaus, das liegt oberhalb von Schlücker. Wenn das nicht geschieht, muss ich sterben.

Ich bitte euch um Gottes Willen, mir zu helfen, damit ich wieder heimkomme. Ich Armer muss leider dafür büßen, dass einige Gefangene vor mir treulos geworden sind.«

Jorg Ayd wird schwarz vor Augen. Mit Mühe schreibt er seinen Namen unter den Brief, lässt den Gänsekiel fallen, Agathe Odheimer nimmt den Brief vom Stock.

»Vergelt's Gott!«, sagt sie, lächelt Jorg Ayd an und rauscht aus der Stube.

In den kommenden Wochen geschieht nichts. Keine Nachricht vom Wirt in Elm. Jorg Ayd darf sich frei in der Burg bewegen. Wie die meisten Raubrittergeiseln, wenn einmal die Schatzung eingeleitet war.

Persönlich kümmert sich Mangold von Eberstein um die Verarztung seines Gefangenen. Ayd darf mit der Familie zusammen essen. Er ist überrascht, wie kommod sich der Adel gibt. Viel Spaß an der Freud, vor allem heute am Pfingsttag.

Agathe Odheimer schiebt ihm einen Brief zu, einfach so, zwischen Rebhuhn und der feinen Flusskrebssuppe mit Liebstöckel, Rabenwurz (zwei Büschel) und einer Prise Schlüchterner Pfeffer (eine maiblütige Waldpflanze, die es nur rund um Brandenstein und im Osten von Schlüchtern gibt, ein Gewürz, das neben seinem betörend diabolischen Geschmack vor allem gegen Diarrhö und Niebluntze hilft).

»Lies laut vor, bevor ich ihn abschick!«, sagt sie.

Jorg Ayd räuspert sich und liest laut vor: »Lieber her pfarar, ich schick ewch hie Mitt ein prieff, den Mir ewr geweysch zu geschickt hat. Dar In Ir woll werdt vernemen Ir schriben, aber es hatt Ir behelff kain gruntt. Dar vmb werd ir auch sechen, was ewch ewr schwager Jorg aeydt auch schreyb, vnd wu Ir Im gutz gundt, so hellff Im, das Im die saczung auff das aller füderlicht werdt. Warlich! es wirtt Im sunst ein handt abgelosst…«

Hier stockte Jorg Ayd, hielt zitternd mit seinen zerquetschten Händen das Stück Papier, während um ihn herum der Adel in jenes nervenzerrende, typisch ebersteinische Gelächter mit seinen eingestreuten hohen Gicksern ausbricht und zunächst einzeln, dann rhythmisch zu krakeelen beginnt: »Hand ab! Hand ab! Allen Pfeffersäcken Hand ab!«

Dazwischen dröhnt Mangold mit Lachtränen in den Augen den Reim hinein:

Schickt Jorg Aid
Zum Geleit
Seine Händ'
Abgetrennt!

Des Tobens war kein Halten mehr. Der Adelstisch krümmte sich schreiend. Wiederholte Mangolds köstlichen Reim erst gemeinsam im Chor, dann, dirigiert von Margarete von Eberstein, als Kanon. Mittendrin bleich und völlig fertig: Jorg Ayd.

Der ekstatische Lärm auf Brandenstein war so groß, dass auf der Nachbarburg Steckelberg der Humanist Ulrich von Hutten vom Schreibpult aufstand. Er verfasste gerade seine leider verschollene fulminante Abrechnung »Über das Wesen frohmütiger Toleranz im Widerstreit zur Mühsal der Dreifelderwirtschaft«. Elementar gestört, ging er, umgeben von einem Schwall syphilitischen Gestanks, zum Burgfenster.

Dort hob er jenes nah machende schwarze Rohr, das ihm unjüngst Martin Luther mit den Worten »Nimm's, macht alles zu dicht, ist nit für rechten Glauben!« heimlich zugesteckt hatte (auch verschollen) vors Aug' und lurte nach Brandenstein hinüber.

Er sah das hochrote, prustende Gesicht von Onkel Mangold, war neidisch auf dessen im Einklang mit seiner räuberischen Kultur dahinlebendes natürliches Wesen, schwenkte das schwarze Rohr mit den geheimnisvollen Linsen darin über die rotköpfige Tante Margarete, sah die lachend aufgerissenen Münder anderer Gäste und entdeckte zuletzt einen Fremden.

Aha, kann nur wieder einer von diesen ewigen Geiseln der Odheimerin sein. Er sah voller Mitleid, wie sich der Fremde zitternd an einem Brief festhielt. Er konnte nicht hören, was Jorg Ayd las: »...ein handt abgelosst vnd darnach hem geschickt, dan Ir kundt woll abeneben, das ich die sacht nit anlein gewallt hab. Ich hab euch schuls Im besten nit verhallt wollen, dem armen zu gutt euch darnach zu richten, dan ye lenger er leytt, je mer darauff get. Datum am pfingstag im 21. Jahr.«

Aufseufzend stoppte Jorg Ayd.

»Wer hat's unterschrieben?«, schreit Kuntz von Rosenberg über den Tisch.

»Agatha Odheimerin wittfrau und Helena Ir dochter«, liest Ayd.

Kuntz von Rosenberg hebt sein mundgeblasenes, mit dunkelgrünen Noppen besetztes böhmisches Bleiglas und schreit: »Hoch soll sie leben, unsere Odheimerin! Und ihre wohlgestaltete Tochter soll uns einen hoch ausleben lassen!«

Ob dieses in konservativen Ohren unanständigen Trinkspruchs geriet der Adelstisch wieder in größten Freudentaumel, skandierte: »Einen hoch mit Helena!«

Die beiden Odheimerinnen lachten selig mit. Es war, sähe man nicht die geschwollenen und frisch vernarbten Hände und Handgelenke des Jorg Ayd, eine glückliche Sippe, die Pfingsten 1521 auf Brandenstein beisammen saß.

Mangold krähte: »Jorg, lies uns das Postskriptum, das ist gelungen!«

Der arme Jorg Ayd las: »Gebt dissem botten das botten lon, er mus doch hernach bezal.«

Die Ebersteins und die Rosenbergs, die Nisseks und die Truchsessen hielten sich die Bäuche, schrien den letzten Satz wie einen Refrain durcheinander: »Er muss doch hernach bezahlen! Er muss doch hernach bezahlen!«

Jorg Ayd dachte verbittert: Ja, bezahlen müssen wir immer. Er verfolgte indes diesen tiefen Gedanken nicht, sondern murmelte nur die Briefadresse vor sich hin: »Dem wirdigen Hern Jorgen, pfarer zu sumerhawsen, seinem lieben hern zu hand.«

Der Pfarrer hat den Brief wohl nie bekommen. Irgendwann kam Jorg Ayd frei. Heute liegt der Odheimer-Brief im Nürnberger Archiv. Lebendig strahlt zwischen den Zeilen seine Schreiberin hervor, ein hartes Weib, ein tapfres Weib, das eine Stadt schlottern lehrte, man möchte Blumen niederlegen am Grab.

Annehmbar ist sie auf der Schwäbischen Alb beerdigt worden. Dort verweste, was Würmer nicht verzehrten, Kraftnahrung für ein zäh sich fortpflanzendes Gewächs, das von Biologen bisher nicht bestimmt werden konnte. Kein Tier frisst es, keine Sense will sich mehr schartig machen am unverwüstlichen »Odheimerkraut«, wie es Einheimische nennen.

Ein seltsam Wesen, das Odheimerkraut, oben auf der Schwäbischen Alb: Es ist die einzige Pflanze, die klaut.

Legt der Spaziergänger am Abend ein Geldstück neben ein Odheimerkraut, ist es am Morgen verschwunden.

Rosenberg selbst war, mehr als Mangold, ein ausgebuffter Raubritter. »Er ist unser aller Vater«, hat es Mangold einmal gegenüber einer Nürnberger Geisel ausgedrückt.

Sie hatten alle Respekt vor dem Mann, der in Ritterkreisen als der beste Hammerer seiner Zeit galt. Neben seinem Reithammer (»Reuthamer«) hatte er bei seinen zahllosen Überfällen nichts Schießfähiges.

War Mangold glücklich, als er erfuhr, dass sich Kuntz von Rosenberg Gefangenen gegenüber als »Mangold von Eberstein« vorstellte?

Er fühlte sich geschmeichelt.

Schon wie der Rosenberger aussah, war für jeden eine Augenweide, für die Opfer, die er mit großer Gewalt anritt, eine traumatische Erfahrung: Kam da einer auf einem braunen Riesenpferd angaloppiert, den Reithammer über dem Kopf schwingend, einen wallenden schwarzen Reiterrock, eine große rote Kappe auf dem Kopf, an deren Vorderseite ein mächtiges goldenes Kruzifix befestigt war. Ein Kreuzraubritter der Luxusklasse.

Unheilig pflegte er die Überfallenen mit der Breitseite seines Reithammers schwer auf Brust und Arme zu schlagen, sozusagen als Schocktherapie, um die vor Schmerzen winselnden Kaufleute seinen Wünschen gefügig zu machen.

Lammfromm folgten sie ihm vom Weg fort in den Wald.

Er war, trotz horrenden Gewaltpotentials, ein Mann, der wusste, dass er, wie erfolgreich er auch immer als Raubritter sein mochte, mit der im 16. Jahrhundert vor allem im fränkischen Adel aufflammenden Idee vom unabhängigen, nur dem Kaiser unterstellten und verantwortlichen Ritter, die er mit ganzer Seele unterstützte, in den Untergang ritt.

Nachdem seine Knechte den Österreicher Ruprecht Zurcher zum ersten Mal abgegriffen hatten, bei Simmringen zwischen

Giebelstadt und Röttingen, noch heute ist der tiefe Taleinschnitt dort für jeden Überfall ideal und dampft in jeder Sommerfrüh Rosenbergs scharfen Reiterschweiß aus, kam es zu einem sentimentalen Dialog zwischen Zurcher und Kuntz von Rosenberg.

Zurcher bettelte, dass man ihn freilassen möge, er sei Österreicher und gehöre Herzog Ferdinand an, dem Bruder Kaiser Karls V.

Kuntz von Rosenberg schaute ihn lange schweigend an, kratzte sich mit seinem Reithammer am Kinn und sagte mit einer gewissen Trauer in der Stimme: »Der Kaiser, sein Bruder und der Bund sind ein Ding.«

Bruder Ferdinand war Kommandant des so genannten Reichsregiments, des einzigen Machtinstruments des Kaisers. Der Bund, das war der Schwäbische Bund, ein Zusammenschluss von Städten und Territorialfürsten, die es satt hatten, dass ihre Bürger außerhalb der Mauern ihres Lebens nicht mehr sicher waren. Deshalb eroberte und zerstörte der Bund unter Führung von Augsburg auf verschiedenen Feldzügen über 50 Raubburgen.

Kuntz von Rosenberg wachte aus seiner Trauer auf, schaute den armen Österreicher scharf an und sagte: »Du kommst mir grad recht, du musst mir 1500 Gulden geben!« (»dw pist ein Rechter vnd must mir 1500 fl. geben.«)

»Es bescheißt dich und mich der Teufel«

Die Geiseln auf Brandenstein genossen keine besinnliche Ruhe, vor allem nicht zu jener Zeit, in der dort neben vielen anderen Gefangenen auch der Nürnberger Bürger Jorg Flock im Stock lag.

Er war nach übereinstimmender Meinung aller Beteiligter einer der ekelhaftesten Geiseln, die Raubritter je gefangen genommen hatten. Ein immer wieder zwischen Heulen, Wehklagen und schreiender Opposition schwankender Geist, dessen überzeitlicher Wert einzig in seinen Briefen nach Hause besteht, die, seiner Famlie sei dank, auf uns gekommen sind.

Schreibtschreit Jorg Flock in einem einzigen riesigen Satz an sein Eheweib: »Magdalena Flockin ich hab dir mein elende schwere harte gefencknus zum dritten mal geschriben, und du hast dir es, Laider got wol es erparmen, nit zu hertzen lassen wollen geen, und los mich nit lenger ligen, Lös mich umb 300 fl. und umb die atzung und pring das gelt selber gein eckweispach oder aber zum brandenstein, als lieb dir dein leben ist, und las mich nit maynaidig werden, aber es bescheist mich und dich der tewffel. Und darumb Rat Ich dirs In gutten treuen also lieb dir dein leben ist, du wollest komen und das gelt für mich pringen, und damit spar dich got gesunt, datum geben am samstag nach Sandt merteins tag 1521 Jar.«

Es folgt das unnachahmliche Postskriptum: »Von mir armen gefangen Jorgen Flocken und gedenk un acht und tracht das dem potten nichts wider far als lieb mir mein leib und leben ist, das sey dir zwgesagt.«

Die Hoffnung sei angemeldet, dass so stark formulierte Wünsche wie »Spar dich Gott gesund« oder »Es mög dich der Teufel bescheißen« wieder in Gebrauch genommen werden.

Schreibstube Schloss Brandenstein

Durchfieselt man die Akten, die anlässlich der im Namen Agathe Odheimers von Mangold von Eberstein geführten Fehde gegen die Stadt Nürnberg angelegt wurden, fällt auf, dass Schloss Brandenstein die Schreibstube schlechthin gewesen sein muss.

Das war in Verliesen und Ställen und Kammern und Torbogen ein Lippenlecken allenthalben der Gänsekiele, ein Geschrei nach mehr Tinte und Salben, um die vom Stock geschwollenen Finger der Geiseln zum Schreiben geschmeidig zu machen, das war ein Aus- und Einreiten der Briefboten – es gibt Überlegungen ernst zu nehmender Historiker aus dem niederbayerischen Raum, dass die berühmte Post der Thurn und Taxis ursprünglich durch den fortlaufenden Transport von Geiselbriefen zwischen Raubritterburgen und jeweiligen Heimatorten der Opfer entstanden sei.

Sie schüren sogar den Verdacht, dass die Thurn und Taxis die Raubritter aufgehetzt hätten, mehr Kaufleute zu überfallen und zu schatzen.

Was die Flockin ihrem Jorgen geantwortet hat, ist nicht bekannt. Ob sie nach Flocks Freilassung der Teufel um ihre Ehe beschissen hat, auch nicht. Es gibt ein anderes Ehepaar, das besser abschneidet unter den brennenden Augen der Geschichte: Hans und Barbara Rumer.

Ihn hatte man mit verbundenen Augen nach Brandenstein gebracht, in den Stock geschlossen und in der ersten Nacht zwecks Gefügigmachung tüchtig gefoltert, indem man ihn an den hinter dem Rücken gefesselten Händen aufzog.

In der dritten Nacht, irgendwas muss Hans Rumer falsch gemacht haben, wurde er inklusive Hand- und Fußeisen ein paarmal aufgezogen und danach mitsamt dem Eisengeschirr in den Stock gezwungen, sodass seine Schmerzensschreie durch die Burg hallten.

Rumers Heulton hat Margarete von Eberstein bewogen, ihren Mann aufzufordern, mit ihr nach Geisel Nr. 17 zu sehen, was Mangold nicht ungern tat. Wodurch wir die einzige Schilderung bekommen haben, die uns wenigstens etwas über Art und Aussehen dieses exemplarischen Raubritterpaares übermittelt.

Hans Rumer diktiert nach seiner Freilassung in der Nürnberger Kriegsstuben: »Der edelman sey ein langer geroniger man, ernstlich mit einer schneidenden Red vnd wol berett und als er In acht bey den 45 oder 50 Jarn alt. Were der edelman sambt Seiner hausfrau, die ein Rot, dick, stark weib sey, wider zu Ime komen und sprechen: ›Lieber freundt, Ir ligt gefencklich hie, das ist mir nit lieb, es ist euer hern schuldt, die thun der Odheimerin vnd Irer tochter gewalt vnd vnrecht, kan sy zu keinem vertrag oder austrag bringen, vnd nach dem Sy Ir sachen an dem Camergericht erlangt, hab ich Ir hilff vnd beistand zugesagt, sy ist Nun mer ein alt verlebt weib vnd ir tochter des Iren notturfftig, darumb secht, das die schatzung pald gefall.‹«

Vergessen wurden vom ansonsten glänzenden Chronisten Hans Rumer die neugierigen, frappierend beweglichen Ohren des Mangold von Eberstein. (Erstaunlich, keiner hat sie je zu Protokoll gegeben!)

Es entsteht von Mangold das Bild eines großen, schlanken Herrn mit schneidender, befehlsgewohnter Stimme, der, wie eine andere Geisel beschrieb, obendrein ein wendiger Reiter war und die Pferde immer in bestem Futter hielt. Seine wohl beleibte Frau konnte leider keine Kinder gebären, wahrscheinlich wegen einer lächerlichen Eiweißunverträglichkeit, die damals noch nicht entdeckt war.

Er muss von einer besonderen Zivilcourage gewesen sein, dieser Hans Rumer, liest man seine Schilderung weiter: »Hett das weib auch gesagt, es were Ir die sachen lait, man musz ye sehen, das man die von Nürmberg mit der Odheimerin vnd Irer tochter zu einem vertrag, Ir karung zuthun, brecht. Der Edelman, sein weib hetten ein Jungs tochterlein bey 7 oder 8 Jarn bey Inen gehabt, hett er sager die frawen gefragt, ob das der Odheimerin tochter were, darauff geantwort: Nain, es were Ires pruders tochter, dan sy kein kind het.«

Ein kurzer inniger Augenblick in der Vergangenheit, die nie aufhört: Ein Paar steht vor ihrem in den Stock geschlossenen Gefangenen, und die adlige Frau gesteht, dass sie keine Kinder haben. Tragisch. Berührend.

Überraschend auch, was bei Adels ein Töchterchen an Erziehung so nebenbei mitbekam: Wie man bei Onkel und Tante auf Brandenstein Geiseln folterte, Bettelbriefe abfasste und strenger Zensur unterwarf. Hans Rumer vergisst nicht zu erwähnen, wie ihn Mangold von Eberstein beaufsichtigte: »Was Inen in der schrifft nit gefallen, das selbig aus gethan vnd durchstrichen.«

Die Briefe ihres Hans haben Barbara Rumer so erschüttert, dass sie einen Text an ihren Hans zurückschickte, der zu den schönsten gehört, die je auf Frühneuhochdeutsch verfasst wurden: »Eliche treu mit sampt meinem freuntlichen grus bevor, Mein hertz allerliebster Man, Was grosen schmertzen vnd hertzlayds Ich aus deiner gefengknus empfangen hab, kanst du wol gedenken.

Bin aus solchem erschrecken unnd kumernus schire aller meiner synn beraubt, Got der allmechtig woll uns baiden trost unnd beistand thun.

Aan aller Heyligen tag ein stund In die nacht ist mir ein briff von dir zukomen, welcher mir gros freud pracht hat, In dem das Ich dich noch bey leben erfarn hab, Widerumb auch grossen schmertzen empfangen, wie du mir schreybst, das du In so groser harter schwerer gefengknus ligst unnd dich darynn geschatzt hastumb vuer hundert gulden. Du waist ye wol, das wir ytz kein bar gelt haben. Darumb, mein hertz aller liebster man, kan und waisz Ich dich bey der warheit umb solche grose schatzung nit zuerlösen, unnd ob Ich schon alles das, das wir mit harter Mühe unnd arbeit zu samen bracht haben, verkauffet unnd hingöbe und mit bloser hand dauon gienge.

Wo es aber leidlicher unserm armen vermügen nach sein möcht, als ongeuerlich bey hundert gulden Oder schon ein kleins mer, das doch ye genug wer, wolt Ich müglichen vleys fürkeren, das Ich verkauffet und bey fromen leuten souil zuwegen mocht bringen. Darumb bitt dein herrn umb gotzs willen, das sie dir In deiner gefengknus wollen genad und barmhertzigkeit erezeigen, nit gantz und gar uns umb unsere arme schwere erarbete narung bringen, damit wir uns unnd unser kyndt auch dester lenger mit eren mochten hinpringen.

So will Ich dich nit lassen, damit bisz got alltzeit beuolhen und der himelischen kunigin Junckfrawen Maria. Geben zw Nürmberg gantz Eylends frue an aller seel tag Im 1521 Jar. Barbara Rumerin, dein elicher gemahel.«

Wer sitzt gern im Stock, wenn so eine Frau zu Hause wartet?

Wie so oft können Männer mit so viel Treue und Liebe wenig anfangen, und so schrieb Hans Rumer eher ungnädig zurück, sein »Gemahel« möge sich schicken, wobei er eine unfeine Drohung beifügte: »Ich brauche für meine Freilassung die 400 Gulden plus Verpflegungsgeld – sie berechnen mir wöchentlich zwei Gulden dafür – vergiss also nicht, für die Atzung draufzulegen, und lös mich jetzt endlich nach diesem Schreiben aus! Tust du es nicht, so sollst du es dein Leben lang nicht bei mir abwaschen, das sei dir hiermit versichert!« (»Thust du das nit so solt du es dein lebenlang gegen mir nit abwaschen, das sey dir zugesagt.«)

Die Drohung gefiel Mangold von Eberstein. »Der hat was!«, sagte er anerkennend zu seiner Margarete, »wollt, er wär von Adel und würd Pfeffersäck mit mir fangen.«

»Da bring ich Euren Feind«

Margarete lachte. Innerlich zerfraß ihr die Angst das Herz. Kaiser Karl V. hatte ihren Liebsten in die Reichsacht getan. Zu wild waren Mangolds Plackereien für das Reich geworden.

Alles nur wegen der Odheimerin!

Ehrlich gesagt, dachte sich die Tochter des Raubritters Friedrich von Rosenberg, es ging schon auch um den eigenen Wohlstand, es war Sitte, sich einer Stadt oder einem Fürsten zum »abgesagten Feind« zu machen, um zu rauben und zu brennen, bis man mit gutem Gewinn einen Frieden schließen konnte.

Margarete wusste, dass sie sich nicht mehr lange halten konnten. Schon kaufte ab Mai 1522 Graf Jörg von Wertheim seine Söldner im Auftrag des Bischofs von Würzburg zusammen und nahm seinen Zug gegen Brandenstein in Angriff, da fing sie heimlich an, rund um Brandenstein in Wäldern und Höhlen Gold und Silber zu verstecken.

Munter fing ihr Gatte weiter Geiseln. Zum zweiten Mal – »Nein, so ein tragischer Zufall für dich!«, soll Mangold spöttisch gesagt haben – wurde Ruprecht Zurch, der Österreicher, nach Brandenstein geschleppt.

Mangold brachte die in Schwarz gekleidete Agathe Odheimer in die Stube und setzte sie Zurch an die Seite.

»Da bring ich Euren Feind«, fügte er süffisant dazu.

Die Witwe redete mit flinker Zunge auf den Wiener ein, der stur auf seine österreichische Herrschaft verwies. Das machte die Edelleute in der Stube sauer.

Die folgende Schilderung Zurchs zeigt einmal mehr das Niedrige im edlen, schlanken, großen, beredten Adligen mit den gepflegten Rössern: »Da stand Mangold von Eberstein auf und sagte zur Odheimerin: ›Geht hinaus, wir müssen es anders angehen!‹

Sie führten mich zum Stock, schlossen mich mit beiden Füßen ein. Der Stock war sehr eng. So ließen sie mich zwei Stunden sitzen. Danach brachten sie ein Eisen, legten es mir um den Hals, das hatte Nägel nach innen, die mich in den Hals stachen. Sie forderten 5500 Gulden Lösegeld. Ich sagte, so viel Geld hätte ich in meinem Leben nicht auf einmal gesehen, und bot ihnen 400 Gulden.

Sie sagten, sie würden mich das Nachgeben schon lehren, bald käme ein Spezialeisen von einer anderen Burg. Da würde ich schon singen. Als das Eisen kam, verließ Frau von Eberstein den Raum. Sie ist bei allen Angelegenheiten wichtigste Ratgeberin. Mangold, ihr Ehemann, folgt getreulich ihren Ratschlägen.

Sie haben meine Hände nebeneinander in das Eisen geschlossen, mich am Schloss dieses Handeisens von der Erde hochgezogen, über den Stock, in dem meine Füße eingezwängt waren. Sie haben das Eisenschloss in einen Haken an einem Balken eingehängt, mich daran hängen lassen und sind weggegangen.

Da habe ich geschrien, aber die Nägel haben mich in den Hals gestochen.

Sie sind zurückgekommen und haben gesagt, unter 2000 Gulden würde gar nichts gehen.

Sagte ich, auch die hab ich nicht, und erbot mich, ihnen 600 Gulden zu geben.

Sie gingen weg, kamen nach anderthalb Stunden wieder und sagten, sie würden keinen Pfennig weniger als 2000 Gulden nehmen.

Darauf sagte ich, dass ich sie nicht hätte, auch nicht wüsste, wie ich sie aufbringen könnte. Sie gingen wieder weg. Da tat mir aber das Hängen am Eisenhaken so weh, dass ich sie zurückzukommen bat.

Ich sagte ihnen, ich würde ihnen gern die Summe geben, wenn ich sie aufbringe.

Sie sagten, wenn du es uns gibst, lassen wir dich aus dem Stock.

Meine Antwort war, dass ich mit allem Fleiß versuchen würde, die Summe mit Briefen zusammenzubekommen.

Darauf sagten sie mir zu, mich im Schloss frei herumlaufen zu lassen, bis die Schatzung käme.«

Der arme, tapfere Österreicher. Ist er wirklich so cool darüber weggekommen, auf diese Weise gefoltert zu werden?

Bewegliche Ohren – ein Pakt mit dem Teufel?

Zurch fügte seiner Schilderung eine überraschende Szene mit Mangold von Eberstein an. »Zehn Tage später setzt sich Mangold zu mir, war gütig und sagte: ›Wollte Gott, das Ihr in einem anderen Gefängnis wärt!‹ Er sagte diesen Satz dreimal hintereinander. Sagte ich: ›Lieber Junker, ich bin gern Euer Gefangener.‹«

Für Orthopäden und Neurologen ist verständlich, dass durch die körperliche Längszerrung des Jakob Zurch auch seine Leitung länger geworden ist.

Die verbale Unterwerfungszeremonie wirft ein scheeles Licht auf Mangold von Eberstein. Wollte er noch einmal Machtgelüste ausleben?

In den Wirren der letzten Wochen, als die Ebersteins Brandenstein verließen, sich zunächst nach Burg Steckelberg zu den Huttens, ihren Verwandten, zurückzogen, wurde Zurch erst von Knechten, später von Bauern durch Dörfer und Wälder gezerrt, bis ihn zuletzt Jörg von Wertheim befreite.

Mangolds letzte Getreue auf Brandenstein hatten Graf Jörg von Wertheim nichts entgegenzusetzen. Der Ebersteiner musste hilflos von Steckelberg aus das Niederbrennen seines Stammschlosses mit ansehen.

Neffe Ulrich von Hutten, der Humanist, versuchte derweil in der Schweiz verzweifelt, die seinen Körper zereiternde Syphilis auszutrocknen. Nur sein übler Geruch, der bei Onkel und Tante Eberstein Mitleid auslöste, waberte noch durch Steckelberg.

Saß Margarete, die dicke, rote, grobe, treu zu ihrem Mann stehende Herrin, Hand in Hand mit Mangold am Fenster, und starrten sie hinüber auf die Flammen Brandensteins?

Reichten sie einander Luthers schwarzen Nahebringer, den Ulrich zurückgelassen hatte, um genauer den adligen Verräter Jörg von Wertheim ins Visier zu bekommen, diesen glattgesichtigen Grafen, der sich nicht scheute, gegen seinesgleichen vorzugehen?

»Weiß der nicht«, sagte Mangold wütend zu seiner Frau, »dass auch wir Ebersteins Grafen sind? Dass es nur ein Fluch unseres Vorfahren war, der uns hindert, den Grafentitel weiterzuführen?«

Niemand hat bisher herausgefunden, warum ein ebersteinscher Vorfahr auf einem Altar schwörend den Grafentitel für sich und alle Nachkommen ablegte. Nach neuesten Geheimforschungen ist es ein Handel mit dem Teufel selbst gewesen: Einmal alle 100 Jahre für den jeweils Stammältesten bewegliche, mit eigenem Leben ausgestattete Ohren gegen den Grafentitel.[5]

Margarete, rotgesichtig, drückte den großen, schlanken Mann an ihren üppigen Busen. »Mangoldchen, Folterspätzchen, wir geben nicht auf! Franz von Sickingen kämpft um unser aller Ehre. Wir brauchen keinen Grafentitel. Wir alle sind reichsunabhängige Ritter und wollen das auf ewig bleiben.«

Sie fuhr ihm mit der harten Hand weich durchs Haar. Sie ahnte, dass er bald sterben würde. Ihre Zeit war um, politisch, gesellschaftlich. Ein freies Leben mit »Höllenzwirbel«, »Füßelspreizer« oder »Achselpumpen« und Halseisen war an einem speichelleckerischen Fürstenhof nicht zu führen. Drüben brannte ihre Burg, verbrannten ihre, hm, Ideale.

Die neuen Zeiten verlangten Unterwerfung. Dazu waren die von Ebersteins nicht bereit. Sie vergruben gemeinsam ihr letztes Gold, ihre Gulden, ihre Preziosen, dieses Mal in der Nähe von Burg Steckelberg.

Der Schatz wartet auf seine Entdeckung.

Das Ehepaar trennte sich. Was waren ihre letzten Worte auf Burg Steckelberg?

»Wir haben keine Kinder, setz alles auf eine Karte!«, hat Margarete ihn aufgefordert. »Ich folg dir bald ins Paradies. Da gilt unser Wort noch was.«

Und beide fingen herzhaft an zu lachen.

Sie umarmten sich nicht, das war tagsüber vor der Dienerschaft ungehörig. Alle Sehnsucht ihres privaten Glücks lag im Blick, den sie einander in die Seele senkten.

Mangold und seine Knechte schwangen sich auf ihre Pferde und galoppierten aus dem Hof.

[5] Siehe »Das Hörrohr – Geriatrisches Mitteilungsblatt für den rechtsrheinischen Adel«, Nr. 135/3.

»Auf ins Paradies!«, schrie Mangold von Eberstein und hieb mit seiner Armbrust auf die Flanke seines Pferdes, während seine Ohren aufgeregt im Gegenwind schnupperten.

Schon ein paar Tage später erreichte er das Lager Franz von Sickingens. Der hatte einen letzten Versuch gestartet, die Macht der Territorialfürsten zu brechen. Der Traum vom reichsunmittelbaren Ritter, der in seinen Besitzungen unumschränkter Herrscher ist, sollte endlich wieder wahr werden.

Weiter dachte er nicht, genauso wenig wie die, die seine Sache unterstützten. Das Volk scherte sie nicht, deswegen brannte auch Franz von Sickingen nieder, was er als feindlich erklärte, fing ab, was ihm Geld oder geldwerten Vorteil erbrachte, erpresste, folterte, tötete.

Zuletzt hatte er eine große Fehde gegen Trier angefangen, belagerte Sankt Wendel, einen gern besuchten Wallfahrtsort, dort lag der heilige Wendel begraben, der gegen allerlei Nöte half, nur nicht gegen die Not des Adels.

»Will ich hier sterben?«, fragte Mangold von Eberstein seine herabhängenden Ohren angesichts von Sankt Wendel. Jedenfalls schien es dem jungen Rosenberg so, der ihn begleitete und sah, wie sich dessen Ohren verlegen zu Spiralen wanden.

Wie eine demnächst unpubliziert bleibende Studie zu den letzten Stunden Mangolds von Eberstein ausführt: »Sicher, auch Ohren wollen Ewigkeit, wollen von der Erbsünde erlöst sein, doch sind sie Gefangene ihres Herrn zwischen sich, in diesem Fall Mangold von Ebersteins, der rechtmäßig handelte, als er erstmals in seinem Leben, nämlich bei der Frage der anstehenden Jenseitigkeit, auf ohralen Rat verzichtete.«

Der Raubritter stieg aus dem Sattel, seine schlauen Löffel versuchten, sich wie störrische Esel dagegenzustemmen, bremsten sich wie mit auf Hacken gestellten Füßen. Mangold von Eberstein setzte sich durch. Er band das Pferd an einen Baum. Sickingens Söldner und Knechte achteten an diesem frühen Augustmorgen des Jahres 1522 nicht auf die Aktionen des in ihren Augen uralten 52-jährigen Adligen, der langsam in Richtung Sankt Wendel spazierte, locker die Armbrust in der Hand haltend.

Sie war gespannt, ein Bolzen eingelegt, die Armbrustwinde hing am Sattelknopf des zurückgelassenen Pferdes. Eng legten sich Mangolds Ohren an den schlanken Kopf. Dass dich Gotts Marter schändt, war der edelbürtige Kerl groß! Seine Ohren sahen eher als ihr Besitzer die Schießscharte in der Westmauer von Sankt Wendel. Aus ihr blinkte es stählern, blitzten die überraschten Augen Ruprecht Zurchs, der ein Auge zudrückte und Kimme über Korn sein Stahlrohr genau auf den Kopf seines Peinigers richtete.

»Ich bin gern in Ihrem Gefängnis, lieber Junker«, flüsterte höhnisch der Österreicher.

Mangold von Ebersteins Ohren erkannten den geschundenen, rachsüchtigen kaisertreuen Wiener Schlawiner, drehten sich verzweifelt ein und verschwanden im Gehörgang. Der Ebersteiner durchschaute ihr feiges Manöver, hielt die Nase zu und blies mit aller Lungenkraft blitzschnell seine Backen auf, sodass seine beiden Feiglinge wieder herausploppten.

»Nein«, dachte er sich nach der mündlichen Überlieferung rings um Sankt Wendel, »die zwei haben dank meiner so viel Wunderliches, Aufregendes, Krankes auf dieser Welt gesehen, jetzt können sie mit mir auch adelsgerecht in den Tod gehen.«

Mangold war rund hundert Meter von der westlichen Stadtmauer entfernt. Er blieb kurz stehen.

»Geliebte Margarete, altes Flusspferd«, flüsterte er, »bete für meine zornige Seele.«

Als diese Entschlossenheit zum Tode – so jedenfalls soll es bis zu seinem eigenen Sterbetag der von Mangold gefangene und gefolterte Kaufmann Zurch bezeugt haben – die zwei Ohren bemerkten, ergaben sie sich in ihr Schicksal. »Ihr glaubt es nicht«, pflegte Zurch in der Erinnerung zu staunen, »plötzlich entfalteten sich die Ebersteinschen Ohren zu ihrer vollen Pracht, standen stolz und prall und gerundet wie Kriegstrommeln vom Kopf ihres Herrn ab, ja, ich hörte zartes, stärker werdendes Trommeln, es war, als wären beide Ohren Trommelfelle, Mangold von Eberstein, dieser adlige Schweinskopf, er lächelte, hob im Näherschreiten seine Armbrust an die Wange und zielte auf meine Schießscharte: auf mich! Was sollte ich machen? Ich drückte ab. Der von Eberstein wurde nach hinten gerissen, die Wucht meiner Kugel in seine Stirn schlug ihm die Armbrust aus den Händen, sie flog ins Feld, er selbst knickte an den Knien ein, fiel langsam nach vorne, wobei sich die Ohren, glaubt es oder nicht, in einer sanften gleichzeitigen Bewegung über seine brechenden Augen legten.«

Es war stumm im Baisl »Zu den vier Hallodris« in Eisenstadt. Zurch nahm einen Schluck Rotwein. An seinen Handgelenken konnten die Zuhörer die Narben des Ebersteinschen Spezialeisens sehen, sein Hals zeigte beim Schlucken überdeutlich die spitz herausstechenden Hautkröpfe vom Gebrauch des Ebersteinschen Halsringes.

»Aber«, fuhr der reiche Händler fort, »trotz aller Marter habe ich heute das Gefühl, dass an jenem Tag ein Pfundskerl ins Gras gebissen hat, obwohl ich dem Stadtkommandanten von Sankt Wendel am selben Abend nur meldete: ›Im Westen nichts Neues!‹«

6
Wilhelm von Grumbach, der mit Engelshilfe Würzburg plünderte und durch Engel starb

War das Zipperlein schuld?

Wenn ihn das Zipperlein nicht so geplagt hätte, wäre vielleicht alles anders gekommen im Leben des Raubritters Wilhelm von Grumbach. Die im feuchten Deutschland weit verbreitete Gicht machte dem knorrigen Kerl in den letzten beiden Jahrzehnten seines Lebens arg zu schaffen, so sehr, dass er vielleicht sein Ende auf dem Marktplatz von Gotha am 19. April 1567 schon deshalb herbeisehnte, weil er dann endlich von den ziehenden Schmerzen befreit wäre.

Statt dieses stachligen Reißens war geviertteilt zu werden vielleicht wirklich die sanftere Medizin für ihn.

Bis es zu jenem Tag kam, an dem die Helfer des Scharfrichters den 63-Jährigen des Zipperleins wegen auf einem Stuhl zur Hinrichtungsstätte trugen, hatte Wilhelm von Grumbach für einige Jahre das Heilige Römische Reich Deutscher Nation erheblich durcheinander gebracht. Sogar im Wirtshaus zu Weschtendorf hing an der Wand ein verbitterter Spruch gegen ihn:

> »Wenn Grumbach und sein Anhang wären,
> Da sie mit einander hingehören,
> Das ist in die Höll zum Teufel zu,
> So hätten wir in Deutschland Ruh!«

Diese Ruhe kann der Wirkliche Geheime Rat und Präsident des Gesamtoberappellationsgerichts zu Jena, so sein Titel, für Jahrzehnte nicht gefunden haben: Dr. Friedrich Ortloff hat nämlich in vier Bänden mit jeweils rund 600 eng bedruckten Seiten die »Geschichte der Grumbachischen Händel« zusammengetragen[6] – eine der großartigsten, fleißigsten, stumm machenden Arbeiten historischer Wissenschaft in Deutschland.

Die Grumbachs gehörten im 15. und 16. Jahrhundert zu den mächtigsten und wichtigsten Vasallen des Würzburger Stiftes[7]. Die Fürsten mussten wirklich fürchten, durch die Pläne Grumbachs, eine territorial ungebundene, nur dem Kaiser verantwortliche Ritterschaft zu etablieren, ihre Macht zu verlieren. Das Volk jedoch erfuhr nichts von diesen politischen Strategien, sah in den Unternehmungen Grumbachs nur erbärmliche Raubritterei: Überfälle, Brände, Diebstähle und plötzliche Morde am friedlichen Nachmittag.

Ursprünglich stammten die Grumbachs aus dem Rheinland, führten in ihrem Wappen einen ratlos im reifen Korn stehenden Schwarzafrikaner, früher Mohr geheißen, der in der rechten Faust ein dürres Sträußchen von drei Rosen hält. Diese eher anbiedernde Kombination täuschte seinerzeit niemanden darüber hinweg, dass die Grumbachs zwar zu den Edelsten des niederen fränkischen Adels gehörten, aber auch sturbeißige Rittersleute waren, für die das höchste Gut das eigene war, welches es allzeit zu mehren galt.

Seit dem 14. Jahrhundert hatten sie sich zwischen Würzburg und Schweinfurt ein stattliches Areal an Dörfern, Höfen und Herrschaften zusammengerauft. Wofür sie den üblichen Blutzoll bezahlten: So wurde der Letzte einer Nebenlinie, Hessel von Grumbach, 1558 in Nürnberg enthauptet.

Er hatte den Nürnberger Kaufleuten ein paar Jahre lang die Reiselust erheblich vergällt und sie immer wieder grübeln lassen, ob es nicht besser sei, sicher hinter den eigenen Mauern und dafür ein wenig ärmer zu leben.

6 Erschienen Jena 1868.

7 Nach Volker Press: »Wilhelm von Grumbach und die deutsche Adelskrise der 1560er Jahre«, in: Blätter für deutsche Landesgeschichte, 113. Jg. 1977.

Weil er seine bärenstarke Bio-Energie in den Kampf gegen die Pfeffersäcke steckte, vergaß er, sich ehelich fortzupflanzen.

Als Raubritter Hessels Kopf vom Block fiel, schauten seine Augen laut leicht zu findender Augenzeugen erstaunt, weil ihm genau beim Henkerschnitt einfiel, dass er trotz hochgradiger Raubeinigkeit schlicht vergessen hatte, das Teil dazwischen gehörig einzusetzen, um einen Erben zu zeugen.

So endete diese Linie in echter Raubritterromantik: rühmlich, weil nicht im weichen Federbett.

Gewissenhaft zum Raufen erzogen

Zu diesem Zeitpunkt hatte Wilhelm von Grumbach noch neun Jahre zu leben. Am 1. Juni 1503 war er geboren worden. Er wurde in den adelswichtigen Künsten, also Schreiben, Lesen, Raufen, Hinterhalte legen, Bauern verachten, gewissenhaft erzogen. Er wuchs in ein Deutschland hinein, das zwar landschaftlich von wilder Schönheit war, einem erfüllten Leben jedoch die größten Unsicherheiten entgegensetzte. Was es andererseits besonders spannend machte. Weshalb es meist für den Adel eine Lust zu leben war.

Die Blaublütigen trieb ein Stolz, der heute verschwunden ist; eine Gier, die heute nur verschwiemelt daherkommt; ein starker Glaube an Gott, der Gott eigentlich verlegen gemacht haben müsste. Und wenn sie des Morgens im Frühling aus ihren meist kleinen, engen, feuchten, stinkenden Burgen ebenso stinkend zusammen mit ihren Knechten auf die Pferde stiegen, um einem Kaufmannszug aufzulauern und ihn auszurauben, muss das ein erregendes Gefühl von Freiheit gewesen sein.

Es war den meisten von ihnen nicht klar, dass es ein verlöschendes Gefühl war. Ende dieses 16. Jahrhunderts war die Macht des niederen Adels gebrochen. Ebenso erging es ihren liebsten Feinden, den reichsunmittelbaren Städten: gekettet an Territorialfürsten, unterjocht.

Wilhelm von Grumbach wurde, wie es sich gehörte, als Knabe zu anderen Adelsfamilien gegeben. So diente er als Kammerdiener und servierte an der Tafel des Bischofs von Würzburg. Der Klerus ahnte nicht, dass er sich vom zukünftigen Mörder seines späteren Bischofs Melchior den Busen nähren ließ!

Nur ein zufälliger Gast hatte ein scharfes Auge auf den Jüngling, den man sich als knackigen Knaben voll herrschaftlicher Gesten vorzustellen hat. Einer, der wusste, dass seine Familie dem Spruch nach nicht nur zu den edelsten gehörte, sondern selbst die edelste im Land der Franken darstellte.

Abt Johann Tritheim von Spanheim beobachtete den jungen Wilhelm. Bei köstlichen Flusskrebsen aus dem Main oder Rehwild aus den bischöflichen Forsten. Vielleicht kaute er auf dem etwas zähen Filet eines Hirschen herum, den der Bischof widerrechtlich im benachbarten Forst der Grumbachs hatte schießen lassen. Das mochte den düsteren Gesichtsausdruck des Knaben Wilhelm erklären, der in jener Sekunde beschloss, sich an allen Bischöfen dieser Welt zu rächen.

Johann Tritheim von Spanheim neigte sich zum Bischof, deutete auf Wilhelm von Grumbach und sagte laut, um an der Tafel das Schmatzen der Gottesdiener zu übertönen: »Dieser Jüngling wird dereinst seinem Vaterland entweder sehr nützlich oder zum größten Nachteil sein, und in letzterem Falle durch eine grausame Todesstrafe sein Ende finden.«

Verblüffende Vorhersagen haben ihre betrübliche Kehrseite: Grumbach selbst schreibt Jahrzehnte später in einem Brief, dass er am Hof des Markgrafen Casimir von Brandenburg erzogen worden sei, nicht beim Würzburger Bischof. Aber vielleicht log er auch, weil es ihm zu peinlich war, am Tod des Nachfolgers seines Erziehers, Bischof Melchior, schuld gewesen zu sein.

Nach Casimirs Tod wurde der kraftstrotzende Ritterlackel Wilhelm von Grumbach von Casimirs Bruder, Markgraf Georg, übernommen, der die fränkischen Lande des Hauses Brandenburg, die Fürstentümer Bayreuth und Ansbach, verwaltete. Will heißen, die Bürger um noch ein Kleines mehr steuermäßig ausquetschte.

Der Bauernkrieg kommt gerade recht

Der wilde Wilhelm war erst zwanzig Jahre alt, als er sich 1523 verheiratete. Die Auserwählte, die bis zu Wilhelms Ende getreulich zu ihm hielt und deshalb handfeste Verfolgung erlebte, brachte ihm neben der Jungfernschaft ein erkleckliches Vermögen und Ländereien mit in die Ehe. Letztere grenzten leider auch an das Würzburger Bistum, sodass es der Streitigkeiten mehr zu werden versprach.

Er hätte in Ruhe die sieben Töchter und Sohn Conrad zeugen und zusehen können, wie sich Reichtum, geschöpft aus Überfällen und leibeigenen Dörfern, langsam mehrte. Aus solch geduldigem Holz war der junge Grumbach nicht geschnitzt.

Die Bauernkriege kamen ihm gerade recht.

Ungeachtet, dass eine seiner Schwestern mit Florian Geyer verheiratet war, dem berühmten Anführer des so genannten »Schwarzen Haufens« bei den Bauern, waren seine adeligen Standesvorurteile stärker als die Familienbande oder gar das Mitgefühl für die Not der Bauern.

Er schloss sich im Mai 1525 mit anderen Adeligen zusammen und befahl seinen Knechten, alles, was zum Totschlagen geeignet schien, mitzunehmen. Insgesamt zogen 500 Reiter und 500 Knechte los, im sehr wonnigen Monat Mai. Vogelgezwitscher füllte die Lüfte. Die von den schweren Bauernkarren und Kaufmannswagen ausgefahrenen Wege waren trocken. Die Pferde wirbelten den Staub auf, den die zu Fuß nachfolgenden Knechte schlucken mussten.

In der Ferne stiegen Rauchsäulen gen Himmel, spielerisch wirbelnd. Dazu drang aufmunternder Schall von Trommeln und

Fetzen wilden Geschreis zum Zug der Adeligen. Bei ihnen drückte der 22-jährige Wilhelm aufs Tempo.

Seine adelige Erziehung machte sich bezahlt: Der Stand der Adeligen hatte immer Recht. Der sorgte für die Sicherheit des Volkes. Wieso also Aufruhr?

Schwager hin oder her, am 9. Juni 1525 gelang es Wilhelm, den 35-jährigen Florian Geyer und seinen desperaten Haufen auf dem Speltich, »einer Waldhöhe zwischen den Schlössern Velberg und Limburg unweit Hall«, einzukesseln. Drei Tage lang dauerte der ungleiche Kampf, kleine Scharmützel mit mutigen Ausfällen der Eingeschlossenen, raffinierte Fallen der Belagerer.

Kämpfe im Unterholz zwischen Bauer und adeligem Knecht, verzweifelt, ungeschickt, mit vielen Durchstechereien, Bauch, Arme, Beine, auch durch die Wangen. Ein Gemetzel, von dem niemand schriftlich berichtete, brechende Augen, Tränen der Wut und der Todesangst, Schreie des Schmerzes.

Mittendrin im festgenagelten Bewusstsein, Recht zu haben, schoss und drosch Wilhelm von Grumbach. Seine Bewegungen waren flink, trotz blechernem Brustharnisch und Kettenhemd. Geschwitzt hat er wie eine Landsau, bespritzt von Blut, Hirn und Eingeweiden, den rotfeuchten Helm mit lichtgrünen Buchen- und Eichenblättern beklebt, die im Wirbel der Schwerter und Spieße von den Zweigen abgetrennt worden waren.

Schicksalsschwanger die deutsche Welt in jenen Jahren. Im Blutrausch eines sterbenden Standes geht ein früher Versuch zu mehr Gleichberechtigung zugrunde: Auf dem Speltich siegt Dummheit über Verzweiflung. Letzter Triumph des freien niederen Adels über unfreien Bauernstand.

Hat Florian Geyer seinen Schwager Wilhelm zwischen Zweigen erspäht? Hat er den letzten Wurfspieß nach ihm geschleudert? Hat er ihn angerufen?

»He, Schwager Wilhelm, was tust du auf der falschen Seite? Auf meiner schlägt das Herz der Zukunft, komm rüber!«

Hat er nur Wilhelms »Halt's Maul, Schwager, Bauernsack!« zurückbekommen?

Rauschte ein Bach in der Nähe? Beugten sich beide nieder, tranken aus der hohlen Hand, und Wilhelm flüsterte: »Hau ab, Florian, nach rechts, durchs Gebüsch, ich zieh meine Leute nach links! Hau ab und verrat mich nicht.«

War es so? Blieb Florian stur, sich selber treu?

Er zog sich zurück, verschwand hinter einem Dornenstrauch, verhakte sich darin, Christoph Kretzer, der engste Vertraute unter den Knechten Wilhelm von Grumbachs, hörte den Pfiff seines Herrn, er lief herbei, Wilhelm deutete auf den Busch, Kretzer, stark, behände, gewissenlos, stürzt hinein, zieht das Messer durch Florian Geyers Gurgel, und Grumbach denkt sich unbewegt: Wer nicht für uns ist, ist gegen uns.

Die Historie meldet nur: »Florian Geyer kam mit dem größeren Teile der Seinigen im Kampfe um.« Die Leichen wurden gefleddert.

Gerüchte kamen auf, Grumbach habe sich zunächst auf die Bauernseite geschlagen. Als er die Niederlage kommen sah, sei er schnell zum Adel zurückrochiert. Weil Schwager Florian um seinen doppelten Verrat wusste, habe ihn Grumbach im Gramschatzer Wald hinterrücks von Christoph Kretzer erstechen lassen.

Streitsüchtiger Gramschatzer Wald

Es müssen nicht immer die Menschen sein, die streiten. Vielleicht war es der Gramschatzer Wald selbst, der zur Streitsucht neigte und deshalb über viele Jahrzehnte hinweg zwischen dem Würzburger Stift und der Familie Grumbach Zwist säte. Seit dem 14. Jahrhundert schon hatten die Grumbachs Rechte daran. Zwei Forstämter standen ihnen darin zu Lehen. Der eigentliche Herr des Forstes war der jeweilige Würzburger Bischof, was zu erheblichen Differenzen zwischen den beiden Herrschaften führte.

Als Bischof Konrad von Thüngen 1540 starb, buhlte Grumbach so lange, bis er seinen Günstling Conrad von Bibra als neuen

Bischof von Würzburg durchgesetzt hatte. Alle Streitigkeiten im Gramschatzer Wald wurden folgerichtig zu seinen Gunsten entschieden. Sehr zum Ärger von Melchior Zobel, dem nach Bischof Conrad mächtigsten Mann im Würzburger Domkapitel.

Er konnte Wilhelm auf den Tod nicht leiden. Nur, dass es sein eigener Tod sein würde, dachte er nicht. Kaum war Conrad von Bibra gestorben – worauf aus unbekannten, sprich giftschwangeren, Gründen nicht allzu lange gewartet werden musste –, ließ sich Melchior Zobel, ungeachtet aller Intrigen Grumbachs, zum neuen Bischof von Würzburg wählen.

Der Ton zwischen ihm und Grumbach wurde schärfer. Hinzu kam, dass der Bischof die Bestrebungen der fränkischen Ritterschaft hintertrieb, den alten Status der Reichsunmittelbarkeit wiederzuerlangen, nur dem deutschen Kaiser verantwortlich zu sein. Was auch bedeutete, dass man weiterhin die eigene Gerichtsbarkeit ausüben – Fehden führen konnte.

Grumbach stand als treibende Kraft hinter den Unabhängigkeitsbemühungen des fränkischen Adels.

Bischof Melchior hielt dagegen: Er wollte keine Herren neben sich im Frankenland. Und schon gar keinen Grumbach!

Der ihn mit dem Gramschatzer Wald verärgerte: Er ließ die Grenzsteine des Gramschatzer Waldes auf den Steigerwald ausrichten, als ob ihm daran auch Herrschaft zustehe. Darauf ließ Melchior Grumbachs Diener furios herschlagen und in den Kerker werfen, weil sie angeblich Fische und Krebse aus Würzburger Gewässern gestohlen hätten.

Grumbach grollte. Und machte aus seinem Herzen eine Mördergrube, als ihm gemeldet wurde, seine Knechte hätten einen Würzburger Bischofsdiener gefangen, der in einem Grumbachschen Bach gefischt hatte.

Vor Grumbach lag als Beweisstück der Sack mit köstlichen Flusskrebsen und Fischen.

»Du stiehlst auf Befehl deines Herrn in meinen Gewässern?«, fuhr er den Diener des verhassten Bischofs Melchior an. »Du Hundsfott hast dein Leben verspielt!«

Der Hundsfott jammerte ein wenig, um sein Leben brauchte er weiß Gott nicht zu fürchten. Wusste Gott das?

Grumbach lässt ein weißes Kleid bringen und befiehlt einem bei ihm auf dem Schloss lebenden talentierten Zeichner, vorne einen Krebs, hinten einen Fisch aufs weiße Gewand zu malen. Die Chronik nennt nicht den Namen des Künstlers.

War es ein zweiter Albrecht Dürer, der nie die Chance bekam, sich auszubilden? War es der erste moderne Maler, der im Stile von George Grosz ein Getier hinzauberte, dass Grumbach eine enge Brust bekam, so treffend war die Wahrheit hinter dem Verzerrten zu sehen? Oder malte er, Salvador Dalí gleich, den ersten zerfließenden Fisch der Kunstgeschichte?

Wilhelm betrachtete das linnene Kunstwerk, in dem sich der gefangene Bischofsdiener vor ihm drehen musste. Er lachte los. Der Hof lachte lückenhaft hinterher, »Zahnärzte« rissen nur, hatten keinen rechten Sinn für Brücken. Auch der Bischofsdiener lachte. Ein Scherz, er wird's dem Bischof erzählen.

Grumbach befiehlt, schlagartig ernst: »Alle zum Bach!«

Lachend zieht die Gesellschaft los, in der Mitte der Fischdieb, vielleicht mit einem Laub- oder Blumengebinde um den Kopf. Kitsch lag nahe. Jeder hatte das Bild des kleinen Jesulein im Hirn oder den Einzug des Herrn in Jerusalem auf dem Esel im weißen Gewand.

Trödelte Gott, weil ihn das Bild familiär berührte?

Sie kamen am Bach an. Wo war die Stelle? Ehrt sie ein Monument? Hier geschieht gleich ein Mord. Wie hieß der Fischdieb? Was wurde aus seiner Familie?

Ein lauschiger Bach muss es sein. Weit hing das Weidengeäst herunter, Schatten spendend den Fischen und Krebsen. Gemurmel des Wassers, Forellenquintett in ewigen Noten, solange es Frische gibt, Wasser gibt, Fische gibt, Natur gibt.

Grumbach entdeckt einen starken Ast.

»Gebt mir ein Seil!«, rief er. Oder war sich der Junker zu fein?

Nickte er nur kurz Christoph Kretzer zu, seinem vertrauten Strolch, Freund und Gottseibeiuns?

Schnell wird der Strick gereicht. Wer warf ihn über den Ast? Einer greift ihn sich und legt ihn dem nun schreienden Fischdieb in seinem verrückt bemalten weißen Gewand um den Hals. Einer zieht die Schlinge stramm.

Es soll Grumbach selbst sein, der ihm zuruft: »Nun häng mal durch! Und sag in der Hölle den Bischöfen einen schönen Gruß von Grumbach, vom ehrlichen Junker, dem reichsfreien, der sich nicht zum Lumpen des Bischofs machen lässt.«

Er gibt dem Weißling einen Schubs, der Mann baumelt über dem lauschigen Bach, seine nicht gefesselten Hände versuchen, den Strick vom Hals zu lockern, die Schar der Gaffenden wird still, folgt gierig dem Todeskampf des kleinen Fischdiebs, der mal den Krebs, mal den Fisch zeigt, so dreht er hin und her, die Hände werden schlaff, fallen herab, der Kopf wird rot, die Zunge dringt durch den sich öffnenden Mund, die Augen quellen, munter rauscht das Bächlein darunter.

Der Junker Wilhelm von Grumbach hat getötet, ohne Gerichtsurteil. Dafür nach altem Ritterrecht, das ihn Herr über Leben und Tod sein ließ. Der Ruhm des Junkers wird zum Ruch. Wie mag er sich danach gefühlt haben?

»So, das war's«, hat er vielleicht gesagt. »Schickt die Leiche seinem Bischof, im Gewand. Er soll wissen, wie es dem ergeht, der mich in meinen Rechten beschneidet.«

Priesterliches Begütigen kam dem Bischof ob seines toten Dieners nicht in den Sinn. Statt die andere Wange hinzuhalten, verordnete er offensichtlich den Mord an Grumbach. Sein Attentäter, ein Forstknecht, war mit den Grumbachschen Gesichtern nicht recht vertraut, schoss statt auf Wilhelm auf dessen Sohn Konrad, der beschwipst mit seinem Freund den Hohlweg entlanggeritten kam.

Schussartig nüchtern, ergiffen die zwei den Forstknecht, verdroschen ihn und »zogen ihn gefänglich ein«, brachten ihn zu Papa Wilhelm.

Wimmernd gibt der Forstknecht den Schuss zu. Später beim Bischof leugnete er ihn. Wimmernd.

Kaum hatte sich Grumbach beruhigt, musste er hören, dass am 10. September 1550 bischöfliche Jäger in einem Wald, um den es nie Streit gegeben hätte, Grumbachsches Wild erlegt hatten. Grumbachsche Knechte, die der Wilderei Einhalt gebieten wollten, wurden gar mit einer für bischöfliche Jäger unerwarteten Flut grässlicher Flüche in die Flucht geschlagen.

Grumbach sah ein, dass er, was das Kriegspersonal betraf, dem Bischof deutlich unterlegen war. Und dass des Piesackens kein Ende sein würde. 47 Jahre war er schon alt und kein bisschen weise. Seine Frau, nie schrieb sie es auf (zumindest blieb es nicht erhalten), beobachtete mit Sorge: Ihr Wilhelm wurde immer streitsüchtiger.

Mit zwei Friedenstauben im Bett

Markgraf Albrecht von Ansbach, in dessen Diensten Wilhelm stand, war ein Herr so recht nach dem Geschmack des unruhigen Grumbach: Er machte gerne Krieg auf eigene Faust. Vor allem bekämpfte er Nürnberg, dazu die Bischöfe von Würzburg und Bamberg.

Das muss ein inneres Frohlocken bei Wilhelm von Grumbach gewesen sein, endlich mit einer beachtlichen Reiterschar gegen den raffinierten Erzfeind, Bischof Melchior, zu ziehen. Oder kein Frohlocken?

Später schreibt Grumbach, dass er und des Markgrafen Kanzler Straß den Krieg abwenden wollten. Der Markgraf indes, ein rechter Sturkopf, der sich seinen Krieg nicht versauen lassen wollte, wurde so misstrauisch gegen die beiden Friedenstauben, dass er sie zwang, selbst des Nachts, der eine rechts, der andere links von ihm, auf der gleichen Bettstatt zu schlafen.

Welch traute Sitte, um Verrat zu verhindern!

Bei seinen Verhandlungen mit den belagertern Bistümern

Würzburg und Bamberg sowie mit den Räten in Nürnberg agierte Grumbach in des Markgrafen Namen herzlos offen und gemäß seinem Vorurteil über geweihte Feigheiten: »Die Pfaffen haben den Hasen im Busen.« Er ließ den Hasenträgern bestellen, dass dieser Krieg ein Umverteilungskrieg sei: »Wer etwas hat, muss es verlieren, wer nichts hat, muss reich werden, der Teufel will es so haben!«

Auch Grumbachs Antwort auf die Frage der Unterhändler, wie man diese Drohung entschärfen und den Frieden erhalten könne, ist ein echter Raubritterspruch: »Nicht anders denn mit großem Geld!« Die Nürnberger Pfeffersäcke muss es gerissen haben, und die Doppelkinne der bischöflichen Unterhändler schwabbelten ängstlich.

Und wieder fragten sie, in der Hoffnung auf Milde, nach dem Kriegsgrund.

»Der Markgraf«, antwortete Wilhelm von Grumbach, »hat keine Ursache zum Krieg«, hier machte er eine kunstvolle Pause, um dann fortzufahren: »außer, dass ihr mehr habt als er.«

Herzstockendes Schweigen auf der Gegenseite. Grumbach zuckte ironisch mit den Schultern und fügte murmelnd hinzu: »Mein Herr muss Geld haben, und wo, bitte schön, soll man es anders hernehmen, als dort, wo man es findet?«

Der Bischof beugte sich der Erpressung. Seine Untertanen wurden verschont, und Grumbach ließ sich alle Rechte rückübertragen, die seine Familie an das Bistum verloren hatte.

Melchior wäre kein großer Bischof gewesen, wenn er nicht, kaum war die Gefahr der Invasion durch den Markgrafen gebannt, beim Kaiser so lange gehetzt hätte, bis Seine Majestät alle mit Grumbach geschlossenen Verträge für nichtig erklärte.

Wie sehr mag Grumbach bereut haben, dass er nicht dem misstrauischen Markgrafen gefolgt war. Der hatte sich zwar dem Verhandlungserfolg seines Grumbachs gebeugt, war aber skeptisch geblieben: »Ihr malt mir alle Dinge süß und wohl vor«, sagte er im feinsten Deutsch des 16. Jahrhunderts zu Wilhelm, »und bewegt mich zu vielen Bewilligungen.«

Der Markgraf ahnte die Niederlage am grünen Tisch, weswegen er ein feines Bild in Grumbachs und jetzt in des Lesers Kopf verankerte: »Ließ man mich das Schloss Würzburg über den Berg abwerfen, alsdann wüsste ich, dass mir gehalten würde, und würden auch folgends Ihr und Eure Nachkommen desto friedlicher sitzen.«

Dass Grumbach wieder alles verloren hatte, machte ihn wütend und entschlossen. »Und wenn es Tag und Nacht Mönche und Pfaffen regnete«, fluchte er schriftlich, »und sie Reuter und Knechte von den Bäumen schütteln könnten«, es würde ihn nicht hindern, die Bischöflichen gnadenlos zu bekämpfen.

Der Markgraf und er taten es. Sie verschonten wenige. Grumbach, der inzwischen schon öfter den harten Schmerz der Gicht verspürte, fühlte sich erfrischt nach dieser monatelangen Hetz durch verschiedene Fürstentümer, mit Plünderungen, Überfällen, wilden Kämpfen. Er war in seinem Element. Er liebte es, seinen Verstand im Rausch der Gefahr auszuschalten.

»Was Grumbach«, werden seine Gegner zitiert, »in den sächsischen Landen mit Morden, Brennen, Brandschatzen, Plündern, jämmerlicher Verheerung und Verderbung angestiftet hat, des gibt die ganze Landschaft Kunde.«

Zuletzt bekamen sie gegen Moritz von Sachsen in der Schlacht bei Sievershausen eins auf die Mütze. Obwohl Moritz fiel. Grumbach wurde gefangen genommen, bald aber mit Hilfe mächtiger Freunde wieder freigelassen.

Grumbach, der Leidbringer, saß in Hannover und soff, ein Bär von einem gelungenen Mannsbild, ohne Moral, das Alter fühlend, die Sehnsucht nach etwas Unbestimmtem ersaufend. Nach einer anderen Erfahrung, die ihm irgendwie werden würde, wie er hoffte. Um ihn herum hockten andere von Adel. Sie redeten über den Feind, den Herzog von Braunschweig.

Grumbach polterte los. »Ich kann«, sagte er mit klarer Stimme, die auch im trunkenen Zustand nicht lallte, »den Herzog ermorden. Ich kann Briefe so herrichten, dass, wenn sie der Herzog liest und sie in seinen Händen warm werden, er tot umfällt.«

Ein beglückendes, schmerzloses Gift – wie war seine Zusammenstellung? Vielleicht eine feinsinnige Mixtur, ähnlich der 1487 im »Hexenhammer« beschriebenen Salbe, die auf der Basis von ausgekochtem Fett von Babyärmchen und -beinchen basierte? Dazu eine Prise Beifuß und Krötenpulver?

Er hat das Briefgift mit ins Jenseits genommen, der von Grumbach, die anderen wollten das Rezept nicht hören, obwohl ein jeder unerträgliche Verwandte hatte. Stattdessen verließen die Zecher empört den Saufabend, das ging ihnen zu weit, was ihnen der Willi zuflüsterte.

Einsam wird es um den intriganten Streiter in markgräflichen Diensten. Ein Spottgedicht über ihn macht die Runde, in dem er sich dem Markgrafen mit folgenden Versen andient:

> »Mit Lügen und Betrügen bin ich sinnreich,
> Deutschland hat niemand, der mir gleicht...
> Das unsrige Gut haben wir schändlich verzehrt,
> Die Städte und Pfaffen haben ihr Gut vermehrt.
> Das alles wollen wir ihnen nehmen;
> Und uns deshalb vor Gott und der Welt nicht schämen...
> Erkühlen wollen wir unsern Mut
> An der Pfaffen Land und Leut',
> Die sind unsere Ausbeut'...«

Grumbach hat das Schmähgedicht, das von keinem Geringeren als vom Nürnberger Schwankdichter Hans Sachs geschrieben worden sein soll, sehr getroffen. Sicher trug es dazu bei, die Stimmung im Reich gegen den Markgrafen und seinen Warlord aufzubauschen. Immer handfester werden Bestrebungen, die beiden in die Reichsacht zu verbannen.

Der Bischof wird zum Plünderer

Das würde sie vogelfrei machen. Keiner dürfte ihnen Unterschlupf gewähren, ihnen helfen. Ihre Güter würden konfisziert. Sie würden durchs Reich gejagt. Es geschah tatsächlich. Der

Markgraf, der mit »Plündern, Verheeren, Feuer und Schwert« die Länder zu überziehen drohte, floh beinarm nach Frankreich. Sein Grumbach, der im Lande blieb, büßte den Rest seiner Güter und Rechte ein.

Und wer plünderte alsbald mit Genuss die von Grumbach konfiszierten Burgen und Güter? Der Bischof von Würzburg! Nicht nur riss er sich Grumbachs Schlossmöbel für sein Palais unter den Nagel, er mischte sich auch ins grumbachsche Intimleben: Er erlaubte Grumbachs Ehefrau nur, in Grumbachs ehemaligem Besitz in Unterpleichfeld zur Miete wohnen zu bleiben, wenn »sie hinfort der ehelichen Beiwohnung ihres Mannes verziehe«, sich ihm verweigere.

Zu jenem Zeitpunkt plagten den Gatten indes bereits andere Sorgen als die um einen geordneten sexuellen Haushalt. Er klagte: »Man hat mich, nebst Weib und Kindern, in das Elend verjagt, trachtet mir nach Leib und Leben, und bin ich zum allerhöchsten geschändet und geschmäht.«

Am 8. Januar 1557 stirbt der kriegslüsterne Markgraf. 35 Jahre ist er alt geworden. Vergiftet. Hat Grumbach dem Markgrafen einen Brief mit jener geheimnisvollen Todessalbe geschickt? Wollte er frei sein, um einem neuen Herrn dienen zu können?

Er trat in den Dienst von Herzog Johann Friedrich dem Mittleren von Sachsen-Coburg-Gotha, der 26 Jahre jünger war als er selbst. Es begann eine der seltsamsten und innigsten Freundschaften, die je ein Raubritter und ein Herzog miteinander eingingen. Diese Freundschaft brachte Grumbach den Tod, dem Herzog eine 28 Jahre dauernde Gefangenschaft.

Bevor er sich dem neuen Herrn widmete, galt es, endgültig mit Bischof Melchior in Würzburg abzurechnen. Ein erster Hinterhalt, den Bischof beim Jagen als Geisel zu greifen, misslang. Der fromme Nimrod roch Lunte und ließ sich selbst im Unterholz dicht bewachen.

Der vergebliche Anschlag ging herum in geschwätzigen Ritterkreisen und empörte Grumbachs Feinde noch mehr. Der Herzog von Braunschweig wetterte, man möge den »Landfriedensbrecher und abgesagten Feind ausliefern, der durch Raub, Brand und Todschlag Land und Leute aufs höchste beschädigt habe«.

Die bedrohlichen Worte machten Grumbach traurig. In einem Brief an den Kaiser klagte er, dass er sich »samt Weib und Kindern in seiner Armut nicht zu erhalten und weder von der Luft zu leben, noch von Händen und Füßen zu essen wisse«.

Er verschweigt, dass er einiges Geld von seinem neuen Herrn erhielt, dass seine Kinder schon erwachsen waren und dass er sich bei allem Gejammer vorbehielt, sich sein Recht selbst zu nehmen.

Beinahe wäre alles gut und friedlich ausgegangen, auch der Kaiser hatte das Gezerre von Grumbachs Feinden satt. Vergebens mahnte er die Streitenden zum Ausgleich. Weder wollten ihn die Nürnberger, die Grumbach gleichfalls geschädigt hatte, noch der Bischof.

Der Tod eines Bischofs

Oh, du Hundsfott von einem Bischof, warum warst du so engstirnig und hoffärtig? Warum hast du Grumbach nicht den Frieden gewährt?

Vielleicht hat ihm diese Fragen der Herrgott kurz darauf genauso gestellt, als der Bischof, durch und durch getroffen und ausgeblutet, am 15. April 1558 hoch oben vor ihn hintrat.

Grumbach hat bis zu seinem eigenen Tod bestritten, etwas damit zu tun zu haben. Auftraggeber war er wohl. Um den Bischof als Faustpfand gegen die Rückgabe seiner Rechte und seiner enteigneten Güter einzusetzen. Melchiors Tod kann er nicht gewollt haben. Zur Geiselnahme hatte er seinen wichtigsten Vertrauten abgeordnet: Christian Kretzer, der schon seinem Schwager Florian Geyer die Kehle durchschneiden durfte. Ach, wie mussten sie später alle unter der Folter leiden und genau erzählen, wie sich der Überfall auf Melchior zugetragen hatte.

Dank der Folter wissen wir genau Bescheid, wie es dem Bischof an den Kragen ging.

Hier sei das Wort Theophilus Franck übergeben, dem Altmeister der Historienschreibe, der in seiner »Kurtzgefassten Geschichte des Franckenlandes und dessen Haup-Stadt Würtzburg«[8] anschaulich erzählt, wie es an diesem denkwürdigen Tag zuging: »Im Jahre 1528, Freitag, als den 15. April, ritt der Bischof, nachdem er auf dem Schlosse die Messe gehöret, nach dem Gebrauch seiner Vorfahren, morgens um sieben Uhr, mit wenigen Leuten, in die Stadt, um die Prozesse auf der Kanzlei zu entscheiden.

Als er die Kanzleitreppe hinaufstieg, trat er auf einen, am Eingange liegenden, weißen Totenkopf, worüber er sehr erschrak, denselben als Vorboten seines baldigen Todes ansah und dem Kanzleiknecht befahl, den Totenkopf an seinen gehörigen Ort zu bringen; er frühstückte für dieses Mal nicht auf der Kanzlei, sondern ritt, als ihm seine Räte sagten, dass es Zeit wäre, das Frühstück auf dem Schloss zu nehmen, zwischen zehn und elf Uhr, unter der Begleitung dahinab.

Zwei Spione der Mörder berichteten denselben sogleich, dass der Bischof wieder nach dem Schloss reiten würde, worauf dieselben sich sogleich zu Pferd setzten und über die Mainbrücke aus der Stadt ritten, woselbst etliche derselben vor dem Gasthaus, der Schmelzhof genannt, ein Glas Wein forderten, die übrigen aber auf ihren Pferden blieben und dem Bischof den Pass versperrten.

Als der Bischof hierauf über die Mainbrücke, bei dem Gasthof kam und die fremden Reiter sah, erschrak er über ihr wildes Wesen, welches ihnen aus den Augen blitzte; als er weiterritt, kam einer der Mörder an ihm vorbei und machte ihm ein freundliches Kompliment, wogegen der Bischof seinen Hut rückte. Der Mörder zog hierauf sein Schießgewehr unter dem Mantel hervor, setzte es dem Bischof mit den Worten: Pfaff! Du

[8] Frankfurt am Main 1755

musst sterben! auf die Brust und schoss ihn durch die Brust, das Herz, und das linke Schulterblatt, sodass er augenblicklich den Arm sinken ließ.

Er schlug dem Bischof das Gewehr um die Ohren und schrie seinen Kameraden zu: Schießt alle tot, lasst keinen leben, welchem sie auch alle getreulich nachkamen und unter beständigen Rufen: es soll keiner entrinnen, auf die Kavaliere losritten. Das Knallen der Karabiner und Pistolen, nebst dem Klang der Degen und Lanzen von beiden Seiten, machte einen solchen Lärm, dass die Pferde scheue wurden und die heruntergefallenen Blessierten zu Boden traten, von welchen man nichts als ein sterbendes Seufzen hörte.

Der tödlich verwundete Bischof jagte den steilen steinernen Steig, gegen das Schloss zu, hinauf, und rief, denen ihm entgegenkommenden, mit gebrochener Stimme zu: ›Der Feind hat die Stadt, sperrt die Tore am Schloss, ach! Defendieret unsere Bürger, mahnet alle, die Waffen zu ergreifen, und die Stadt von dem Untergange zu retten.‹

Der Syndikus Jörg Senstadt hielt den wankenden Bischof so lange, bis ihm mehrere zu Hilfe kamen. Sie hoben alsdann den Bischof vom Pferde und trugen ihn, in der Meinung, denselben noch bei Vernunft in das Schloss zu bringen, seitwärts in ihren Armen, allein, ihre angewandte Mühe war vergeblich. Und er fing an, weil er sich so stark verblutet hatte, in ihren Armen zu sterben.

Sie legten ihn nebenan an den Weg, woran das steinerne Kreuz befindlich, auf ihre Röcke nieder. Ehe er völlig verschieden war, kam ein gelehrter Mann, namens Johannes Synapius, er sprach dem Sterbenden Trost zu, erinnerte ihn an das bittere Leiden Jesu Christi, schrie ihm den Namen Jesu in die Ohren und vermahnete ihn, seinen Feinden und Mördern zu verzeihen; worauf der Bischof, welcher nicht mehr reden konnte, ein Zeichen von sich gab und nach empfangener Absolution verschied.

Nach vollbrachter Tat ritten die Mörder, indem sie die

Pferde, auf welchen der von Fuchs und der von Rieneck ritten, mit sich genommen, zum Zeller Tor hinaus und den Berg hinan, woselbst sie ihre Gewehr wieder luden.«

»Jetzt sollst du büßen!«

Der Nachfolger des Ermordeten, Bischof Friedrich, hatte bei seiner Ernennung versprochen, alles zu tun, um die Mörder seines Vorgängers dingfest zu machen. Er hielt sein Versprechen. Es dauerte bis ins Jahr 1562, ehe er Christian Kretzer aufspürte.

Sofort schickte er einen Reitertrupp los. Ziel war Schloss Schaumberg in Lothringen. Sie versteckten sich in der Nähe des Schlosses und drangen am Morgen des 25. März um sechs Uhr ein. Sie hatten Fackeln, im März ist es selbst in Lothringen in der Früh noch stockduster.

Armer Christian Kretzer, wieso schläfst du selig, während der Tod schon auf Landsknechtsstiefeln durch die Gänge des Schlosses hastet? Vermutlich lag der Bischofsmörder brav neben seiner Frau, die überall erzählte, ihr Christian bekäme von Grumbach 2000 versprochene Rheintaler, der habe ihn zur Tat angestiftet. Und jetzt würde ihr Liebster einen Hühnerdreck haben und müsse sich dauernd verstecken.

Schlief sie ruhig neben ihm, die Hand vielleicht an seiner speckig werdenen Hüfte? Lag Christian wach, die Arme unter dem Kopf verschränkt? Weinte er leise ob seines verpfuschten Lebens?

Hat er ein Stoßgebet losgeschickt, jetzt, wo er leise Schritte hört, jetzt, wo es zu spät ist zur Flucht, die Kammertür wird aufgerissen, schon stehen sie an seinem Bett, die Fackeln stinken, werfen riesige Schatten auf den reichverzierten Renaissanceschrank, der glaubhaft 1998 als neutraler Augenzeuge (aber nicht deswegen) im Auktionshaus »Else Bayer sel. Erben« versteigert wurde.

Der Anführer schreit Kretzer an: »Raus, du Kerl! Wir haben dich! Jetzt sollst du büßen für den Mord an unserm Bischof!«

Sie reißen ihn hoch, die Ehefrau beißt die Lippen zusammen, klammert sich mutig an ihren Christian, wird von roher Faust ins Bett zurückgestoßen.

Schweigend gibt sich Kretzer darein, will sich das leinerne Untergewand anziehen, sie lassen es nicht zu, die Eindringlinge sind auf fremdem Terrain, sie werfen ihm seine Sachen zu, schleifen ihn den Gang entlang, die Freitreppe hinunter.

Eine fiebrige Angst macht sich breit in seinem Hirn: Die Folter erwartet ihn. Aus tiefster Not schreit er ein grässlich lautes »Nein!« im riesigen Treppenhaus, dessen Echo noch heute – schweigt man stille am 25. März, dem Jahrestag seiner Gefangennahme – morgens um sechs Uhr in Schaumberg zu hören ist.

Die Reiter banden ihn aufs Pferd, einer drückte ihm seinen Hut mit der schwarzen Binde auf den Kopf. Wie die apokalyptischen Reiter verschwanden sie mit ihrer Beute im Zwielicht des Morgens.

Raubritters Selbstmord

Die bischöflichen Häscher ritten den Tag durch bis nach Seligenstadt, wo sie im Wirtshaus übernachteten. Sie gaben dem Gefangenen ein eigenes Zimmer, verrammelten das Fenster, verschlossen die Tür, bestimmten einen, der davor schlafen musste.

Drinnen im niedrigen Raum ging Kretzer auf und ab.

Er kannte die erbärmlichen Gestalten, die eine »peinliche Befragung« überstanden hatten und freigelassen worden waren. Diese ausgerenkten Glieder, dieses täppische Gehen wegen der zerschlagenen Füße und schief zusammengewachsenen Beinknochen, die zerquetschten Fingerglieder dank der Daumenschrauben.

Er hatte oft genug Hinrichtungen gesehen, die den Gefolterten wie eine Erlösung schienen, wenn man sie endlich blutend zum Galgen oder zum Richtblock schleifte. Sie konnten kaum gehen, aber alles war nach Recht und Ordnung geschehen.

Er hatte gesehen, wie sie aufs Rad geflochten wurden, ein Nachrichter mit einem Holzprügel ihre Knochen einzeln zerschlug. Er hörte die Schreie in seinen Ohren, bis Ohnmacht oder der Tod den Gequälten von seinen Schmerzen erlöste.

Nein, dazu hatte er keinen Mut. Er sah sich in der aus starken, grob behauenen Bohlen gezimmerten Kammer um. Er kniete nieder, faltete die Hände und begann: »Lieber Gott, ich hab viel gefehlt in meinem Leben, aber immer war ich treu zu meinem Herrn, Wilhelm von Grumbach. Du weißt, dass er mir befohlen hatte, den Bischof gefänglich einzuziehen. Sei's drum, ich hab ihn getötet. Bitte verzeih mir. Und verzeih mir auch die Todsünde, die ich gleich begeh'. Beschütz mein Weib und meine Kinder. Und dem Wilhelm von Grumbach sag ich mich ab. Nicht einmal die 2000 Rheintaler hat er mir nach dem Mord am Bischof gegeben. Ich bitte dich, lass ihn foltern, mich verschon'!«

Irgendwie, dachte er, haben sich in meinem Gebet Rache und Reue vermischt, aber der liebe Gott würde schon alles auseinander klamüsern. Er stand wieder auf, ging zum Tisch, auf dem sein Hut mit dem schwarzen Band lag, nahm Band und Hut und ging zur Tür. Er donnerte mit der geballten Faust dagegen.

»He, aufmachen! Das Scheißen kömmt mich an!« Der Bischofsknecht draußen ruckt hoch, flucht, öffnet die Tür, die Büchse mit gespanntem Hahn in der Hand. Kretzer setzt sich den Hut auf.

»Es ist bitter kalt«, sagt er und geht zielstrebig die knarzende Holztreppe hinab, öffnet die Haustür, der bischöfliche Häscher kann ihm kaum folgen, flucht wieder, Kretzer scherzt mühsam: »Darfst nit so viel fluchen, der Bischof wird's dir übel vergelten!«

Sie gehen über den Hof zum Scheißhaus, einer kleinen Kammer mit Donnerbalken am Ende des Hofes. »Wird ein bissel dauern!«

»Scheiß dich aus, ist eh dein letzter Schiss vor dem Würzburger Kerker«, scherzt der Bewacher zurück.

»Werd's überstehen«, sagt Kretzer, schließt die Tür hinter sich, geht zielstrebig zur Bank mit dem Loch in der Mitte, steigt hinauf, kann den Querbalken erreichen, macht, während er ein altes Lied summt, um den frierenden Bewacher draußen abzulenken, die dreifache Rutschschlinge ins schwarze Tuch, mit der er immer bei seinen Hunden Erfolg hatte, die würgten sich, je mehr sie aus der Schlinge zu entkommen suchten.

Er befestigt das Werk, das jedem Segler Ehre gemacht hätte, am Balken, steckte durch die Schlinge seinen Kopf, geht in die Knie, damit das Tuch schon straff die Gurgel umspannt und flüstert mit gepresstem Atem, etwas unsinnig, aber sympathisch, zwei letzte Worte: »Vergelt's Gott!«

Er springt in das runde Loch. Er zappelt, er zuckt, er furzt laut. Der Soldat draußen lacht und ruft: »Du scheißt dich ja um dein Leben!«

Mein Gott, hat der Mann Recht, denkt Kretzer, bevor sich ihm die Sinne verfinstern.

Der gefürchtete Christian Kretzer ist tot. Aus Angst vor einem noch schlimmeren Tod.

Hänslein, der Engelsseher

Der Landfriedensbrecher und Adelsmörder Grumbach wurde vom Kaiser in die Reichsacht getan. Die war in diesen Zeiten nur dann nicht schmerzvoll, wenn man Gönner hatte. Und Grumbach hatte. Er war bei den meisten seines Ritterstandes und bei vielen des höheren Adels beliebt. Die Fürsten, Reichsstädte und Bischöfe verfolgten lieber eigene Interessen als irgendwelche Landfriedensbrecher oder gar Reichsgeächtete, die erst mit einer teuren Streitmacht zu Raison gebracht werden könnten. Grumbach wählte sich als neuen Dienstherrn Johann Friedrich den Mittleren aus der Ernestinischen Linie derer von

Sachsen-Coburg-Gotha. Das schien darum eine gute Wahl, weil der Mittlere einen gehörigen Rochus auf die sächsische Verwandtschaft pflegte. Die hatte den Ernestinischen 1547 die Kurwürde geklaut. Das war so ähnlich wie der streitsüchtige Gramschatzer Wald auf Grumbachs Seite: unerträglich. So passten die beiden gut zusammen. Es entstand eine der seltsamsten Freundschaften deutscher Geschichte.

Grumbach lebte nach Dienstantritt entweder auf seiner gemieteten Burg Hellingen bei Gotha oder dortselbst auf dem herzoglichen Schloss, genannt Grimmenstein.

Es war eine wilde Zeit, dieses 16. Jahrhundert. Die Menschen glaubten an Hexen und Teufel. Gleichzeitig wurden sie durch die neue Lehre Martin Luthers aufgerüttelt und durch die Macht der neuen Waffen durcheinander gewirbelt. Der Kaiser kämpfte mal gegen Frankreich, mal gegen die Türken oder die Ungarn. Luther weigerte sich, politisch tätig zu sein, und so entstanden viele kleine Gewaltpotentaten. Die Zeitgenossen plünderten, mordeten – und hofften inbrünstig auf einen von Gott gesandten Frieden.

Wo war Gott?

Er offenbarte sich, davon war der von Gicht und Reichsacht geplagte Raubritter Wilhelm von Grumbach überzeugt, in Hans Müller, genannt »Hänslein, der Engelsseher«. Der 13-jährige Bauernsohn lebte in der Nähe von Gotha im Dörfchen Sundhausen.

Es war im Jahr 1559, als er erstmals die Himmelsboten sah. Wie üblich lag er nachts im Stall, als sie kamen, vier kleine Engelein, nicht älter als vier Jahre, mit Flügeln hinten dran, wie sich's gehörte. Sie kicherten viel.

Zufällig kam der Vater, auch ein Hans mit Vornamen, in den Stall und sah seinen Sohn »jämmerlich wehklagen«. Der Vater fragte, was los sei. Hänslein erzählte ihm von seiner Erscheinung. Der Vater fluchte ein bisschen. Dann befahl er seinem Sohn, er möge die vier Fratzen, wenn sie wiederkämen, fragen, was sie wollten.

Zur Sicherheit gab er seinem Sohn eine Ohrfeige. Wie er ihn überhaupt gerne schlug. Nicht nur in jener Nacht. Sondern beinahe täglich, über Monate hinweg. Immer nämlich, wenn er von neuen Engelserscheinungen hörte. Das brachte den Vater zur Raserei. Hänslein hörte nicht auf.

Mitten beim Essen rief er mit rotem Gesicht: »Ei, Vater, da sind die schönen Kindlein wieder!« Und: »Vater, Vater, die Kinderlein sitzen mit zu Tisch!«

Dem Vater fiel der Suppenlöffel auf den Tisch. Er langte über den groben Holztisch und hieb die Hand schwer von vorne gegen die Nase des Knaben, schrie dazu einen so abscheulichen Fluch, dass ihn die Chronik nur verschleiernd wiederzugeben wagte: »Ich wollte, dass du mit Kindern vor tausend dieser und jener wärst!«

Hänslein fiel von der Wucht des väterlichen Zuschlags von der Bank, setzte sich unverdrossen wieder hin und sagte: »Vater, die Kinderlein weinten, wie du mich schaltest und schlugst.«

»Halt dein verfluchtes Engelsmaul!«, mag der Vater wieder losgepoltert haben, Hänslein ließ sich nicht stoppen: »Ach, Vater, lass sie bei uns, sind so feine Kinderlein.«

Schon holte der Vater wieder mächtig aus. Diesmal fiel ihm die Mutter, die Milde, die Gute, in den Arm und begann, ihr Söhnchen auszufragen. Das machte schielende Augen, seine Ohren stellten sich ab, Hänslein hüpfte schier auf seinem Hocker herum, deutete zur Tür und rief aufgeregt: »Oh Vater, jetzt sitzen andere Kinderlein an der Tür, die sind nicht so schön, die haben Eulenfüße.«

Die Eltern drehten sich zur Tür, nichts sahen sie, ihr Sohn war völlig aus dem Häuschen, wand sich wie in Krämpfen, der Vater schrie: »Hör sofort auf damit, du Hundsbub!« Was auf Frühthüringisch durchaus bedrohlich klang. Selbst die milde Mutter hatte genug, fegte ihrerseits ihre Rechte ins Gesicht des Knaben, der saß still, immer mit starrem Blick zur Türe, lachte plötzlich, »machte Gebärden«, als spreche er mit jemandem.

»Die mit Eulenfüßen sind Teufel«

Der Vater schmiss stocksauer den Brotkanten in die Milchsuppe. Da schuftet man sein Leben lang, und dann quatscht der Stammhalter überirdisches Zeug! Schon will er wieder Pädagogik schlagartig verkürzen, als ihn Hänslein stoppt: »Vater, die schönen Kinderlein sind wieder da und sagen, dass die mit den Eulenfüßen Teufel gewesen seien.«

Mutter Müller schluchzte auf, hielt, noch gab es keine Servietten in Bauernhäusern, den Holzlöffel erschrocken vor den Mund, dem Vater entfuhr ein Heulton des Entsetzens, Hänslein machte wieder Gebärden zur Tür hin, hielt seinerseits erschrocken die Hand vor den Mund, schluchzte auf und sagte: »Vater, die schönen Kinderlein sagen soeben, dass, wenn du sie nicht haben willst, die mit den Eulenfüßen wieder zu dir kommen!«

Der Vater zittert. Die Mutter weint. In Szenen wie dieser weinen immer die Mütter. Weil sich der Bauer keine Uhr leisten konnte, fehlt das Ticktack in der Stille. Vielleicht war es nur der vom Jenseitigen völlig unberührte Hahn, der dazu krähte.

Diese Sekunde ist darum so wichtig, weil sie Wilhelm von Grumbach letztlich den Kopf kosten wird. Nach ausgiebigen Folterungen, versteht sich.

Besser wäre deshalb gewesen, wenn entweder der Vater seinem Sohn eine solche geschmiert hätte, dass der nicht nur Engel sah, sondern sie auch singen gehört hätte, oder er hätte die Eulenfüßigen freudig begrüßt.

Zu spät. Vater Müller misstraute dem Teufel, schaute fragend zu seiner Frau, vielleicht war diese Ehe eine echte Partnerschaft, was im Bauernstand öfter vorkam, na ja, vielleicht nicht so oft in Thüringen. Die Mutter nickte. Beide bekreuzigten sich, warfen schnell einen scheuen Blick zur Tür, wo sie nichts Ungewöhnliches sahen. Der Herr der Bauernkate sagte: »Behüt uns Gott vor dem Teufel. Sind deine Kinderlein gute Engel, so lass sie im Namen Gottes zu dir kommen!«

Den Fluch, den er eigentlich hinterdrein schicken wollte, verschluckte er. Ebenso den Gedanken, dass er vier Mäuler mehr stopfen müsste. Oder nicht? Vielleicht verschweigt die Chronik, dass er dem Sohn zugeraunzt hat: »Aber zu fressen kriegen sie nichts, deine Engerlinge!«

Der Knabe jauchzte, rief zur Tür hinüber: »Ihr dürft bleiben!« Und verhielt sich hinfort närrischer als zuvor, glaubt man den Schilderungen des Vaters, die er fünf Jahre später im Verhör von sich gab.

Es ging rund im Hause Müller. Das Bauerngehöft in Sundhausen wurde zum Abenteuerspielplatz für Engel, Hexen, Kobolde und Teufel. Nie zuvor hat Vater Müller so intensiv Ackerbau und Viehzucht betrieben, nur um nicht zu Hause dem Treiben seines Sohns zuschauen zu müssen. Vielleicht hat er gar in seine Ackerfurchen hineingeweint, der grobe Mann, dem unheimlich war. Andererseits hatte er einen nagenden Zweifel in sich, ob sein Hänslein nicht ein ausgekochtes Schlitzohr sei, das sich nur um die Arbeit drückte und vor allem vor den Schlägen, die ihm sein Vater nicht mehr, wie täglich gewohnt, verabreichen konnte.

Dann passierte, was den Vater sehr verwirrte. Hänslein bedrängte ihn, den braunen Ackergaul mit der Blesse am Hinterbein unbedingt zu verkaufen, der würde bald sterben. Der Vater schaute dem Gaul ins Maul.

»Der ist kerngesund.«

»Die Engelein aber sagen, er stirbt«, hält Hänslein dagegen. Der Vater geht schweigend weg. Haut hinterm Schuppen die Faust in die Flanke seines anderen Pferdes, weil er nicht mehr das Gesicht des Sohnes zur Verfügung hat.

Zwei Tage später lag das Pferd tot im Stall. Daneben saß Hänslein auf seiner Lagerstatt. Mit diesem selbstgerechten Gesichtsausdruck, den seit jeher Menschen zu zeigen pflegen, die vorgeben, mit dem Himmel im Bunde zu sein.

Das Pferd kam zum Abdecker, der Vater fluchte, kaufte ein neues. Hänslein spielte mit seinen unsichtbaren Engeln, war zu nichts mehr zu gebrauchen. Zuletzt wurde es arg. »Vater, mein Vater«, mag er die überlieferte Rede angefangen haben, »du musst mit unserem Nachbarn einen Eichenbaum aus dem Wald holen und auf den Platz vors Haus legen.«

»Warum?«, fragte Müller Senior und zog scharf die Luft ein.

»Der Teufel ist sehr böse auf dich«, belehrte ihn der Sohn, »am eichenen Stamm wird er sich aber die Zähne ausbeißen in seiner Wut.«

»Sag deinen Engelein«, wurde der Vater erstmals wieder grob, »ich hab sie ins Haus genommen, damit nicht die Eulenfüßigen kommen, also sollen sie mich vor dem Teufel beschützen. Das war der Handel.«

Der Sohn schüttelte lachend den Kopf.

Eine Eiche gegen die Hölle

Hänslein blieb stur. Wieder sprach er mit bangem Gesicht:. »Vater, hol den Stamm, der Teufel nimmt dich sonst in seine Gewalt, und deine Seele ist verloren.« Dem Vater wurde bänglich zu Mute. Er gab nach, schlug eine mächtige Eiche und schleppte sie mit seinen Pferden auf den Hof.

Wo sind die Sundhausener Sommerspiele, die alljährlich in spannenden Szenen nachbilden, was seinerzeit geschah, als die Nacht hereinbrach?

Es war irrwitzig. Familie Müller saß, warm war es, vor der Küche auf dem Hof, betrachtete sinnend den riesigen Stamm. Hänslein turtelte anscheinend wieder mit seinen unsichtbaren Hemdenmatzen herum, bekam ein ernstes Gesicht und sagte den in alten Protokollen von späteren Vernehmungen überlieferten Satz: »Vater, die Kindelein sind hier und sagen, wir sollen alle in der Stube bleiben, der Teufel werde sich an dem eichenen Baum abrennen.«

Ergeben folgten die Eltern den unsichtbaren Befehlsgebern, gingen in die Stube, verschlossen die Tür mit dem Querbalken, ebenso die Fensterläden, als ob mal wieder Raubritter die Gegend durchstreiften. Der Vater legte sich seine Lieblingsaxt über die Oberschenkel, schliff sie mit einem Schleifstein. Die Mutter betete, die Ellenbogen auf den Tisch gestützt. Der Knabe sah ängstlich umher. Duster war es draußen.

Leise fing der Vater an, die Melodie des Liedleins »Ein Mägdlein fein« zu pfeifen. Die Mutter sang sanft den Text dazu:

»Ein Mägdlein fein,
Ist bei mir gesein,
Heimlich an einem Orte,
Es war mir leid,
Dass jemands wüsst,
Und es ihr käm zu Worte,
Es brächt' große Pein,
Dem jungen Herzen mein,
Das sollt ihr mir glauben,
Ihr Brüstlein, die sein weiß,
Ihr Mündlein, das ist rot,
Sie trägt zwei Falkenäuglein klar.«

»Falkenäuglein« brachte sie nur flüsternd heraus, denn draußen in der schwarzen Neumondnacht »erhob sich ein grausames Gekrache, als wenn alle Balken im Hause in Trümmer gingen«.

Keiner traute sich vor die Tür oder den Fensterladen aufzustoßen. Es war wie das letzte Stündlein für die Müllers. Die drei zitterten in Todesangst, stöhnten, beteten laut los, wirre Fetzen an Gott und seine Schutzheiligen, Hans Müller rief unsinnigerweise den heiligen Antonius an, als habe er etwas verloren. »Worauf es wieder stille wurde.«

Lange trauten Müllers der Stille nicht. Es dauerte, bis sie einschliefen. Morgens weckte sie der Hahn. Müllers rieben sich die Augen, standen auf. Der Vater griff seine Axt, hob den Sicherungsbalken an der Tür, öffnete sie mit einem entschlossenen Ruck und blieb bass erstaunt auf der Schwelle stehen.

Es gab keinen riesigen Eichenstamm mehr, es gab nur einen wilden Haufen kleinster Spreißel, so, als habe der Teufel seinen

Vorrat von Zahnstochern wieder auffüllen wollen. Wie Presilienspänlein hätten die Eichenspäne ausgesehen, was kein Druckfehler ist, denn das Wort kommt tatsächlich von »Brasilien« und bezeichnet ein rotes Tropenholz, aus dem auch die rote Farbe gewonnen wurde. Will in diesem Fall heißen: Der Teufel hat sich an der harten Eiche tatsächlich die Zähne blutig gebissen, respektive das sie haltende Zahnfleisch. Oder er litt schon seit Anbeginn seiner gottgeförderten Gegenwelt unter Parodontose.

Ein paar Tage nach dem teuflischen Eichenwunder verschwand Hänslein. Drei Tage und Nächte lang. Wieder tauchte der Rotzbub pfeifend auf, die Hände in den Taschen seiner kurzen Hosen, das rote Röcklein offen, »trat vor seine Eltern, war fröhlich und guter Dinge«, wie es in alter Schrift vermeldet ist. Die Mutter fiel ihm um den Hals, der Vater brummte, zog an seiner Pfeife. So muss das Bild stimmen.

Hänslein löste sich aus der Umarmung der Mutter. »Wie er erzählte«, so die Aufzeichnung, »hatten ihn zwei Kinderlein an einen Ort gesendet. Das eine schlug mit seinem weißen Stäblein auf die Erde, welche sich auftat und hinter ihnen wieder zufiel. Er machte mit beiden einen ziemlich langen Weg unter der Erde, bis sie an einen Ort kamen, wo weit und breit kein Ende zu sehen war.

Oben in der Höhe war es fast gestaltet wie der Himmel. Dort standen Stühle, worauf Männer und Weiber, alle in weißen Kleidern, saßen und schliefen. Neben den Stühlen krabbelte und wuwelte es voller Leute, Männer und Weiber, die nackt umherliefen und sich wie unsinnige Menschen stellten, die vor Angst nicht wissen, wo sie bleiben sollten.

Der Knabe entsetzte sich darüber und wollte schreien, die Kinderlein aber sagten, er solle sich nicht fürchten, dieser Ort wäre das Behältnis der Verstorbenen. Die auf den Stühlen ruhten bis an den Jüngsten Tag und hätten in solcher Ruhe große Freude. Die anderen wären die Verdammten, deren Angst je länger, je größer würde, bis sie in die ewige Verdammnis gestoßen würden.

Hierauf führten die Kinderlein den Knaben etwas weiter zwischen die Stühle hinein. Wo sie aber hingingen, liefen die Nackenden sehr von ihnen fort, und besonders einer tat sehr ängstlich und scheute sich vor allen anderen heftig vor ihnen.

Der Knabe lachte und fragte die Kinderlein, warum die nackten Leute so liefen, welche darauf antworteten, sie fürchteten sich vor seinem roten Rock. Indem stand einer von einem Stuhl auf, ging auf den Knaben zu, bot ihm die Hand und sprach: Jan, mein lieber Sohn.

Die Kinderlein verboten ihm aber, diesem die Hand zu geben, und äußerten auf des Knaben Frage, wer der wäre: es sei seines Vaters Vater, der andere aber, der sie sehr flöhe, sei seiner Mutter Vater.«

Eine der erstaunlichsten Erfindungen, die je einem Knaben im Alter von 13 oder 14 Jahren gelungen ist – oder, wer weiß: Vielleicht hat er tatsächlich alles erlebt. Es gibt keine Teufel, keine glühenden Feuer, es sitzen die Erlösten auf Stühlen, die Verdammten wuseln darum herum.

Eine unheimliche Sequenz aus dem 16. Jahrhundert, die Bewunderung abnötigt. Wo bleibt in Sundhausen die Verehrung für ihren ortsstämmigen Engelsseher?

Damals wurde sie ihm von Wilhelm von Grumbach dargebracht, mehr noch von Herzog Johann Friedrich dem Mittleren. Wie die Verbindung herstellen zwischen einem Bauernjungen mit Gesichten und dem Herrscher des Landes und seinem engsten Freund, dem Raubritter Wilhelm von Grumbach?

Pferde als Gottesboten

Hänslein stellte sich eines Tages wie von ungefähr neben seinen Vater, der gerade die Deichsel seines Marktwagens reparierte. Eine Arbeit, der er gerne nachging. Er mochte Holzarbeiten, und so eine gebrochene Deichsel wieder geschickt zusammenzusetzen und an der Bruchstelle so zu verstärken, dass auch zwei Pferde das nicht wieder kaputtreißen können, das lag ihm.

»Du, Vater«, setzte Hänslein an, der unterbrach ihn grinsend: »Hänslein, sag deinen Engelein, dass jedes ein Schluck Bier bekommt, wenn sie mir die Deichsel reparieren. Oder besser: Sie sollen mir einen Humpen mit Gold hinstellen. Sagst du's ihnen?«

Beide lachten. Der Bub meinte: »Die Kindelein wollen etwas anderes…«

»Bitte keinen Eichenstamm mehr holen«, raunzte der Vater.

»Nein, du sollst nur, sagen die Kindelein, aufs Schloss gehen und dem Fürsten sagen, er soll dir die beiden braunen Wildpferde aus der Georgenthaler Stuterei schenken.«

Der Vater, heißt es in der Schrift des Justus Jonas, der uns die Szenen vom kranken Pferd und der Zahnstochereiche überlieferte, erschrak darüber und meinte ironisch: »Ja, du sollst mich was Gutes lehren, wenn ich ein halbes Jahr im Turm sitzen wollte, so möcht ich deinem Befehl folgen.«

Der Prügelpapa hat dazugelernt. Er verhält sich gegenüber dem kindischen Sohn nicht mehr patzig, schlägt nicht zu, nein, er reagiert überraschend, vielleicht durch einen geheimen Rippenstoß Gottes. Nach einem grübelnden Blick in die Augen seines Sohnes sagt er: »Bub, ich geb dir deinen Willen!«

Er lässt die Deichsel halb fertig liegen, geht ins Haus, holt sich mit einem kleinen Holzspan, vielleicht war der von der Satanstollerei übrig geblieben, das Schmalz aus den Ohren, schlägt das wilde Haar auf dem mächtigen Kopf platt, lässt sich von der Frau sein Sonntagsgewand geben, befiehlt seinem Buben, das Pferd zu satteln, und schwupp, reitet er mit ihm zum Tor hinaus, direkt nach Gotha, direkt vors Schloss.

Gottes Wege sind manchmal raffiniert, immer aber skrupellos: Der ungewöhnliche Pferdewunsch machte drei Herren sehr neugierig: Moritz Hausner, Diener und Vertrauter von Grumbach, diesen selbst und seinen Freund Herzog Johann Friedrich den Mittleren. Der Herzog ließ Vater und Sohn vor.

»Grimmenstein« hieß die mächtige Feste, hoch über Gotha. Nach der Hinrichtung Grumbachs wurde sie vom rachsüchtigen sächsischen Kurfürsten geschleift, nichts mehr sollte an Grumbach und Herzog Johann Friedrich den Mittleren erinnern.

Ein ersehntes Abenteuer für Hänslein aus der Bauernkate! Gold und Silber, Stuck, Gemälde, Gobelins mit biblischen und antiken Darstellungen, fein ziselierte Möbel, kostbar geschnitzte Truhen, Schall schluckende Danziger Seegrasteppiche, er muss an der Seite seines Vaters in glotziges Staunen versunken sein, als er durch Gänge und Räume geführt wurde. Dem Vater wurde bänglich zu Mute.

»Junge, du wirst mich armen Mann in Jammer und Not bringen!«

Der Sohn sprang lustig einen Doppelschritt, zum einen aus Begeisterung, zum anderen vielleicht, weil er soeben, von Gott gegeben oder aus sich selbst heraus, beschlossen hatte: »Hier geh ich nimmer weg.«

Dem Vater antwortete er: »Oh nein, Vater, die Kinderlein sind bei uns, wie lachen sie, dass du dich so fürchtest!«

Und sprang wieder juchzend einen Doppelschritt in die Höh, sodass es den vor ihnen gehenden Hofmarschall unangenehm berührte.

In einem seiner Gemächer empfing der Herzog huldvoll die beiden. Grumbach saß in respektvoller Entfernung und dennoch nah genug, um jedermann deutlich zu machen, dass er das Vertrauen des Herzogs habe.

Der Herzog bat Hänsleins Vater, zu erzählen, was es mit den beiden Wildpferden auf sich habe und mit den Engelserscheinungen, von denen ihm schon Kunde gegeben worden sei. Keiner konnte sich indes konzentrieren, denn Hänslein »kehrte sich wie ein armes, ungezogenes Bauernjünglein hierhin und dorthin und sah sich im Gemach um«.

Aufgeregt zappelnd und, wie Jonas schreibt, den Vater mehrmals am Ärmel zupfend, deutete er auf die an der Wand hängenden Bilder der Ahnen des Herzogs.

»Angeschnurrt«, angeraunzt wegen seines schlechten Benehmens habe ihn daraufhin der Vater.

Den Herzog erstaunte das wunderliche Benehmen. »Wir«, sagte er im herzöglichen Pluralis Majestatis, »mögen schon gerne hören, was dein Knabe uns mitzuteilen hat!«

Na endlich, wird Gott aufgeseufzt haben.

»Zu Befehl, Herr Majestät«, mag mit einem Diener der Müllerbauer brav geantwortet und sich dem Knaben zugewandt haben: »Sprich, Bub, was gibt's? Der Herr will es lernen.«

Hänslein deutete auf die Gemälde und sagte, ganz glühender Eifer: »Sieh, Vater, dort stehen die Männer und die Frau, die dort auf den Stühlen saßen.«

Für den Herzog war kein Halten mehr. Er stand auf, sagte zu Hänslein »Komm Er her!« und ging mit ihm direkt vor die Gemälde, die seine Ahnen zeigten. Ernst, hochmütig, heute hängen sie staatlich abgestaubt herum, die gemalten Damen und Herren, nie kreuzte ein origineller Gedanke oder eine originelle Tat ihren Lebensweg.

Der Herzog indes, dessen Schicksal grandioser sein sollte als das seiner verstaubten Vorfahren, fragte das Bauernbürschchen: »Hast du diese Männer und die Frau schon einmal gesehen?« Gleich viermal nickte der Knabe, zu dessen Bild eigentlich gehört, dass er aufgeregt die Bauernmütze in seinen Händen drehte und knautschte.

»Ja, Herr«, antwortete er, »als mich die Kinderlein unter die Erde führten.«

Grumbach beugte sich im Sessel nach vorne, verfluchte im Stillen sein Zipperlein, das ihn hinderte, aufzuspringen und sich neben den Herzog zu stellen. Der Herzog ließ sich vom Vater über den unglaublichen Besuch seines Knaben im Jenseits unter der Erde aufklären, wiegte zweifelnd den Kopf. Unbeirrbare Atheisten hätten beobachten können, wie der so genannte gesunde Menschenverstand langsam sein adliges Haupt verließ, etwas viel Gefährlicheres stattdessen einzog: unbedingter Glaube.

Er wandte sich wieder zu Hänslein: »Wo waren die?«

Hänslein deutete auf einzelne Personen und sagte mit einer leicht brechenden Stimme, aus der man den kommenden Stimmbruch zu hören glaubte: »Sie saßen auf den Stühlen und schliefen. Der dicke Mann da und die lange Frau saßen hart beieinander.«

Unheimlich ist's, vor diesen Gemälden zu stehen. Sitzen sie irgendwo unter der Erde und warten schlafend auf den Jüngsten Tag? Hört man, je länger man davor steht, ein geheimes Kichern, wie von Hänslein aus der Ewigkeit? Woher kommt das eisige Gefühl, das einem den Rücken entlangflutet?

Vier Engel machen sich breit

Auf und ab, so muss es gewesen sein, ging der Herzog. Hin und her. Das Bauernduo staunte schweigend. Grumbach, steh auf, schrei ein »Nein! Schmeißt den kleinen Schweinskopf raus! Er bringt uns alle um! Seinetwegen werden sie mir mein Herz um die Ohren schlagen!«

Er blieb schweigend sitzen. Schon war er gefangen, vom Glauben, von der Sehnsucht nach mehr, nach Gewissheit. Ein kurzer Blick zwischen Herzog und Grumbach, einverständliches Nicken der Köpfe, der Herzog wandte sich an Vater Müller und sagte: »Das ist mir alles höchst verwunderlich. Lass er den Knaben zur weiteren Befragung bei mir, dem Hausner geb ich ihn in Obhut, ihr möget euch wieder entfernen.«

So einfach war das mit dem Sorgerecht. Ab ging der Vater, ohne freundlichen Abschiedsklaps zwischen Vater und Sohn, Hänslein war schon weit weg vom heimatlichen Bauernhaus. Bub, das wirst du arg bereuen, wenn man dich zum Galgen führt.

Es beginnt eine der aberwitzigsten Komödien, die je von Gottes Hand mit Menschen inszeniert wurde. Vom Herbst 1562 bis zum April 1567, gut viereinhalb Jahre lang, führten vier Engel durch den Mund von Hänslein Müller einen Herzog und seinen engsten Vertrauten, den Junker Wilhelm von Grumbach, herauf, herab und quer und krumm gerissen an der Nase herum.

Hänsleins Engelein wussten Rat in allen Lebenslagen, versprachen unverdrossen goldgefüllte Gewölbe, Pferde, Soldaten, sogar die Kaiserwürde für den Mittleren.

Der Herzog war ihnen verfallen. Grumbach desgleichen. Was hätte er andererseits an Aufregung verloren, an sinnlicher Spannung, an Vorfreude auf Erfüllung und Lust am Formulieren immer neuer Fragen für Hänslein, der mal wunderliche, mal präzise Antworten der Engel weiterreichte, die selten genug der Wirklichkeit standhielten!

Gottes weiß gekleidete Winzlinge übten sich in Alfanzereien, die jeden vernünftigen Menschen in den Wahnsinn getrieben hätten. Um an das von den Engeln über Jahre hinweg immer wieder versprochene Gold zu gelangen, folgten Herzog und Junker brav selbst den absurdesten Wünschen der vier Engelein: Mal befahlen sie dem Herzog, einen Stall für 16 Pferde, »die Gott geben würde«, zu bauen; mal mussten er und Grumbach los und »bis Donnerstag früh um neun Uhr jeder einen Hirsch schießen und die Geweihe aufheben«; mal trotteten sie befehlsgemäß in feierlicher Prozession durch herzogliche Kammern, mal auf genau bezeichneten Routen im Schlossgarten; mal stellten sie leere Säcke vor die Tür oder Packwagen vor ein Bergwerk, die morgens voller Schätze seien – nichts klappte. Nicht einmal der mehrmals von den Engeln versprochene Besuch im Paradies.

Wo blieb Gott?

Trotz seiner zahllosen Wortbrüche hingen die beiden Männer in unverbrüchlicher Sturheit, Dämlichkeit und Glaubensbrunst an ihm, an seinen Engeln, an Hänslein, an der Hoffnung auf eine Zukunft, die dem Herzog die Kurwürde bringen, ihn und Grumbach aus kaiserlicher Reichsacht lösen und seinem Freund endlich die vom Würzburger Bischof geraubten Rechte und Güter erringen sollte. Grumbach spürte indes den Wunsch Gottes nach mehr Action via Hänsleins Engelsquartett.

Bescheiden hatte er bei den Engelein anfragen lassen, »ob ich den vorhandenen Anschlag mit wurtzpurg furnemen soll, ob gott aus barmhertzigkeit und zu straf der pfaffen übermuth darzu gnad und sieg verleyen würdt, das es gerathen thet und glucklich und wol zugehn wurdt«.

Es wurdt, lieber Grumbach, es wurdt!

Gott hat seiner Liebe zu Raubrittern und ihrer ungebärden Art freien Lauf gelassen. Er muss sich oben wieder mal arg gelangweilt haben und konnte sich lebhaft vorstellen, wie es ist, wenn ein Raubritter, der sonst nur einzelne Kaufmannszüge schröpft, dieses Mal eine ganze Stadt überfällt.

»Der Junker«, ließ er deshalb seine Engel dem Hänslein verkünden, »mög den vorhabenden Handel furnehmen, wann er will, so woll ihm Gott Glück und Segen dazu geben, damit er die Pfaffen überwinden werdt …«

Kein ehrenwerter Raubritter, der nicht zuvor seinen Fehdehandschuh wirft. Obwohl das schon längst verboten und außer Mode war. Grumbach tat es trotzig in Form einer Schrift, die voller Vorwürfe gegen das Würzburger Unrechtsregime war. Mit von der Partie waren zwei Raubritterkollegen, nämlich Ernst von Mandelslohe und Wilhelm von Stein – ein Vorfahre des späteren Reformers Preußens.

»Von dem Bischof zu Würzburg«, so das Fehdeschreiben, »sind wir unschuldig und jämmerlich von unserem Hab und unserer Nahrung landfriedensbrüchiger Weise zum Teil verjagt und vertrieben worden, das Unsrige ist verbrannt und geplündert worden, und wir selbst haben Leib- und Lebensgefahr ausstehen müssen …«

Deswegen werde man »gebührende Sicherheit« schaffen. Am 16. September 1563 ließen sie das bedrohliche Schreiben dem Würzburger Bischof zukommen.

Erstellt hatte das, schon damals waren Doktoren zu allem bereit, Dr. Georg Rudolf Widmann. Im Verlauf des Schreibens lassen ihn die drei armen Ritter wortreich schildern, wie ihnen der Würzburger Bischof nicht nur über Jahrzehnte, sondern im Falle Stein sogar jahrhundertelang zugesetzt habe.

Es betrifft eine der gruseligsten Geschichten aus deutschem Ritterleben. Von den Würzburger Bischöfen war es entweder Conrad von Querfurt (1198–1202) oder der ebenso blutrünstige Iring von Reinstein-Homburg (1254–1265), der in einem taktlosen Akt die Sippe derer von Stein erheblich auslichtete. Während einer Feier auf Schloss Allenstein ließ er zwölf Stein-Männer nach dem Dessert enthaupten.

Obwohl man nie hudeln soll, war es 1563 an der Zeit, diese Untat aus dem 13. Jahrhundert zu sühnen. Ehrenhaftes Ziel der drei Raubritter: »den Bischof und seine Mitverwandten zu überfallen und zu brandschatzen«.

Grumbach gelang es, einen erlesenen Zug für den Überfall auf die Stadt Würzburg zusammenzustellen. Das ging von Ernst von Mandelslohe über Wilhelm von Stein, Heinrich von Staupnitz, Walrab von Bamelberg (Boineburg), Johann von Ratzenberg über Jobst von Zedwitz, Georg von Geiso, Erich von Mandelslohe, Wolf von Schlanewitz bis hin zu Bartold von Winzingerode, Hans von Reußen oder Hieronymus von Brandenstein.

Der gewaltigen Macht von 300 Pferden war ein Glücksbringer beigegeben: Hänslein Müller, der Engelsseher. Er wollte sich diesen interessanten Ausflug aus Gotha nicht entgehen lassen. Es muss den Mut der versammelten Raubritter enorm gestärkt haben. Sie waren es nicht gewohnt, so große Ziele wie eine Fürstbischofsstadt anzugreifen.

In der Nacht des 4. Oktober 1564 geschah es. Dunkel war es, kalt, es regnete. 28 Stunden waren die Raubritter, ihre Knechte und Söldner ununterbrochen im Sattel gesessen.

Die Pferde waren erschöpft, ihre Reiter in Hochstimmung. Endlich ein Unternehmen, ohne irgendeinen Fürsten oder König oder Kaiser über sich zu wissen. Nur sie allein, sie, die

Reichsritter, die das Reich mit ihrem Blut über Jahrhunderte hinweg gebaut und gedüngt, es verteidigt hatten gegen die Slawen, die Türken, Ungarn, Franzosen.

Im strömenden Regen, beleuchtet nur von den Fackeln in den Händen ihrer persönlichen Diener, bildeten sie auf ihren Pferden einen großen Kreis, prächtige Helme, die im Feuerschein glitzerten, der Atem ihrer Pferde, der nasse Nebel vom Boden, eine Szene, die sie sich immer ersehnt hatten, allein gegen den Feind, der hinter mächtigen Mauern sitzt und ihnen nach und nach ihre Privilegien genommen hatte.

Grumbach trieb sein Pferd in die Mitte des großen Kreises, ließ es einmal mit scharfer Hand um sich selbst kreisen, schaute den Rittern ins Gesicht, rief mit lauter Stimme: »Nehmt die Helme ab!«

Er selbst nestelte den seinen herab, klirrend folgten ihm die Ritter. Mit der einen Hand hielten sie ihre Pferde am Zügel, mit der anderen die Helme vor sich auf dem Sattel. Ungehindert strömte ihnen der Regen übers Gesicht. Die Fackeln zischten im Wasserguss.

»Hebt die Schwurhand!«, rief Grumbach, die Ritter ließen die Zügel und hoben die Rechte.

»Nach altem, redlichem Ritterbrauch schwören wir, dass wir in diesem Händel wie ein Mann stehen, einer für den anderen, bis auf den letzten nicht voneinander weichen, und einer dem anderen mit Leib und Gut und Blut zur Seite stehe.«

Grumbach machte eine kurze Pause, atmete tief durch und fügte einen Satz hinzu, der ihm angesichts der heiligen Stimmung sehr wichtig schien: »Keiner von uns wird plündern!«

Er schaute in die Runde. Manch Kopf senkte sich. Protestierendes Gemurmel. Verständlich, seit Generationen waren ihre Gedanken so angelegt, dass ihnen eigentlich alles gehörte, wenn sie zuvor nur ordnungsgemäß dem Gegner die Fehde ansagten. Und da kommt der alte Grumbach mit dem Gesülze an!

Er muss es gespürt haben. Der alte Schwerenöter ließ einen

Satz nachtropfen: »Und was wir bekommen, soll allen zum Guten gereichen!«

Das war ein nächtliches Hallo unter den Rittern! Wobei Grumbach nur die verschiedenen Lösegeldeinnahmen gemeint hatte, die zu einer ordentlich durchgeführten Fehde als Erfolgshonorar gehörten.

Die Ritter zogen wieder die Helme über. Hänslein Müller, der allmächtige Engelsseher, hatte mit großen Augen und hellwach die Schwurszene erlebt, die ihm so vorkam, als lese er gerade wieder im »Lied der Nibelungen«, das er als kostbar verzierte Handschrift in seiner herzoglichen Schlafkammer aufbewahrte (noch heute im Besitz der Müllers).

Hänslein zitterte, nicht nur vor Kälte und Nässe, sondern vor Ergriffenheit. Grumbach ritt auf ihn zu, nahm von seinem Diener eine Fackel und leuchtete Hänslein ins Gesicht. Der Jüngling saß auf seinem Fuchs, den er sich per Engelsbefehl aus dem Stall des Herzogs hatte schenken lassen.

»Nun, Pub«, herrschte ihn Grumbach an, »ich hatte dir befohlen, die Kindelein zu fragen, was ist Gottes Antwort?«

Gewarnt durch den steten Wankelmut im Himmel, wollte er den neuesten Stand wissen.

Hänslein schluckte. Er, der sonst nie aufs Maul gefallen war, musste erst seine aufgewühlte Seele zähmen, so sehr hatte ihn der Schwur der Ritter mitgenommen. »Junker, Herr«, stotterte er, »die Kindelein ... die Engelein ...«

»Sprich, was ist?«, raunzte Grumbach, der schon die Rufe zum Aufbruch um sich vernahm. Hänslein riss sich zusammen: »Herr, alle vier Engelein sitzen hinter Euch, auf schönen braunen Pferden. Sie sind Euch die ganze Nacht schon ganz nahe.«

Grumbach drehte sich unwillkürlich um, was einen scharfen Biss des Schmerzes durch sein vom Zipperlein geplagtes Bein jagte. Hänslein fuhr fort: »Die Kindlein sprachen, der Anschlag auf Würzburg werde Euch gelingen. Ihr werdet Würzburg einkriegen. Nur das Schloss nicht.«

»Na bitte, sag ich's doch«, hat Grumbach sicher gemurmelt.

Endlich durfte er dem Bischof eins aufs gesalbte Haupt schlagen. Und endlich wieder seine angestammten Burgen und Dörfer, Güter und Leibeigenen zurückbekommen. Ein freier Herr auf freier Scholle.

War viel Blut-und-Boden-Denken bei den hohen Herren. Haben auch alles dafür getan, dass es sich fortpflanzt.

Mit spitziger Säge durchs Tor

Schweigend reiten die Angreifer bis zum Roten Tor. Ein schwerer Tadel muss der damaligen Torwache ausgesprochen werden. So etwas verjahrhundert nicht. Skandalös, wie diese Männer ihre Pflicht verschnarchten, was nicht nur die Stadt ein Vermögen, sondern einige ihrer Bürger auch das Leben kostete.

Zwei Handwerker, die Grumbach extra bezahlen wollte – man weiß ja, was man hat an diesen frühen Pionieren –, sägten mit einer »spitzigen Säge« den Hauptriegel heraus.

Gut 500 Reiter und 500 Knechte zu Fuß stürmten mit großem Geschrei hindurch in die Stadt.

Verwirrt rannten die schlafdusseligen Bürger durch die Gassen Würzburgs. Mit Schwert und Hellebarde, mit Schüssen und Tritten trieben die Eindringlinge sie in ihre Häuser zurück.

»Und was sich vielleicht zur Gegenwehr setzen wollte, wurde erstochen«, schreibt die Chronik. Zwölf Würzburger verloren in dieser ersten Stunde des Überfalls ihr Leben – das Gegenbild zum nächtlichen Ritterschwur. Denn von Schonung der Stadtbewohner war bei Wilhelm von Grumbach nicht die Rede.

Gabriel Seufried zum Beispiel, Vikar, ein mutiger Mann, er stellte sich schützend vor ein verfolgtes Mädchen. Er wurde von der Hellebarde eines Reiters durch den Hals gestochen.

Zwei Schuster, die nicht bei ihrem Leisten blieben, sondern sich als stolze Bürger den Horden entgegenstellten, wurden erschossen. Einer der beiden hatte sechs Kugeln im Leib.

Ein Büttner, ein Weber, ein Wirt waren weitere Opfer. Nie

hatten ihre Mitbürger geahnt, wie mutig sie sich der Gewalt entgegenstellen würden.

Grumbach richtete ein straffes Regiment ein – das heißt, was man eben bei gleichberechtigten Adligen an Regeln so durchsetzen konnte – und begann die Verhandlungen mit dem Schloss, der Festung Marienberg. Denn das ließ sich nicht einnehmen. Die Engelein hatten endlich mal Richtiges vorausgesagt.

Zur Schlosseroberung fehlten Grumbach die großen Geschütze, Spezialisten der Minenlegung, Experten der Untergrabung. Er ließ indes die fehdegerechte Botschaft von der erfolgten Eroberung der Stadt an die Schlossherren hochreiten. Dem Bischof war es gelungen, aus der Stadt zu entkommen.

Grumbach drohte dem zurückgebliebenen Kapitel: Wenn es ihm nicht alle geraubten Güter und Rechte zurückgebe und, sozusagen als Bonus, einen erklecklichen Schadenersatz leiste, »stehe«, wie Grumbach in strammer Sprache formulierte, »die Sache darauf, die Stadt Würzburg mit Plündern, Brennen und Erwürgen anzugreifen, auch sonst durch das Stift mit dergleichen Schäden ein Kreuz zu machen«.

Der letzte Passus ist trefflich ausgedrückt, er meint, Grumbach wolle das Stift abhaken, auskreuzeln, wie beim Schiffchenversenken ein getroffenes U-Boot. Die Prälaten und Stiftsoberen müssen verwirrt und händeringend droben im mächtigen Schloss herumgewuselt sein, krochen, um nicht ausgekreuzt zu werden, zu Kreuze.

Grumbach bekam alles, was er wollte. Schriftlich! Er hatte den Gipfel seines räuberischen Lebens erreicht, auf eigene Faust, in selbst bestimmter Fehde, einen mächtigen Gegner besiegt.

Schon bevor er mit stark klopfendem Herzen das Ergebnis auf Pergament in Händen hielt, hatte er am Abend seinen Trompeter auf die Mainbrücke geschickt. Der blies, wie die Chronik schreibt, auf seinen Befehl als Warnung vor einer baldigen Eroberung des Schlosses, »das alte Buhlerlied«, mit dem

Text: »Mir ist ein schöns brauns Maidelein gefallen in den Sinn, wollt Gott, ich sollt heut bei ihr sein…«

Der Trompeter stand in seinem bunten Wams stolz auf der Brücke, er hatte eine mächtige Lunge, ein erlesenes Instrument, das Wasser des Mains war ein vortrefflicher Resonanzboden, hell und klar und spöttisch tanzte die Melodie als leiser werdendes Echo durch die Gassen, flirrte den Turm der Katharinenkapelle hinauf, schreckte oben die frommen Stiftsherren, die vorgeben mussten, den Text des Liedes nicht zu kennen.

Die Melodie verhallte. Grumbach lachte, die Seinen lachten, die Bürger, die ängstlich aus den Häusern schauten, entspannten sich. Da! Ein Ton. Auch eine Trompete. Grumbach lauschte. Vom Schloss schwirrte eine Melodie herab, spitz im Ton, klar und laut, den Turm der Katharinenkapelle entlang und als lauter werdendes Echo durch die engen Gassen. Grumbach nickte anerkennend: Der Schlosstrompeter war ein frecher Kerl! Antwortete spöttisch mit der Melodie zu den rotzfrechen Versen: »Hat mich gleich das Hündlein gebissen, so hat's mich doch nicht gar zerrissen.«

Während Grumbach seine Verhandlungen mit dem Stift pflegte, ging es rund in der katholischen Bischofsstadt. Alles, was pfäffisch war, schreibt der Historiker Friedrich Ortloff, war preisgegeben. Will heißen, dass Priester und Prälaten, als solche erkannt, durch die Gassen gejagt wurden und ihre Häuser ausgeplündert. Einzelne Unholde unter der Soldateska zogen Messgewänder an, nahmen Monstranz oder Weihrauchkelche in die Hand und ritten, die heiligen Gefäße über ihren Köpfen schwingend, jauchzend über die Plätze Würzburgs.

Andere banden sich Schellen um den Hals und fegten mit wildem Klang um die Hausecken. Nach Peter Weiss' Motto, keine Revolution ohne eine allgemeine Kopulation, wurden vor allem Frauen zur Hingabe genötigt, ach, wie viele kleine Würzburger von zweifelhafter Herkunft mögen neun Monate später in den Kirchenbüchern aufgetaucht sein. Wie viele versteckte Tragödien mögen den braven Würzburgerinnen die

Zukunft zu einem schwarzen Loch gestaltet haben, in dem sie versanken.

Plünderer zogen Truhen schnaufend hinter sich her, aus denen Geld auf die Straße klimperte. Seidene bunte Bänder flatterten davon. Jammernde Kaufleute, die mithelfen mussten, ihr Hab und Gut den unbarmherzigen Rittern nachzutragen.

Die raubten sogar ihren blaublütigen Standesgenossen alles, was nicht gut versteckt war.

Die Erfindung des Schlagrings

Conrad Geier von Giebelstadt traf es in jeder Hinsicht übel. Als drei oder vier Raubritter in sein Haus brachen, rief er vergebens: »Ich bin euren Standes! Ich bin ein Echter von Giebelstadt. Unsere Ahnen dienten gemeinsam am Hofe Karls des Großen, kämpften gemeinsam auf dem Kreuzzug vor Jerusalem, hört, ihr Herren, ich bin's, ein Blauer wie ihr, auch ich leide unter dem Bischof...«

Und redete und redete, war auf Schritt und Tritt hinter den Raubrittern her, die inzwischen genau wussten, wo die Würzburger ihre Preziosen versteckten. Ins Gejammere des Giebelstädters steckten sie eine Faust voll Silber und fügten höhnisch hinzu: »Bist du einer von uns, gehört uns auch dein Gut!«

Die peniblen Archivlisten vermerkten, dass man ihm 1000 Gulden, heutiger Wert hoffentlich rund 10000 Euro, Kleinodien, darunter ein diamantenbesetzter Halbmond, dazu jede Menge Silbergeschmeide, Ringe, Ketten, Schwertgehänge, Gürtel entwendet hatte.

Die Räuber beluden sich treppauf, treppab, der zeternde Giebelstädter hinter ihnen her, bis er zuletzt seinen tückischen Charakter offenbarte. (Dieses Geschlecht war schon seit der unterlassenen Hilfeleistung für Friedrich Barbarossa in der Türkei als feig eingeschätzt worden. Ein Vorfahr des Giebelstädters ließ den Rotbart im Fluss ertrinken, weil er wegen eines wehen Zehs nicht ins kalte Wasser reiten wollte, den Kaiser, den Kaiser zu schützen.) Jedenfalls rief sein kellertief ausgeplünderter Nachfahr den Raubrittern zu: »Wenn ihr schon mich verarmt, so tut es auch mit den Seinsheimern, die wohnen oben in der Kettengasse im Giebelhaus mit dem Türmchen, die haben Geld und Gut zuhauf!«

Die Raubritter ließen sich von der verräterischen adeligen Heulsuse den Weg beschreiben, stellten zufrieden fest, dass sie schon in der Nähe waren, und stapften los.

Einer der Ritter drehte sich an der Haustür noch einmal um und rief dem Giebelstädter verächtlich zu: »Denk an Barbarossa, du Ritter vom kalten Zeh!«

Sein Lachen hängt noch heute im Gemäuer. Die Bewohner wissen nicht, dass es Geistesgelächter ist. Ein jeder denkt sich, sein Nachbar sei verrückt. Hier täte Exorzismus Not, allein es fehlt der Glaube.

Der damalige Nachbar von gegenüber, ein Pfaffe, der sich, was in diesen schlimmen Tagen unter den Geweihten überlebensnotwendig war, in Handwerkerkleidung geworfen hatte, sah ein Bild, das ihm sozusagen Kapitalismus pur vermittelte: Aus dem Haus des Giebelstädters, eines auch in seinen Augen feigen und geschwätzigen Ritters aus hoffentlich aussterbendem Geschlecht, wankten lärmend und grotesk mit Silber und und Talern beladene Adlige, aus den Ohren stak ihnen mächtiges Geschmeide aus Gold, um die Hälse hingen Ketten, und an jedem ihrer Finger trugen sie bis zu vier funkelnde Ringe.

»Seinsheim, wir kommen!«, skandierten die Ritter, sodass sich der Priester ein Lächeln nicht verkneifen konnte, aha, dem Seinsheimer geht's auch an die Schatztruhen, dachte er zufrieden, das war auch so ein adliger Geizkragen, der kaum je etwas für seine Kirche stiftete.

Der Seinsheimer hörte das Geschrei und fing an zu zittern. Seine Frau schaute ihn mit Verachtung an. Was für einen Laffen hatte sie da geheiratet. Sie drehte sich um, rief die drei Töchter und verschwand mit ihnen über die Hintergasse.

Schon pochte es schwer ans Portal. Dazu war ein Gerassel und Geklimpere zu hören, das vom Geschmeide stammte, den Seinsheimer aber an drei Krampusse denken ließ, obwohl es bis Weihnachten gut zwei Monate hin waren. Er öffnete die Tür. Der Anblick der von Silber und Gold strotzenden Ritterbagage machte ihn sprachlos.

Er konnte auch gar nichts sagen. Denn Wilhelm von Stein drosch ihm mit seiner Faust, die durch die vielen mit Perlen und Diamanten besetzten Ringe zur gefährlichen Waffe aufgerüstet war, mit den Worten »Halt weiterhin dein blödes Maul!« in dasselbe.

Waffenexperten vermuten, dass in dieser Sternsekunde Stein den »Schlagring« erfand, in unfreiwilliger Zusammenarbeit mit Herrn von Seinsheims Mundpartie. Sicher leicht zu findende Augenzeugen wollen nämlich beobachtet haben, wie Wilhelm von Stein nach dem Schlag innehielt, verblüfft seine Faust mit den strotzenden Ringen ansah und plötzlich strahlte, als habe er eine Idee. Er griff sich mit der anderen Hand den taumelnden Seinsheimer und schlug ihm ein zweites Mal, dieses Mal mit dem kalt beobachtenden Blick eines Naturwissenschaftlers, zwischen Nase und Kinn ins Gesicht.

Der Seinsheimer fiel um, die Lippe blutete und schwoll, sodass er sie nicht mehr riskierte. Er stellte sich ohnmächtig, bis das Rumoren im Haus aufhörte, die Jubelschreie verstummten, die Ritter mit einem »Vergelt's Gott« lachend sein Haus verließen.

Seinsheim stand auf und schrieb eifrig eine Verlustliste: Schmuck und Geld im Gesamtwert von 28000 Gulden. Ein Vermögen, das die Placker aus seinem Hause geholt hatten.

Wilhelm von Stein konnte sich kaum bis in den Bischofshof schleppen, so schwer beladen war er. Ohne Zweifel eines der kostbarsten Individuen, das je durch Würzburgs Straßen wankte, nach ihm bürgerte sich der Spruch ein: »der Mann stinkt vor Geld!«, Wilhelm von Stein hat wirklich jauchig gestunken.

Nicht wegen eines Kreislauf- oder Drüsenproblems, sondern wegen der ihm abverlangten Anstrengungen: 28 Stunden Anreiten auf Würzburg, kein Schlaf, der Angriff auf die Stadt, die sich anschließende intensive Bürgerhatz, hie und da ein notwendiges, aber auch porenöffnendes Gemetzel, drei Vergewaltigungen, die ihm, darauf war er leider stolz, in drei verschiedenen Häusern kurz hintereinander bei Hausmägden gelungen waren, er hatte gar nicht gewusst, wie stark ihn noch immer freie Liebe machte, das musste er unbedingt seiner Frau – um Gottes Willen, das durfte er auf gar keinen Fall seiner Frau erzählen! Das geronnene und in der Sonne müffelnde Blut Würzburger Bürger auf Gesicht und Kleidung, nein, nein, er war fix und fertig, als er vor Grumbach hintrat.

Es war mehr ein Fallen. Mit einer großzügig ironischen Geste warf er wie ein Kaiser unters Volk Goldstücke und Geschmeide und stöhnte: »Wilhelm, du ahnst nicht, wie schwer Reichtum wiegt!«

Grumbach lachte. Drohte mahnend mit dem Zeigefinger und sagte einen Satz, der, obwohl historisch überliefert, sich als Volksspruch nicht durchgesetzt hat. »Ei«, drohte er verzwunzig, »ei, Vetterlein, Vetterlein, bist du noch schellig!«

Ein Blick ins Grimmsche Wörterbuch deutet »schellig« mit »wild« oder »im Zustande der Erregung befindlich«.

Stein nahm zwei Ketten vom Hals und einen silbernen, mit erotischen Intarsien verzierten Keuschheitsgürtel, verschollen ist er seitdem, es wird sich lohnen, in und um Gotha danach zu suchen, vor allem aber in Pleichfeld, wohin sich Grumbach nach diesem erfolgreichem Würzburg-Aufenthalt zurückgezogen hatte.

Die Mär geht, dass ihm Stein den Keuschheitsgürtel mit den Worten geschenkt habe: »Ei, Vetterlein, Vetterlein, hüt' dich, ein junger Eber zu sein!«

Vergessen wurde, dass sich in diesen gesetzlosen Tagen und Nächten, die Würzburg erdulden musste, einer besonders geschickt bereichert hat: Georg von Geiso. Er wusste, dass es ein überaus reiches Kleinod innerhalb der Würzburger Mauern gab: das Kloster St. Stephan.

In gestrecktem Galopp flog er zum Portal des Klosters, ließ ein paar gewaltig-laute Büchsenschüsse abgeben und forderte mit strenger Stimme vom Bruder Pförtner: »Mach sofort das Tor auf, Mönchsbulle, sonst bist du des Todes!«

Das Tor wurde schleunigst geöffnet, und es begann die fulminanteste Zeit im Leben des Raubritters Georg. Ihm war nämlich berichtet worden, dass St. Stephan so goldstrotzend wohlhabend sei, dass selbst die zwanzig Steine, die diesen ersten Märtyrer des Christentums zu Tode gebracht hatten, aus Gold und an Kopf und Brust der hohen Statue kunstvoll befestigt seien. Auch stelle der Heiligenschein, der schon während der Steinigung über ihm schwebte, eine erstklassige Schmiedearbeit aus Diamanten, Halbedelsteinen, Gold und Silber dar.

Davon, hatte sich Georg von Geiso ausgerechnet, konnte er die Wälle seiner Burg neu errichten und erhöhen, den Bruder auszahlen, die unehelichen Bälger seiner diversen Frauen ausstatten (er hatte Familiensinn), und er konnte sich endlich vom Nürnberger Meisterhaus »Waffenschmidt« die ersehnte Prunkrüstung auf den Leib hämmern lassen, die er schon seit Jahren im Auge hatte.

Nicht nur er, auch sein Hauptmann Maiß fand den Weg ins Kloster – zusammen mit 200 Knechten. War das ein Schmausen und Hausen, nachdem die Mönche, der Armut verpflichtet, ihre mit kostbarster Nahrung und Weinen aus aller Herren Länder gefüllten Speisekammern geöffnet hatten.

Die Besatzer fraßen, soffen und zogen sich mit den mitgebrachten Würzburger Huren, die ein erstklassiges Renommee hatten, in die Mönchszellen zurück, die alles anders als karg eingerichtet waren. Von irgendeinem Eindringling wabert noch heute der Spruch die Gewölbe entlang: »Der Luther Martin hatte schon Recht, diese katholische Kirche ist des Teufels!«

Sie hängten dem heiligen Stephanus gebratene Gänsekeulen und ein Hirschfilet auf die Goldsteine an seinem Körper. Der Heiligenschein war allerdings verschwunden. Man ahnt, warum Georg, »der Andacht für einen großen Leidenden wegen«, wie er behauptet hatte, zunächst allein im Kirchenraum verweilen wollte.

Die Besatzung plünderte unter Absingen der üblichen Schlager ihrer Zeit, wie zum Beispiel:

> Feinliebchen, hab ich Güldnes hier,
> Gibst du nur deine Brüstel mir,

oder

> Pfaffen schneid ich Hoden ab,
> Und schmeiß sie in ihr frühes Grab,

was die armen Mönche sehr verängstigte.
Sie wurden durch und durch ausgeplündert, sogar ihre Kutten mussten sie ausziehen, um sich etwaiger versteckter letzter Preziosen wegen untersuchen zu lassen. Verbissene Ruhe bewahrt die Historie über das, was man an den Mönchsleibern fand, jedenfalls war die Empörung der Klosteräbte nach Abzug der ritterlichen Räuber zurückhaltend.

Sie gaben eine Liste der Schäden ab, die hier getreulich zitiert sei, auf dass man sich vorzustellen vermag, wie lustig und reich es in diesen Tagen, die man jahrzehntelang später als »Georgs krause Rittersause« zitternd beschwor, zuging.

Der materielle Verlust bezifferte sich im Einzelnen: 1300 Gulden, sechzig Goldstücke, »ferner verschiedene Kleinodien, silberne Becher, rund 448 Gulden wert«, aus der Sakristei ein goldener Kelch, dazu alles an Wäsche und Gewehren.

Ferner drei Reitpferde, zwölf Wagenpferde und vier »gerüstete Wagen«. Es handelte sich anscheinend um Kampfwagen gegen Protestanten. Glaubt man den Gerüchten, spritzten sie erstmals aus einer Art Kanone unter Hochdruck Weihwasser. Die getroffenen Protestanten konnten so ihrer menschlichen Gestalt beraubt und als Teufel mit Rattenschwanz, Bocksfüßen und Dreizack entlarvt werden.

Geklaut wurden auch elf Fuder Wein zu 300 Gulden, fünfzig Malter Hafer zu 100 Gulden. Besonders grob riss ein unbekannter Täter aus Georgs Truppe dem Abt den Siegelring vom Finger, indem er diesen zuvor mit heißem Siegellack übergoss, der Abt schrie, der Ring war eingewachsen.

Mit schmerzflackernden Augen drehte der Abt wie wild mit der Linken am verbrannten Finger. Es war das einzige Mal, dass ihm ein Fluch entfleuchte, so weh tat ihm der dampfend heiße Siegellack.

»Erstich ihn!«

Grumbach wuchs das Treiben über den Kopf. Er griff zum unlautersten Mittel aller zivilisierten Zeiten: Hinrichtung ohne Prozess. Er erwischte drei Männer, die gerade das Münster geplündert hatten. Einer der Täter, deren Namen unbekannt blieben, wurde an die Ulme neben dem Münster gefesselt. Grumbach ritt zu ihm hin und sagte: »Du hast geplündert. Gegen meinen Befehl. Du bist des Todes.«

Er wandte sich zu seinem Diener um. »Erstich ihn!«

Der Gefesselte schrie auf. »Nein, Herr, nein! Ich bereue. Bitte, lasst mich leben. Ich bin immer mit Euch gezogen. Ich war Euch treu. Ich bin ein Freund von Hänslein. Er ist mir gut. Ich habe einmal dem Herzog die Pferde gehalten, bitte, lasst mich leben.«

Grumbach ungerührt zum zögernden Diener: »Los!«

Der nahm seinen Dolch, ging auf den Gefesselten zu, presste seine linke offene Hand über die Augen des Schreienden, drückte dadurch auch dessen Kopf an die Baumrinde und stach in einer langsamen festen Bewegung den Stahl in die Brust des Diebes.

Das Opfer zuckte auf, schrie, Blut sprudelte aus seinem Mund, der Diener presste weiterhin fest die Hand auf die Augen, drehte den Dolch in der Wunde, das Schreien erstarb, der Körper zuckte, das aus der Wunde strömende Blut wurde langsamer, das Opfer erschlaffte, die Füße gaben nach, er hing tot in den Fesseln.

Der Diener zog seinen Dolch heraus, wischte ihn am Wams des Toten sauber, steckte ihn ein und trat hinter Grumbach. Schweigen ringsum. Die grausame Tat machte stumm und erregte zugleich.

»Die anderen zwei auch«, schrie einer. Grumbach nickte nur, und an die Ulme rechts vom Toten wurden die zwei anderen Diebe gebunden und auf die gleiche Weise erdolcht. Damit nicht genug: Grumbach wütete weiter. Von den nächsten drei erwischten Kirchendieben ließ er einen auf der Stelle erschießen, die beiden anderen nach kurzem Schuldspruch aufhängen, an der Linde neben seinem Quartier, die er zum Galgen umfunktioniert hatte.

Friedrich Ortloff schreibt: »Dadurch geschah zwar dem Rauben Einhalt, dennoch aber mussten sich die Bürger, bei denen das Kriegsvolk in Quartier lag, nach Kriegsbrauch freikaufen oder Geschenke verehren.«

Am 7. Oktober hatte Grumbach den seit einem Jahrzehnt ersehnten Vertrag in Händen, unterschrieben von den nach dem Würzburger Bischof mächtigsten Prälaten. Der Bischof selbst konnte, weil nicht auf dem Schloss, nicht unterschreiben.

An dieser Stelle muss auf die veraltete Denkart des Raubritters hingewiesen werden: Der dachte, es werde eingehalten, was er schriftlich in Händen hielt: »Dass Bischof und Kapitel bei ihren Ehren, auf Treu und Glauben und an Eidesstatt versprechen, dass der Vertrag in allen Punkten vollzogen und von ihnen in zwei Monaten verfertigt, besiegelt, unterschrieben und Grumbach in seine Behausung zu Hellingen überschickt wird.«

Armer Grumbach! Nie sollte er seine Güter wiedererlangen.

Er ahnte es nicht, als er sehr zufrieden am 8. Oktober aus der Stadt ritt.

Kurz nach acht Uhr früh verließ ein reicher und bizarrer Zug die Bischofsstadt: schwer beladene Karren und Pferde, eine Farbenpracht war das, bei dessen Anblick die am Straßenrand stehenden Bürger aufheulten. »Großes Gut«, zitiert die Chronik einen Augenzeugen, »Sammet, Seide, Silbergeschirr, pures Gold, Rüstungen und anderes auf Karren.«

Da fuhr es hin, das in Kostbarkeiten umgesetzte Würzburger Bruttosozialprodukt. Es sollen, bekundet eine Nürnberger Niederschrift, nicht Pferde genug zu bekommen gewesen sein, um die geplünderten Sachen fortzuschaffen.

Hänsleins kurze glückliche Liebe

Nichts ist aus diesen Tagen über Hänslein verzeichnet. Nie wird man erfahren, was er in Würzburg trieb, nie wissen, dass er sich in diesen Tagen unsterblich in eine Würzburgerin verliebte, sie bei sich versteckte, in dem Quartier, das er sich zusammen mit Jörgel, seinem Freund und gleichfalls Grumbachs Knappen, ausgesucht hatte.

Nie wird man vom seligen Zittern lesen, als er die ersten schüchternen Küsse irdischer Natur mit dem neugierigen Mädchen tauschte, deren blondes Haar ihn kitzelte und die den Ring, den er frech für sie von einem Würzburger Kaufmann klaute, zurückwies.

Vom Fenster oben schauten sie hinunter auf das zwischen Grausamkeit und Komik wechselnde Treiben der Besatzer, und als es in der dritten Nacht ihres glücklichen Versteckens geschah, die junge Würzburgerin sich dem kühnen Hans hingab, sah, fühlte und hörte er plötzlich andere Engel als die ihm seit Bubentagen vertrauten.

Als Grumbach zum Aufbruch rief, nahm er Abschied von seiner einzigen Liebe. Niemand weiß, ob nicht heute ein Nachfahr dieser innigen kurzen Liaison in Würzburg lebt. Vielleicht verrät er sich durch Träume: Er sieht vier weiß gekleidete Engelein mit brennenden Lichtlein in den Händen, die kichern und lachen, winken und ihm zurufen: »Komm, Brüderlein, komm, wir führen dich ins Leben, zum Galgen!«

Er wacht schweißgebadet auf, hört im Nachhall ein anderes Lachen, das eines jungen Mannes, ein sympathisches Lachen. Erst beim Lesen dieses Buches erfährt er, dass es Hänsleins Lachen ist, seines Urahns.

Grumbach fühlte sich auf seine Weise auch eins mit der Welt. Am Herzen unterm Wams pochte die Zusicherung der Mönche. Pferde und Karren brachten genug ehrliche Beute, keine geplünderte, sondern die so genannte »name«, die das uralte Fehderecht gestattete. Das Zipperlein spürte er kaum, wie übrigens immer, fiel ihm ein, wenn er spannende Tage erlebte.

Am ersten Abend nach seinem Abschied vom geschockten Würzburg setzte er sich hin, um seinem Freund, Herzog Johann Friedrich dem Mittleren, getreulich vom erfolgreichen Zug nach Würzburg zu schreiben. In seiner schwungvollen Schrift – ein Raubritter, selig im Hier und Jetzt – erwähnt er im Brief oberste Protektion: »Alle Handlungen sind so ergangen, wie sie der Engelsseher zuvor berichtet hat.«

Wie lange währte das behagliche Gefühl in Grumbachs altgeweichter Brust?

Ein grober Brief des Kaisers

Vielleicht bis zu jenem Tag, als in Hellingen ein Bote des Kaisers auftauchte, mit einem ärgerlichen Brief, in dem der höchste Herr im Reich Grumbach barsch aufforderte, sich an die Regeln des Ewigen Landfriedens von 1495 zu halten und allen Schaden zu bessern, den er in und um Würzburg angerichtet habe.

Grumbach gab sich stark, antwortete dem Boten: »Ziehe hin

und sage dem Kaiser, ich habe mit ihm und seinen Mandaten nichts zu schicken.«

Der Bote nickte. Es muss ein hochmütiges Nicken gewesen sein. Vielleicht war ihm der Unterschied zwischen der Pracht des Kaiserhofes und der spärlicheren Ausstattung in Grumbachs Hellinger Burg nur ein verächtliches Kopfnicken wert, jedenfalls raunzte Grumbach: »Mach dich bald hinweg, je eher, desto besser, und komme nicht wieder!«

Der Bote zuckte. Das verzärtelte und speisenmäßig versüßelte Leben am Kaiserhof machte sich in Ängsten vor dem Fremden bemerkbar: In die einsetzende Abenddämmerung reiten? Räuber in jedem Hohlweg!

»Hochnobler Junker«, bettelte der Bote deshalb verschreckt, »um eine Nacht der Bleibe möcht ich Euch bitten.«

Grumbach gab sich bärbeißig generös: »Kann ich Hunde und Katzen leiden, so kann ich dich auch eine Nacht leiden. Aber mit dem frühesten drehe dich aus!«

Eindrucksvolle Sätze, unnötig für die Weltgeschichte, überliefert durch Grumbach, der die kleine Szene dem Herzog schrieb. Um ihm zu zeigen, wie selbstbewusst er mit dem Kaisertum umging.

Er dachte nicht daran nachzugeben. Wie töricht. Die kaiserlichen Mühlen mahlten zwar langsam, aber unerbittlich. Nicht nur er selbst, auch sein Beschützer wurden drei Jahre nach dem Überfall auf Würzburg in die Reichsacht getan.

Enger und einsamer wurde es um Johann Friedrich den Mittleren und seinen Junker Wilhelm von Grumbach.

Letzterer fürchtete verstärkt um sein Leben. Draußen schürte der Kaiser, drinnen musste er die Versuche des Hochadels fürchten, den Herzog von ihm abzuziehen, um jenen zu retten.

Der Outlaw des 16. Jahrhunderts hat sich wohl mit seinem Engelsseher beredet: »Sag, mir, Hänslein Tausendschön, weißt du, wie es ist, wenn man dir zehn Kilo Eisen an die Füße hängt und dich an den Handgelenken aufzieht?«

»Nein, Herr, will's auch nit wissen.«

»Wirst du aber. Auch wie es sich anfühlt, wenn dir ein glühendes Eisen in den Schenkel zwickt und sich ein Stückchen Fleisch rausreißt?«

»Will's nit wissen, oh Herr, die Englein werden mich schützen.«

Ein schweres Lachen entfleucht dem Junker.

»Bub«, fährt Grumbach fort. »Ich wollt dir nur meine Sorge schildern, wie dir dein herzig Leib gar sehr verunstaltet wird, sollte man mich, deinen Herrn, fangen. Mitgefangen, mitgefoltert, heißt das, Hänslein. Und wer an uns zuerst zweifelt, wird wohl Ihro Fürstlich Gnaden sein.«

Hänslein, der schon immer ein gutes Gespür hatte, wenn sein Herr wieder mal einen Plan hatte, der das Licht der Öffentlichkeit scheute, grinste.

»Nun ja, oh Herr«, Hänsleins Stimme nahm jenes vertrauliche Timbre an, das Grumbach stets ein wenig ärgerte. Komplott macht gleich, dachte er sich.

»Es fällt mir bei«, fuhr Hänslein fort, »dass mich gerad unjüngst die vier Engelein ermahnten, dem Herzog zu sagen, er möge sich seiner wahren Freunde erinnern.«

Fragend schaute er den alten Junker an, dessen Bauch unübersehbar aus dem samtenen Wams quoll. Das ist, dachte sich Hänslein, sicher der fetteste Raubritter weitum und zugleich ein gnädiger Herr, der ihn schützte.

Der alte Grumbach nickte seinem Buben zu und meinte wie nebenbei: »Sag deinen Engeln, sie mögen sich was Symbolisches einfallen lassen, um den Herzog in seiner Festigkeit mir gegenüber zu stärken. Aber«, setzte er erschrocken hinzu, »nicht wieder so blöde Ausritte oder Wandeln durch Kammern und Gärten früh um fünf Uhr!«

Der Bub lachte auf und erfrechte sich: »Mal sehen, ob ich den Englein aufs Hemd treten kann.«

Sie erschienen, so soll es sein, Hänslein in der Nacht nach diesem Gespräch mit Grumbach mit einer so überirdischen

Melodie, dass sie Hänslein auf seinem letzten Gang, dem zum Galgen in Gotha, in sich vernahm, ein strömendes Raunen von nie gehörten Tönen, voller Süße, voller Sehnsucht nach einer Ferne, die nie erreicht wird.

Er saß aufrecht in seinem Bett in der Kammer. Sie war kommod möbliert, herausstechend eine Truhe, die heute den Privatbesitz eines bayerischen Geschäftsmannes ziert. In diesem Jahr muss er mit einer Anklage wegen vielfachen Betrugs rechnen, sodass die Truhe mit ihren wertvollen, im Stil des 14. Jahrhunderts aus Messing getriebenen Beschlägen in andere Hände gelangen wird.

Hänslein glotzte zur Truhe. Auf ihr hatten sich seine vier Engel niedergelassen. Wie Vierlinge aus einem Gottesei, blonde Locken, Stupsnäschen, weiße Lackschühchen, wie sie die Menschen erst Jahrhunderte später erfanden, weswegen sie Hänslein auch niemandem recht beschreiben konnte. Dazu die sanft fächelnden Schwingen, die ihnen aus den Schultern wuchsen. Für die Kleinheit der Engelchen waren es riesige Wedel, ihre Federn mit dünnen Gold- und Silberfäden durchwoben. Nie hingen sie ruhig, immer bewegten sie sich, wie losgelöst von ihren Trägern.

»Hänslein, Hänslein«, säuselte der göttliche Fratz auf der rechten Seite, »Hänslein, Hänslein, du hast in Würzburg ein Kind gezeugt. Wir werden's hüten, weil du es nie sehen wirst. Ein reizend Kindchen, dir aus dem Gesicht geschnitten. Haben von Gott den Auftrag, es leben zu lassen, gute siebenzig Jahr, und wenn es stirbt, ein Baum beim Sturm wird sein Leben zerbröseln« – hier kicherten die anderen drei Engel –, »werden wir deinem Söhnchen zum ersten und letzten Mal erscheinen!«

Hänslein, all seine Frechheit war vergangen, begann zu weinen. Nicht laut. Die Tränen rannen ihm übers Gesicht. Er spürte eine so intensive Liebe in seiner Brust, weh tat sie, körperlich weh. Wie er sie ersehnte, die Zarte aus Würzburg, die ihn so zärtlich machte, dass er sie auf das sanfteste entjungferte. Nie wird er ihren von unendlicher Hingabe trunkenen spitzen Schrei vergessen.

»Wie kitschig«, murmelte der dritte Engel von rechts. Er konnte besonders gut Hänsleins Gefühle und Gedanken lesen. Rotzblöder Engelsbalg, dachte er sich, aber schon kam der mahnende Zeigefinger des dritten von rechts und sein mahnendes: »Na, na, Bürschchen, von wegen ›rotzblöd‹!«

»Genug Allotria«, ermahnte der Engel links seine Flattergeschwisterchen und fuhr fort: »Hänslein, Gott macht sich Sorgen.«

»Ich mir auch«, unterbrach Hänslein, »wann seh ich wieder mein Liebchen zu Würzburg?«

»Sachte, sachte«, ermahnte Engel links, »hör zu, wenn Gottes Hauch dich umweht.«

Ewig diese eitlen Bemerkungen, dachte Hänslein. Er schluckte trocken, verscheuchte Traurigkeit und Sehnsucht aus seinem Kopf, nickte zustimmend.

»Unser Herr möchte ein Zeichen setzen für die ewige Freundschaft zwischen unseren Dienern Herzog Johann Friedrich und Junker Wilhelm!«

»Weshalb, oh gnädigster Gott, ihr trauten Gottesboten?«, fragte Hänslein in jenem gespreizten Ton zurück, den die Engel liebten. »Die Herren sind sich doch ergeben treu?«

»Kennst du den Mensch?«, fragt zweifelnd in penetrantem Falsett der Engel rechts außen und gibt sich ein altkluges Gesicht.

Hänslein zuckt mit den Schultern. Ihm wird kalt. Er greift zur Decke.

»Ich krieg hier die Pest!«, murmelt er grantig.

Immer wieder hat er versucht, den Engeln ein Nachtflugverbot schmackhaft zu machen. Tagsüber würde er ihren Anweisungen genau so getreulich folgen. Die Engel haben ihm als Antwort ein neues Wort beigebracht. »Papperlapapp«, sagten sie zu seinen Beschwerden und fügten hinzu: »Bei Gott ist immer Nacht. Das Licht will er erst schaffen.«

Erst kurz vor seinem Ende wird Hänslein eine Ahnung davon bekommen, was ihm die Engel mitteilten: Diese Erde Gottes ist nicht seine endgültige Schöpfung, was hier auf Erden seit Anbeginn abging, ist sein etwas wirrer Probelauf.

»Was will er? Was soll ich tun?«, drängte Hänslein.

»Gemach, gemach«, tönten vier Engelsmünder, allgemeines Gekicher brach aus. Auch Hänslein musste lachen.

»Ich reiß euch gleich die Flügel aus!«, pflaumte er die göttlichen Abgesandten an. Es war schon ein komisches Gelichter, mit dem er sich seit Jahren herumplagte.

»Untersteh dich!«, gab ein Engel zur Antwort, »wer unsere Flügel berührt, zerfällt zu Korn.«

Seit jener Nacht erlebte Hänslein, wann immer er durch Getreidefelder ritt, ein ziehendes Gefühl im Bauch: So viele Menschen, die einen Engelsflügel berührt hatten – hier also sind sie.

Die vier Himmelsboten taten, nunmehr sachlich, Hänslein kund, dass er einen bestimmten Trunk für Grumbach und den Herzog bereiten lassen soll.

Hänslein wiederholte: »Damit ich's richtig ausricht: Der Herzog soll roten und weißen Wein nehmen, gestoßenen Ingwer hineintun, so viel er selbst will, nach dem Abendessen einen Trunk davon tun, dem Junker auch einen Trunk davon geben, und sie sollten nichts davon übrig lassen ...«

»Himmelmenschennocheinmal!« schrillte der zweite Engel von links, »und was ist mit Pfefferkuchen und Lorbeer?«

Vor Zorn klatschte er sich aus Versehen den linken Flügel ins Gesicht, sodass er kurz aufkreischte.

»Ich denke, Engel fühlen keinen Schmerz«, giftete Hänslein sarkastisch.

Das Engelchen rieb sich Wange und Augen, sagte nichts, machte verbockt einen dünnen Mund.

»Richtig, der Pfefferkuchen«, lenkte Hänslein ein. »Dem Herzog solle freistehen, ein wenig Pfefferkuchen oder Lorbeer hineinreiben zu lassen.«

»Na, endlich, du Schwachkopf!«, säuselten erschöpft die vier Engel, und es passierte, wenn's so passierte, was Hänslein stets aufs Neue bestaunte: das Verschwinden der Gottesboten. Es war, Hänslein fiel einfach nichts Besseres ein, als würde aus den vier Engeln Rührei, das Weiß wurde gelb, langsam rot, die Flügel wurden immer kleiner, wie Eischaum, wie Eiweiß, die Gesichter verschmolzen zu einem einzigen, das immer größer, immer durchsichtiger wurde, er konnte die blauen Äderchen sehen, pulsierendes Hirn, die Füße schrumpften wie die Rümpfe, loderten auf, bevor sie in den immer größeren Lackschühchen verschwanden, zum Schluss ein schwarzgelber Haufen, eine Kugel, die wie eine Neujahrsrakete in Millionen Farben zerplatzte.

Das Grandioseste kam erst. Hänslein wartete immer begierig darauf: Von der Zimmerdecke schwebte gaukelnd eine weiße Feder herab. Hänslein wollte sie greifen. Als ob die Engel ihn schützen wollten, wurde sie zu einem kleinen Stück Holz, wie eine Warnung, nicht das Unendliche zu berühren.

Gottlose Folgen eines Trunkes

War das ein Besäufnis! Ein göttliches, so ist es mit Fug und Recht zu nennen. Das Rezept der Engel verwunderte, nicht wegen der Mixtur – die Menschen taten immer Pfeffer in den Wein –, sondern wegen der Menge.

Hänslein behauptete, Gott habe ihm durch die Engel befohlen, jeder müsse vier Liter des Gebräus trinken. Was nach den überlieferten Engelsaussagen im Coburger Staatsarchiv nicht zu belegen ist. Die seriöse Geschichtsschreibung verschweigt gnädig, was auf Grimmenstein abging.

Die beiden hohen Herren soffen, was die Kehle hielt, sangen bald außerordentlich schweinische Lieder, die der lauschenden Herzogin zwar durch ihre frivole Leibdame bekannt waren, von denen sie aber nie und nimmer geglaubt hatte, dass ihr Gemahl sie sogar auswendig zu singen wusste.

Danach jagten die beiden trunkenen Mannsbilder Zofen, Mägde, Hofhunde durch die Gänge, bis sie ihrer auf ungebührliche Weise habhaft wurden. Grumbachs Bauch schrumpfte unter seiner mit Ingwer und Pfeffer aufgeheizten Urlust.

Die Schreie seiner Entladung in einen hingerissenen Mägdeschoß waberten durch Äonen zu diversen Sonnensystemen und werden von fremden Wesen als göttlich verehrt.

Zurück zum Wahnsinnsbesäufnis in jener Nacht, als Deutschlands gefährlichster Raubritter mit seinem ehrenhaften Freund und Saufesbruder den Höhepunkt (für Gläubige: Tiefpunkt!) ihrer Fleischeslust erlebten.

Schreckliche Geheimquellen in den tiefsten Kellern des Vatikans, versteckteste Duplikate in der sächsischen Staatskanzlei harren ihrer Auswertung. Hier sei erstmals jene teuflische Untat verraten, die bis ins 21. Jahrhundert hinein das gesamte Geschlecht derer von Sachsen-Coburg-Gotha beschämt. Kaisertreue Historiker sehen flüsternd darin die eigentliche Ursache für das Ende mitteleuropäischer Adelsherrschaft.

Hänslein Tausendschön stand am Ende eines Ganges.

Mit brünftigem Geschrei torkelten Herzog Johann Friedrich und Junker Wilhelm von Grumbach auf ihn zu. Zwei Diener liefen hinter ihnen her, in den Händen überschwappend das überirdische Gesöff aus Ingwer, Pfeffer, Lorbeer und Wein. Ohnzweifelhaft wollten sich die beiden Herren des eigenen Geschlechts in Hänsleins jugendlich-straffhäutiger Form bemächtigen.

Hänslein lief los. Die enthemmten Lüstlinge hielten mit. In seiner Not rief Hänslein: »Helft, ihr Engel, helft mir! Was habt ihr angerichtet? Ich bin verloren!«

Er spürte ihren kalten Luftzug. Schon standen sie nebeneinander und blockierten den Gang, Flügel schwingend, vier reizende androgyne Wesen, gelbes Licht umflorte sie.

Hänslein hörte die zwei adeligen Unholde dahertorkeln, sie kamen ums Eck, sahen mit blutunterlaufenen Augen die heilige Schar den Weg versperren, stoppten, sodass Hänslein das Quietschen der Sohlen zu hören vermeinte.

Es passierte, was, wie gesagt, den Adel letztlich zugrunde

richtete: Die zwei Lüstlinge, abgefüllt, wie sie waren, hatten keinen Blick für die überirdische Einmaligkeit dessen, was da vor ihnen knapp über dem Steinboden schwebte. Sie sahen statt Hänslein gleich vier ungeheuer anziehende Objekte ihrer Begierden.

»Da seid ihr endlich«, soll Grumbach gerufen und der Herzog die Worte nachgesetzt haben: »Falschmäuliges Engelspack, jetzt zeigen wir euch, wer die wirklichen Herren sind!«

Die Engel waren sehr verdutzt. »Ausziehen!«, schrie Grumbach und packte sich den ersten Engel. Der schrie desaströs entsetzt auf, Grumbach riss an den Flügeln, der Herzog balgte sich schon in zweideutiger Absicht mit zwei anderen Himmelswesen, soll gerufen haben: »Ich schnacksel euch den Herrgott aus euren dämlichen Engelsärschen! Haltet still, verfluchtes Federvieh!« (Das Wort »schnackseln«, vom Fürstlichen Geschlecht derer von Thurn und Taxis erfunden, wird seit Jahrhunderten an verdiente Adlige zum Gebrauch weitergereicht.)

Immer ärger wurde das Toben im Schlossgang: ausgerissene Federn, das Gewirbel aus grobhaarigen Männer- und feinrosigen Knabengliedern, fliegende Lackschühchen, weiße Kleiderfetzchen, auf den Gangboden klirrende Heiligenscheine, dazu die dunklen Schreie zügelloser Leidenschaft und die hellen des Entsetzens vermengten sich zu einem nie zuvor oder danach erlebten Rendezvous zwischen göttlichen und thüringischen Mächten. »Schnackseln heißt das Panier!«, grölte wieder und wieder Johann Friedrich der Mittlere.

Hänslein stand mit offenem Mund, bevor vermutlich Gott selbst über ihn und die zwei Täter eine Ohnmacht senkte, seine zerrupften, entweihten Engel zurückbeorderte.

Als Hänslein wieder zu sich kam, lagen Herzog und Junker schnarchend auf dem kalten Stein des Gangs. Diener versuchten, die schweren Körper wegzutragen. Grumbach hielt eine Handvoll ausgedroschener Ähren in der Hand, was Hänslein den blitzschnellen Gedanken einbrachte, dass die Engel auch kleine Schwindler seien, nicht Grumbach ward eine Ähre, sondern die Engelsfedern wurden zu solchen. Das wollte er ihnen bei der nächsten Erscheinung hinreiben.

Der gefürchtete »Gothaische Kuss«

43 Jahre war der ebenso naive wie sturköpfige Herzog 1566 alt und weder dem Fuchs Grumbach gewachsen noch dem ganzen Heiligen Römischen Reich Deutscher Nation, ach, klingt das fromm und groß und ehrbar. Vor allem war er nicht seinem Onkel gewachsen, dem neuen Inhaber der Kurwürde. Um sicher zu sein, dass er sie behielt, schürte der Kurfürst von Sachsen beim Kaiser so lange, bis der ihm den Oberbefehl über ein Heer gab, das aufgrund der Reichsacht die beiden Frevler Wilhelm von Grumbach und Herzog Johann Friedrich von Gotha dem Gesetz zuführen sollte.

Dem Kurfürsten gelang insofern ein raffinierter Schachzug, als somit der dumme Kaiser sämtliche Kosten des anstehenden Kriegszuges zu tragen hatte, er selbst aber, der Ober-Sachse, hatte den Oberbefehl.

Landauf, landab schallte der Ruf seiner Herolde, wer einen guten Sold verdienen wolle, möge sich in Sachsen melden, in Dresden, dort bekäme er Waffen und Wegzehrung, würde einem Fähnlein zugeteilt, und ab ging's an die Front mitten im Heiligen Römischen Reich Deutscher Nation, wo ist es nur geblieben?

Vor die Stadt Gotha sollte marschiert werden, um dort den gefürchteten Reichsgeächteten Wilhelm von Grumbach und seinen bösen Herrn, den abtrünnigen Herzog Johann Friedrich den Mittleren, auszuräuchern. Die Männer kamen zu den Meldestellen, sie wurden wahllos genommen, ihnen alles an Reichtümern versprochen, wenn erst Gotha erobert sei, es sei ein leichter Krieg, Kaiser und Gott stünden hinter ihnen.

Droben auf Grimmenstein hörten sie es und hatten nicht viel dagegenzusetzen. Herzog Johann Friedrich ließ Proviant zusammenraffen, Schlachtvieh, bat rings durch Boten seine adligen Freunde, ihm mit Knechten, Söldnern, Pferden und Geld zu Hilfe zu kommen. Es waren nur wenige, die dem Ruf folgten. Zu groß war die Überlegenheit der Kaiserlichen, zu unerklärlich schien ihnen das unglaublich sture Festhalten des Herzogs an diesem alten Raubritter Wilhelm von Grumbach, diesem Bischofsmörder und Würzburgplünderer, diesem vom Zipperlein geplagten entsafteten Greis.

Die zu Erfurt gehörenden Dörfer ringsum, dem Kurfürsten untertan, sollten wider Erwarten die ersten Opfer des kommenden Krieges werden.

Schuld waren sie selbst. Am 27. Dezember 1566, einem Samstag, überfiel einer der ihren, Wolf Tischpeter, den Gothaer Steuereinnehmer Paul Schalreuther und nahm ihm die für Johann Friedrich bestimmten Gelder ab. Als der Herzog vom Überfall erfuhr, gab er zornbebend mit schriller Stimme den besten Befehl, den sich in dieser bedrohlicher werdenden Zeit ein Gothaer Bürger nur vorstellen konnte: »Geht los«, stieß, gemäß der Chronik, der Herzog zwischen seinen aufgewölbten Lippen unter dem Schnauzbärtchen mit den hochgezwirbelten Enden wütend hervor, »und plündert alle Erfurter Dörfer, deren ihr habhaft werdet!«

Die Gothaer jubelten und brachen am nächsten Morgen auf. Der Tag war bitterkalt, es handelte sich überhaupt um einen der grässlichsten Winter. Wochenlang fror es schon. Die Aussicht für die Gothaer war erwärmend: rauben und brennen und quälen mit herzöglicher Vollmacht! Sie, die einfachen Bürger mit kümmerlichem Stammbaum, erlebten die mörderische Freiheit der Raubritter, dieses ungebundene Losreiten im Bewusstsein, in eine gerechte Fehde zu ziehen. Immerhin war es eine Schweinsköpferei, dem Schalreuther »unsere« Steuergelder abzunehmen!

Sie trieben die Dörfler zu Paaren, wie es so trocken heißt. Es war ein Schlagen und Treten, ein Schreien und Watschen, allerdings keine Mordbübereien, vielleicht nur hier ein bisschen

Notzucht, dort ein bisschen nachhelfendes Stechen mit Messern in angstverhärtete Bäuche.

Vor allem aber teilten die Gothaer ihren später aus Scham in Vergessenheit getunkten »Gothaischen Kuss« aus, ein raffinierter Stoß mit geballter Faust auf den Ansatz des Schädels im Genick, wobei der ausgestreckte Daumen als Spitzhacke eingesetzt wurde, was zu einer sofortigen Muskellähmung der Erfurter Dörfler führte, sodass sie hilflos mit starren Augen dastehend zusehen mussten, wie die Gothaer ihre Truhen aufbrachen, Stoffe, Kleider, Geschirr rausstahlen, den Stall öffneten, Kühe, Schweine und Hühner davontrieben.

Erst nach gut einer halben Stunde, so die Erfahrung, verschwindet die Gothaische Kusslähmung.

Die wieder beweglichen Dörfler husteten zunächst schwer, ihre Häuser brannten lichterloh, wie man das nennt. In der Ferne sahen sie die bürgerlichen Raubritter mit Vieh und Geflügel, mit Karren voller Stoffe, Möbel, Heugabeln, Geschirr und mit den Bienenvölkern in winterfest verschlossenen Imkerkästen nach Gotha ziehen. Wobei sie mit Inbrunst sangen: »Nun danket alle Gott…«

Kriegsbeginn mit Stil

Es war Johann Friedrich des Mittleren letzter Sieg, wenn man überhaupt von einem solchen anlässlich eines so unlauteren Überfalls sprechen sollte.

Schon zwei Tage später, am 30. Dezember 1566, tauchten sieben Fähnlein Fußvolk und 2000 Reiter der kurfürstlichen Armee vor Gotha auf. Sie trugen Fahnen, auf denen gestickt stand: »Tandem bona causa triumphat« – zuletzt siegt die gute Sache.

Aus war es für Bürger mit Raubritter-Fantasien. Sie ahnten, dass ihnen das geraubte Gut vielleicht nicht einmal so lange in Besitz bliebe, dass sie es als rechtmäßiges Eigentum betrachten konnten. Angst nahm Gasse für Gasse in Besitz.

Mächtig geschürt wurde sie von einer an sich eindrucksvollen Tradition: Ein Trupp Reiter, ungefähr fünfzig an der Zahl, näherte sich im stolzen Trab der Stadt. Hoch über ihnen flatterten spitze, bunt bestickte Fähnlein an langen Spießen. Die Pferde schnaubten im straffen Zügel, die Bärte der Reiter glänzten silbrig, weil vereist. Die verschwitzten Leiber der Pferde dampften mächtige Wolken weißen Nebels aus, sodass den trabenden Trupp etwas Unheimliches, Jenseitiges, umgab.

Die Gothaer auf den Mauern fürchteten sich.

Zwischen den Reitern fielen drei besonders farbig Ausstaffierte auf, ritten auf besonders prächtig geschmückten Pferden.

Der Reitertrupp stoppte gut 200 Meter vor dem Tor, öffnete sich wie auf dem Paradeplatz in einer lässig und elegant zugleich ausgeführten Seitwärtsbewegung, und aus dem dadurch zur Stadt hin offenen Trichter trabten die drei prächtig gekleideten Reiter auf das Siebleber Tor zu, stoppten fünfzig Meter davor.

Die beiden farbig gekleideten Reiter rechts und links setzten ihre Trompeten an und schmetterten, es war früh um neun Uhr, mit heller Inbrunst eine harte, ruckartige Melodie in die kalte Luft, die aussagte: Habt Acht, der kaiserliche Ehrenherold kommt!

Der in der Mitte war es. Ein gedrungener Mann von rund fünfzig Jahren, eher wie ein Gott aussehend in seinem schwarzen Samtkleid, auf dem vorne über die Brust ein goldener Reichsadler gestickt war, die Ränder mit Perlen besetzt. Auf dem Rücken, in Gold und Silber, der Reichsapfel.

In der Hand hielt er einen weißen Stab mit einem weißen Fähnchen daran. Er verharrte schweigend auf seinem Pferd, bis die Trompeten verstummten.

Langsam und verlottert knarzend öffnete sich das große, mit Eisen beschlagene Tor. Der kaiserliche Herold gab seinem Ross die Sporen und ritt hindurch. In respektvollem Abstand folgten die zwei Trompeter.

In der Stadt wurde er sofort den steilen Weg zum Grimmenstein hinaufgeführt.

»Der Kaiserbote«, raunten die Gothaer, »es wird uns übel ergehen. Schaut nur sein finsteres Gesicht. Gott hab Erbarmen.« Hin und wider raunte es unter den verschreckten Bürgern: »Das haben wir nur dem Raubritter Grumbach zu verdanken!«

Im Schlosshof stieg der Herold vom Pferd, in der linken Hand hielt er ein großes Pergament. Eingerollt. Kein Wort hatte er bisher gesagt. Seine Kleidung ist Legitimation und Forderung genug, sofort dem Herzog zugeführt zu werden.

Johann Friedrich ließ den Herold seltsamerweise in sein Esszimmer führen. Vielleicht war es ein kleiner Affront gegen den Kaiser, seinen Abgesandten nicht im Audienzsaal zu empfangen. Obendrein ließ ihn der Herzog erst einmal warten.

Der untersetzte Herold schaute kurz zu dem alten Sack, der hinkend den Raum betrat, das ist der Grumbach, dachte er, um den sich alles dreht. Grumbach setzte sich und beobachtete ihn stumm.

Endlich betrat mit dem unschuldigsten Gesicht, dessen er in seinem Mimik-Reservoir habhaft werden konnte, Herzog Johann Friedrich der Mittlere lärmend die Essstube, ging mit ausgestreckten Händen auf den wie ein Gockel ausschauenden Herold zu und fragte: »Was bringt Er Gutes? Mag Er's mich hören lassen, mein bunter Freund, mein kaiserlicher Ehrenkobold ... äh ... herold.«

»Ich bin«, sprach der ob des Versprechers sofort verärgerte Herold aus Wien und bemerkte sofort wieder dieses unterdrückte Grinsen, das ihm ab Bayern nordwärts stets begegnete, wenn er sprach. Der Arme wusste eben nicht um seinen singenden Wiener Dialekt, wodurch er den Kaiser, den zu vertreten er die ungeheure Ehre hatte, in den nördlichen Ländern eher als Schlawiner vermittelte denn als Majestät. Trotzig begann er noch einmal: »Ich bin von Seiner Kaiserlichen Majestät abgefertigt und hierher geritten, um Euer Fürstliche Gnaden alle Ungnade Seiner Kaiserlichen Majestät zu vermelden und diesen Absagebrief zu übergeben.«

Feierlich langsam übergab er dem Herzog das eingerollte

Pergament. Im Wiener Schlawiner-Singsang fuhr er fort: »In diesem kaiserlichen Absagebrief zeigen Seine Kaiserliche Majestät an, dass sich Ihre Fürstliche Gnaden gehörig vorsehen mögen und was Seine Kaiserliche Majestät mitsamt dem Heiligen Römischen Reich Deutscher Nation gegen Seine Fürstliche Gnaden zu tun gesonnen und bedacht seien.«

Eine diplomatisch verbrämte Drohung, die, sollte sie der kaiserliche Herold in Wiener Volkssprache dem Herzog ungeschützt übermitteln, so gelautet hätte: »Wannst net parierst, sauft dir der Kaiser a Aug aus!«

Der Herold sinnierte dort oben auf Grimmenstein in der Junkernstube, wie die Chronik das Zimmer auch nennt, wie sehr Wirklichkeit durch diplomatische Kanzleisprache verfälscht wird. Für eine Sekunde träumte er von einer Zeit, in der man furchtlos und glasklar miteinander reden konnte.

Der Mittlere stellt sich dumm

Der Herzog hielt das Pergament in der rechten Hand, schwenkte es durch die Luft und sagte auf thüringisch, was wiederum den Herold alle Energie kostete, nicht vor Lachen herauszuplatzen: »Mein Gutester (dieser Anfang wurde von der Geschichtsschreibung in falsch verstandenem Respekt vor dem ansässigen Adel gestrichen), mein Gutester, Wir, die Fürstlichen Gnaden, sind uns nicht bewusst, uns in irgendeiner Ungnade zu befinden, zumal da wir Zeit unseres Lebens Seiner Kaiserlichen Majestät niemals etwas zuwidergetan, sondern allen billigen Gehorsam geleistet.«

An dieser Stelle räusperte sich der Herzog, sah kurz zu Grumbach hinüber, der ihm freundlich zunickte, konzentrierte sich wieder auf den Herold, zelebrierte den zuvor mit Grumbach ausbaldowerten Schritt einer Versöhnung: »Wäre es auch nochmals erbötig, Seiner Kaiserlichen Majestät allen untertänigen Gehorsam zu leisten, falls Seine Kaiserliche Majestät wirklich je hat ungnädig sein wollen, so könne er erachten, woher solche Ursachen und Flüsse, er müsste aber, könnte Kaiserliche Majestät so viel dienen als ein stolzer Meißner.«

Aus dem herzoglichen Kauderwelsch kann zum einen entnommen werden, warum die deutsche Sprache nie die Chance hatte, zur Weltsprache aufzublühen. Zum anderen ist das Genie des untersetzten kaiserlichen Herolds zu bewundern, der fieselte gut trainiert aus dem Geschwafel den eigentlichen Sinn heraus: Der Herzog habe keine Ahnung, wie er je beim Kaiser in Ungnade fallen konnte, er sei der treuesten Diener einer.

Mit einer fahrigen Geste entließ er den untersetzten Herold. »Untersetzt« wird hier darum aus der Chronik wiederholt, damit sich der Herold dort, wo er sich zur Zeit befindet, ärgert, dass er in der Geschichte als »untersetzter Herold« ohne Namen weitergereicht wird. Er ist nunmal nicht sehr sympathisch gewesen, in seinem protzigen Gewand mit Reichsadler und Reichsapfel.

Der untersetzte Herold war gerade auf dem Weg aus der Tür, als ein zweiter Herold hereinplatzte, einer aus dem drahtigen Geschlecht derer von Planitz. Der war jung, von wirklich edlem Aussehen mit seiner leicht gebogenen Nase und den auffallend rausgestreckten Pobacken, die viel Reitergefühl verrieten.

Planitz – der untersetzte Herold schaute scheel – trug einen fabelhaft geschnittenen rotsamtenen Rock, dazu dicke gelbe Sommerhosen und schwarzsamtene Stiefel, deren Leder mit goldenen Borten verziert war.

»Den nächsten Absagebrief bring ich auch in solch eleganten Stiefeln, Kruzitürken!«, dachte sich giftig der untersetzte Herold aus Wien, wobei ihn beinahe noch mehr der betörend geformte Hut des anderen Herolds ärgerte: aus rotem Samt und mit wunderbaren goldenen Ornamenten bestickt.

In der Hand trug auch Planitz einen weißen Stab. Daran hing neben einem roten Tuch an einer kunstvoll geflochtenen Kordel ein zweiter Absagebrief, der des Kurfürsten, des Herzogs Vetter. Immerhin hatte der mit seiner Armee Gotha so gut wie eingeschlossen. Garstige Verwandtschaft!

Der hübsche Junge beugte die Knie und überreichte dem Herzog den Brief. Dessen Gesicht war rot geworden. Er nahm den Brief und warf ihn zornbebend auf den großen Esstisch.

Mit der unangenehmen Fistelstimme der Ernestinischen Linie quäkte der Herzog los: »Sage deinem Herrn, ich hätte mich des Überziehens von meinem Vetter nicht versehen gehabt!« Obwohl er hier keine Pause machte, sei mitgeteilt, dass er damit meinte, dass er, wenn alles mit rechten Dingen zugegangen wäre, keine Belagerung erfahren müsste. »Ich hätte aber geschlachtet, gekocht, gesotten und gebraten, er solle nur kommen und mit ihm Mahlzeit halten.«

Was bedeutet, dass der Herzog auf die Belagerung bestens eingerichtet sei, er habe jede Menge Proviant und könne sozusagen die Belagerer aushungern.

Wieder der Herzog, dessen Stimme Grumbachs Hände wie von ungefähr an seine Ohren brachte: »Dem Kurfürsten solle begegnen, was er suchte!«

Das war eine handfeste Drohung. Ein Angriff kaiserlicher Truppen auf Gotha würde demnach ihren Anführer, den Kurfürsten, das Haupt kosten! Der Herzog zeterte einen Satz hinterher, der seinen seit Jahren angestauten Groll über den Verlust der Kurwürde rausließ: »Und ob das der Erbeinigung gemäß sei, dass er mich mit Krieg überziehe, das geb ich ihm selbst zu erkennen.«

Planitz, dieser zukunftsstark wirkende Knabe in seinem eleganten Outfit, sah dem Herzog aufmerksam in die Augen und erhob sich: »Euer Gnaden, ich werde das meinem Herrn, dem Kurfürsten, getreulich ausrichten.«

Schon in sein letztes Wort fistelte der Herzog hinein: »Merke es ja und sage, ob das der Erbeinigung gemäß wäre!«

Planitz versprach es. Dreißig Jahre später fiel er mutmaßlich bei der Verfolgung eines Rebhuhns in der Rhön vom Pferd. Drei Tage und Nächte lag er mit gebrochenem Rückgrat auf einer Waldlichtung. Mit seiner Hellebarde versuchte er, die als jähzornig bekannten Rhön-Bären abzuwehren. Vergeblich. Seine letzten Gedanken, als er schon den Himmel sich öffnen sah –

dabei war es nur das riesige Bärenmaul –, galten der Stunde, als er die scheelen Augen des untersetzten Herolds auf seinem eleganten Rock ruhen fühlte. Er lächelte, was den Bär momentan verwirrte – ein Fressen, das lacht?

Folgsam wiederholte Planitz: »Euer Gnaden, ich werde auch das getreulich meinem Herrn, dem Kurfürsten, berichten!«

Er verbeugte sich und wollte, herausfordernd wippend, am untersetzten kaiserlichen Herold vorbeigehen, als der Herzog rief: »Komme Er zurück, Edelknabe!«

Von Planitz drehte sich um, ging wieder auf den Herzog zu. Der senkte seine quälend biestige Stimme auf ein Maß, das den Hunden drunten in Gotha endlich die grellen Schmerzen in ihren Ohren verklingen ließ, und sagte: »Harr, harr, ich muss dir auch etwas zum Lohne geben.«

Der kaiserliche Herold zuckte unter der Tür zusammen: Ihm hatte der Herzog nichts angeboten! Johann Friedrich wühlte in seinem Geldbeutel, wobei verwunderlich ist, dass der Herrscher von Gotha und Umland im eigenen Schloss dauernd mit Zaster im Rock rumlief. Die Absonderlichkeit wird sogleich als Raffinesse aufgeklärt.

Er drückte Planitz eine Hand voll Goldenes in die Hand. »Das will ich dir zum Lohn geben. Zeig es deinem Herrn, wenn du hinauskommst, damit er sieht, was ich für Münze schlage. Und was ich dir befohlen, das richte fleißig aus!«

Es seien, will die Historie wissen, fünfzig Goldgulden gewesen. Das Geschenk zeigt die Handschrift des klugen Grumbach: Auf den in Gotha geprägten Goldgulden waren die Kurschwerter abgebildet und es war eingraviert: »Geborener Kurfürst«.

Dahinter lauerte die Hoffnung, dass den echten Kurfürst, seinen Vetter, draußen vor Gothas Toren, angesichts dieses Frevels sofort der Schlag rühre und er das Zeitliche segne, wie es die geschändeten Engel vorausgesagt hatten.

Der untersetzte kaiserliche Herold machte ein giftgrünes Gesicht, wie es Wiener immer machen, wenn sie der Neid durchkocht. Der Herzog merkte es, hat noch mal in sein Staatssäckel gegriffen und ihm fünfzig Taler hingestreckt. Die waren nicht aus Gold.

Die alte Töle tritt auf

Im Absagebrief des Kurfürsten war dem Herzog eine Brücke gebaut worden: Er möge endlich den verruchten Grumbach an das Reich ausliefern und selbst Reue zeigen, dann sei sozusagen alles wieder in Butter.

Der Herzog war, wir wissen nicht, warum, vielleicht wegen seiner wilden Stunden mit den vier Engeln, vielleicht aus einem unendlichen Treuegefühl gegenüber dem alten Grumbach heraus, vielleicht gar aus jener wunderbaren selbstmörderischen Sturheit, wie sie manch deutschem Adelshaus eigen ist, nicht gewillt, diesen letzten Ausweg zu nehmen. Mit Hohn wies er ihn zurück.

Der Belagerungsring schloss sich um Gotha. Scharmützel allenthalben, Einfälle, Ausfälle, viel Mannestum und wenig Sinn darin. Der sächsische Kurfürst war kein schlechter Feldherr. Er spielte die Überlegenheit seiner Manpower aus, ließ die so genannten Blockhäuser bauen, riesige Holztürme, mit denen man immer näher an die Mauern heranrücken konnte, um sie zu untergraben und so zum Einsturz zu bringen. Vom obersten Stockwerk aus konnte man gleichzeitig auf das gemeinste über die Mauer schießen.

Der Kurfürst hatte an die 200 000 Säcke mit Mist, Stroh, Erde und Heu füllen lassen, auf Wagen geschichtet und so seinen Schanzarbeitern einen gehörigen Schutz geliefert. Ironisch meinte Grumbach: »Ich hab noch nie gehört, dass eine stattliche Festung mit Säcken erobert wurde.«

Da die meisten Kämpfer auf beiden Seiten unwissentlich die dritte Lautverschiebung mitgemacht hatten und somit, wenn auch in unterschiedlichen Dialekten, alle die gleiche deutsche

Sprache des Heiligen Römischen Reiches Deutscher Nation sprachen, hätte ein deutscher Homer seine große Freude gehabt, wie heldenhaft kühn sich Angreifer und Verteidiger vulgärste Wortgefechte lieferten.

Der Einzige, dessen dichterische Begabung ausgereicht hätte, sie als wunderbare Volkspoesie zu erkennen und aufzuschreiben, war Paul Töle, Gothas Stadtschreiber, der, die Historiker rätseln noch, vielleicht Paul Löber hieß (oder umgekehrt). In beiden Fällen war er ein ängstlicher Skribent, dazu ein arger Jammerlappen, weil er allein in Gotha zurückbleiben musste. Frau und Kind hatte er nach Weimar evakuiert.

Anstatt die geschichtliche Weltsekunde zu begreifen, die ihm von den Musen geschenkt worden war, sehnte er sich nur nach seinen Lieben. Das heute in weiten Teilen Deutschlands gebräuchliche Schimpfwort »Du alte Töle!« ist auf keinen anderen als ihn zurückzuführen.

Ein widerwilliges Gnadenwort für ihn: Er war der Einzige, durch den wir überhaupt etwas aus dem eingeschlossenen Gotha erfahren.

Die Wirklichkeit sieht betrüblich aus: Die Bürger unten in der Stadt sind gegen den Herzog. Und vor allem gegen Grumbach. Von draußen droht der Angriff, von drinnen der Aufstand. So weit haben es die Engelein gebracht, so uneinsichtig ließen sie den Herzog bleiben, verhinderten, dass er seine eigene Haut rettete und Grumbach auslieferte. Gott stand stur hinter den Engeln.

»Die Haut ziehen wir euch vom lebendigen Leib!«

Es kam der 30. Dezember 1566. Wieder ein Sonnentag. Wieder heftige Wortkämpfe auf den Wällen, von draußen nach drinnen, von drinnen nach draußen.

»Was wollt ihr mit eurem Grumbach? Wir schlagen euch tot, wenn ihr ihn nicht endlich rausgebt!«

»Wir kämpfen nicht für Grumbach, wir kämpfen für Gottes Wort!«

»Du Arschgesicht und Gottes Wort?«

»Was sagst du? Wiederhol's, und ich schieß dir deine Eier ab!«

»Haha, ich hab wenigstens welche, du Weibsgesicht, das einem jungen Puttenzauberer die Stiefel schleckt, hast keine mehr!«

Die Anspielung auf Hänslein, den Engelsseher, war gemein. Das wusste auch der kurfürstliche Spötter. Schon längst hatte sich das Vorurteil festgesetzt, dass die politischen Entscheidungen im herzoglichen Hause von einem Rotzjungen und seinen vier Engeln getroffen wurden.

Der angegriffene Verteidiger schoss, der Spötter lachte abschätzig, bevor ihm ein dünner Faden Blut aus dem Mund rann. Verdutzt schaute er erst nach unten, seine Schanzschaufel sank ihm aus den Händen, dann blickte er zum erschrockenen Schützen hinauf und fiel, wie in Zeitlupe, ganz langsam nach vorne.

Wütendes Schießen setzte ein. Die Gothaer duckten sich, hörten nur mehr das empörte Geschrei der Belagerer: »Die Haut ziehen wir euch vom lebendigen Leib! Ihr gottverfluchten Teufelsanbeter und Grumbach-Narren!«

Für all das hatte Paul Töle leider keinen Sinn. Er dachte, verängstigt in einer Mauernische hockend, nur an Weib und Kind in Weimar, verpasste so die Gelegenheit, weit vor Grimmelshausen ein gewaltiges deutsches Sittengemälde niederzuschreiben.

Oder hat er es getan, später in Weimar, oder wieder später in Göttingen, woselbst er auch Stadtschreiber war? Ist Paul Töle in Wirklichkeit die tragische Figur der deutschen Literatur? Hat er eifrig und wie im Fieber nächtelang vor seiner Tranfunzel gesessen und die wunderbarsten deutschen Sätze formuliert, aus dem Herzen geholt?

Hatte er der deutschen Sprache zu einer Höhe an Farbe, Direktheit, Unvergorenheit und zärtlichsten Zwischentönen verholfen, die sie nie wieder erreichte? Weil sein 500 Seiten dickes Werk von seinem schweinsköpfigen Sohn zum Feueranmachen benutzt wurde! Seite um Seite hat er zerknüllt, Seite um Seite die deutsche Sprache verkümmern lassen. So hat allein Töles Sohn jede Kritik, auch an der Prosa dieses Buches, zu verantworten.

»Die Braut, darum man tanzt«

Oh, du Paul Töle, du Übergoethe, dessen Chance, uns dichterisch zu höherer Wahrheit zu führen, in einem kleinen Ofen, in einer Bange machenden Behausung in einem unaufrichtigen Göttingen zunichte gemacht wurde!

Es blieben nur seine nüchternen Beschreibungen von den entscheidenden Monaten in Gotha im Frühjahr 1567.

Schon am 5. Januar musste demnach Herzog Johann Friedrich seine Soldaten an ihre Pflichten gegenüber seinem Hause erinnern, versuchte, es als Glaubenskrieg hinzustellen. »Hernach«, schreibt Töle, »als der Herr ausgeredet, hat Wilhelm von Grumbach auch angefangen zu reden und gesagt: ›Liebes Volk, ihr habt gehört, was der Herr euch angezeigt, aus was für Ursachen sich der Krieg entspinnt, und ich bin nicht die Braut, darum man tanzt, sondern es ist, wie gehört, des frommen Herren Willen und denselben um das Seine zu bringen. Was meint ihr, liebes Volk, ich bin ein alter 70-jähriger Mann, dass an mir so viel gelegen sei, darum glaubt's nicht und haltet mich entschuldigt.‹«

Grumbach wird dieser Satz noch übel in den Ohren klingen: »Ich bin nicht die Braut, um die man tanzt.« Ein schöner Satz, ein poetischer Satz, ein sprichwörtlicher Satz. Lassen wir Grumbach das Verdienst, ihn erstmals benutzt zu haben. Irgend etwas Positives muss auch sein Leben für die deutsche Sprache hergegeben haben. Er darf nicht nur als Landplacker und Bischofsmörder in die Geschichte zurücksinken.

Paul Töle kommt das Verdienst zu, diesen original Grumbachschen Satz der Nachwelt erhalten zu haben.

Über mehrere Seiten hinweg notiert Töle knapp die wachsende Verzweiflung in der eingeschnürten Stadt und den immer stärker werdenden Hass der Bevölkerung gegen die da oben auf Grimmenstein.

Weitaus ausführlicher schildert er eine zivile Mordtat, weil sie ihm anscheinend einen gleichfalls schreibenden Konkurrenten vom Halse schaffte – ein frühes Beispiel, dass für eifersüchtige Dichter selbst Gesellschaften in tiefster Not zur Nebensache werden: »Den 14. Februar ist Michel Sachs von Torgau, so in diesem währenden Krieg viele Schmähgedichte vom Kurfürstlichen gemacht, von Zacharias Langenhein in der Stadt mit einem Knebelspieß erstochen und folgenden Tag begraben worden. Obwohl dem Täter Malefizrecht daraufhin widerfahren sollte, so hat sich das Kriegsvolk des Vorteils nicht unterbinden wollen, denn im ganzen währenden Krieg kein Gestalt im Regiment je gewesen ist, ist doch gedachter Täter gefänglich gehalten worden, bis die Festung aufgegeben wurde, alsdann hat ihn ein Hauptmann Daniel von Waren auf Leben lang leibeigen genommen.«

Töles Freude ist mit Händen zu greifen, dass Langenhein davonkam, der Mörder seines Konkurrenten, dessen Schmähgedichte von bestechender Brillanz gewesen sein müssen.

Malefizrecht anzuwenden hätte für Zacharias die Tortur bedeutet, ein Strecken, Walken, Brennen und Stechen seines Körpers wäre das geworden, dass sein Geschrei für die Belagerer ein Bleichmacher gewesen wäre.

Der Mord, so soll es sein, war von Paul Töle in Auftrag gegeben worden. Diesen aus verständlicher literarischer Animosität verübten Mord würden deutsche Autoren des etwas kleiner und mehrmals unzurechnungsfähig gewordenen ehemaligen Heiligen Römischen Reiches Deutscher Nation gerne aneinander verüben, sobald das Umfeld wieder günstig ist.

Jedenfalls liegt der Knebelspieß als letzte literarische Waffe auf dem Bücherbord eines jeden Schreibers bereit.

Diese Abschweifung in die deutsche Literaturmordgeschichte kann nicht darüber hinwegtäuschen, dass es in Gotha brodelte.

Lästerliche Stimmen glauben zu wissen: Nie sei die Stadt lebendiger gewesen als in diesen Apriltagen auswegsloser Not. Nie mehr habe sie so mitreißend agiert wie an jenem 4. April 1567, als auch der letzte Bewohner von Grimmenstein mitbekommen hatte, dass ein Aufruhr bevorsteht.

Wodurch Hänslein weiterhin alle fest im Griff hielt. Am 3. April, 15 Tage vor der Hinrichtung Grumbachs und 17 vor seiner eigenen, erschienen die Engel Gottes den Bedrängten auf Grimmenstein zum letzten Mal, via Engelsseher. Danach kam es nur noch zu einer privaten Begegnung zwischen ihnen und Hänslein allein (wie unten noch mitzuteilen).

Trübe Stimmung herrschte. Junker Grumbach, vom Zipperlein ärger geplagt denn je, konnte sich kaum rühren. Der Herzog und die Herzogin: schweigsam. Elisabeth gelang es nicht, ihren Gatten umzustimmen. Sie hielt nichts von seiner hündischen Treue zu diesem Raubritter mit dem Blut eines Bischofs an den Händen. Diesem alten gichtigen Mann.

Von den Stadtmauern drang das pöbelnde Geschrei zwischen Verteidigern und Belagerern.

An diesem 3. April konnte Hänslein die Engel mit Händen greifen, so nah schwebten sie vor seinem Gesicht, in ihren weißen Gewändern. Dieses helle Lachen, das sie immer wieder anstimmten. Eigentlich unheimlich. Die blonden Locken, die feinen Fingerchen, in denen sie die weißen brennenden Kerzen hielten. Der gelb glühende Heiligenschein um ihre Köpfchen. Sie schwebten leicht auf und ab, um so Hänsleins Blick intensiver anzusaugen. Mit hellen, blechern klirrenden Stimmen sprachen sie zum letzten Mal durch ihn zu den Belagerten:

»Ihr denkt, dass ihr keinen Gott hättet. Doch Gott hat Hilfe zugesagt. Dies Versprechen wird er halten und euch nicht verlassen. Die Feinde mögen reden, was sie wollen. Deshalb verkünden wir: Gott wird die Stadt und das Schloss keine Not leiden lassen, so, wie er es zugesagt hat. Man kann sich auf Gott verlassen. Deshalb wird Gott auch eine Meuterei verhindern und so handeln, dass die Stadt mit Gott und dem Herzog zufrieden sein wird!«

Hänslein wiederholte Satz für Satz, was ihm die schwebenden Engel sagten. Die um ihn Sitzenden starrten angestrengt ins Eck, dorthin, wo Hänsleins Blicke hafteten. Sie sahen nichts, sie hörten nur diesen seltsamen, leiernden Ton, in dem Hänslein stets die Reden der Engel wiedergab, wie in Trance, aber das Wort kannten sie nicht, sie wussten nur, dass der Knabe außer sich war, wenn ihm die Engelein kündeten.

Die tröstlichen Worte des Himmels drangen nicht in die Stadt. Gothas Bürger beobachteten besorgt die Schanzarbeiten der Feinde, guckten verschreckt aus versteckten Löchern auf ihre gewaltige Überzahl, sahen die Körbe mit Erdreich davonschwanken auf Söldnerköpfen und ahnten, dass die Mauern nicht mehr lange standhalten würden. Dazu diese nervenzerfetzenden, wimmernd durch die Luft jaulenden Gesteinskugeln. »Große Stücke« nannte sie Paul Töle respektvoll. Irgendwo in der Stadt schlugen sie ein oder trennten einem Verteidiger, wie zum Beispiel am 23. Januar, den Unterschenkel ab.

Balthasar trifft ein anderes Volk

Hänsleins Klingeling-Engelein halfen nicht mehr, auch kein bedächtiges Wort Grumbachs. Mit Riesenschritten ging's dem Ende entgegen. Die Herren auf Grimmenstein schickten am 4. April 1567 ihren obersten Stadtkommandanten, den Oberst Balthasar Bayer, hinab, die soldatischen Gemüter zu beruhigen und die Bürger wieder an ihre Pflichten zu gemahnen.

Solange das unvergängliche Werk Paul Töles »Die getreue Freundschaft des Herzogs Johann Friedrich zum Landplacker und Raubritter Wilhelm von Grumbach« nicht wieder auftaucht, mögen die Worte seiner als Vornotiz für sein Riesenwerk gemachten Beobachtungen vermitteln, wie dieser Tag in Gotha ablief:

»Den 4. April hat man in der Stadt Gotha auf dem Schloss anzeigen lassen, dass ein jeder Knecht zu seinem Fähnlein an einen Sonderort sich verfügen sollte, daselbst verziehen und weiteren Bescheids gewärtig sein solle. Als sich ein jedes Fähnlein an seinem sonderlich Ort verfüget, ist der Oberst Balthasar Bayer in den Haufen getreten, hat einen Kreis schließen lassen und angezeigt: ›Ihr lieben Landsknechte und liebes Kriegsvolk, ich habe euch befehlich meines gnädigsten Kurfürsten und Herrn etwas anzuzeigen, derwegen bitt ich wohl darauf zu merken und mir gut Gehör zu geben.‹

Darauf das Volk antwortet: ›Ja!‹«

Oberst Bayer ermahnt die Soldaten, ihrem Schwur getreu keine Meuterei zu beginnen, zumal Johann Friedrich bereit sei, jedem ein Extrageld zukommen zu lassen. Er würde schon »hart und fest münzen lassen«.

Mangel an Proviant sollten sie ihrem jeweiligen Rottmeister melden. Der Kreis schloss sich enger und mürrischer um den Oberst. Erste Schweißperlen trotz des kalten Aprilwetters zeigten sich auf seiner Stirn.

Selten hat es eine intelligentere Soldateska gegeben als in diesem Gotha zu diesem Tag in diesem heute ach so fernen Jahr. Sie hatten keine Lust mehr, für die auf Grimmenstein zu kämpfen. Eine erstaunliche Erkenntnisleistung für Soldaten. Fallen sie, obwohl als Individuen reizende Burschen, gebündelt mit ihresgleichen überall auf der Welt und zu allen Zeiten sofort der kollektiven Blödheit anheim.

Oberst Balthasar Bayer sah in die abgemagerten Gesichter, versuchte herauszufinden, ob seine Unterführer diesen Haufen wirklich noch in ihrer Gewalt hatten, und war schon nicht mehr verdutzt, als ihm ein bis dahin völlig unbekannter Soldat antwortete. In seinen breiten Landsknechtsstiefeln, abgerissenem Wams mit dem schräg drübergeknöpften Lederriemen, stand er selbstbewusst vor ihm. Die Hakenbüchse, dieses gewaltige, unförmige, meist danebenschießende Mistding von einer Feuerwaffe, stützte er fest auf die Pflastersteine.

»Obrist Balthasar« sagte er, »habt Dank für Eure Worte. Wir werden einen Ausschuss bilden und Euch bald Antwort geben!«

Ein sensationeller Satz. Ganz nah war auf einmal Gotha an einer Räterepublik.

Die Gothaer Soldaten ließen Balthasar und seine Unterführer einfach stehen, sammelten sich an der entfernten Seite des Marktplatzes. Nur Getuschel war zu hören. Logisch, dass der unbekannte Hakenbüchsenhalter, der zuerst geantwortet hatte, ihr Ausschussführer wurde. Was folgte, wurde Gott sei Dank auch von Paul Töle festgehalten. Man sieht ihn nachgerade in seiner unauffälligen Art mit Federkiel und Papier zwischen Soldaten und aufgeregten Bürgern hin- und herschleichen, sich dabei manch gemeinen Spottruf zuziehend: »Na, Paule, verbreitest wieder Lug und Trug in unserer Stadtchronik?«

Der Chronist krakelte mit eingedicktem Hühnerblut. Sein Federvieh zu Hause sah wegen des dauernden Abgezapftwerdens sehr blass aus. In der von Töle mitgeschriebenen Rede zeigte sich ein explosiver neuer Gemeinschaftsgeist in Gotha. Den verlor die Stadt schon zwei Wochen später, als sie schleimig die Knie beugte vor dem als Sieger einziehenden Kurfürsten. Von diesem unwürdigen Fall hat sie sich, was den Bürgersinn betrifft, übrigens nie wieder erholt. Das berichten jedenfalls enttäuschte Abenteuertouristen, denen es jüngst gelang, sich nach Gotha durchzuschlagen.

»Herr Obrist«, begann nach Töles Aufzeichnungen jener Mann, dessen Name bis heute unterdrückt wird, »wir wissen gottlob gar wohl und genügsam, mit was Eide und Pflichten wir unserem gnädigsten Kurfürsten und Herrn zugetan. Auch auf was Weis' und was wir Seiner Fürstlichen Gnaden geschworen. So wisst Ihr selbst, wie man die Zeit hier mit uns umgegangen und dass wir armen Leute auch diesen Winter schier erfroren, so kriegen wir auch itzo nicht halb satt zu essen. So gibt man uns auch kein Geld, welches uns fürwahr ganz beschwerlich sein will.«

Der Redner macht eine Pause. Hier folgen wir der späteren Ausarbeitung Töles in seinem unvergänglichen deutschen Gipfelwerk »Die getreue Freundschaft des Herzogs…«. Auch er macht an dieser Stelle eine dramaturgisch unübertrefflich gesetzte Pause, um die Pose des Redners zu beschreiben.

»Wir wollen Grumbach!«

Der hatte ein lächelndes Gesicht, hübsch sah es aus, obwohl es wirklich vom Fleisch gefallen war, aber ihm standen die rausgehobelten Wangenknochen, die tief liegenden Augen bannten die Zuhörer mit ihrem dunklen brennenden Schein. Seine linke Hand hielt fest und sehnig die Hakenbüchse. Mit der Rechten untermalte er in kühnen Bögen seine Rede, die Volk und Soldaten wiederholt zu beifälligem Geschrei mitriss.

»Über dieses alles«, fuhr er in schärferem Ton fort, »müssen wir Tag und Nacht über uns ordentliche Wache am Wall arbeiten.« Wieder machte er eine Pause. Töle verschweigt sie, aus nahe liegenden Gründen, macht doch dem Redner ein Zwischenrufer die von ihm geplante rethorische Klimax kaputt, weil er dazwischengrölt: »Wir wollen Grumbach!«

Der unbekannte Redner bringt ihn mit einem verärgerten Blick zum Schweigen, nimmt seine Rede wieder auf, den Bariton zum Tenor hebend: »Und wenn wir armen Leute alsogleich alles getan, was wir tun sollen, so werden wir von äußeren Feinden für grumbachsche Zauberer, Straßenräuber, Schelme und Bösewichter gescholten.«

Großes Geschrei unterbrach den Redner. Die Wut der Gothaer Bürger und Soldaten bricht sich Bahn. Wieder schreit der Pointenkiller »Wir wollen Grumbach, die Braut!« Er wird von mehreren lautstark unterstützt.

Übertönt werden sie von der Stimme des unbekannten Räterepublikaners: »Und ob wir wohl gedacht, der Krieg sei um unseres Herrn und das Wort Gottes Willen zu tun, wie man uns angezeigt, so schreien unsere Feinde viel anders zu und sagen, da wir Grumbachen hinaus tun und samt seiner Grumbachgesellschaft, so soll der Krieg aufgehoben und ein Ende haben. Grumbach gehe dieser ganze Krieg an und den frommen Fürsten gar nicht.«

»Nein, den frommen Fürsten gar nicht!«, schrien die Leute und meinten damit Johann Friedrich den Mittleren, der oben auf Grimmenstein besorgt den Ausgang des Treffens drunten in der Stadt erwartete. Grumbach saß neben ihm. Ruhig, gefasst. *Noch* gefasst, muss in Kenntnis seiner allernächsten Zukunft angefügt werden, in der er sich eines für Raubritter unverzeihlich feigen Benehmens schuldig machen wird.

Drunten auf dem Marktplatz ging es um ihn. Schrie der sympathische Erneuerer der Gesellschaft, von dem man nie mehr etwas gehört hat, nur Paul Töle hat sein weiteres Leben erforscht und in einem Kapitel seines Riesenwerkes »Die getreue Freundschaft des Herzogs ...« verarbeitet.

Danach handelte es sich beim Redner um einen von Graf Hardenberg linker Hand gezeugten Balg, der auf Grund seiner adligen Mutter eine erstklassige Erziehung erhielt, sich jedoch, statt zu reiten, zu fluchen, zu saufen und zu huren, in Gesellschaftswissenschaften vertiefte. Er war, glaubt man Paul Töle, einer der ersten Soziologen, der sowohl das Wesen der Bürokratie in Zeiten gesellschaftlicher Wirrnis erforschte als auch »Die Panik als belagerungsspezifisches Phänomen« – so der Titel seiner verschollenen Schrift – beschrieb, von Paul Töle leider in der Manier eines Bert Brecht ausgeschlachtet, die als reif für den Knebelspieß beschrieben werden muss.

Dieser Hardenberg linker Hand starb übrigens, indem er freiwillig hinter Bad Feilnbach unterhalb des Wendelsteins ins Moor ging. In einer Vollmondnacht. Er soll, so die ihn beobachtende Bergbäuerin Marlene, deren ewige Sehnsucht nach flachem Land unerfüllt blieb, einen Packen Papier mit sich genommen, dazu auf den Rücken drei riesige, runde Steine geschnallt haben, um seinen Untergang abzusichern.

Noch heute glucksen und blubbern lebendig Teile des Moores. Eine Suche nach Hardenbergs genialem Balg – im Auftrag der Stadt Gotha, die in seinem Fall alles gutzumachen hat – wäre wünschenswert.

Damals, weit weg vom Feilnbacher Moor, gut bei Stimme und bei bestem Verstand, redete der Hardenberg'sche Bastard in präzisem Stakkato weiter: »Wollen wir aber mit Grumbach fortziehen, werden sie reinkommen und alles totstechen, was sie finden, Weiber, Kinder, Güter, alles preisgeben, weil wir es nun wissen, dass dieser Krieg nicht den Herrn, sondern Grumbach betreffe, und müssen nicht allein in Todes- oder Leibesgefahr stehen, sondern man soll noch Weib, Kinder, Güter verlustig sein …«

Der Lärm der ebenso verhungerten wie fiebrig begeisterten Gothaer unterbricht ihn, es ist wie ein einziger »Tor!«-Schrei.

Oh, wenn sein Vater ihn sehen könnte, der ihn so lüstern gezeugt und so schmählich verlassen hat! Einer der Nachfahren dieses sorglosen Sünders versuchte, in Preußen durch die so genannten Hardenberg'schen Reformen den Makel seiner Sippe zu tilgen.

Stolz war er in diesem Augenblick mitten in Gotha, der junge Hardenberg, die Augen glühten, beinahe bekam er etwas Teuflisches, als er fortfuhr, die tobende Menge übertönend und zur Stille zwingend: »Wie wir denn alle an Schaden genugsam gelitten …«

Eine letzte, wunderbar gesetzte Pause, Paul Töle der Magiker hat in seiner stupenden Penibilität dafür gesorgt, dass der Leser an dieser Stelle die Seite umblättern musste, um die entscheidenden Worte Gerold von Hardenbergs zu finden: »So wollen wir Grumbachen haben! Samt Wilhelm von Stein und seiner Gesellschaft! Und dieselbe hinaustun.«

Wieder übernimmt die Menge das Ruder, schreit: »Gebt Grumbach heraus! Wir wollen Grumbach!«

Balthasar Bayer schwitzt und zittert, seine Unterführer haben sich eng um ihn geschart. Unversehens heben zwei Soldaten den Redner auf ihre Schultern. Alle überragt er, als er, aller Hardenbergs wirklich einziger großer Sohn, seine ultimative Drohung donnert: »Will man sie uns geben, wohl und gut! Und wenn nicht, wollen wir sie finden!«

»Die Braut muss heraus!«

Ein Tumult setzt ein, ein lebendiges menschliches Gewoge, Gothas stärkste Augenblicke, vergangen, vergilbt, von den Nachfolgern vergeigt.

Das Geschrei erstirbt.

Gerold von Hardenberg springt herunter, direkt vor die Füße Balthasar Bayers. Leise und doch von Töle abgelauscht, zischt er ihm den letzten Satz zu: »Möget ihr solches dem Herrn wieder anzeigen!«

Das Geschrei aus der Stadt hat auch die oben im Schloss liegenden vier Fähnlein rebellisch gemacht. Sie versagen Balthasar Bayer nach dessen Rückkehr den Gehorsam.

Er drohte zwar: »Wenn ihr nicht folgt, werden wir euch mit Pech und Schwefel verbrennen.«

Aber die Soldaten hatten genug, bildeten ihrerseits einen Ausschuss, stellten die Verbindung zu von Hardenberg und seinen Kumpanen her, waren sich sofort einig und schrien ihre einzige Forderung: »Die Braut muss heraus!«

Von allen Seiten der Stadt brandete der Ruf hinauf zum Grimmenstein. Der Herzog, der Grumbachs Ausspruch nicht kannte, wusste sich keinen Reim auf die sexuellen Gebräuche seiner Gothaer zu machen: Dass eine übervolle Stadt nach einer Braut schreit, empfand er als schamlos.

Übrigens eine jener Passagen, in der Paul Töle wagemutigen Witz in die schreiberische Waagschale warf und eine unvergängliche Perle deutschen Humors schuf, Jean Paul schon vorab mühelos übertreffend, eine Perle, an der, ach, so viele deutsche Nachfolger hätten lutschen können. In zwei Jahren wird es nach dem Fund seines göttlichen Werkes »Der raubende Ritter und sein wankelnder Herzog« wenigstens für zeitgenössische Dichter nachzuholen sein.

Das wütende Volk zieht mit den durch Hardenbergs Unehelichen stark ermutigten Soldaten zum Schloss hoch.

Der vergebliche Versuch, das Tor zu verrammeln, misslingt unter der Drohung, es aufzubrechen.

Das Volk dringt ein.

Für Grumbachs fest gefügtes Gesellschaftsbild eine Katastrophe.

Er war mit Leib und Herz und Zipperlein ein rechter Adliger, nicht unsympathisch, ein bisschen mörderisch, ein bisschen diebisch, ein bisschen gebildet. Ihm muss das Eindringen dieser Horden ohne Stammbaum und Fehdebrief ein Gräuel gewesen sein, es machte ihn, wie angedeutet, kurzfristig zum kopflosen Schwächling.

Er hört die wütenden Rufe: »Wir wollen die Braut, oder wir hauen und brechen alles in Stücke!«

Sie stürzen in den großen Audienzsaal des Herzogs. Eine Tür öffnet sich, und Johann Friedrich der Mittlere tritt ein. Die Soldaten und Bürger stoppen auf heißen Schuhsohlen, die sich ins eichene Parkett fräsen. Zwischen ihnen, schattenhaft krümelig: die alte Töle.

Der Herzog! Der Herrscher! Ihr Herr!

Was folgt, macht den Mittleren für kurze Zeit zum Großen. Töle hat seine Worte notiert.

»Gewährt ihr mir Gehör?«, fragt er mutig in die Stille, mit einer Stimme, die überraschend angenehm klingt. Hat ihn die tödliche Gefahr schlagartig zum reifen Mann gemacht?

»Ja«, antwortet der Hardenberger.

»Ich bitt euch, mir 14 Tage Bedenkzeit zu geben. So will ich der Sachen recht tun und euch alle zufrieden stellen.« Kein schlechter Anfang: Auf Zeit spielen, das Volk hinhalten, von irgendwo wird Rettung kommen.

Das Volk murrt, schaut auf seinen neuen Anführer, der haut

seine Hakenbüchse in den kostbaren Boden, schüttelt den Kopf und begehrt trotzig: »Wir wollen die Braut! Da wird nit anders draus!«

Der tapfere Herzog wird feig

Er geht einen Schritt auf den Herzog zu. Das Volk rückt nach. Und erlebt, dass der vorübergehend Große nicht mal mehr der Mittlere war, nur noch eines von jenen vielen feigen »Weicheiern« (von Töle erstmals im Hauptwerk verwandt!), die eigentlich nichts in der Führung eines Staates zu suchen haben und sich dort dennoch seit Jahrhunderten dummdreist tummeln.

Johann Friedrich streckt den Arm abwehrend aus, die Eindringlinge bleiben wieder stehen, der Herzog – schon ist das Angenehme aus seiner Stimme geschwunden – keift: »Gebt mir nur acht Tage Zeit, so will ich Grumbach von mir tun.«

Er blickt in die Runde, die gut 200 Aufrührer schütteln wie auf Kommando stumm die Köpfe, bewegen sich wieder auf den Herzog zu. Beide Hände streckt der dagegen aus, das Volk stoppt wieder, der Herzog schrillt: »Einen Tag! Gebt mir einen Tag!«

Das Volk lacht, schreit: »Nein, das kriegt Ihr nicht!« und schreitet wieder vorwärts in Richtung Seiner Fürstlichen Gnaden.

»Einen halben Tag! Bitte nur einen halben Tag«, winselt der, macht sich dadurch vor der Nachwelt, insonderheit vor seinen beiden Söhnen, die später davon erfuhren, außerordentlich lächerlich.

»Nein!«, wütet die aufrührerische Gemeinschaft wie die Furien in Glucks entsprechender Oper und lacht auf, als das letzte Stammeln ihres Herrn rauskam: »Gebt mir eine Stunde, eine halbe Stunde, bitte!«

Das Lachen erstarb ihnen, als sie die Begründung des Herzogs hörten: »Meine Fürstliche Gnaden haben nicht einmal Mahlzeit gehalten! Ich will nur zuvor ein bissel essen.«

Ein Spruch, der sich als Familienspaß in der Ernestinischen Linie gehalten haben soll. Wann immer etwas Unvorhergesehenes passiert, ein uneheliches Kind, ein verlorener Krieg, ein geplatztes Testament, ein aufgeklärter Mord an den eigenen Eltern, sagen die Ernestinischen, mal lustig, mal ironisch, mal sarkastisch, mal verbittert zueinander: »Wolltst nur ein bissel essen, was?!«

Die Eindringlinge empfanden das Verhalten Johann Friedrichs als schmählich.

»Wir woll'n die Braut, wir woll'n die Braut!«, schrien sie aufs Neue, rannten am zitternden Herzog vorbei und begannen das Schloss zu durchsuchen.

Zunächst ergreifen sie Oberst Brandenstein, stoßen ihn mit Gewehrkolben hinab ins Rathaus, wo sie ihn anketten.

Dann fangen sie Hänslein, den Engelsseher, der seinen letzten, erschütternden Auftritt hat, für alle zumindest, die an ihn glauben.

Die ihn am Rockzipfel erwischten, glaubten nicht an seine Visionen. Paul Töle schreibt: »Kommt Grumbachs Junge gelaufen mit Namen Hänsel Tausendschön, so mit der Zauberei umgegangen, und wie sie des inne werden, greifen sie den an und führen ihn auch hinunter und stecken ihn in den Pfordtturm und schmieren ihn unterwegs und sagen, bist du der Weissager? Weissage uns, wer schlug dich? Wo ist dein Herr, der alte Schelm? Er hat aber nichts wissen wollen, sich hernach geduldig führen lassen.«

Wie ergreifend liest sich die gleiche Stelle in Paul Töles großer Abrechnung mit seiner Zeit, wenn er in seinem nicht mehr lange verschollenen Hauptwerk ergreifend beschreibt, wie sie den nunmehr 16-Jährigen durch die Gänge schleifen, ihn immer wieder von hinten schlagen und höhnisch fragen, wer's gewesen sei. Hänslein bewahrt, im Gegensatz zum Herzog, Würde.

Vielleicht getröstet durch die Engel, vielleicht auch gelassen aus der Sicherheit heraus, die ihm die letzte Engelserscheinung an diesem Morgen gebracht hatte. Sie kamen zu ihm ans Bett, weckten ihn mit ihren weißen Stäben, alle vier zugleich, sie kitzelten ihn, er musste lachen, sie kicherten auch, er richtete sich im Bett auf, die Engel schwebten wie üblich einen Fußbreit über dem Boden, die Flügel leicht schwingend, der Luftzug streifte wieder sein Gesicht.

»Was gibt's?«, fragt Hänslein schlaftrunken.

Das zweite Engelchen von rechts lacht auf: »'s gibt nicht mehr viel für dich!«

Die anderen lachen auch, lauter, es klingt wie das Geläut kleiner, schnell schwingender Glocken.

»Red nicht rum!«, raunzt Hänslein und ist hellwach. Eine Ahnung schleicht ihm ins Herz, irgendwie sind sie heute anders, die gefiederten Luderchen, die ihn seit vier Jahren begleiten.

»Wirst nimmer lang leben auf Erden, kommst zu uns, schwebst mit uns, 's wird lustig«, reden sie durcheinander.

Hänslein ist baff. »Aber gestern habt ihr verkündiget, es gehe alles gut aus. Der Kurfürst würd' sterben, der Herzog würd' Kaiser, und mein Junker kriegt all seine Güter wieder!«

Die Englein kichern wieder wie die kleinsten Glocken so hell, eines von ihnen wird ernst: »Der liebe Gott hat sich's anders überlegt. Möcht doch nicht gut sein mit dem Herzog als Kaiser und dem Grumbach als unschuldigem Ritter. Hat uns einen Bischof ermordet!«

»Hälschen ins Strickchen«

Hänslein schaute die Englein an, zischte: »Ihr Lügengezücht! Sagt eurem Gott, er ist ein Wankelmütiger, er ist ein Verlorener! Er ist nicht, was er vorgibt zu sein! Euer Gott ist ein Lump, ein Lump, ein Lump...«

Dazu haut er mit den Fäusten auf die Bettdecke. Hemmungslos weint er los. Die Engelein werden ob Hänsleins Blasphemie blass. Ihre Flügel schlagen aufgeregt. Sie schweben schon zehn Fuß über dem Kammerboden. Eines haut sich soeben den Kopf an der Decke an, klagt »Autsch!« und wirbelt sich ein bisschen nach unten.

A capella singen sie darauf, können ein triumphierendes Lächeln nicht unterdrücken: »Wer an uns zweifelt, lebt, wer uns verteufelt, lebt nicht lang, wer an Gott zweifelt, tut gut daran, wer an Gott glaubt, ist besser dran, wer Gottes Bote ist, oh Hänslein klein, dem schnürt das Leben gern das Hälschen ein!«

Sie lachen auf, schwirren in wilder Choreographie durch die Schlafkammer, drehen Pirouetten, umgaukeln einander, fassen sich an Händchen und Füßchen, wiederholen grinsend: »Dem Hänslein sein Hälschen, dem Hälschen das Hänslein, dem Strickchen das Hälschen des Hänslein, Gott ist größer, weil er schwankt, weil er schwebt, weil er feigt, wenn's brenzlig wird, deswegen: Steck dein Hälschen ins Strickchen, oh Hänslein.«

Ein wild geschleudertes Kissen von Hänslein lässt die vier Engel aufschreien, swutsch, sind sie verschwunden.

Vier Federn schweben langsam zu Boden. Ist schon recht, denkt Hänslein, wieder der blöde Trick mit dem Holz. Siehe da, die Federn bleiben Federn, bilden auf dem Boden einen Kreis. Hänslein steht auf, kniet nieder. Wie eine Schlinge, denkt er und weiß, dass er nicht mehr lang leben wird.

Das macht ihn ruhig, jetzt, wo sie ihn vor sich herschubsen. Er biedert sich nicht an, er will nicht »ein bissel essen«, er lässt sich schlagen und in Ketten legen. Ein Irrläufer seiner Zeit, jeder Zeit.

Wo sein Herr Wilhelm von Grumbach sei, verrät er nicht. Vielleicht war er es selbst, der den alten Mann zu einem Versteck überredet hat, in dem ihn so schnell keiner findet.

Schloss Grimmenstein brummt. Töle schreibt: »Indessen fahren die andern immer fort und wollen nicht nachlassen, sondern die Braut haben. Und weil der Herr [der Herzog] in eigener Person unter der Tür steht, bittet und stöhnet, dieweil laufen die andern den Wendelstein beim Keller hinauf und ins Fürstengemach, tun die Schreibstuben auf, darinnen steht der Kanzler Christian Brück. Hebet einer an: Heraus Kanzler! Sagt der Kanzler: Gemach! Ich bin nicht Grumbach. Ich bin auch kein Ächter. ›Schadt nichts!‹, sagen sie, ›heraus, immer heraus!‹ Und wie er nicht flugs gehen will, läuft ein Bauersmann hinein, eine kleine Person, und sagt: ›Fort, Kanzler, fort!‹ Und stößt ihn mit der Büchsen in die Seiten. Sagt: ›Gehe! Herzog Hans Wilhelm wird dir schon sagen, was du getan hast!‹ So führen sie den guten Herrn auch dahin zum Rathaus und lassen ihn daselbst aufbewahren.«

Fehlt ihnen noch Wilhelm von Grumbach, die gichtige Braut! Der Raubritter und Bischofsmörder von Würzburg.

Ach, Grumbach, du Freiheitsdurstiger, wer hat dich in dieser Stunde so schwach gemacht?

Jahrelang hatte er durchgehalten, hat gelitten, intrigiert, überfallen, vertuscht und gemordet, war treu und untreu zugleich, liebte die Seinen und ließ sie verkommen, alles muss ihm durch den Kopf geschossen sein, als er das Geschrei treppauf, treppab hörte, mal lauter, mal leiser: »Wo ist die Braut? Wir woll'n die Braut! Wir woll'n tanzen mit der Braut, ein letztes Tänzchen mit der Braut!«

Er schwitzte, er schüttelte sich in Panik, das war sein Leben – gejagt vom Volk! Verlacht, verhöhnt, verachtet, er, ein Grumbach, ein Edler der fränkischen Ritterschaft. Ist das die Erfüllung des Satzes, dass aus ihm etwas Großes würde – oder eine große Gefahr für das Reich, damals, beim Bischof von Würzburg als Page?

Er hinkte hastig von Zimmer zu Zimmer, verscheuchte Mägde, die hilflos umherrannten oder neugierig auf den Schlosshof starrten, auf dem sich die Gothaer Bürger drängten und nach der Braut schrien.

Er hastete in einen Raum, schloss die Tür, man hörte es drinnen ziehen und schnaufen, drücken und seufzen, zuletzt Stille.

Armer Grumbach, nie auf dieser Welt warst du wirklich allein.

Immer beobachtete dich irgendwer. Diesmal war es Anna, die bestgebaute Anna, die vergeblich mit Hänslein geflirtet hatte, dafür um so mehr den geilen Kanzler Brück leiden ließ, sie hatte sich hinter einem schweren Vorhang versteckt, als die Tür aufging, atmete befreit auf, es war nur der alte Grumbach, der mit furchtsam rollenden Augen hereintrappelte und sich umschaute im Gemach einer Vertrauten der Herzogin Elisabeth.

Anna musste grinsen, als sie durch den Vorhangspalt verfolgte, wie sich Grumbach ächzend versteckte. Sie wartete, bis er es geschafft hatte, schlich dann auf leisen Sohlen aus dem Zimmer. Kicherte draußen laut los, in Szenen wie diesen muss ein Mädchen kichern, also kicherte Anna, freute sich über das, was sie wusste und was sie gegen gehörigen Lohn zu verraten gewillt war.

Zum dritten Mal jagte ein Suchtrupp den Gang entlang, schrie nach der Braut. Die Männer entdeckten Anna, in ihrem knöchellangen Gewand, mit den aufreizend hochgebundenen Brüsten im engen Mieder, die weißen Arme entblößt, die Haare im langen Zopf nach hinten, Hänslein, warum hast du sie verschmäht? Dich hätte sie nicht verraten.

Ein peinliches Versteck

Sie tritt der suchenden Schar entgegen.

»Ihr sucht die Braut?«, ruft sie schnippisch. Die Männer bleiben stehen.

»Willst du sie sein, so komm mit mir ins nächste Zimmer!«, ruft einer lachend, die anderen stimmen ein.

»Mit dir Böckchen nimmermehr, da krieg ich ja die Krätze!«, antwortet Anna kess, nicht ahnend, dass sie mit »Da krieg ich ja die Krätze« einen weitum gebrauchten Spruch in die deutsche Sprache setzte. Töle muss ihn gehört haben.

Die Männer lachen.

»Du freche Dirn«, ruft einer, »bei mir kriegst statt Krätze fette Kinder!«

»Will ich nicht«, antwortet Anna, »hab meine Brüste nicht für fette Kinder, sondern für sanfte Finger.«

Obwohl sich dieser Satz nicht im Volk durchsetzte, weil sich die protestantische Kirche heftig dagegen verwahrte, hatte er bei seinem erstmaligen Gebrauch den Effekt, dass auf dem Gang vor dem großen Gemach, in dem sich Grumbach versteckt hatte, eine laszive Stimmung ausbreitete.

Anna, sie ahnte es, war zu weit gegangen, die Männer, den Winter über hungrig, verzweifelt, zermürbt, waren drauf und dran, ihre letzten Lendenkräfte, stürmisch, unerlaubt in sie zu verströmen, Anna bekam Angst, sagte schnell: »Ich wüsst, wo ihr die Braut findet!«

»Sag's sofort, sonst bist du dran!«, schreit einer, die anderen drängen sich näher an Anna heran. Anna drückt zwei Finger auf ihre Lippen, macht »Pssst!«

Die Männer verstummen. Anna winkt ihnen, dreht sich um, schleicht langsam zur Tür des großen Gemachs, die Männer folgen ihr gespannt. Nur aus der Ferne, aus anderen Schlossgängen, hört man Rufe nach der Braut herübertönen.

»Da drin«, flüstert Anna, »da drinnen wartet die Braut!« Sie öffnet die Tür, tritt zur Seite, mit großem Hallo stürmen die Männer ins Gemach. Anna folgt nach, schaut ihnen zu, wie sie den großen Raum mit seinen verschiedenen Ecken und Möbeln durchsuchen. Das große Geschrei ebbt ab, die höhnischen Rufe »Na, wo ist unser Bräutchen?« werden immer leiser.

»Du hast uns belogen, Schlampe!«, schreit einer Anna an.

»Sie legt uns rein, wir dringen in sie ein!«, sagt ein anderer, und schafft auch hier wieder – derber Volkshumor – einen Satz, den Paul Töle, stilsicher variiert, in seinem Epoche machenden Werk eingesetzt hat.

»Untersteh dich!«, schilt ihn Anna überlegen, »so seid ihr Männer: dumpfrossige Beschäler, aber nichts im Kopf, nicht einmal Augen!«

»Halt dein loses Weibermaul!«, verliert einer jegliche Contenance, die man bei Schlossstürmern hinwiederum kaum erwarten kann. »Sagst du nicht gleich, wo sich der alte Grumbach versteckt, lassen wir dich in Eisen schlagen. Nackt!«

Unterstützendes, nachgerade geiles Gemurmel der anderen, schweinische Bilder haben sie im Kopf, etwas, was sich leider bei der Gothaer Stadtbevölkerung nach Aussagen von Psychologen bis heute erhalten hat, hier wurde der Anfang gesetzt, durch Annas erotisches Spiel mit der Gefahr.

Sie wusste, jetzt musste sie die Wahrheit sagen. Wieder legte sie die Finger auf ihre Lippen, machte »Psst«, schlich auf Zehenspitzen zu einem Wandbett, deutete verschmitzt auf den Kasten darunter, in dem das Bettzeug untergebracht ist, und flüsterte: »Da drinnen liegt die Braut.«

Vielleicht war es der Hardenberg'sche Balg selbst, das ist nicht erwiesen, auch Töle schweigt dazu in seinem überschäumenden Roman über diese Jahre als Spiegel von Vergangenheit und Zukunft Deutschlands.

Hardenberg brachte das auftönende Siegesgeheul seiner Kumpane zum Schweigen. Er kniete nieder und mit dem von den anderen lautstark mitskandierten Satz »Ja, wo ist sie, ja, wo ist sie, die schöööne Braut?« zog er langsam den schweren Bettkasten auf.

Zentimeterweise gelangte vor die Augen der Erstaunten das erbärmliche Bild eines gequetschten Raubritters. Blöde starrte er aus rotem Gesicht, versuchte, Würde zu zeigen, was ihm nicht gelang. Zu komisch lag er drin, der alte groteske Mann.

Mit großem Geschrei ward er gepackt und aus dem Kasten gerissen, nein, sie gingen nicht sanft mit ihm um, sie fesseln ihn, schlagen ihn, Grumbach kann nicht gehen, sie legen ihn auf ihre Hakenbüchsen und tragen ihn den Schlossberg hinab, eine schwere Last, Sieg macht Männer stark. Im Rathaus legten sie ihn in Ketten.

Am 14. April 1567 öffnete die Stadt ihre Tore. Am 15. machten die Bürger ihren Fußfall vor dem einziehenden Kurfürsten. Was mit Herzog Johann Friedrich geschah, beschrieb Paul Töle in der ihm eigenen kunstvoll verhaltenen Stadtschreiberart:

»Den 15. April ist unser lieber frommer Landesfürst Herzog Johann Friedrich zum Mittag aus Seiner Fürstlichen Gnaden Festung Grimmenstein geführt worden. Er wurde in einer Kutsche, die mit vier schwarzen Pferden in schwarzem Geschirr bespannt und mit schwarzem Tuch bedeckt war, von Gotha nach Dresden, ferner nach Wien gefänglich gebracht.«

Durch eine Kutschenscheibe lugt das bleiche Gesicht des 40-jährigen Herzogs, der kurz zu seinem Schloss Grimmenstein blickt, das er nie wieder sehen wird. 28 Jahre Gefangenschaft stehen ihm bevor. Sterben wird er 1595 im oberösterreichischen Steyr. Vergessen. Unbetrauert.

Der Kurfürst genießt die Folter

Vielleicht denkt er beim Wegfahren an Hänslein und seine Engel, die ihm alles eingebrockt haben, lässt vielleicht auch einen Gedanken an Grumbach zu, fragt sich, warum er dem alten Mann so stur die Treue gehalten hat, bevor er durchs Stadttor hindurchfährt und die intensivste Zeit seines Lebens hinter sich lässt.

Für die Gefangenen begann die Tortur. Im Namen des Heiligen Römischen Reiches Deutscher Nation rissen zwei Henkersgehilfen Wilhelm von Grumbach von der Pritsche hoch. »Komm, Alter, jetzt wird's peinlich«, spöttelte der eine.

Sie führten Grumbach, der sich wieder in der Gewalt hatte, dem die tiefe Scham über sein Verstecken im Bettkasten die alte Kraft wiedergegeben hatte. Oben auf Grimmenstein, wohin er gebracht worden war, kamen sie in einen großen Kellerraum, der durch einen langen grünseidenen Vorhang in zwei Hälften unterteilt war.

An einem Tisch saßen die beiden Sekretäre Johann Ihenitzschen und Valerio Crako, die beauftragt waren, die Fragen an Grumbach zu richten. Daneben saßen, wie es das damalige Gerichtsverfahren verlangte, zwei Notare namens Abraham

Dantzer, Amtsschreiber, und Justinus Menius, Collector zu Gotha.

Was das Verfahren sehr fadenscheinig machte, war das vom Marktplatz dringende Hämmern und Sägen: Dort unten wurde neben dem Galgen eine Art Fleischbank gezimmert, sollte das Urteil »Vierteilen« oder »Rädern« lauten.

Vor dem Tisch mit den Beamten war eine aus salzgehärteter Eiche perfekt zusammengesetzte Streckbank. Über die Decke lief ein Balken, an dem mehrere Seile hingen. Auf dem Boden lagen schwere Eisenkugeln mit Ösen daran, die Kugeln in verschiedenen Größen. Im Hintergrund ein Feuer, in dem schon einige Eisen glühten.

Das Verhör konnte beginnen, nein, man musste etwas warten. Grumbach lag zur ersten Streckung schon nackt auf der Bank, die Arme über den Kopf gefesselt und das Seil schon ins Rad gespannt, die Füße in zwei Eisenschnallen verankert, damit sie nicht nachgaben, wenn der Henker das Rad drehte, mit dem er langsam die Hände und Arme des Angeklagten in die Länge zog.

Hinter dem Vorhang war Geraschel und Räuspern zu hören, er teilte sich in mehrere Teile, schmale Lücken lassend, Grumbach konnte nicht sehen, wer dort saß, vielleicht erfuhr er es vor seiner Hinrichtung vom Henker selbst: Es war neben dem Bruder seines Herrn, Herzog Johann Wilhelm, auch der sächsische Kurfürst selbst, ein Sadist, den August der Starke hoffentlich enterbt hätte.

An diesem ersten Folternachmittag, Montag, dem 14. April 1567, wuchs der 63-jährige Wilhelm von Grumbach ab 16 Uhr über sich hinaus. Mit 1,70 Meter Körpergröße war er auf die Folterbank geschnallt worden. Vier Stunden später verließ er sie mit einer Länge von 1,80.

In diesem beißenden Sarkasmus ist Paul Töles großartige Abrechnung mit der Folter gehalten, nachzulesen in seinem verschollenen Werk »Ein kluger Räuber im Hause des täppischen Herzogs«. Auf ergreifende Weise, voll derben Humors und zutiefst doppelbödig, lässt Töle im kleinen Grimmensteinschen Folterkeller ein unheimliches Deutschland erstehen, das sich nie wirklich von der Folter befreien und die Zukunft mit dem Geschrei der Gequälten beleidigen wird.

Der alte Raubritter wurde pro Frage gemäß den Vorschriften penibel gestreckt. Es gab Dutzende von Fragen zu beantworten. Vor allem ging es um den Mord an Bischof Melchior, um den geplanten Überfall auf den sächsischen Kurfürsten hinter dem Vorhang, um die vom Adel verfolgten Ziele einer wieder reichsunmittelbaren Ritterschaft, weniger um die raubritterliche Großtat seines Überfalls auf Würzburg.

Am nächsten Tag fesselten die Folterknechte Grumbachs Hände nach hinten, beschwerten seine Füße mit schwerer werdenden Eisengewichten und zogen ihn mehrmals für die Dauer verschiedener Vaterunser auf. Der Gichtschmerz wurde von ungeahnten Schmerzen überlagert. Zwischendurch fiel Grumbach in Ohnmacht, musste zur Erde gelassen und mit kaltem Wasser ins peinliche Verhör zurückgebracht werden.

Es war kein ästhetischer Anblick, den der alte Raubritter bot, als er Namen von Raubkomplizen preisgeben sollte und mit glühenden Zangen gezwickt wurde, zunächst in seine von langen weißen Haaren umwachsenen Brustwarzen, danach in die leichten Fettpolster oberhalb seiner Hüften, zum Schluss, er wurde deshalb extra auf den Bauch gedreht, in die lasch und faltig gewordenen Pobacken und Kniekehlen.

Für den sadistischen Kurfürsten eine prächtige Unterhaltung.

Grumbach hielt sich, abgesehen von notwendigem, aus gemeinstem Schmerz geborenem Schreien und Stöhnen, beachtlich. Weil er einer der letzten Raubritter war, konnte sein Verhalten unter Folter leider nicht stilbildend wirken.

Jahrhundertelang war er Mythos, der erst im 19. Jahrhundert zu verblassen begann.

Grumbach lag im Verlies auf Grimmenstein. Er blutete, konnte weder sitzen noch liegen, noch stehen. Gehen war unmöglich geworden. Lindernde Salben waren verboten. Wie die Justiz es befahl, bestätigte er in seinem gütlichen Nachverhör die unter der Folter gemachten Äußerungen. Hätte er es verweigert, wäre eine neue Streck-, Brand- und Reißübung fällig gewesen.

Der letzte Satz unter seinem Todesurteil lautete: »Und ob gedachter von Grumbach eine gar ernste Strafe, als immer zu erdenken, verdient, so wollen Seine Kurfürstliche Gnaden dieselbige aus angeborener Güte also mildern, dass er nur gevierteilt werden soll.«

Ein Schüsselset fürs Vierteilen

War es Donnerstag, der 17. April, wie der unvergängliche Paul Töle berichtet, oder war es Freitag, der 18., wie es andere Skribenten festhielten, an einem dieser Tage fand das Leben Wilhelm von Grumbachs sein Ende.

Die Gothaer Bürger waren früh auf ihren krummen Beinen, um sich einen Platz nahe der gerichtlich verordneten Metzgerei zu sichern. Blut sahen sie immer gern, die Städter, die gleichzeitig froh darüber gewesen sein dürften, dass ihnen ihr eigener Raubzug gegen die Erfurter Dörfer und die vielfache Austeilung ihres gefürchteten »Gothaischen Kusses« nicht weiter vom Sieger nachgetragen wurde.

Der malerisch gelegene Marktplatz war Hüfte an Hüfte dicht mit Gaffern gefüllt. Auch die Taschendiebe gestalteten sich einen würdigen Festtag. Irgendwo in der Menge stand Paul Töle.

Auf dem riesigen Schafott neben dem Galgen blitzte in der Sonne des Frühlingstages das Werkzeug des Henkers, die riesigen Tranchiermesser, die Knochensägen, die Schüsseln fürs Blut, die riesige Wanne für die Gedärme, geschmiedet von der späteren Weltfirma »Trabenbach und Söhne«, die kleinen Schüsseln für den sonstigen Abfall, der bei Zerlegung eines

Menschen immer anfiel. Gestapelt die Körbe für Köpfe, Arme, Beine der Verurteilten.

In den ersten Reihen stand der Adel. Fürsten, Grafen, Herzöge, alles, was Rang und Blutdurst hatte, war gekommen. Dahinter abgestuft Bürger, Bauern, Bettelmänner.

Oben auf Grimmenstein wusch ein Knecht mit Essig Grumbachs eiternde Wunden aus. Grumbach schnaufte nur einmal kurz auf vor Schmerz. Der Knecht war nicht unfreundlich, half dem alten Raubritter beim Anziehen.

Grumbach scherzte: »Was soll's, muss es eh gleich wieder ausziehen!«

Der Knecht lachte. »Habt Recht, mein Alterchen.«

Es pochte an der Kerkertür.

»Wir holen die brüchige Braut«, rief einer.

Witzige Variatio, dachte sich Grumbach. Brüchig, ja, brüchig. Und entwickelte zwei oder drei philosophische Gedanken über die Vergänglichkeit der Welt.

Sieben so genannte Stockknechte polterten herein. Auf langen Stangen trugen sie einen darauf festgebundenen Stuhl mit sich. Höhnisch bunt geschmückt wie ein Brautstuhl. Grumbach presst die aufgeschwollenen Lippen zusammen. Er schweigt. Wer sich in einem Bettkasten verkriecht, soll auch auf einem Brautstuhl zur Hinrichtung, mag er sich gedacht haben.

In einem linkischen Versuch, jugendlich zu erscheinen, will er sportlich hinaufsteigen. Unbeholfen strauchelt er, die Knechte halten ihn, heben ihn hinauf und fesseln Füße, Oberschenkel und Arme an den schmuckgrellen Stuhl.

Mit einem »Hau ruck!« stemmen die Stockknechte die albernste aller Todessänften auf ihre Schultern und marschieren den »abwirschen Schlossberg« (Töle im verschollenen Hauptwerk) zum Marktplatz hinab. Ihnen bot sich – der Weg ist auch heute noch extrem steil (eigene Recherche) – ein farbiger Ausblick.

Die Hauptkirche, Tausende von Menschen, das Brodeln sächsisch-thüringischen Zungengezappels, dazwischen erste

Bratwurstdüfte, Geschrei nach Getränken, Jaulen und Bellen von Hunden, ein Ruf brandet hoch: »Die Braut kommt!«

Der schwankende Zug trottete die Serpentinen hinunter. Kaum unten angekommen, setzte sich auf einem gewaltigen Ross in stahlblauem Gewand mit riesigem Schwert in der Rechten der Profos vor die Knechte mit ihrer todessicheren Ladung.

Neben ihn gesellte sich auf einem viel kleineren Pferd der Malefizschreiber, der dadurch jedem kundtat, dass ein lebensunwerter Verbrecher zur Hinrichtungsstätte geführt wird. Viel beeindruckender waren die acht in Samt gekleideten, mit goldenen und silbernen Borten überhäuften Trompeter (der untersetzte kaiserliche Herold hätte sich sehr geärgert), die den Zug in ihre Mitte nahmen.

Mit einer staunenswerten, gleichzeitig ausgeführten Armbewegung setzten sie die blitzenden Instrumente an zitternde Lippen und bliesen die leider verschollene Malefiz-Todesmelodie, ein Stück aufwühlender Trauermusik, gestolpt in eine aufstürmende Jenseitsseligkeit, die Staunen machte. Dieser Hit jeder damaligen Hinrichtung war von einem unbekannten Genie komponiert worden. Einem Bauernjungen, dessen auf Stallwände hingekritzelten Notengraffiti von unmusikalischen Bewohnern immer wieder weggewischt wurden. Einem Übermozart aus einem Nachbardorf Gothas, der, wie so viele in Deutschlands Vergangenheit, Gegenwart und Zukunft, nicht die Chance bekommen hatte oder wird, sein Talent auszuleben.

»Angeblasen nach Kriegs-Malefizgebrauch« nennt Paul Töle, der Einzigartige, das in seiner Stadtchronik.

Oben von Grimmenstein schaute noch jemand zu. Hänslein Müller, der Engelsseher, auch Tausendschön genannt, verfolgte aus zugeschwollenen Augen seinen Herrn auf dessen letztem Weg. Hänslein hatte ein zerschlagenes Gesicht, seine Handgelenke waren gebrochen, seine Kniescheiben zerdrückt, der rasende Schmerz seiner zerrissenen Achillessehnen ließ ihn immer wieder in Ohnmacht fallen, jetzt hielt ihn irgendein unsichtbarer Engel wach.

Wie hatte er diesen alten, schiefen, im Kopf wie am Leib verwinkelten Mann geliebt. Wie hatte er immer wieder bei den Engeln um gute Nachrichten für ihn gebettelt. Wie sehr empfand er dessen irrlichternde Suche nach Freiheit, die so schmählich auf dem Schafott endete.

Durch die rissigen Lippen des Engelssehers drängten sich stockend einzelne Worte: »Junker...mach...er's...wie...ein Fluss...deck er alles zu...Ich dank Euch, Junker, Herr, Vater mein, für die fünf Jahre...und, bitt' schön: Für die Engel...kann ich nichts!«

Er hält inne, weint, schreit auf und gurgelt durch den geschwollenen Mund: »Verfluchter Gott! Machst Aas aus allen Ewigkeiten!«

Der Kerkerknecht reißt ihn grob zurück, laut werden war gegen die Abmachung, dass er ihn heimlich zusehen lässt, diesen komischen jungen Kerl, der ihm so wunderliche Sachen geweissagt hat in den letzten zwei Tagen und Nächten, der um nichts bat, nicht um Wasser, Speise oder eine Wundsalbe, nur um seine vier Federn, die er immer bei sich trug.

Der Kellerknecht schleppte Hänslein auf seinen Schultern wieder ins Verlies, sodass er nicht mehr sehen konnte, wie der Zug, umspielt von den traumhaften Weisen der Trompeter, langsam bis zum Schafott vorgedrungen war. Dort verstummten die Trompeten. Die acht Stockknechte hoben in einer eher ungeschickten Prozedur – mehrmals hing der auf dem Stuhl festgebundene Grumbach kopfunter – den Verurteilten auf das hohe Richtgerüst.

Er blickte sich um, sah den Fürsten, einem nach dem anderen, in die Augen, lächelte, wurde durch den Hofprediger Heinrich Schürupp unterbrochen. Was er mit ihm besprach, hat Schürupp nie berichtet. Was er jedoch dem Volk zurief, zuckte Grumbach angewidert mit den Schultern weg. Nur Paul Töle, dem scharfen Beobachter, ist das Zucken aufgefallen. Schürupp trat an die Rampe des Schafotts und rief: »Ihr Hohen Herren, Ihr Gnaden alle, ihr Volk dort drunten, Wilhelm von Grumbach lässt Euch um Verzeihung bitten, er will, und hofft auf Eure Fürbitt, als Christ sterben!«

In die eingetretene Stille schob sich schrill die Stimme eines Knaben zu Pferd, der das Urteil gegen Grumbach verlas. Er machte seine Sache gut, meinten später seine Verwandten und waren mächtig stolz auf ihn.

Der Henker hatte sich alles mit der Gelassenheit eines Profis angehört, die Menschen machten immer ein Mordsbrimborium, obwohl es ihnen nur um eine simple Abschlächterei ging. Er jedenfalls wusste nach des Knaben letzten Worten, was er zu tun hatte.

»Du schindest heut einen dürren Geier«

Mit einem scharfen Messer trennte er die Fesseln an Grumbachs Stuhl.

»Steh auf!«, zischte er.

Grumbach erhob sich mühsam. Mit den geübten Schnitten eines Zerwirkers hatte der Henker Grumbach im Nu von seinen zerlumpten Kleidern befreit. Nackt und dürr stand er vor der Volksmenge. Die einen schwiegen betroffen ob der schrecklichen Beulen, Blutergüsse, offenen Wunden, andere schrien Witze hoch.

»Die Braut möcht ich pfuideifel nie schwängern!«

Befreiendes Lachen folgte. In das zum Staunen, zum Gruseln der Menge Grumbach selbst mit einfiel. Er schaute übers Volk, wandte sich zum Henker und sagte seinen letzten Satz in diesem Leben, ein guter Satz, ein frecher Satz, ein Satz, der zeigte, dass er ein echter Adliger war, ein Mann, der zu sterben wusste, ein Mann, der sich selbst nie einen Landplacker, einen Raubritter nennen würde.

Mit einem feinen Lächeln aus verschwollenem Gesicht sagte er zum Henker: »Du schindest heut einen dürren Geier!«

Der Henker sagte nur »Sei's drum!«

Er stieß Grumbach vor sich her zum Schafott und warf ihn auf die Schlachtplatte, auf der er von seinen Gesellen festgebunden wurde. Grumbach blieb still, kein Stöhnen, kein Zucken.

Der Henker, diese Sekunden liebte er besonders, suchte, als ob er's nicht schon längst wüsste, im Sortiment seiner blitzenden Messer, prüfte ein erstes, ein zweites, griff zu einem großen, türkisch gebogenen Dolch mit feiner Spitze, hob ihn hoch ins Morgenlicht, ließ langsam den Arm wieder nieder, er war Linkshänder, was kein gutes Omen ist (Grumbach allerdings auch von einem Rechtshänder nichts Gutes zu erwarten gehabt hätte), das Messer, mit der Spitze auf dem Brustkorb des Raubritters, ging mit sanftem Druck in die Haut, zog eine rote Blutbahn, als es den Brustkorb entlang abwärts zur Bauchhöhle vordrang. Ein scharfer, tiefer Schnitt, Blut spritzt raus, Gedärme quellen, die rechte Hand des Henkers fährt in die geöffnete Bauchdecke, nach oben, in den Brustkorb, ein gewaltiger Riss, ein Blutschwall, des Henkers Arm kommt wieder heraus und hält hoch über seinen Kopf zur Menge hin das blutige Herz Grumbachs, zwei Aortenstücke hängen herab, man meint das Herz zucken zu sehen. Grumbach ist tot.

Ein lang gezogenes »Aaah« entströmt wie Blut den Schaulustigen. Schweigend dreht sich der Henker, weiterhin mit hoch über dem Kopf ausgestreckten Arm. Blut tropft aus Grumbachs Herz auf seine Henkerhaube. Seine Knechte beugen die Knie. Es ist die heilige Sekunde des bestraften Lebens. Der Henker wendet sich wieder Grumbach zu, schlägt ihm sein blutiges Herz um die Ohren und ruft mit wohltönender Stimme so laut, dass es oben im Kerker selbst Hänslein, der Engelsseher, hört: »Siehe, Grumbach, dein falsches Herz!« Er schmeißt es in eine Schüssel. Seine Knechte beginnen, Grumbach auszuweiden. Reißen die Gedärme, sägen an Schultern und Schenkeln, ein gut eingeübtes Team, Schüsseln und die Wanne der späteren Weltfirma »Trabenbach und Söhne« füllen sich mit den Gliedmaßen Grumbachs, nur der Rumpf bleibt auf dem rotglitschigen Tisch, der Kopf dran.

Wieder hebt der Henker den Arm, bittet um Ruhe. Ein großes, diesmal in der Klinge gerades Messer nimmt er.

»Den Kopf!«, schreit das Volk, und das Messer saust mit einem kraftvollen Schnitt durch die Gurgel, trifft durch den Gegenschnitt aufs Rückgrat und schneidet, die nahe Stehenden hören das Knirschen, die Wirbel durch, schon reißt er mit der Rechten den abgetrennten Kopf hoch. Grumbachs Augen sind geschlossen. Die Gothaer Bürger jubeln und klatschen. Der sächsische Kurfürst hat genussreiche Minuten hinter sich. Der Henker wirft den Kopf in den großen Korb.

»An dem will Satan Ritter werden«

Die letzte Arbeit ist die härteste, sie ist nicht elegant, deswegen lässt er sie die Knechte machen: das Zersägen des aufgebrochenen Rumpfes. Die Lunge wird herausgerissen, die Rippen zur Seite hin aufgebrochen, das Rückgrat entlang der Wirbelsäule entzweigehackt, die Wirbelsplitter fliegen weitum vom Schafott, begehrte kleine Reliquien, die später in manch katholischem Schrein fälschlich dem heiligen Nepomuk zugeordnet werden.

Grumbach ist in handliche Portionen zerteilt. Das Volk entspannt sich. Überraschend rezitiert eine helle Kinderstimme über die Köpfe der Menge hinweg Verse, die später unter ein Bildnis Grumbachs gesetzt werden:

Wen Gott am höchsten ehrt auf Erden,
An dem will Satan Ritter werden,
Und wer des fremden Unfalls lacht,
Dem blüht sein eigner über Nacht.

Schweigen lastete über den seit jeher blutrünstigen Gothaern. Sie schauten sich nach dem Rezitator um. Er war nicht auszumachen. Wie wild notierte Töle die überraschenden Verse.

Nach zwei Stunden waren fünf Genossen Grumbachs geviertelt, selbst der gothaische Blutdurst war gestillt.

Sechs Scharfrichter hatten sich handwerklich gekonnt besudelt. Ein Pferdekarren schob sich dem enteilenden Volk entgegen. Auf ihn wurden die bluttriefenden Körbe, Schüsseln und die Wanne der späteren Weltfirma »Trabenbach und Söhne« mit den Filetstücken der Toten gehievt.

Das Pferd wieherte angeekelt, musste gehörig am Zügel gerissen werden. In den Behältnissen lagen neben Grumbach und anderen vor allem der tranchierte Erfinder des Schlagrings, Wilhelm von Stein. Sie wurden einzeln zu je einem Viertel am folgenden Tag wie Schaschlik auf Pfähle gespießt und an die vier belebtesten Straßen außerhalb Gothas aufgestellt.

»Sie blieben auf den Pfählen«, schreibt Töle, »bis sie verfault waren.« Weil nun auf jedem Pfahl irgendein Teil des vormals gefürchteten Raubritters und Aufwieglers Wilhelm von Grumbach hing, mussten die Schreiber dreimal den gleichen Text schreiben und darunter nageln:

> Wäre Grumbach in seinem Stand geblieben
> Und hätte ihm nicht lassen gelieben,
> Kaiser, Kur und Fürsten zu verletzen,
> Andere an ihre Stelle zu setzen,
> Auch nicht gefasset die Gedanken,
> Zu werden ein Herzog in Franken,
> Hätte Land und Leute nicht so betrübt,
> Nit Einfall, Mord und Raub geübt,
> So hinge sein Körper nicht vor Gothen,
> Den Raben in vier Stücke zerschroten.

Lange stand Paul Töle unter dem blutigen Pfahl an der Straße beim Spittal, an dem das meiste von Grumbach hing, vor allem sein Kopf auf einem spitzen Pfahl steckte. Töle hielt sich die Nase zu, Grumbach stank schon. Töle prägte sich jedes Detail für sein großes dichterisches Vorhaben ein. Er wusste, dass er die von ihm miterlebte Zeit als ebenso poesievolles wie tragisches Beispiel aller deutscher Gegenwart, Vergangenheit und Zukunft in unvergängliche Sätze gießen würde.

Einen stummen Dank schickte er zu Grumbachs Kopf hinauf.

Dann wandte sich Paul Töle, der Zauberer, ab, ging zurück nach Gotha, setzte sich nieder und schrieb zwei unvergessliche Sätze in seine Stadtchronik: »Den 26. ist Hänsel Tausendschön, der Zauberer, gehängt worden. Also hab ich armer Mann 17 ganze Wochen von Weib und Kind sein müssen, habe nichts anderes zu gewarten gehabt, denn alle Stunden und Augenblick den Tod.«

Ein ziemlich sachliches Nachwort

**»Rauben und Morden,
Das ist keine Schand,
Das tun die Besten
Im ganzen Land«**

Diesen sinnigen Spruch überlieferte der Kartäusermönch Werner Rolevinck bereits 1478.

Die Besten, das waren die von Adel, die Fürsten und Könige, die Äbte und Erzbischöfe, vor allem aber jene Ritter, die auf ihren für lange Zeit uneinnehmbaren Burgen saßen und letztlich niemanden außer Gott über sich anerkennen wollten.

Ihre Taten waren dennoch sehr von dieser Welt, so gar nicht auf jenseitiges Heil ausgerichtet. Deswegen nannte das Volk sie damals auch viel treffender »Ritter vom Kuhmist« oder »Mordbuben«, »Placker« oder »Schnapphähne«, »Staudenhechte«, »Heckenreiter«, »Stegreifreiter« und »Straßenglucker« – Raubritter eben.

Von ihren steinernen Hochsitzen oder aus Wasser- und Waldburgen heraus überzogen sie vom 9. bis ins 16. Jahrhundert hinein das Heilige Römische Reich (ab 1409 gern mit dem Zusatz: Deutscher Nation) mit Raub, Brand, Folter und Geiselnahme.

Ihre Feinde waren, wenn sie es gar zu bunt (sprich: grausam) getrieben hatten, Kaiser, Könige, Fürsten und Bischöfe, vor allem aber waren es durch all die Zeitläufte hindurch – wider Willen – die städtischen Kaufleute, die »Pfeffersäcke«, denen sie in einem Spottlied drohten:

Heraus soll man sie klauben
Mit Brennen und mit Rauben
Dieselben Kaufleut gut
Um ihren Übermut.

Auch den Bauern ging es (nicht nur) im Raubritter-Reim ans Leben:

> Erwisch ihn bei dem Kragen,
> Erfreu das Herze dein,
> Nimm ihm, was er habe,
> Spann aus die Pferdlein sein.
> Wenn er einen Pfennig hat,
> Reiß ihm die Gurgel ab.

Die Geschichte der Ritter wurde in Tausenden von Büchern ausgebreitet. Erstaunlicherweise gibt es keine einzige Gesamtdarstellung der Geschichte der deutschen Raubritter. Offenbar galten sie, weil aus dem edlen Ritterstand abgesunken, den hier zu Lande bestimmenden Historikern als unappetitliches »Bäh-Thema« und somit der Behandlung nicht würdig.

Raubritter wurden allenfalls in Unterkapiteln und Fußnoten abgehandelt oder in Einzeldarstellungen gewürdigt – doch was heißt schon gewürdigt: Meist galt das wissenschaftliche Interesse ihren politischen Verzahnungen mit den beherrschenden Mächten der Zeit. Die Darstellung ihrer Charaktere, ihres intensiven, ungebärdigen Lebens sollte nicht interessieren, weil verbrecherisch.

Raubritter aus dem niederen Adel

Dabei sind die (Un-)Taten der Raubritter in vielen Chroniken, privaten Adelshausarchiven und Verhörprotokollen überraschend reichhaltig dokumentiert, so zum Beispiel dass

- Wolff von Wunnenstein, der »gleißende Wolf« genannt, weil er es vor allem auf Gold und Juwelen abgesehen hatte, manchmal auch gerne Geiseln notzüchtigte;
- Albrecht von der Schulenburg um 1519 auf den Handelsstraßen nach Lübeck »Kisten und Kasten aufhaute«;
- Johann von Rüdigheim, der »Marktschiffschinder« genannt, Main und Kinzig »leer fischte«;

- unser Mangold von Eberstein zum Brandenstein (dieses Mal ohne Flatterohren!) einen fliehenden Kaufmann einholte, ihm den Schweinsspieß auf die Brust setzte und ihn anblaffte: »Du poswicht wolltest uns entreuten? Ich kenn dich wol, du hast ein ziemlich narung, da mustu dich schatzen« (was im heutigen Deutsch so viel heißt wie: »Du siehst ziemlich fett aus, da werd ich ein beachtliches Lösegeld rausschlagen!«);
- Kuntz von Rosenberg voll Stolz erzählte, wie er einem Kaufmann »mit dem Hammer tief in den Rucken gehauen« habe, »auch durch seine Hirnhaube, dass er's wohl empfunden«;
- Heinz von Stein, genannt der Wilde – aufgrund seines lebhaften Appells an die niederen Instinkte im Manne hat er sich bis heute in Sage und Brauchtum erhalten –, zum eigenen Vergnügen zwischen Salzburg und München die hübschesten Mädchen raubte, sie auf seine Burg oberhalb der Traun schleppte und sie, wenn sie ihm nicht mehr gefielen, entweder einmauern oder mit dem Schwert im »Blutturm« hinrichten ließ. Durch ein geheimes Fenster sah er dabei seinem Scharfrichter über die Schulter.

Es waren rücksichtslose Gesellen, auf Ehre bedacht, auf Beute erpicht und ahnend, dass sie dem Untergang geweiht waren.

Überwiegend stammten diese wilden Kerle aus dem so genannten niederen Adel. Jahrhundertelang war »die Reihenfolge der Ehren«, wie Gustav Freytag in »Kampf und Fehde im Mittelalter«[9] schreibt, von oben nach unten »Fürsten, Markgrafen, Grafen, Freie, Dienstmannen, Ritter, edle Knechte«. Wobei die Masse des niederen Adels eben aus Dienstmannen und Rittern bestand.

Mühsam hatten sie sich gesellschaftlich hochgearbeitet. Noch zu Beginn des 12. Jahrhunderts waren Ritter teilweise den Bauern gleichgestellt, mussten manchmal gar wie diese sechs Tage im Jahr Frondienste leisten, zum Beispiel für das Kloster St. Vaast, von dem sie Ländereien zu Lehen hatten.

[9] In: Gesammelte Werke, Band 18, Leipzig 1888.

Den armen Rittern war das zuwider. Sie wollten was Besseres sein. Und wer ihnen im Weg stand, wurde schon mal, wie Werner Rösener in seinem Aufsatz »Bauer und Ritter im Hochmittelalter«[10] schreibt, ins Jenseits befördert: »Die gewaltsam nach oben drängenden ritterlichen Ministerialen zeichnen sich bei vielen Aktionen durch eine besondere Wildheit und Entschlossenheit aus. Als der Reichenauer Abt Ludwig von Pfullendorf 1135 die Ansprüche seiner selbstbewussten Dienstmannen zurückweist, wird er rücksichtslos von ihnen vor der Reichenauer Kirche in Tuttlingen erschlagen.«

Blendende Bauern

Die Bauern ihrerseits hatten nichts für Ritter übrig, die sich in Hochmut von ihnen entfernten: »Der Ritter Folkmar«, schreibt Rösener, »der im Dienst des Grafen Kuno von Achalm steht, hat sich gegenüber seinen Dorfnachbarn durch eine notorische Wildheit und Grausamkeit hervorgetan. Eines Tages wird er von den erbosten Bauern wegen seiner Untaten geblendet, woraufhin er reumütig um Aufnahme in das Kloster Zwiefalten bittet.«

Eine grausame Szene muss sich abgespielt haben, als der Ritter durchs Dorf stolzierte. Plötzlich wird er von Bauern gepackt, ein junger Kerl reißt aus dem mitgeführten Glutkessel ein glühendes Eisen und drückt es dem schreienden Ritter erst ins rechte, dann ins linke Auge. Eben noch die Sonne gesehen, die wutverzerrten Gesichter der Bauern, die er alle persönlich kannte und von ganzem Herzen verachtete – und dann nie mehr etwas sehen können!

Analysiert Rösener: »Die soziale Distanz dieses Ritters zu seiner Umwelt war offenbar erst im Entstehen, da er noch mitten im Dorf wohnt und sein Verhalten von seinen bäuerlichen Nachbarn aus nächster Nähe kontrolliert wird.«

[10] In: »Institutionen, Kultur und Gesellschaft im Mittelalter«, Sigmaringen 1984.

Welchen Verlauf hätte die deutsche Geschichte genommen, wenn es den Bauern gelungen wäre, die Ritter in ihrer Mitte sesshaft zu machen?

Jedenfalls obsiegte letztlich der aufsteigende Stand der Ministerialen über die Bauern. Und wie es Neureiche heute tun, machten es die Aufstreberlinge damals auch schon: Der neue Ritterstand schloss sich im Spätmittelalter nach unten hin gegen Nachrücker konsequent ab. Die Geburt wurde zum wichtigsten Merkmal, ob man dazugehörte.

Entsprechend stieg die Arroganz des Ritters gegenüber dem Bauern ins Brutale. Trifft der sächsische Ritter Ludolf unterwegs auf einen Bauern, dessen Karren Dreck gegen seine teuren Kleider schleudert. Ritter Ludolf muss die große Blutwut angekommen sein, denn er schleudert den konsternierten Bauern vom Pferdekarren, zieht sein Schwert und haut ihm mit vielen Hieben ein Bein ab. Auch dies eine schier unglaubliche Begebenheit, die von Caesarius von Heisterbach (um 1180–um 1240) aus dem 13. Jahrhundert überliefert wird.

Ein ritterliches Turnier wird im Jahre 1400 zum Blutbad mit mehreren Toten und Verkrüppelten auf beiden Seiten, nur weil beim gemeinsamen Frühstück zuvor hessische Ritter die fränkischen gehänselt hatten, sie seien doch eigentlich »Pfeffersäcke«.[11]

Markgraf Albrecht von Brandenburg (1414–1486) hat hinwiederum literarisches Gespür für bildhaft starke Grausamkeiten. In einem Schreiben drohte er dem Burghauptmann auf Hohenlandsberg, dass er ihm demnächst ein Feuer legen würde, »bei dem die Kinder im Mutterleib die Füße anziehen sollen«.

Als entkräftete Geiseln einmal um eine Bettstatt baten, antwortete der Liebhaber von Sinnsprüchen: »Was man nit legen könt, das solt man henken.«

Ironisch nimmt den neuen Status der Nürnberger Schwankdichter Hans Sachs aufs Korn, wenn er einen Adligen über Knechte sagen lässt:

[11] Hugo Brunner: »Gudensberg Schloss und Stadt«, Kassel 1922.

Und lasst ihm nur sein' Kopf abschlagen,
Wollte der Bauernknecht in diesen Tagen
Sich mit Raub auf dem Spessart nähren,
Welches doch nur zusteht mit Ehren
Dem frommen Adel aller Maßen,
Den Kaufleuten in den Busen zu blasen.

Auch Raubritter fangen klein an

Was die raubritterliche Ausbildung betraf, so glich sie in der Jugend der ritterlichen. Reimt der österreichische Hauptvertreter der Heroldsdichtung, Peter Suchenwirt, Ende des 14. Jahrhunderts wie Turnvater Jahn:

Dass sie schnell entspringen,
Schwimmen, schießen, ringen,
Laufen, stoßen wohl den Stein,
Beide Arm, Rück und Bein
Zur Ritterschaft üben.

Meist wurden die Söhne im Knabenalter von sechs bis acht Jahren auf eine andere Burg gegeben, woselbst sie als Pagen langsam in die Pflichten und Rechte des Ritterstands eingeführt wurden. Selbstverständlich nahmen sie als Azubis an Kriegszügen oder Fehden ihrer Herren teil. Viele verloren dadurch schon früh ihr Leben oder wurden verkrüppelt.

Andererseits erwarben sie in diesen Lehrjahren bis zur Vollendung ihrer Erziehung enorme Kenntnisse in allen Kriegstechniken und Tücken. Und natürlich sogen sie die Luft der Freiheit, des ungebundenen Lebens ein: alle Tag ein Abenteuer. Möglich war das nur, wenn galt, was bis heute gilt:

Dem land ist wee zu aller frist,
Deß herr ein kind on weißheit ist.

Nun stöhnen natürlich Hunderte Historiker auf, wie unbekümmert hier mit dem Begriff Raubritter umgegangen wird, ein

Terminus, der erst im 19. Jahrhundert üblich wurde. Doch schon 1741 beschrieb trefflich Zedlers Universal-Lexikon: »Erstlich trieb die grosse Armuth, die durch die vielen Kriege in den Ländern verursachet worden, manchen Ritter an, daß er bey den Reisenden auf eine etwas importune Art um eine Ritterzehrung anhalten müssen, weil er glaubte, daß er sich hierinnen selbst der nächste seyn müsste, und nichts zu leben und zu zehren hätte; Zum andern waren bey den continuirlichen Kriegen die Gemüther der Vornehmsten so barbarisch geworden, daß sie fast nichts gewohnt waren, als Rauben und Morden.«

Diese Einschätzung hat sich bis ins 20. Jahrhundert gehalten. Erst dann brachten neue Forschungen ans Licht, dass sich der niedere Adel geschickt auf die neue Zeit eingestellt hatte und durch Raubritterei sein Vermögen mehrte.

Die meisten Ritter begaben sich jedoch in städtische oder fürstliche Stellungen (wurden dadurch allerdings über das normale Lehensverhältnis hinaus abhängig). Die so genannten Raubritter hielten dagegen im Namen des von alters her verbürgten Rechts stur an der Tradition der Fehden fest, die sie vorzugsweise gegen reiche Städte anzettelten. So konnten sie nicht nur deren Bürger ausrauben, sondern – ihrer Meinung nach rechtmäßig – jeden, der mit der befehdeten Stadt Handel trieb.

Der Ewige Landfrieden

Dieses Deckmäntelchen der Fehde suchten die damaligen Straßenglucker mit List und Tücke. Denn dann konnte sich jeder Adlige mit Gewalt auf eigene Faust sein vermeintliches Recht holen.

Jahrhundertelang gab es seit dem Mittelalter Versuche, die Fehde zu verbieten. Doch der so genannte »Landfrieden« bestand meist nur auf dem Pergament, als kaiserliches Gesetz, war nicht durch ein zentrales Gewaltmonopol gesichert.

Weshalb Adel und Städte auch nicht darauf verzichten

mochten, mit Gewalt eigene Rechtsvorstellungen durchzusetzen. »Es war daher von größter Wichtigkeit, als es König Maximilian auf dem Reichstage zu Worms 1495 gelang, die Reichsstände zum Verzichte auf den ferneren Gebrauch der Waffen zur Entscheidung ihrer Streitigkeiten zu bewegen und einen ewigen allgemeinen Landfrieden zu errichten, in welchem jede Unterscheidung zwischen erlaubter und unerlaubter Fehde aufgehoben und jeder weitere Gebrauch des Faustrechts als Landfriedensbruch erklärt wurde.« So heißt es 1898 in gestelztem Deutsch bei Joseph Würdinger in seiner »Kriegsgeschichte von Bayern, Franken, etc.«.

Er vergisst zu erwähnen, dass dieser Beschluss die Geburtsstunde der Rechtsanwälte war. Sie sollten Maximilian zu ihrem Schutzpatron wählen. Denn zur Behandlung von Streitigkeiten wurde gleichzeitig das Reichskammergericht in Nürnberg eingerichtet. Das römische Recht schien sich endgültig durchgesetzt zu haben.

Der Adel fluchte. Der fränkische besonders. Und sorgte dafür, dass es bis zum Ende des 16. Jahrhunderts blutig weiterging, von Fehde zu Fehde, von Pfeffersack zu Pfeffersack, nach dem Spruch »Kolbenrecht bricht Schöffenrecht«.

Raubritter Philipp der Jüngere von Rüdesheim, wegen seiner Untaten in Reichsacht, tönte 1522: »In Nürnberg haben sie ein Kammergericht. Ich aber habe ein Wagengericht, das mit Büchsen und Kartaunen [großen Geschützen] prozessiert und mir ebenso viel einbringt wie das Kammergericht dem Reich.«

Es war, als bäume sich der niedere Adel ein letztes Mal auf, um das Rad der Geschichte zurückzudrehen.

Ein Spruch über dem Eingang zum ehemaligen Hexengefängnis der Altenburg bei Bamberg wies höhnisch-ironisch auf den Machtverfall hin:

> Als man uns hieß die ›Edlen und Vesten‹,
> Stund es mit uns am allerbesten.
> Als man uns hieß die ›Hoch-Edlen und Vesten‹,
> Da hatten wir noch was zum Besten.

Als man uns hieß ›Hochedel-Gestrenge‹,
Da ging's mit uns schon ziemlich enge.
Da man uns heißt ›Reichsfrei-Hochwohlgeborn‹,
So haben wir Muth, Tugend und Gut verlorn.

Sage einer, deutscher Adel habe im Abgang keinen Humor entwickelt!

»Böse Gesellschaften«

Gegen den Herrschaftsanspruch der Territorialfürsten und Könige, die ihre fehdelustigen Ritter unbedingt unter die Fuchtel bringen wollten, waren immer wieder Versuche unternommen worden, sich im Ritterstand unter verschiedenen Namen zu vereinigen. Gegen die Großkopfeten des Hochadels. Die fürchteten und verunglimpften solche Ansätze als »böse Gesellschaften«, von denen man sich tunlichst fern halte, wolle man Karriere machen.

Seit dem 14. Jahrhundert ging der Hochadel gegen sie vor. Schreibt Gerhard Pfeiffer im Vorwort seiner »Quellen zur Geschichte der Fränkisch-Bayerischen Landfriedensorganisation im Spätmittelalter«[12]: »Angesichts der Gefahr, dass sich unter dem Vorwand ritterlicher Vereinigungen Räuberbanden bildeten, bekämpft man bewaffnete reitende Knechte ohne einen im Landfriedensbereich fest angesessenen Herrn, der für sie das Leumundszeugnis geben und für sie auch vor Gericht einstehen kann.«

Einer dieser Ritterbünde hieß »St.-Georgs«-Bund, ein anderer »Die Gesellschaft vom Löwen«, in dessen Statuten zu lesen stand, dass die »Gesellschaft gegen jeden gerichtet sei, der sie in ihren Rechten irren wolle, Papst und Kaiser ausgenommen, und bestimmt, sich gegenseitig mit Blut und Leben beizustehen«.

[12] München 1975.

Letztlich waren alle diese Bünde eher für die Katz denn für die Löwen. Der Kampf zwischen Ritterschaft und Territorialfürsten, der sich bis ins 17. Jahrhundert durch die deutsche Reichsgeschichte zieht, endete mit dem totalen Sieg der Fürsten.

Vielleicht auch deshalb, weil jedem Raubritter die eigene Rüstung näher war als das Banner der Treue zum blaublütigen Nächsten. Oberraubritter Franz von Sickingen (1481–1523) forderte vergeblich auf der Ritterversammlung in Landau 1522 die »Herstellung der alten Freiheit des Adels gegen die habsüchtigen Tyrannen und die immer größer werdende Wütherei der Pfaffen«.

Fehden in des Teufels Namen

Der Fachmann unterscheidet zwischen gerechter Fehde und gesetzlosem Überfall.

Dem Opfer war das herzlich schnuppe.

Nach mittelalterlichem Fehderecht war folgende Prozedur unbedingt einzuhalten: Wenn sich zwei Adlige untereinander oder ein Adliger mit einer Stadt, einem Kloster, einem Fürsten oder einem Erzbischof über irgendein Recht oder einen Acker, eine Jagd oder die Zugehörigkeit eines Dorfes oder Fleckens nicht einigen konnte, schickte man dem Gegner einen so genannten Absagebrief. Den zu überreichen hatte Art.

So brachten zum Beispiel 1519 zehn Knaben und drei Trompeter Herzog Ulrich von Württemberg (1487–1550) zwölf Absagebriefe von Seiten Herzog Wilhelms von Bayern (1493–1550). Die Trompeter bliesen beim Einreiten auf des zukünftigen Gegners Schloss die saftigsten Fanfaren. Die Stimmung war großartig. Mit dem Spruch »Viel Feind, viel Ehr« und einem Willkommenstrunk wurden sie empfangen. Als Toast rief gemäß alter Fehdesitte Ulrichs Zeremonienmeister: »Wohlan denn, seid willkommen in des Teufels Namen!«

Er nahm den Knaben die penibel geschriebenen Absagebriefe ab und händigte jedem von ihnen zwei Goldgulden aus, den Trompetern je vier.

Herzog Wilhelm war ähnlich spendabel. Er schenkte dem Knaben und dem Trompeter, die ihm Herzog Ulrichs Absagebrief überbrachten, 16 Golddukaten.

Von solchen Quittierungen kann die Post von heute nur träumen. Allerdings begleiten auch keine Trompeter ihre Einschreibebriefe.

Erst drei Tage nach Übergabe eines solchen Absagebriefs, der übrigens auch in vielen Abschriften an die so genannten Martersäulen an Wegkreuzungen gesteckt wurde, durfte der gemeine Adlige oder hohe Herzog, Fürst oder Erzbischof mit Gewalt versuchen, sich sein vermeintliches Recht zu holen.

Fehden wurden von Raubrittern aus jedem nur denkbaren Anlass vom Zaun gebrochen. Oft im Namen eines Menschen, dem vermeintlich oder tatsächlich Unrecht getan worden war. Oder der gegenüber einer Stadt Rechtsansprüche hatte. Dafür reichten auch die verachteten, charakterlich grob gestrickten Bürgerlichen.

Wie zum Beispiel der wirklich ekelhafte Werner Rosshaupt, Bürger zu Ulm. Fluch seinen Nachfahren, weil von ihnen bis heute eine Entschuldigung für sein Verhalten fehlt! Werner Rosshaupt hatte einem Nürnberger Boten zunächst dessen Glied abschneiden wollen, sich aber mit seiner Nase zufrieden gegeben. Was auch zur grässlichen Metzelei ausartete.

Kaum hatte er seinen kleinen Krieg mit den Nürnbergern angefangen, schon hatte er adelige Raubritter zur Seite. Die Nürnberger boten 1000 Goldgulden für Werner Rosshaupts Leiche, 2000, wenn er wenigstens noch ein bisschen lebte. Nichts dergleichen: Rosshaupt konnte sich zuletzt dank der verbündeten Raubritter gewinnreich mit Nürnberg vergleichen. Die Fehde endete »mit aufgehender Sonne auf Sonntag nach Lorenczentag«, das war der 17. August 1438.

Gerechtes Bauernschinden

Als »gerechte« Fehdehandlung galt, die Bauern des Gegners zu schädigen, ihre Besitztümer zu verbrennen, sie bei Widerstand zu töten. Beliebt war das Abbrennen des Getreides, entweder auf dem Halm oder nach der Ernte mitsamt der Scheune.

Ein Tabu, das in keiner Fehde, soweit beäugt, gebrochen wurde, war, adlige Frauen zu vergewaltigen oder als Geiseln zu nehmen. Auch durften sie bei Überfällen oder Eroberungen von Burgen Schmuck und Garderobe behalten. Nichtadligen drohte jederzeit Vergewaltigung. Auch durch die Raubritter selbst.

Auf diese Weise wurden im Deutschen Reich Oberschicht und Bürgertum ordentlich, respektive unordentlich, durchgeadelt.

Zur gerechten Führung einer Fehde gehörte, Handel und Wandel des Gegners zu schädigen. So traf es vor allem Kaufleute und Handwerker, die manchmal mit ihrem Leben, öfters mit Verkrüppelung, meist mit jahrelanger Verschuldung büßen mussten, nur weil irgendein Adliger mit ihrer Heimatstadt, ihrem Abt oder Fürsten eine Fehde führte.

Wenn zum Beispiel die Stadt Frankfurt zwischen 1371 und 1440 in 226 Fehden verwickelt war, kann man hochrechnen, wie es zugegangen ist in den deutschsprachigen Fürsten-, Herzog-, Bistümern und Gerichtsbarkeiten.

»Es bedarf kaum der Erwähnung, dass Frankfurts Gegner zum allergrößten Teil Ritter und Edelknechte waren. Mit einiger Sicherheit lässt sich sagen, dass zwischen 1381 und 1425 (nicht weniger als) 108 zum Ritterstand gehörige Familien Fehden gegen Frankfurt führten«, stellt Elsbet Orth in ihrem Buch »Die Fehden der Reichsstadt Frankfurt am Main im Spätmittelalter«[13] fest.

[13] Stuttgart 1973.

Weil einige Ritter in diesem Zeitraum gleich mehrere Fehden gegen die Mainstadt führten, kommt die Autorin auf insgesamt 143 Fehden in nur 44 Jahren!

Im Kölner Stadtarchiv werden für die Jahre 1330 bis 1360 allein 700 Fehdebriefe aufbewahrt. Ähnliche Zahlen liegen für die anderen großen Städte im Reich vor. Die Kölner schreckten übrigens in der Fehde mit dem Ritter Johann Scherffgin nicht davor zurück, ihm auch das Bett zu rauben, »worauf er mit seinem Weibe pflegte zu schlafen«.

So etwas verschnupft den Adel.

Wegen der zahllosen Fehden waren die Absagebriefe schier formelhaft, wie dieser der Stadt Köln an Jungherzog Adolf von 1405: »Wir Bürgermeister, Rath und andere Bürger der Stadt Köln lassen Euch wissen, um allsolchen Unrechtes, solcher Gewalt und Uebergriffe willen, wie uns und den Unsrigen von Euch und den Euern geschehen ist, wollen wir Euer Feind sein und dessen unsere Ehre gegen Euch verwahrt wissen.«

Auch hoher Adel gab fehdemäßig keine Ruhe. Als Beispiel sei wahllos ein Dynastengeschlecht herausgegriffen und hiervon nur die zwanziger Jahre des 15. Jahrhunderts berücksichtigt: Die Grafen von Öttingen kämpften in privater Fehde 1423 gegen einen gewissen Fritz Neustädter, 1425 gegen die Herren von Grum und Altenstein, 1427 gegen Popp von Alesheim, dazu »größere und kleinere Kämpfe« mit den Herren Heinrich Ackerpferd und Kaspar von Tiefenbach, wie Ernst Block in seinem Buch »Der Schwäbische Bund«[14] schreibt.

»Der größte Kampf aber war der, welchen Johann von Öttingen (1415–1449) mit Hilfe seines Bruders Wilhelm und des ganzen Georgenschildes gegen den Marschall von Spielberg ausfocht. Das ganze Ries war bereits verwüstet, als die Pfalzgrafen Otto (1390–1461) und Ludwig (1378–1436) zwischen den Streitenden den Frieden vermittelten.« Man kann nur ahnen, welches Leid, welche Brände, welche Plünderungen, Vergewalti-

[14] Reprint Aalen o.J.

gungen, Morde und Geiselnahmen sich hinter dem Satz »Das ganze Ries war bereits verwüstet« verbergen.

Ein riesiges Opferschutzprogramm wäre angebracht gewesen. Doch die unschuldig Geschädigten bekamen weder psychische noch materielle Hilfe. Es war – gesunde Wälder hin, saubere Flüsse her – eine gnadenlose Zeit.

Regelmäßig kam es während der Fehden zu außerordentlichen Grausamkeiten. 1418 waren von den Gegnern Kölns drei »Weinknappen«, önologische Facharbeiter, angestiftet worden, in der Stadt Feuer zu legen. Tatsächlich brannten drei Häuser ab. Die Täter wurden gefasst, bei lebendigem Leib »bis auf die Beine« – die Knochen – verbrannt, ihre verkohlten Leichen auf ein Floß gelegt und in den Rhein gestoßen. An einer aufrechten Stange war der Denkspruch befestigt:

> Die des Mordbrennens gaben den Rath,
> Denen senden wir dieses Gebrat.

Die traurige Fracht trieb bis Mülheim, wo man sie beerdigte.

Schon Gustav Freytag hat in »Krieg und Fehde im Mittelalter«[15] den großen Unterschied in der Betrachtungsweise zwischen heute und früher dargestellt, was den geistigen Hintergrund solcher Überfälle betrifft: »Zwischen dem Räuber, der jetzt auf entlegener Heide den Wanderer beraubt, und dem Landjunker, der um das Jahr 1400 den Kaufmann vom Pferde warf und bei Wasser und Brot in ein finsteres Gefängnis steckte, während seine Frau aus dem gestohlenen Tuch Röcke und Mäntel schnitt, ist in Rücksicht auf die That sehr wenig Unterschied. Aber vor 450 Jahren übte der Räuber den Frevel mit der Empfindung, dass sein Thun vielleicht gegen die Bestimmungen eines Reichstagsabschiedes verstoße, dass es aber von den gesammelten Wappenträgern seiner Landschaft, ja von mehreren höchsten Herren des Landes als ein angenehmer, im schlimmsten Fall als ein gewagter Streich betrachtet werden würde.«

[15] a.a.O.

Es war also nicht bittere Not, die Ritter zu Raubrittern werden ließ. Regina Görner konnte in ihren »Untersuchungen zur Lage des spätmittelalterlichen Niederadels, besonders im südlichen Westfalen«[16] feststellen, »dass die Anpassungsfähigkeit der westfälischen Ritter an die heraufkommenden Verhältnisse groß war und dass gerade diese Flexibilität jene Gewalt heraufbeschwor, die Unsicherheit und Friedlosigkeit im spätmittelalterlichen Westfalen wesentlich mitverursacht hat.«

Westfalen war überall im Römischen Reich.

Raubrittertum ist nach Regina Görner »kein verzweifeltes Sich-Aufbäumen gegen den Wandel der Zustände, sondern der Versuch, die veränderten Gegebenheiten im eigenen Interesse zu nutzen und nach Möglichkeit mitzugestalten«.

Das haben die Herren gut hinbekommen.

Teilweise hatte die Raubritterei solche Ausmaße angenommen, dass im 15. und 16. Jahrhundert Reisen zu einem haarsträubenden und lebensgefährlichem Unternehmen wurde. Ein römischer Kardinal nannte entsetzt ganz Deutschland eine »Räuberhöhle«.

Tatsächlich war diese adlige Wegelagerei überwiegend aufs Heilige Römische Reich (Deutscher Nation) beschränkt. Während sich in den meisten Ländern Europas eine zentrale Macht herausbildete, gelang das den deutschen Königen nicht. Sie wurden gewählt (gekürt), waren also von (Kur-)Fürstengunst abhängig und längst nicht so durchsetzungsstark wie ihre europäischen Kollegen. Deutscher Fürsten Launenhaftigkeit und Geldgier schuf über Jahrhunderte hinweg Frei-(raub)räume für jene, die wir heute als »warlords« bezeichnen würden.

Eine der lukrativen Erwerbsquellen für Raubritter war die so

16 Münster 1987.

genannte »Grundruhr«. Obwohl immer wieder verboten, wurde sie immer wieder angewandt.

Raubritter Graf Rapoto tat es besonders meisterlich. Nach altem Herkommen war nämlich jedes Schiff, so auch bei ihm auf der Donau, das mit dem Kiel oder einer Seitenwand den zum Besitz des Grafen gehörenden Grund berührte, Eigentum desselben.

Um das zu erreichen, drängte der Graf zwischen 1226 und 1248 mit eigenen Kähnen die Lastschiffe durch ständiges Nebenherfahren bis an die Ufer.

Kaum war die Berührung erkannt, sprangen gewappnete Knechte und Graf Rapoto mit Holdrio aufs Kaufmannsschiff und machten reiche Beute.

Diese Wut des Kapitäns, diese Verzweiflung der Kaufleute, wenn sie näher und näher ans verfluchte Ufer gedrängt wurden!

Ähnliches geschah auf den Straßen des Reichs. Kippte ein Pferdewagen oder Ochsenkarren um, oder es brach ein Rad, und die Wagenladung berührte die Erde, gehörte sie dem Grundeigentümer. Es war deshalb natürliches Bestreben des Landadels, die Straßen in möglichst miserablen Zustand zu versetzen, mit riesigen Löchern. Oder die adligen Anrainer bauten gar Brücken, wo es weder Fluss noch Tal zu queren galt, nur um Brückenzoll zu kassieren.

Aus dem 15. Jahrhundert stammt der Auftrag des Landgrafen von Hessen an seinen Wegmeister, auf der Heerstraße zwischen Gießen und Frankfurt endlich das Loch auszubessern, in dem sogar ein Knecht zu Tode gekommen war. Es musste mit 500 Bündeln Reisig und jeder Menge Steine aufgefüllt werden, so groß hatte man es werden lassen…

»Die deschen schütlen«

Lange Zeit herrschte zwischen Landesherren und den gleichfalls blaublütigen Raubrittern ein geheimes Einverständnis. So zitiert Graf Froben Christoph von Zimmern in seiner hinreißenden Chronik[17], die er zwischen 1564 und 1566 führte, Markgraf Friedrich von Brandenburg mit dem bemerkenswerten Satz: »Es geet wol hin, den kaufleuten die deschen schütlen, aber allain am leben solt ir inen nichts thon!« Die Taschen schütteln schon, aber bitte nicht gleich abmurksen!

Und Kaiser Maximilian (1459–1519), den geschröpfte Kaufleute und der Nürnberger Rat um Hilfe gegen Götz von Berlichingen mit der eisernen Faust und seinen zeitweiligen Miträuber, den einbeinigen Hans von Selbitz, anflehte, machte sich lustig: »Heiliger Gott, was soll das werden? Der eine hat nur eine Hand, der andere nur ein Bein – wenn sie denn erst zwei Hände und zwei Beine hätten, was würdet ihr dann tun?«

Nicht umsonst versicherte, wie zu lesen war, Margarete von Eberstein den gefangenen Kaufleuten ihres Mannes, mit denen sie gemeinsam auf Burg Brandenstein zu Tische saß: »Wir Edelleut' lassen einander nicht. Da richtet euch eben darnach.«

Auch ermahnte sie den raubenden Ehemann und seine Reiter mehrfach (den gefangenen Geiselgästen dürfte der Appetit vergangen sein): »Wenn euch ein Kaufmann nit halt, was er euch zusagt, so haut ihm Händ' und Füß' ab und lasst ihn liegen.«

Was denn auch dem Bamberger Kaufmann Hans Bertner geschah, dem der Raubritter Hans Schüttensamen die Glieder abhackte, wobei, wie ein Überlebender 1465 berichtete, Schüttensamens Knecht mit Namen Adam Wildenbund das Opfer während des Gemetzels festhielt.

Meist wussten die Raubritter, wem sie auflauerten. Sie hatten

[17] »Die Chronik der Grafen von Zimmern«, Konstanz und Stuttgart 1964.

in den reichen Handelsstädten ein gutes Kundschaftersystem aufgebaut. Ihre Knechte und Handlanger lungerten vor allem in Wirtshäusern in der Nähe der Stadttore herum und erfuhren dort, wer ausritt oder wann und von wo ein reicher Kaufmannskonvoi erwartet wurde.

Eine wichtige Stütze der Raubritter bildeten neben den Kundschaftern auch die Wirte und vor allem Dorfpfarrer. Letztere meldeten umgehend der nahe gelegenen Raubritterburg, welch Betuchter in der Kirche für eine sichere Weiterreise gebetet hatte und vom Pfarrer mit falschen Segenswünschen beruhigt worden war.

Mit Ungestüm auf die Pfeffersäcke

Es müssen schreckliche Minuten gewesen sein, wenn reisende Kaufleute »angeritten« wurden.

Die Raubritter versteckten ihren Harnisch oft unter schwarzen Mänteln, verfügten über die schnellsten Pferde und ritten, wie es wiederholt in historischen Quellen heißt, mit »gespannter Armbrust« oder schussbereitem »Feuerrohr« und »großem Ungestüm und Fluchen« auf die »Pfeffersäcke« zu.

Wer sich nicht sofort gefangen gab, wurde niedergestochen oder bekam, wie der Kaufmann Veit Brandin, das Schwert mit der flachen Seite über den Kopf geschlagen. Die geschockten Handelsreisenden wurden vom Weg in den Wald getrieben, wobei wieder manche Grausamkeit verübt wurde, um sie weiter in Schock und Schrecken zu halten.

Sobald die Überfallenen im Wald sicher waren, wurden sie zunächst um ihre persönliche Habe erleichtert. Die Angreifer teilten sie nach altem Recht zwischen Raubritter, Knappen und Knechten. Das Lösegeld gehörte dann dem Fehde führenden Raubritter allein. Deshalb wurden die Geiseln in seine Burg oder die eines Verwandten oder Freundes gebracht. Dort legte man sie, wie gelesen, in Ketten oder schloss sie mit Händen und

Füßen in den so genannten Stock. Um sie gefügig zu machen, wurden sie geschlagen und gemartert. Manchmal ließ man sie auch mittels eines Stricks oder einer Leiter in ein stinkendes Verlies hinab.

Bis die armen »Pfeffersäcke« so erbärmlich untergebracht waren, mussten sie oft Tage und Nächte lang reiten oder, mit den Händen an ein Pferdehalfter gefesselt, neben den Pferden ihrer Fänger herlaufen. Allerdings durch Wälder, die gesund rauschten und mit artenreichem Tierleben gesegnet waren, durch Flüsse und Bäche, die klares Wasser führten, in dem sich Fische, Muscheln und Krebse tummelten, hinauf zu Burgen, die romantisch hinter einer Wegbiegung auftauchten oder unheimlich mitten aus düsterem Gehölz wie Schloss Waldstein, genannt das »Mordloch«, so viele Gefangene sollen darin umgekommen sein.

Nach einigen qualvollen Tagen und Nächten im Gefängnis kam manchmal der Schultheiß des burgnahen Dorfes und setzte im Namen des folterbedingt schreibunfähigen Gefangenen den Brief auf, in dem er bei seinen Verwandten um Lösegeld betteln musste. Meist allerdings befahl der Burgherr den Geiseln, gefälligst selbst ums Lösegeld zu schreiben, was sie, trotz größter Schmerzen, aus Angst vor erneuter Folterung taten.

Überraschenderweise ließen sich die Herren aufs Feilschen ein, minderten oft die ursprünglich geforderte Lösegeldsumme um bis zu zwei Drittel. Wobei stets – besonders perfide – ein tägliches Verpflegungsgeld draufgelegt wurde.

So manch erschütternder Brief an die Lieben daheim ist erhalten geblieben, vor allem, wie zu lesen war, aus der »Schreibstube« von Schloss Brandenstein.

Für den Kaufmann Heinrich Flüch, 1503 im Voigtland gefangen genommen, wollte offenbar keiner aus seiner reichen Familie Lösegeld zahlen. Er wurde von Raubschloss zu Raubschloss geschleppt, »grausam gepeinigt, bis er endlich gestorben«.

Doch die weit überwiegende Zahl der Geiseln überlebte. Den Edelleuten lag vor allem am Lösegeld.

Ja, so warn's, die oiden Rittersleit, seufzte der bayerische Komödiant Karl Valentin in seinem berühmten Lied über die Ritter.

Achtfach geweihte Heckenreiter

Seit dem Mittelalter strebten die immer mächtiger werdenden Territorialherren danach, das Raubritterunwesen zu beenden. Vorübergehend gelang es in einzelnen Teilen des Reichs:

Herzog Heinrich von Landshut ging so energisch gegen den »Raubadel« vor, dass Kaufleute nach Auskunft des Chronisten Veit Arnpeck (um 1435–1495) aufjubelten: »Hier reist es sich ohne Geleit wie in einem Rosengarten!«[18]

1397 gelang es einem vereinigten Städteheer mit tatkräftiger Unterstützung des böhmischen Königs Wenzel (1361–1419) und des Pfalzgrafen Ruprecht III. (1352–1410), den Raubritter Eberhard von Berg ruhig zu stellen, mangels verbliebener Bleibe. Denn seine drei Raubnester, die Veste Spieß und die Schlösser Leupoltstein und Egloffstein an der Pegnitz, wurden erobert, verbrannt und geschleift.

Das Heer handelte gemäß oberstem Befehl, »vor die Raubschlösser zu ziehen, sie zu erobern und zu brechen, das Raubgesindel, das man darin finde, von Stund zu hängen, darwider sie kein Fried noch Geleit schützen sollte.«

Vielen gar nicht bewusst: Selbst Geistliche übten sich – mit Gott für den eigenen Bauch! – in der »Strauchritterei«. So raubte der Kölner Domherr (seit 1471) Dietrich von Neuenahr in voller Kriegsrüstung rings um Moers seine fleißig arbeitenden und handelnden Schäfchen aus.

Der Würzburger Domherr (seit 1235) Heinrich Graf von Henneberg wandte bei seinen Überfällen – geriet er mal selbst in Gefahr – einen besonders unanständigen Trick an: Er exkom-

[18] »Sämtliche Chroniken«, hrsg. von Georg Leidinger, München 1915.

munizierte die Gegner, was selbige in vorreformatorischer Zeit in arge Gewissenspein versetzte.

Ein besonders raublustiger Vertreter der katholischen Kirche war Ende des 14. Jahrhunderts der Bischof von Würzburg, Gerhard von Schwarzburg. Als er starb, dichtete der Chronist Fries mit trefflicher Schlusspointe:

Durch Krieg das Stift erworben,
Und ist durch Krieg verdorben,
Zuletzt im Krieg gestorben.
Wo noch ein Hirt führt solche Art,
Sein Vieh gewinnt kein' dicke Schwart.

Einer seiner Nachfolger, Bischof Gottfried Schenk von Limpurg (1404–1455), ging 1450 dank einer neuen Truppenverteilung in seinen Besitzungen mit so großer Schnelligkeit gegen Raubritter wie Erasmus von Eberstein vor, dass der gar nicht mehr dazu kam, die Verteidigung seiner Burg Steinach zwischen Kissingen und Neustadt zu besorgen.

Aufschlussreich sind die unterschiedlichen Beinamen, die sich der Bischof verdiente. Beim Volk hieß er »der friedsame Gottfried«, beim wütenden fränkischen Adel »der üble Götz«.

Welcher Bürger sollte sich da im raubritterlichen Fehdenwirrwarr zurechtfinden? Zumal sich schon längst die Abfolge umgedreht hatte: erst der Überfall, dann der Absagebrief.

Raubritters kluge Ökonomie

Manch Raubritter wurde zum erstklassigen Fachmann in der Kosten-Nutzen-Rechnung. Die Ritter Apel Fuchs von Burleswangen und Heinz Hilprant von Thüngen fielen in Thüringen ein und rafften enorme Beute aus den Besitzungen der Landgräfin zusammen. Die 1000 Mark Silber, die sie später als Strafe zahlen mussten, waren für sie Peanuts.

Staunenswert übrigens, wie aus dem Hinterhalt erworbene Vermögen bei manch adliger Familie noch heute Zinsen tragen.

Schwamm drüber, ihr Guttenberg, Thüngen, Berlichingen, Öttingen, Schulenburg, Hohenzollern, Habsburger, Waldenfelser, ach, am einfachsten für den Leser ist's, in den genealogischen Handbüchern des deutschen Adels mit den Stammbäumen nachzuschauen und, was die vorübergehende Tätigkeit als Raubritter zwischen dem 9. und 16. Jahrhundert betrifft, vor allem die Buchstaben »A« bis »Z« zu beachten.

Andererseits kann sich der Adel heute zu Recht darauf berufen, dass er immerhin unter Einsatz des Lebens Vermögen erwerben musste. Nicht nur das! In der um 1800 geschriebenen Chronik des Nürnberger Diakons Johann Ferdinand Roth wird rückschauend den Raubrittern die Funktion eines Konjunkturprogramms attestiert:

»Noch immer dauerten die Befehdungen und Plakereyen fort, selbst sogar noch nach der 1532 von Kaiser Carl V. gemachten peinlichen Gerichtsordnung, und dem gestifteten allgemeinen und ewigen Landfrieden, wodurch die Befehdungen völlig abgeschafft worden sind. Dadurch geschah *einzelnen* Handelsleuten großer Schaden, obgleich der Handel nie blühender war, als in den Zeiten, da das Recht des Stärkeren galt, und da Adeliche und andere Räuber aus Schlössern und Schlupfwinkeln auf die Güter und die vorüberreisenden Kaufleute lauerten.«

Der höhere Adel mischte, war die Gelegenheit günstig, eben auch mit. Einige Städte beschweren sich 1359 über Graf Eberhard von Württemberg, dass er »die Raubritter hege und ungerechte Zölle erhebe«.

Andererseits beklagt sich auch die Ritterschaft gegenüber den kaiserlichen Gesandten 1512 in Schweinfurt: »Durch der Fürsten und Städte Knechte, die hin und wieder im Land reiten, werden viel böse Händel und Raub veranlasst und geübt, die dem Adel leid sein.«

Konkurrenz, so die Furcht des Raubadels, verdarb in diesem Fall das Geschäft, machte es zumindest mühseliger.

In einem Reichsabschied, wie Beschlüsse eines Reichstages genannt wurden, werden 1512 die Bübereien dieser Mafia der

Edelleute beraunzt: »Dass einer den andern heimlich fahet, blendet, hinwegführt, dass etliche heimlich mordbrennen, auch Zuschub mit heimlichen Absteigen der Schlösser und Häuser üben, etliche fürsätzlich und wider Recht totschlagen und ermorden.«

Eine seltene Raubliste

Was die Raubritter von der Straße rafften, ist selten genau aufgeschrieben worden. Peter Neu hat »ein Dokument von gewissem Seltenheitswert« zu Tage gefördert.[19] Nämlich das »Verzeichnuß einer großen Summen gelts sampt anderer kostlicher wahr, welche Junker Simon von Vinstingen etlichen kauffleuten genohmen und naher Bettingen hat fuehren laßen«.

Der Autor datiert die Liste ins späte 15. Jahrhundert. Vermutlich wurde sie auf Burg Bettingen zwischen 1480 und 1490 geschrieben. Was der Finsterling von Vinstingen geschnappt hatte, war nicht wenig: »3 ballen pappirs« (je Ballen waren das 37 500 Bogen); weitere drei Ballen mit einem Wasserzeichen, das entweder auf Italien oder Frankreich schließen lässt; »312 foigen veel, dat ist nemlich die wyver van den mairdeir«, Marderfelle; »117 sacke schellen«, die des aufwändigen Kleiderschmucks wegen gefragte Handelsware war; »122 pint langoiltz«, ein pint waren 3/8 Liter, hier ein Öl, dessen nähere Definition Peter Neu nicht preisgeben kann; »100 gebunt yssen draitz«, Eisendraht; »26 baillen budeldoichs«, Beuteltuch – hoffentlich wusste der Junker damit etwas anzufangen!; »4 staillen pantzeirs«, Rüstungen, die wirklich für einen Raubritter von großer Wichtigkeit waren; »eyn dosseyn wysser veel«, Dose mit weißen Fellen, vielleicht Hermelin; und schließlich »4 ballen dünnen pappirs«.

19 »Die Burg Bettingen – ein Raubritternest?«, in: »Geschichtliche Landeskunde der Rheinlande«, Köln 1994.

Das war Raub satt sozusagen. Man kann sich das stille Fluchen des Kaufmanns vorstellen. Viele Tagesreisen hatte er hinter sich und längst den Profit im Kopf ausgerechnet, da reitet so ein Saukerl von einem Junker daher und nimmt ihm alles weg!

Die Liste geht endlos weiter, zählt von den vier Kaufleuten alles auf, was ihnen von Stund an nicht mehr gehörte. Was die Überfallenen allein an Geld abgeben mussten, hielt sicher Junkers Burgleben die nächsten Jahre auf hohem gesellschaftlichen Niveau.

Denn es wurde zur drängenden Verpflichtung der Ritter, wenn irgend möglich den Lebensstil eines Fürsten zu leben. Das fing schon in der großen Zeit der Raubritterei, im 15. und 16. Jahrhundert, an. Später in der Geschichte prunkprotzte (nicht nur) der niedere Adel dermaßen, dass viele Familien im Barock der Bankrott ereilte. Was die Vorfahren mühsam erraubt hatten, wurde des Status und der Künste wegen durch barocken Lebensstil verpulvert. Nachschub aus dem Hinterhalt fehlte, weil die einträgliche Wegelagerei der Raubritter unmöglich gemacht worden war: Fürsten und Herzöge hatten das Gewaltmonopol auf ihren Territorien endgültig errungen.

Was Prunk anbetraf, so gab es Zeiten, in denen müssen Schlossbesuchern von all der verrückten Farben- und Figurenpracht die Augen wehgetan haben. Schrieb der Schneidergeselle Johannes Butzbach in sein Wanderbüchlein: »Wir wurden gedrängt, aus vielfarbigem Tuche auch die geringfügigsten Kleidungsstücke anzufertigen. Wir mussten, als wären wir Maler, aufs sorgfältigste Wolken, Sterne, blauen Himmel, Blitze, Hagel, ineinander verschlungene Hände darauf flicken. Außerdem Würfel, Lilien, Rosen, Bäume, Zweige, Stämme, Kreuze, Brillen, sowie andere endlose Thorheiten mehr, wie deren das geräuschvolle höfische Leben aus Leichtfertigkeit und Torheit täglich neue aufbringt. Die kostbarsten Stoffe wurden dazu verwendet: Scharlach, Wollentuche aus Lüttich, Rouen, Grenoble, Brügge, Gent, Aachen und andere noch kostspieligere. An Seidenstoffen aber Sammet, Damast, Schamelot, mit Rosen in Plattstich verziert, Zandel und Zandelin.«[20]

Graf Zimmern berichtet in seiner Chronik von der Witwe des Ritters von Heudorf, die sogar eines ihrer Dörfer verkaufte, nur um sich für den Besuch des anstehenden Turniers einen blauen Samtrock anzuschaffen. »Verkauft für einen Weiberrock«, mögen die betroffenen Bauern geschimpft haben.

Geschimpft hat, angesichts der ritterlichen Prunksucht im 15. Jahrhundert, auch ein Sittenprediger unbekannten Namens: »Von der Costlichkeit der Cleider kommt es vil her, dass es so ser abwerts get mit dem Adel in deutschen Landen; sie wollen prunken als die richen Kaufleute in den Stedten tun, den sy es ehedem in Eren vorausgethan; und wollen nit lyden, das die Frauen und Tochter der Kaufherren besser und costlicher gecleidet sind, dan ihre Frauen und Tochter und sy selbs. Aber sie hant das geld nit, was jhene hant, und konnen nit verdienen das zwentzig Teil von irem Gut, was jhene mit dem Kauffschacher und schrecklichen Zinswucher verdienen. So komen sy in große Schulden und verfallen dem Wucher der Juden und Christenjuden und müssen ir Gut verkeuffen, und werden arme Edelleute. Es wird daruß manch groß Uebel komen in deutschen landen, als ich fürchte.«

Lüsterne Raubritterinnen als Nonnen

Zur Verlotterung der Sitten trug die allein selig machende katholische Kirche gehörig bei. Vor allem die Mönchs- und Nonnenklöster gaben sich zuvörderst dem Laster der Lüste hin. Die diesseitigen Wonnen wollten sie nur ungerne den paradiesischen der Ewigkeit opfern, weswegen ihnen Reformbestrebungen stets sauer aufstießen.

20 Johannes Janssen: »Die allgemeinen Zustände des deutschen Volkes beim Ausgang des Mittelalters«, Freiburg 1897.

Im Jahre 1455 beauftragte Herzog Wilhelm von Braunschweig (1400–1482) den Klosterreformator Johannes Busch (1399–1479/80) mit der Ausmistung der frömmelnden Augiasställe in seinem Machtbereich. Die adligen Nonnen von Kloster Mariensee bei Hannover, Raubritterinnen auf ihre Weise (kein Wanderer oder Kaufmann rannte unverzupft oder ungepoppt von ihren Klostermauern), weigerten sich beherzt. Als der Reformator mit Gehilfen anrückte, um den klösterlichen Sündenpfuhl auszutrocknen und die adligen Nonnen auf vier Wagen fortzuschaffen, versammelten sich die Bräute Christi im Gebälk der Kirche und warfen von dort mit Steinen auf die Eindringlinge.

Zwar unterschrieb, nachdem die Wurfgeschosse ausgegangen waren, die Priorin eine Unterwerfungserklärung. Doch kaum hatten Busch und die Seinen befriedigt den Rückweg angetreten, warfen ihnen die um ihre geliebte Unzucht fürchtenden Nonnen brennende Kerzen nach. Eine Nonne zeichnete sich dabei durch ein eher hexenhaft-heidnisches Verhalten aus: Sie biss zum Zeichen der Verfluchung vor dem Klostergebäude dreimal in die Erde.

Johannes Busch soll, von brennenden Kerzen hinten schwarz angekokelt, verschreckt das Kreuz geschlagen und gleichzeitig gotteslästerlich geflucht haben.

Was in den Jahrhunderten der Raubritterei bis zur Reformation durch den Ex-Mönch Martin Luther eiserner Bestand des Lebens war, nämlich eine grundsätzliche Gläubigkeit, die einen nicht so fundamentalistisch machte, dass darüber die sinnlichen Genüsse des Lebens verdrängt worden wären, wurde durch den aufkommenden Religionsstreit um eine entscheidende Dimension bereichert.

Hinfort konnten Fehden auch mit Glaubensfragen verbunden werden, weil der eigene Lehnsherr den Glauben wechselte und mit ihm die zu ihm gehörenden Raubritter. Die Altgläubigen waren den Neugläubigen ziemlich verhasst und umso werter eines rücksichtslosen Überfalls. Und umgekehrt.

Die Schwerarbeit einer Burgeroberung

Der »Schwäbische Bund« musste 1523 eine Armee von 10 000 Mann ausschicken, um zwischen dem 12. Juni und 27. Juli 24 »Raubnester« zu zerstören. Sie rückten[21] mit der »kleinen Närrin« an, mit der »Jungfrau«, dem »Bock«, »Wurm« oder »Jag den Buben«, wie einige ihrer gewaltigen Kanonen hießen, auf die sie mit Tod bringendem Fleiß sarkastische Sprüche geätzt hatten:

> Die scharpf Metz bin ich genant.
> Den Feinden thu ich widerstant,

oder

> Die Nachtigall heiß ich,
> Lieblich und schön ist mein Gesang,
> Wem ich sing, dem wird die Zeit lang,
> Meister Stephan zu Frankfurt goss mich.

Burgen zu erobern war ein hartes und gefährliches Stück Arbeit. Bevor Kanonen in Gebrauch kamen, schleuderten die Belagerer mit gewaltigen Steinwurfmaschinen, Bliden genannt, verfaulte Hunde, Katzen und Kälber über die Mauern, um bei der Burgbesatzung Seuchen auszulösen. Die neumodische Artillerie war allerdings technisch fürs Aaswerfen nicht mehr geeignet. Sie visierte den Tod direkter an.

Was muss das für ein eindrucksvolles Bild gewesen sein: Ein hoch durch die Luft segelnder, aufgedunsener, madenbefallener, riesiger toter Stier, der mit entsetzlichem »Platschplaatsch« auf dem Burghof zerplatzte.

Gemeinerweise wurden solche Sensationen fürs Auge von den Beobachtern mit ins Grab genommen.

Unter dem Schutz des Blidenbombardements versuchten die Angreifer, mit zusammengebundenen Knüppel- und Reisigbündeln die Wassergräben aufzufüllen oder Schanzgräben nach

[21] Nach Johann Heilmann: »Kriegsgeschichte von Bayern, Franken, Pfalz und Schwaben«, 2 Bände, München 1868.

oben hin gegen den Pfeil-, Wurf- und Schusshagel abzudecken. Hatten sie den Weg bis zur Burgmauer geebnet, kamen riesige »Wandeltürme« zum Einsatz, die man mit vielen Haurucks an die Mauern der Burg schob und daran verkeilte. Sie schützten gleichfalls die Angreifer vor kochendem Wasser, Pech, Steinwürfen, Schüssen, Pfeilen und Armbrustbolzen.

Wichtigste Aufgabe war, sofort die Wasserleitung zu finden und zu zerstören. Denn bei weitem nicht jede Burg verfügte innerhalb ihrer Mauern über den berühmten hundert Meter tiefen Brunnenschacht senkrecht durch den Fels.

War der Durst der Verteidiger erfolgreich verstärkt, traten die Sturmtruppen mit ihren Leitern in Aktion.

Am oberen Leiterende waren Räder angebracht, sodass man sie die Mauern entlang hochschieben konnte. Unten wurden mit entsprechenden Vorrichtungen weitere Leitern drangesetzt.

»Eine Sauarbeit!«, würden die Kämpfer stöhnen, könnten sie uns heute Auskunft geben. Am oberen Leiterende war ein Haken mit ausgeklügelt nach vorne verlagertem Schwerpunkt angebracht, sodass er, hing er frei in der Luft, nach vorne fiel und sich hinter der Mauerkrone einkrallte.

Auch Strickleitern wurden verwendet, deren Enden mit langen Stangen oben in die Burgzinnen gehängt wurden.

All das wussten auch die Verteidiger und versuchten, es zu verhindern. Mit langen Haken rissen sie die Dächer der Wandeltürme ab, gossen heißes Pech oder siedendes Wasser auf die ungeschützten Arbeiter.

Wie viele tödliche Verbrennungen mögen die Verteidiger verursacht haben! Wie viel Blut mag beim Sturm über die Leitern an den Mauern herabgeronnen, wie viele Körper mögen herabgefallen sein, schreiende Menschen, die unten zerschmetterten!

Und über all dem das Geschrei der Kämpfer, das Zischen des Pechs, Knallen des Feuers, Schwirren der Pfeile, der irrwitzige Pfeifton von zentnerschweren Steinen, die von den Bliden abgeschleudert wurden. Zwischendurch segelte immer mal wieder eine stinkende Kuh oder Sau durch die Lüfte.

Für den Ersten sattes Entergeld

Die Angreifer visierten vor allem die Burgtürme an. Von dort schossen die Verteidiger mit zielgenauen Armbrüsten oder Feuerbüchsen auf die Männer, die den langen Anstieg auf den Sturmleitern wagten. Wer zuerst die Mauerkrone erreichte (und überlebte), bekam gewöhnlich ein sattes Entergeld. Auch dem Zweiten und Dritten stand Belohnung zu.

Das Raubschloss des Wilhelm von Schauenburg am Oberrhein sollte 1432 gar mit besonderer Perfidie überwältigt werden. Die Belagerer, eine Straßburger Söldnertruppe und Ludwig I. von Württemberg (1419–1450), wollten mit ihren mächtigen Wurfmaschinen Fässer mit fein gemahlenem, ungelöschten Kalk über die Burgmauern schleudern, »welche durch den Sturz zerplatzen und mit ihrem Staube Menschen und Vieh durch das Einathmen tödten sollten«.[22] Einige Belagerer mit Einfluss und Resten an Moral empfanden das als eine zu schmutzige Fehdeführung, sodass diese erste konzentrierte Giftgasattacke unterblieb.

Bis dahin hatte man von Seiten der Belagerten nur kleinere Mengen ungelöschten Kalks auf die Angreifer rieseln lassen, die üble Verätzungen auslösten.

Was von ferne aussah, als sprängen lebensfrohe Jünglinge von hohen Leitern kopfüber in den Wassergraben, waren, aus der Nähe beobachtet, Kühlungsversuche der vom Kalk versengten schmerzgepeinigten Angreifer auf eine Wasserburg.

Schon vor der mauerbrechenden Nutzung des Schießpulvers dank immer besserer Artillerie wurden in Mitteleuropa erstaunlich viele Raubritterburgen zerstört, weit über tausend Festungen. Die raubritterlichen Sturköpfe bauten sie unverdrossen wieder auf, stärker, unangreifbarer, bis zuletzt im 16. Jahrhundert

[22] So beschreibt es Franz Joseph Mone 1866, in: »Zeitschrift für die Geschichte des Oberrheins«.

selbst die stärksten Mauern keinen Sinn mehr machten. Die neumodische Artillerie mit ihren Granaten hätte sie zerbröselt.

Nach der Eroberung einer Burg entlud sich die Raserei des Kampfes in zahllosen Grausamkeiten. Ein unbekannter Dichter beschrieb im 15. Jahrhundert das Geschehen mit den Versen:

> Da schrie Niemand: vacha, vach! [fang]
> Nur morda, scheuz [schieß], stich und schlach! [schlag]

Kaum etwas im Reich war nicht verworren. So gab es quer durchs Land die so genannten »Granerbenburgen«: Lehnsherren und verschiedene Ritterfamilien, die nicht unbedingt miteinander verwandt sein mussten, hatten im Verlauf der Geschichte rechtmäßige Anteile an der Gesamtanlage einer Burg. Das bedeutete – hielt man sich an den Vertrag – freien Zutritt, selbst wenn man verfeindet war.

Bei Angriffen musste deshalb darauf geachtet werden, dass jener Teil der Burg, der dem unschuldigen Vetter des angegriffenen Heckenreiters gehörte, verschont blieb. Man möge sich den nervtötenden Belagerungskrieg vorstellen, wenn ein Adliger dauernd dazwischenkrakeelte: »Nicht auf meinen Wohnteil! Himmelherrgottsakrament, schießt weiter links! Um Gottes Willen, jetzt greift ihr meine Küche an! Was hat euch meine Küche getan? Aufhören! Aufhören!«

»Unbußfertig gestorben«

War ein Raubritter überwältigt, geschah ihm und seinen Mitstreitern das damals Übliche. Zunächst wurden sie »gütlich«, danach unter Folter »peinlich« befragt. Was sich bei der Vernehmung von Veit, dem Edelknecht und engen Vertrauten Thomas von Absbergs, so liest: »Mit zwei Laststeinen dreimal aufgezogen, sagt, weiß nichts«; »das [glühende] Eisen einmal angeschlagen, sagt, weiß nichts weiteres«; »weiter einmal mit einem schweren Gewicht, halt meines achtens anderthalb zenten, auffgezogen, sagt wievor.«

Hatte der arme Mensch das überstanden, empfand er Rad, Galgen oder Schwert als Erlösung. In der »Bambergischen Halsgerichtsordnung« wurden übrigens die Instrumente zur rechtmäßigen Verhörfolter mit dem warnenden Spruch vorgestellt:

> Wem trewe straff nit bringet frucht
> Der kumpt dick in des meysters zucht
> Des werck und zeug wirt hie anzeygt
> Wol dem der sich zu tugent neygt.

Am 23. Januar 1578 traf es den Raubritter Fritz Creutzer von Holfeldt, der enthauptet wurde. Im Hinausgehen zum Richtblock »hat er uber gewalt geschrien, hat auch nit beten wollen, und ist also unbußfertig gestorben«.

Gleich 26 Raubritter ließ König Leopold 1378 in Erfurt an einem Tag enthaupten. Mit jedem Todeskandidaten trank – »damit die Arbeit gut abgehe« – der Henker zuvor ein Glas Johanniswein, den seinerzeit traditionellen Abschiedsschluck. Der Wein heißt so, weil er zum Andenken an Johannes den Täufer jeweils am 27. Dezember geweiht wurde.

Schon knapp 100 Jahre zuvor hatte König Rudolf (1218–1291) seinen Nachfolger in Erfurt übertrumpft. 1289 ließ er 29 »burgsassige Räuber« fangen, »rechtskräftig« verurteilen und vor den Toren enthaupten.

Welch unvergesslich entsetzliche Bilder: Kommt ein Kaufmannszug mit Frauen und Kindern auf Erfurt zugerollt und sieht auf hohen Podesten 29 Leichen, fährt an ihnen vorbei, von den blutüberstömten Leibern blicken ihnen die abgeschlagenen Köpfe entgegen. Leopold hatte sie ihnen auf den Bauch legen lassen. Das war nun mal so Sitte.

Wenn die Raubnase erkaltet

Einige Raubritter haben sich dem Gedächtnis eingeprägt, sei es durch Dichter wie Goethe, der Götz von Berlichingen (um 1480–1562) ein Denkmal setzte, oder Eppelein von Geilingen (um 1310–1381), der bis heute den Nürnbergern die Schamröte ins Gesicht treibt. Sie hatten ihn 1377 gefangen und wollten ihn hinrichten, als der sich als letzten Wunsch erbat, noch einmal auf seinem Ross sitzen zu dürfen.

Dumm, wie Städter sein können, ließen es die Nürnberger zu. Der gefesselte Eppelein setzte sich auf sein Riesenross, einen Hengstrappen, ritt zwei- oder dreimal im Kreis, haute plötzlich seinem Pferd die sporenlosen Fersen in den Pferdeleib und sprang mit einem Riesensatz beim so genannten fünfeckigen Turm der Kaiserburg über die Burgmauer. 16 Meter hinab in den Wassergraben. Er schwamm auf seinem Ross hindurch und entkam.

Seitdem pappt der ironische Volksspruch: »Die Nürnberger hängen keinen, sie hätten ihn denn.«

Von dieser Sage abgesehen gab es ihn wirklich. Der »Staudenhecht« hat die Nürnberger enorm geschädigt. Schreibt ein Chronist mit verbissenen Lippen anerkennend über Eppelein und seine Freunde: »Haben allenthalben tapfer zugriffen, Kaufleuten ihre Waren abgeraubt«, sodass man ihnen »stark nachgetrachtet«.

Ein wilder Reiter und stupender Drangsalierer war dieser Eppelein. Sein blutiges Ende hatte er sich selbst zuzuschreiben. Auch im hohen Alter von siebzig Jahren mochte er den Kitzel des Raubüberfalls nicht missen. Leider war seine heiße Spürnase für bedrohliche Situationen kalt geworden.

So wurde er 1381 bei Neumarkt in der Oberpfalz in einem Überraschungsangriff zusammen mit vier Knechten und den adligen Gebrüdern Dietrich und Hermann von Bernheim übertölpelt.

Sie haben ihn gefangen,
Mit Spießen und mit Stangen,
Von Geilingen, den Eppelein.

Wie der andere umlaufende Spruch zu deuten ist, ob er in Eppeleins Glanzzeiten nur überfallene Kaufleute betraf oder Jungfrauen, darob tobt derzeit ein Historikerstreit:

Da mussten sie zu Willen sein,
Von Geilingen, dem Eppelein.

Der alte Stegreifreiter konnte sich nach seiner Überwältigung nicht mehr lange in diesem Reim sonnen: Gleich wurde er zu Neumarkt aufs Rad geflochten, seine Knochen zerschlagen, sein Körper gevierteilt.

Hitzetod in enger Rüstung

Manchmal kam der Tod den Raubritter auf blitzesschnelle oder groteske Weise an: In der Schlacht bei Affalterbach zwischen den Nürnbergern und Markgraf Friedrich von Onoltspach (dem heutigen Ansbach) erstickten viele Ritter und Edelknechte in ihren Rüstungen: An diesem heißen Sommertag war einfach die Hitze zu groß, die Harnische zu eng und wegen der blutigen Nahkämpfe nicht abzulegen. Die armen Ritter starben unverwundet, mit heiler Haut. Wie schändlich für die stolzen Anverwandten.

Dem »tollen Jobst« von Strünkede, der Kleve und Umgebung Anfang des 16. Jahrhunderts wirtschaftlich weit zurückwarf, schlug 1529 der eigene Hufschmied den Schädel ein, sicher wegen einer Lappalie. (»Ich will nun mal zwecks Hakenschlagens bei der Flucht die Hufeisen in der Kante stärker geschliffen haben!« – rumms, hatte er den Schmiedehammer im Hirn.)

Einer, der beim Sturm auf seine Burg durch die neuartigen Granaten tödlich verwundet wurde (»man konnte seitwärts oberhalb der Hüfte die Eingeweide sehen«), war Franz von Sickingen. Er verhöhnte die Sieger, die ihn auf dem Sterbebett ergreifen wollten, mit den berührenden Worten: »Nichts für ungut, hab jetzt mit einem höheren Herrn zu reden.«[23] Und verschied.

In luftiger Höh verhungerte Graf Albrecht II. von Regenstein (1310–1348), den die Quedlinburger fast ein Jahr lang in einem hölzernen Kasten aufgehängt hatten. Kasten und Armbrust werden heute im Schlossmuseum gezeigt.

Der Lübecker Stadthauptmann Jäger unternahm 1291 einen gewagten Berserkerritt. Auf einem von ihm scheinheilig angeregten nächtlichen Treffen schlug er persönlich sechs verdatterten Rittern die Köpfe ab, steckte sie in einen Sack und schüttete sie am anderen Morgen im Rat vor Bürgermeister und Ratsherren aus, sodass sie über den Beratungstisch rollten.

Maximilians Kopfab-Orgie

Fälschlicherweise (wie er nun im Fegefeuer weiß) hielt sich auch der Raubritter Hans von Pienzenau auf seiner Kufsteiner Burg für unüberwindlich. Den 36-Jährigen belehrte 1504 Kaiser Maximilian eines Besseren. Als begeisterter Kunstschütze und Könner in Sachen Artillerie richtete er selbst die Geschütze auf Pienzenauers Bleibe und zerbrach in dreitägigem Dauerfeuer die 4,50 Meter dicken Mauern.

Mit taubem Trommelfell schickte der Pienzenauer seine Edelknaben von Redwitz und Staufen zum König und bot Frieden an: Er würde die Burg übergeben, wenn er samt Habe und Besatzung freien Abzug erhielte. Zu spät.

Maximilian antwortete: »Habe Pienzenauer die Burg zerschießen lassen, so mögen ihm auch die Trümmer verbleiben!«

Und griff an. Pienzenauer ergab sich.

[23] Ernst Münch: »Franz von Sickingens Thaten, Plane, Freunde und Ausgang«, Stuttgart/Tübingen 1827-1829.

Schon zuvor hatte Maximilian siegessicher seinen Freund, Herzog Albrecht IV. von Bayern (1447–1508), per Eilbrief eingeladen: »Ich will Euch mit dem Schlosse Kufstein eine Kurzweil machen.«

Die Kurzweil bestand aus Hinrichtungen. Bevor sie dann am 17. (oder 18.) Oktober in Kufstein begannen, warnte Seine Majestät die adlige Begleitung: »Ich gebe jedem einen Backenstreich, der für ihr Leben bittet!«

Ein Backenstreich galt als Demütigung, konnte den Geschlagenen um seine Privilegien bringen.

Vor den versammelten Fürsten und Herzögen rund um Maximilian trank der Raubritter Pienzenauer mit gefesselten Händen den Schluck Johanniswein als Abschiedsschluck.

Auch der Scharfrichter nahm einen Schluck, schob sich den Pienzenauer zurecht, schwang das Schwert, und schon fiel der Kopf des Pienzenauers durch die Luft in den Korb daneben. Ein Blutstrahl schoss raketengleich aus seinem Hals. Rufe der Bewunderung wurden auf der Tribüne laut.

Es folgten die Ritter Wampold von Trautenberg und Hans Dürriegel von Riegelstein. Danach traf es – was einer absurden Verschwendung von Fachwissen gleichkam – drei Büchsenmeister. Als Nächstes mussten 18 böhmische Knechte ihr Leben lassen. Macht zusammen 24 große Schlucke starken Johannisweins für den Scharfrichter.

Seine Hiebe wurden unsicherer, lallend schlug er tiefe Wunden in Schultern und Hinterköpfe, spaltete Kiefer oder skalpierte. Es war ein übles Gemetzel, schreiend vor Schmerz die Schwerverwundeten, ungerührt davon Maximilian.

Der 25. Delinquent war ein böhmischer Adliger, der diese Tortur zum Lebensende durch einen betrunkenen Henker nicht mitmachen wollte. Er stieß seine Bewacher zur Seite und stürzte sich auf den Scharfrichter. Ein wildes Ringen begann.

Die Chronik berichtet: »Wie es nun ein abscheuliches Spektakel solches anzusehen war, da sahen sich die Fürsten einander an, und es trat Herzog Erich von Braunschweig, der dem König in der Böhaimschlacht das Leben gerettet, vor, und sprach zu dem Könige: Dieweil nun die besten geschoren sein, bitte er im Namen aller Fürsten, Grafen und Herren um das Leben der übrigen 23 Gefangenen.«

Maximilian langweilte vielleicht das Gemetzel, auf jeden Fall kam er zunächst dem Ansinnen nach, gab dem Herzog einen freundlich gemeinten leichten Backenstreich, begnadigte dann aber die noch Lebenden.

Allerdings wollte er unbedingt zuschauen, wie die Geköpften in eine Grube geworfen wurden. Oben, wie Christus mit ausgebreiteten Armen, den Kopf auf seine Brust gelegt: der Pienzenauer.

Die drei Büchsenmeister erlitten, weil der Scharfrichter noch nicht sturzvoll war, einen weitaus sanfteren Tod als zum Beispiel ihr Kollege unbekannten Namens, der als Maschinenmeister der Burg Schwanau zum Gaudium der Eroberer mit der eigenen Wurfschleuder hoch in die Luft geschossen wurde, sodass er nach einem gewaltigen Rundflug, in einer zugegebenermaßen makellosen ballistischen Kurve, bei der Landung zu Tode kam.

Nach dem Mord Eier in Schmalz

Heutzutage gehören zu jeder Raubritterburgruine folgende Legenden: erstens ein geheimer unterirdischer, oft Kilometer langer Gang. Zweitens eine unglückliche Liebesgeschichte, die im gewaltsamen Tod der Liebenden oder durch Herzstillstand der Liebsten dank Herzeleid endete. Drittens steht, irgendwo im Gemäuer, eine eingemauerte, nunmehr skelettierte und spinnwebenbehangene Jungfrau.

Was allerdings historisch wahr sein dürfte: Beinahe alle erfolgreichen Raubritter müssen, schon aus berechtigter Angst vor Eroberungen ihrer Burgen, geraubte Schätze irgendwo in der Nähe ihrer dickmäurigen Heimstätten an geheimen Stellen vergraben haben. Dort liegen sie noch heute.

Über Gestalt und Aussehen der Raubritter sind wir ab dem 15. Jahrhundert ziemlich genau unterrichtet. So war Kuntz von Rosenberg, vom Raubritter Mangold von Eberstein »zu unser aller Vater« erhoben, ein »bauchigs Männlein« mit rotem Spitzbart.

Wir erfahren Details wie zum Beispiel, dass Thomas von Absberg nach dem Mord an einem Wiener Kaufmann im Wirtshaus zu Mertzbach Eier in Schmalz gegessen hat.[24]

Und wir kennen die Namen vieler Knechte und Handlanger der edlen Räuber. »Hans mit der Nasen« hieß einer, »Hühnerfurz« der andere, der »Weise« oder »Pickel«. Auch die Raubritter hatten Spitznamen. Die kamen allerdings vom Feind. So hieß Friedrich von Gelnhausen »Stichel« (der »Spitze«) und Henne von Schlüchtern »Katzenbiss«, weil er sich geschmeidig wie eine Katze anschleichen und unerbittlich zugreifen konnte.

»Ein alt par hosenstrümpff«

Die neuen Feuerwaffen, Söldnerheere und vor allem die gesellschaftliche Entwicklung ließen seit dem 15. Jahrhundert mehr und mehr Status und Bedeutung des Ritters absinken, mit seinem gepanzerten Schlachtross, seinem Schwert, seiner Armbrust, seinem Reiterspieß. Geld und Macht konzentrierten sich im neuen Bürgertum und bei den Landesherren. Letztere hatten stete Einnahmen durch Steuern und konnten bei Bedarf an der Steuerschraube drehen.

Die Einnahmen des niederen Adels aus Dörfern, Bauernhand und so genannten »Gerechten« reichten dagegen oft nicht mehr aus, um ein standesgemäßes Leben führen zu können.

[24] Die obigen Ausführungen im Buch über diesen grausamsten aller Raubritter fußen vor allem auf den in bewunderungswürdigem Fleiß entzifferten Verhörprotokollen durch Joseph Baader: »Verhandlungen über Thomas von Absberg und seine Fehden gegen den Schwäbischen Bund«, Stuttgart 1873.

Und wer zur Wegelagerei zu ungeschickt war, sehnte sich sicher manchmal nach einer heißen Biersuppe in einer Nürnberger Wärmestube.

Das gilt zumindest für jenen Edelmann, der um 1500 den Erben neben der stark renovierungsbedürftigen Burg nur dieses hinterließ: »ein alt par hosenstrümpff oder gesees hynab auf die knie ungeverlich reichende, ein degenn und vier hültzerne koch und vier hültzerne eß löffel«[25].

Das Leben war auf den meisten Burgen trotz Raubritterei eine enge und oft genug armselige Angelegenheit. Ulrich von Hutten, selbst Rittersspross auf Burg Steckelberg, unter dessen Vorfahren geübte Raubritter waren, beschreibt in einem Brief an den Nürnberger Stadtrat, Humanistenfreund und Schriftsteller Willibald Pirckheimer anschaulich den ritterlichen grauen Alltag. Davon unterschied sich der raubritterliche oft nur durch Überfälle und die Anwesenheit von Geiseln:

»Ihr Bürger lebt in den Städten nicht nur angenehm, sondern auch bequem. Vergleiche nicht dein Leben mit dem meinen; denn es steht um uns Ritter so, dass mir die Zeit keine Ruhe gönnte, auch wenn ich ein noch so ansehnliches Erbe besäße und von den Einkünften meines Besitzes leben könnte. Man lebt auf dem Felde, im Wald und auf jenen Burgen. Die uns ernähren sind bettelarme Bauern, denen wir unsere Äcker, Wiesen und Wälder verpachten. Der Erwerb, der daraus eingeht, ist im Verhältnis zur Arbeit, die er kostet, schmal; doch wird alle Mühe angewandt, um ihn reich und ergiebig zu machen, denn wir müssen sorgsame Hausväter sein.

Sodann müssen wir uns in den Dienst eines Fürsten stellen, von dem wir Schutz erhoffen dürfen: denn andernfalls glauben alle, sie könnten sich alles gegen mich herausnehmen. Stehe ich aber im Dienste, so ist auch jene Hoffnung wiederum gepaart mit Gefahr und täglicher Furcht.

[25] Hanns Hubert Hoffmann: »Der Adel in Franken«, in: »Deutscher Adel 1430 bis 1555«, Darmstadt 1965).

Gehe ich nämlich von Hause fort, so muss ich fürchten, dass ich auf Leute stoße, mit denen der Fürst, einerlei wer er sei, Fehde oder Krieg hat, und sie mich unter diesem Vorwand anfallen und wegschleppen. Wenn es dann mein Unstern will, so geht die Hälfte meines Erbgutes darauf, mich loszukaufen, und so droht gerade da ein Angriff, wo ich Schutz erhofft hatte.

Daher müssen wir uns Pferde und eine Wehr bereithalten und uns mit zahlreichen Begleitern umgeben – alles unter schweren Kosten. Währenddem gehen wir nicht einmal in einem Umkreis von zwei Joch ohne Waffen aus. Kein Vorwerk können wir unbewaffnet besuchen; zu Jagd und Fischfang können wir nur in Eisen erscheinen. Außerdem entstehen häufig Streitigkeiten zwischen unseren und fremden Vögten, und es vergeht kein Tag, an dem uns nicht irgendeine Reiberei hinterbracht wird, die wir möglichst vorsichtig beilegen müssen; denn sobald ich etwas eigensinniger mein Recht vertrete oder Unrecht fahnde, entsteht Krieg; wenn ich aber zu sanftmütig nachgebe und auch noch etwas von dem Meinigen drangebe, dann bin ich gleich dem ungerechten Sinn von aller Welt preisgegeben, denn alle wollen als Lohn ihres eigenen Unrechts, was einmal einem Einzigen zugestanden worden ist.

Aber unter welchen Leuten geschieht dies? Nicht unter Freunden, mein Freund, nein, zwischen Nachbarn, Verwandten und Familienangehörigen, sogar unter Brüdern. Das sind unsere ländlichen Freuden, das ist unsere Muße und Stille.

Die Burg selbst, mag sie auf dem Berge oder im Tal liegen, ist nicht gebaut, um majestätisch, sondern um fest zu sein: von Wall und Graben umgeben, innen eng, da sie durch die Stallungen für Vieh und Herden versperrt wird. Daneben liegen die dunklen Kammern, gefüllt mit Geschützen, Pech, Schwefel und dem übrigen Zubehör der Waffen und Kriegswerkzeuge.

Überall stinkt es nach Pulver, dazu kommen die Hunde mit ihrem Dreck, eine liebliche Angelegenheit, wie sich denken lässt, und ein feiner Duft! Reiter kommen und gehen, unter ihnen sind Räuber, Diebe und Banditen. Denn fast für alle stehen unsere Häuser offen, entweder, weil wir nicht wissen können, wer ein jeder ist, oder weil wir nicht weiter sehr danach fragen. Man hört das Blöken der Schafe, das Brüllen der Rinder, das Hundegebell, das Rufen der Arbeiter auf dem Felde, das Knarren und Rattern von Fuhrwerken und Karren; ja wahrhaftig, auch das Heulen der Wölfe wird im Hause vernehmbar, da der Wald so nahe ist.«[26]

Wer will da nicht zurück in dieses packende Deutschland des frühen 16. Jahrhunderts?

Zumindest für ein paar Monate.

1518 hat Ulrich von Hutten, 30 Jahre alt, diesen Brief geschrieben

Vom Gestank zur Demokratie?

Im Gegensatz zu Kriegszügen des Reichs nannten Raubritter ihre privaten Fehden liebevoll »kleine Reiterei«.

Nirgends ist allerdings der erleichterte Ausruf eines Opfers vermerkt: »Gott sei Dank, es ist nur eine kleine Reiterei, die auf unser Dorf zugaloppiert!«

Es ging allemal um Leben und Sachvermögen der Überfallenen. Oft blieb ihnen nicht die Zeit, sich über den Gestank der Angreifer zu verwundern. Denn der Adel stank. Nicht nur wegen der als Standeskrankheit akzeptierten Syphilis. Der niedere Adel hatte auf seinen hoch gelegenen Burgen im Gegensatz zu den meist in Tälern an frischen Bächen und Flüssen lebenden Städtern oder Bauern kaum die Möglichkeiten und/oder den Willen (sic!), sich ausreichend zu säubern. Einigen Adelshäusern duftet dieses Manko noch heute nach (sic, sic!).

Gibt es denn in all dem Furchtbaren nicht auch etwas Positives über die Raubritter zu vermelden?

Doch! Die Nachwelt hat einem der fleißigsten Schlagetots,

[26] Nach Franz Rueb: »Ulrich von Hutten 1488-1523«, Zürich 1988.

Ritter Hans dem Freudigen (was für ein Euphemismus!) aus dem Geschlecht der Fraunberger, eine Handschrift des Nibelungenliedes zu verdanken. Er bewahrte sie in seiner Burg oberhalb von Prunn an der Altmühl auf. Ein anderer (Raub-)Ritter, Püterich von Reichertshausen, hinterließ gar 164 Bände deutscher Dichtung. Er muss bei Kaufleuten sehr gefürchtet worden sein, weil er sie immer Walther von der Vogelweide nachsprechen ließ. Wer stotterte, bekam Püterichs Dolch durchs Gewand gesteckt.

Überragenden Verdienst hat sich der Raubadel um die Pferdezucht erworben. Nicht ohne Grund: Wer städtischen oder fürstlichen Streifen nach einem Überfall entkommen wollte, musste über getunte Pferde verfügen.

Größter Wert wurde deshalb bei wieder freigelassenen Geiseln auf die Beschreibung der Raubritterpferde gelegt: »Ritt ein schwarz gemutztes Pferd mit weißer Bless am linken Hinterlauf bis zum Gelenk und vorne rechts ein Narbe wie von Wolfsbiss. Der Reiter war ein langer Kerl mit schwarzem Bart.«

Ein weiteres zukunftsweisendes positives Zeichen der adligen »Straßenglucker« kam eher unfreiwillig zustande: Wer sich mit seinen Knechten auf Überfälle spezialisiert, muss ihnen Rechte zugestehen. So gesehen hat, grotesk wie es ist, gerade die Raubritterei zum Entstehen neuer »Gleichberechtigung« zwischen Herr und Knecht beigetragen.

Graf Solms stellt im 16. Jahrhundert dieses Abrutschen wütend fest: »Der Adel selbst vernachlässigt die Rüstung und begibt sich in die losen, liederlichen Bündnisse, die nur im Stehlen ihren Beruf erblicken; er stellt sich nicht nur auf die gleiche Stufe mit den Knechten, sondern unterwirft sich ihrem Kommando, da es keinem Knechte zukommt, dass er ein Rittmeister sein solle, was nur ritterlichen Leuten zusteht.«

Vielleicht ist es auch dieses notwendige Sichgemeinmachen der Raubritter mit ihren Helfern aus dem Volk, das die wirklich Mächtigen im Reich immer wieder zuschlagen lässt. Sie haben zu allen Zeiten eine gute Witterung für drohende Gefahren aus der Gleichberechtigung.

Das alles muss auf noch höherem Niveau vertiefdeutscht werden: Schon im Hochmittelalter ging es mit der geistigen Verinnerlichung des Rittertums zu Ende. Statt »maze« zog bei den adligen Hallodris Materialismus ein: Die Ritter schauten auf ihren Vorteil, im Geld, im Prunk, im Bett. Nicht zu vergessen das Essen. Wer Geld hatte, fraß. Wie aus dem Reisetagebuch des Paulus Sanctoninus zu ersehen ist.[27] Signor Sanctoninus war als Begleiter seines Bischofs unterwegs. Ihnen wurden neben dem Üblichen wie Hase, Huhn, Schwein, Rind auch gebratene Krähen, junge Bären, gekochte Hamster oder Eichhörnchen in Kräutersauce serviert.

Diese zuletzt genannten Köstlichkeiten sind wegen der leider zänkisch dazwischenfahrenden Tierschützer zurzeit nicht in Ruhe zu jagen, zuzubereiten und zu verspeisen.

Raubritters Sehnsucht nach Fugger

Zu keiner Zeit reichten die Raubritter an das heran, was ein normaler Bürgerlicher an Vermögen anzuhäufen vermochte, ohne Erpressung, ohne Mord und Totschlag, naja, vielleicht ein bisschen durch überhöhte Zinsen oder abgezwungene lukrative Rechte: Fugger aus Augsburg. Das berühmte, 1370 (leider wohl nicht durch Fagger!) gegründete Handelshaus, dem eine Zeit lang sogar ganz Brasilien gehörte.

Bei diesem Namen wurden selbst die arrogantesten Heckenreiter grün vor Neid.

Ritter Hans von Schweinichen (1552–1616) beschrieb einen Besuch bei den Fuggers in Augsburg. Zusammen mit seinem Herrn, Herzog Heinrich XI. von Liegnitz (1539–1588), war er beim damaligen Chef Marcus Fugger (1529–1597) zum Abendessen eingeladen:

[27] Nach Klaus Voigt: »Italienische Berichte aus dem spätmittelalterlichen Deutschland«, Stuttgart 1973.

»Ein derartiges Bankett ist mir noch nicht vorgekommen. Auch der römische Kaiser hätte es nicht glänzender abhalten können. Denn es ward eine wahrhaft überschwängliche Pracht entfaltet. In einem Saale wurde gespeist, darinnen war mehr Gold als Farben zu sehen. Der Boden aber war aus Marmor und so glatt, als ginge man auf dem Eise. Ein Kredenztisch war aufgestellt von einem Ende des Saales bis zum andern. Der war mit lauter vergoldeten Schalen und prächtigen venezianischen Gläsern besetzt. Es hieß, dass das Ganze wohl eine Tonne Gold wert sei.

Herr Fugger führte meinen Herrn auch in ein Türmlein. Darin hat er ihm einen Schatz von Ketten, Kleinodien und Edelgestein gezeigt, auch seltsame Münzen und Goldklumpen, so groß wie ein Kopf. Er selbst hat all das auf eine Million Goldes angeschlagen. Einen Kasten hat er aufgeschlossen, der war bis an den Rand mit lauter Dukaten und Kronen gefüllt, wohl an die 200 000 Gulden! Die wollte er dem Könige von Spanien auf Wechsel leihen. Darauf führte er Ihre Fürstliche Gnaden [I.F.Gn.] auf dasselbige Türmlein. Und siehe, es war von der Spitze bis herab auf die halbe Höhe mit lauter guten Talern gedeckt. Er sagte, es seien ungefähr 27 000 Taler. Hiermit hat er I.F.Gn. viel Ehr erwiesen, zugleich aber auch seine Macht und sein fürstliches Vermögen gezeigt.«[28]

Wie sich alle Raubritter die Finger danach geleckt haben mögen, mal einen echten Fugger abzugreifen und zu »schatzen«! Von einem solchen Vermögen konnten sie nur träumen. Andererseits schauten sie zu Recht verächtlich auf das neureiche Gehabe dieses Bürgers herab, der einem Herzog unbedingt seine Schätze zeigen musste.

[28] »Lebenserinnerungen des Ritters Hans von Schweinichen«, bearbeitet von Max Goos, Hamburg 1907.

Späte Ehrung: Raubrittergeld

Längst sind Raubritter von einem romantischen Schleier umgeben. Das fing im frühen 18. Jahrhundert an. Abgesehen von schwärmerischen Volksliedern und Balladen wurden auch zahllose Theaterstücke geschrieben. Das schönste, weil mit dem schönsten Titel, verfasste der unendlich vergessene Gustav Kopal 1876 als Tragödie: »Der geschundene Raubritter oder Minne und Hungertum oder Das lange verschwiegene und doch endlich an den Tag gekommene Geheimnis«.

In der schlimmsten deutschen Inflation, nach dem Ersten Weltkrieg, kamen die Raubritter, vor allem im Osten Deutschlands, zu hohen Ehren. Damals druckten die Kommunen eigenes Notgeld.

Auf Scheinen der brandenburgischen Stadt Ziesar zum Beispiel ist ein gefesselter Raubritter zu sehen, der an einen Kirchenmann übergeben wird. Darunter steht der triumphierende Vers:

> Das war in alten Zeiten so:
> Der Ritter raubte frech und froh,
> Doch einen steckt' man ins Verlies,
> Und dieser Gans zu Putlitz hieß.

Herr von Putlitz, ein Raubgenosse der unvergesslichen Quitzows, war den Ziesaren immerhin eine (Not-)Mark wert. In einer kleinen Zusatznotiz am oberen Rand des Geldscheins wurde historischer Zusammenhang geliefert: »Caspar Hans Edler Herr zu Putlitz als Gefangener des Bischofs zu Brandenburg Henning von Bredow auf Burg Ziesar.«

Zugabe für den interessierten Raubritterfreund: Die Familie derer von Bredow stellte jahrhundertelang neben den Quitzows die am meisten gefürchteten Raubritter der Mark Brandenburg.

Zur Erklärung der frommen Volte: Quer durch die Jahrhunderte galt, dass die Nachgeborenen adliger Familien kirchliche Pfründe erhielten, während der Erstgeborene auf ererbter Burg bei Eignung und Bedarf den Raubritter gab.

Auf fünfzig Pfennige Notgeld brachte es in Kyritz der Raubritter Herr von Bassewitz. Er wollte das Städtchen durch einen heimlich unter der Stadtmauer gegrabenen Tunnel erobern. Die Bürger entdeckten das eifrige Buddeln, lobten erstmals die Kochkünste ihrer Frauen, die am 4. März 1381 riesige Kessel mit Grütze zubereiteten.

Sie gossen den heißen Brei zunächst auf den Kopf des aus dem Loch steigenden Raubritters, danach auf die Köpfe seiner ihm folgenden Spießgesellen.

Der Spruch auf dem Geldschein lautet:

Die Kyritzer mit Speer und Grütz
Bezwangen einst den Bassewitz.
Den Räubern deutscher Ehr und Erden
Mög gleiche Strafe einstens werden.

Der arme Raubritter wurde verbrannten Kopfes und unangenehm nach Grütze riechend mit seinem eigenen Schwert auf dem Marktplatz von Kyritz enthauptet.

Der Dunst dieser eigentlich ungenießbaren Speise wabert noch heute über dem Städtchen, vernebelt Bewohnern und Besuchern die Köpfe. Wie dem ganzen Heiligen Römischen Reich Deutscher Nation.

lles über Weiße Magie – Theurgie – Jekromantie – Spiritismus

Carl Kiesewetter
Die Geheimwissenschaften
Eine Kultureschichte der Esoterik

geb. mit SU, 704 Seiten
Format: 14,0 x 21,0 cm
Bestellnr.: 626-00060
ISBN: 3-86539-005-6

ieses Buch des großen Forschers und Geschichtsschreibers des Okkultismus Kiesewetter (1854-1895), erstmals 1895 erschienen, ist der zweite Teil ›Geschichte des neueren Okkultismus«, das die wichtigsten der Geheim-enschaften, die Astrologie, das Divinations- und Hexenwesen, die urgie und Mantik sowie den Spiritismus umfangreich betrachtet und ıtert. Es ist nach wie vor das materialreichste und zuverlässigste Werk Thema und entwirft ein faszinierendes Bild europäischer Kulturgeschichte.

arixverlag www.marixverlag.de
e-mail: service@marixverlag.de